技工院校汽车维修专业模块化教材
（中级技能层级）

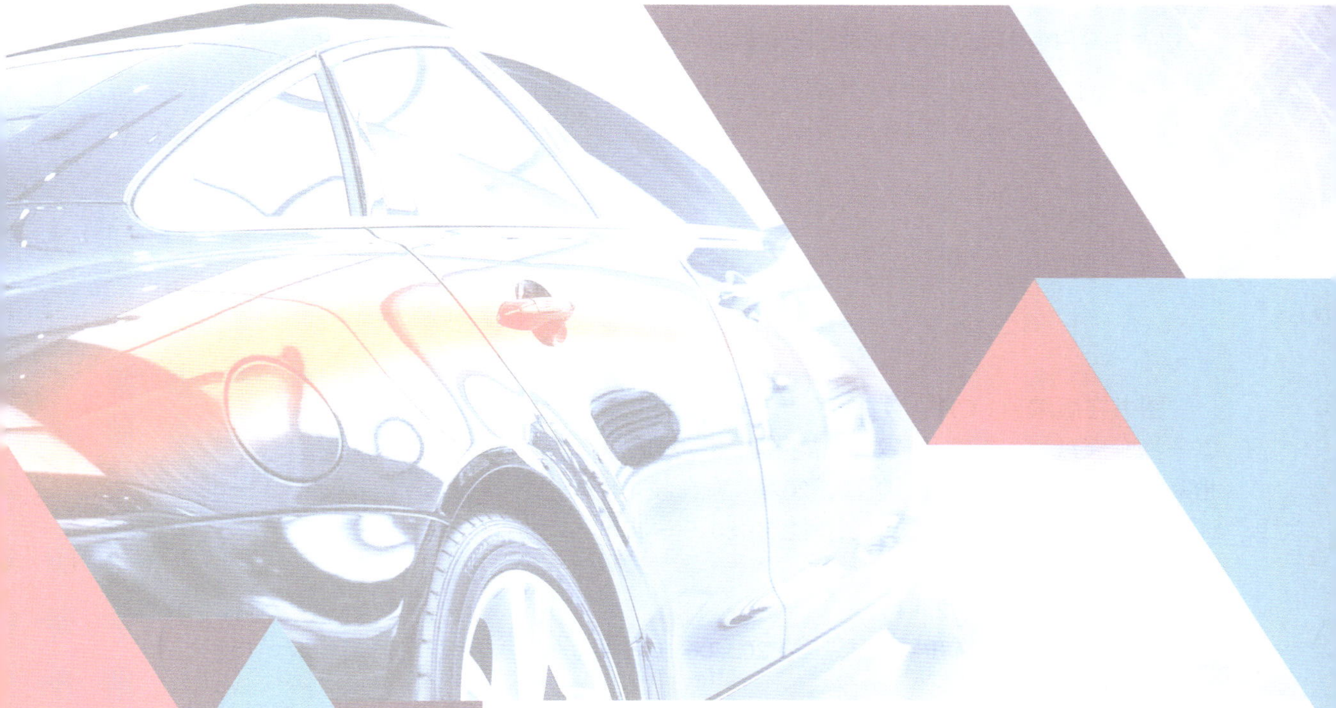

汽车底盘构造与维修

（第二版）

刘金峰◎主编

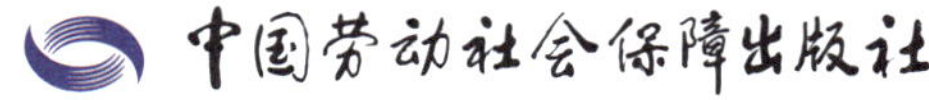

简介

本书主要内容包括汽车底盘概述、汽车传动系、汽车行驶系、汽车转向系、汽车制动系。

本书由刘金峰任主编，刘伟、楚春红任副主编，张娜、李亚伟、李广英参加编写；余成路任主审。

图书在版编目（CIP）数据

汽车底盘构造与维修 / 刘金峰主编. -- 2 版.
北京 : 中国劳动社会保障出版社，2024. --（技工院校汽车维修专业模块化教材 : 中级技能层级）. -- ISBN 978-7-5167-6623-1

Ⅰ. U463.103；U472.41

中国国家版本馆 CIP 数据核字第 202406835H 号

中国劳动社会保障出版社出版发行

（北京市惠新东街 1 号　邮政编码：100029）

*

北京市白帆印务有限公司印刷装订　　新华书店经销

787 毫米 ×1092 毫米　16 开本　15.75 印张　299 千字

2024 年 12 月第 2 版　　2026 年 1 月第 3 次印刷

定价：35.00 元

营销中心电话：400-606-6496

出版社网址：https://www.class.com.cn

https://jg.class.com.cn

前　言

为了适应汽车行业的发展现状，更好地满足全国技工院校汽车维修专业的教学需求，全面提升教学质量，我们组织全国有关学校的一线教师和行业、企业专家，在充分调研企业用人需求和学校教学情况、吸收借鉴各地技工院校教学改革的成功经验的基础上，根据人力资源社会保障部颁布的《全国技工院校专业目录》及相关教学文件，对技工院校汽车维修专业教材进行了修订和新编。

本次修订（新编）工作的重点主要有以下几个方面。

科学规划教学模块

本套教材采用“模块化”体系构建，划分为基础模块、发动机模块、底盘模块、电气模块、维护与诊断模块、选修模块等六大模块，教学操作性好，可满足技工院校汽车维修专业的教学需求。

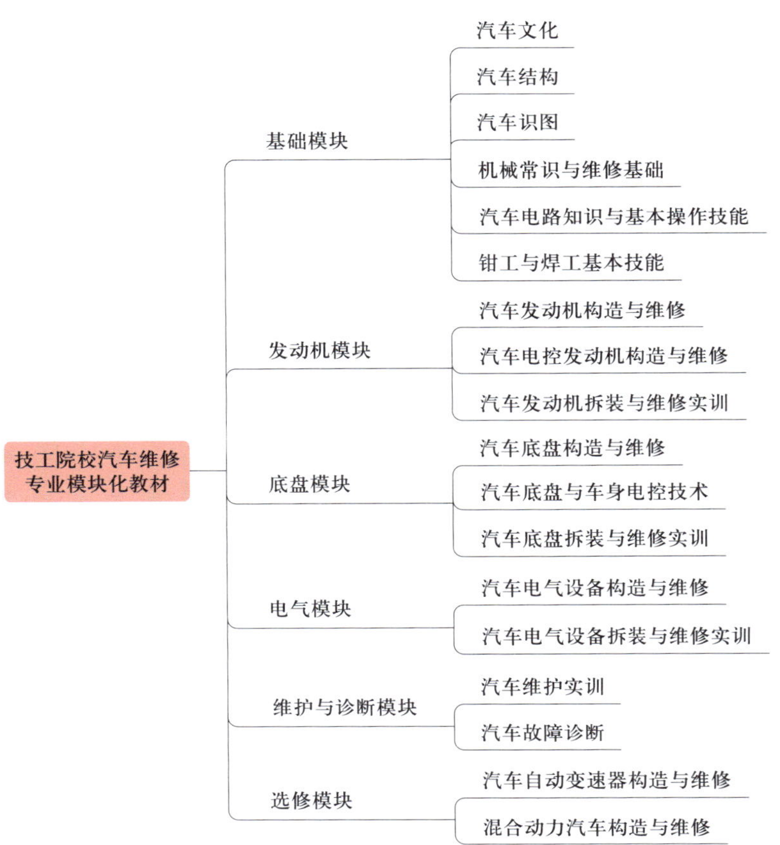

突出职业教育特色

坚持以能力为本位，突出职业教育特色。通过行业、企业调研，掌握企业对汽车维修专业人才的岗位需求和技能要求，确定人才培养目标，构建科学合理的课程体系。根据课程教学目标，合理确定学生应具备的知识与能力结构；充分考虑企业生产实际，选择当前市面上广泛使用的汽车车型进行教学。

根据汽车维修专业毕业生就业岗位的实际需要和行业发展趋势，合理确定学生应具备的能力和知识结构，对教材内容及其深度、广度、难度进行了调整。同时，进一步突出实际应用能力的培养，以满足社会对技能型人才的需求。

创新教材内容形式

在编写模式上，根据技工院校学生认知规律，以完成具体工作任务为主线组织教材内容，将理论知识的讲解与工作任务载体有机结合，激发学生的学习兴趣，提高学生的实践能力。

在教材内容的表现形式上，较多地利用实物照片和表格等形式将知识点生动地展示出来，力求让学生更直观地理解和掌握所学内容。部分教材采用四色印刷，图文并茂，增强了教材内容的表现效果，提高了教材的可读性，更符合学生的阅读习惯。

根据相关专业领域的最新发展，在教材中充实新知识、新技术、新设备、新材料等方面的内容，体现教材的先进性。采用最新的国家技术标准，使教材内容更加科学和规范。

提供丰富教学资源

在教学服务方面，为方便教师教学和学生学习，配套提供了教学设计方案、电子课件、习题册答案等教学资源，可通过技工教育网（https://jg.class.com.cn）下载使用。除此之外，在部分教材中还借助二维码技术，针对教材中的重点、难点内容，制作了微视频等多媒体资源，可使用移动设备扫描二维码在线观看。

编者

2024 年 4 月

目录

模块五 汽车制动系

模块一
汽车底盘概述

学习目标

1. 能够叙述汽车底盘的功用及组成。

2. 能够识别汽车底盘各系统零部件的位置并简述其作用。

一、汽车底盘的功用

汽车底盘的功用是支撑和安装发动机及其他总成与部件，使汽车形成整体，承受发动机输出的动力，使汽车产生运动并且保证正常行驶。

二、汽车底盘的组成

汽车底盘由传动系、行驶系、转向系和制动系四部分组成，如图 1–1–1 所示，四部分地协作确保汽车正常行驶。

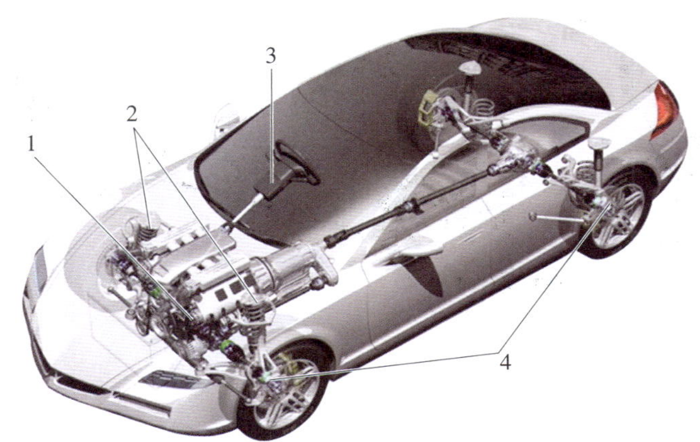

图 1–1–1　汽车底盘的组成

1—传动系　2—行驶系　3—转向系　4—制动系

1. 传动系

传动系的功用是将汽车发动机的动力按需要传递给驱动轮，使路面对驱动轮产生牵引力，驱动汽车行驶。现在汽车应用较多的是机械式传动系和液力机械式传动系。

机械式传动系由离合器、变速器、驱动桥和万向传动装置组成，如图 1–1–2 所示。

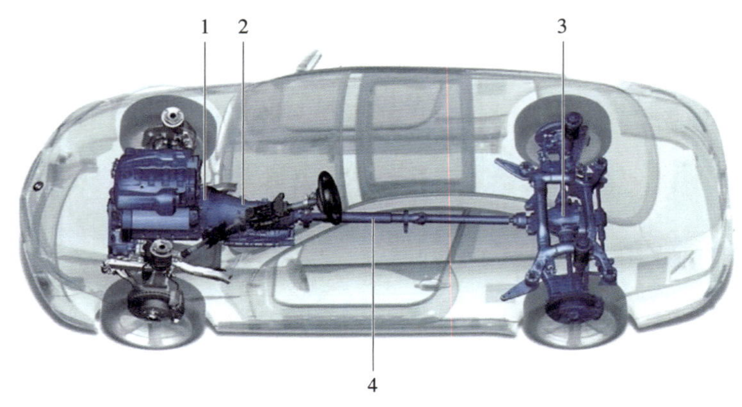

图 1-1-2　机械式传动系的组成

1—离合器　2—变速器　3—驱动桥　4—万向传动装置

2. 行驶系

行驶系的功用是支撑汽车总质量，将转矩转化为汽车行驶的驱动力，承受并传递各种反力、弯矩和扭矩，减少振动，缓和冲击，保证汽车平稳行驶。

行驶系由车架（或承载式车身）、车桥、车轮和悬架组成，如图 1-1-3 所示。

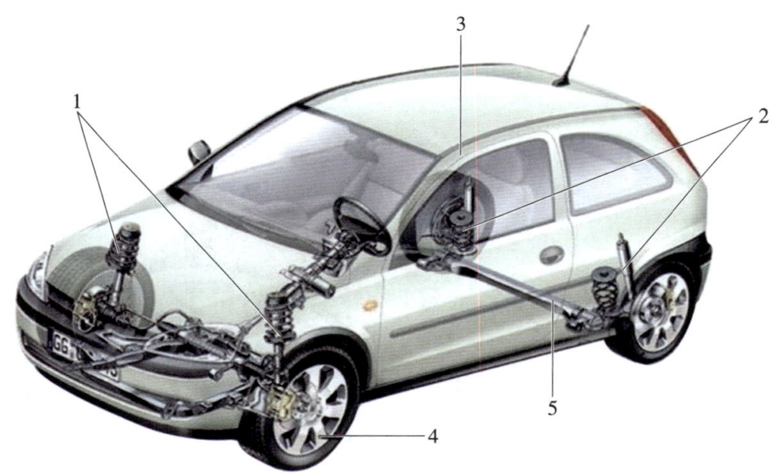

图 1-1-3　行驶系的组成

1—前悬架　2—后悬架　3—承载式车身　4—车轮　5—车桥

车架（或承载式车身）是全车装配和支撑的基础，将汽车的相关总成连接成一体。

车轮安装在从动桥和驱动桥上。

为了减少车辆行驶时的冲击与振动，在车架（或承载式车身）与车桥（或车轮）之间安装悬架。

3. 转向系

转向系的功用是改变和保持汽车行驶方向。汽车在行驶过程中，需要经常改变行驶方向；直线行驶时，转向轮也会受到路面侧向干扰力的作用，自动偏转而改变行驶方向。驾驶员可使用一套机构控制转向轮，使汽车改变原行驶方向或恢复原行驶方向。

转向系一般由转向操纵机构、转向器和转向传动机构三部分组成，如图 1–1–4 所示。

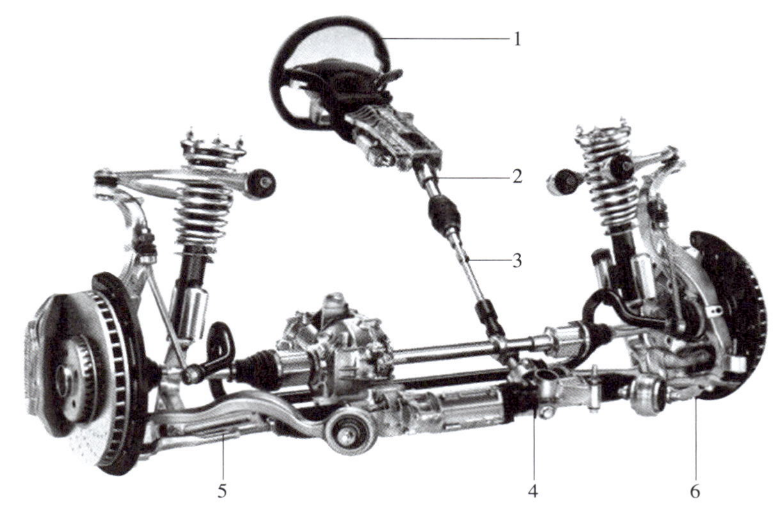

图 1–1–4　转向系的组成

1—转向盘　2—转向柱　3—转向传动轴

4—转向器　5—转向横拉杆　6—转向节臂

转向操纵机构由转向盘、转向柱、转向传动轴组成，其功用是将驾驶员转动转向盘的操纵力传递给转向器。

转向器是一个减速增矩机构，其功用是增大由转向盘传到转向节的力，并改变力的传动方向。目前常用的转向器有齿轮齿条式、循环球式。

转向传动机构由转向横拉杆、转向节臂等组成，其功用是将转向器输出的力和运动传递到转向桥两侧的转向节臂，使两侧转向轮偏转，以实现汽车转向。

4. 制动系

制动系的功用是使行驶中的汽车按照驾驶员的要求强制减速甚至停车，或使已停驶的汽车在各种道路条件下（包括在坡道上）稳定不动。

汽车制动系一般应设有行车制动系（见图 1–1–5）和驻车制动系，每一套制动系都由制动器和制动操纵机构组成。

制动操纵机构可以将制动动作产生的制动能量传输到制动器的各个部件。图 1–1–5 中的制动踏板、真空助力器、制动主缸和油管都属于制动操纵机构。

制动器是指能阻碍车轮转动或转动趋势的部件。汽车上常用的制动器都利用固定元件与旋转元件工作表面的摩擦力而产生制动力矩。

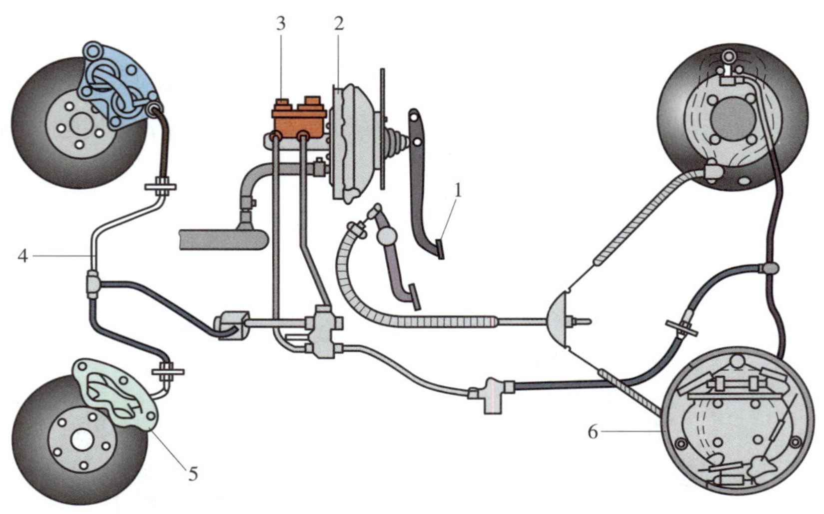

图 1-1-5 行车制动系的组成

1—制动踏板 2—真空助力器 3—制动主缸 4—油管 5—盘式制动器 6—鼓式制动器

小结

1. 汽车底盘的功用是支撑和安装发动机及其他总成与部件，使汽车形成整体，承受发动机输出的动力，使汽车产生运动并且保证正常行驶。

2. 汽车底盘由传动系、行驶系、转向系和制动系四部分组成。

3. 传动系的功用是将汽车发动机的动力按需要传递给驱动轮，使路面对驱动轮产生牵引力，驱动汽车行驶。

4. 行驶系的功用是支撑汽车总质量，将转矩转化为汽车行驶的驱动力，承受并传递各种反力、弯矩和扭矩，减少振动，缓和冲击，保证汽车平稳行驶。

5. 转向系的功用是改变和保持汽车行驶方向。

6. 制动系的功用是使行驶中的汽车按照驾驶员的要求强制减速甚至停车，或使已停驶的汽车在各种道路条件下（包括在坡道上）稳定不动。

模块二
汽车传动系

课题1　汽车传动系概述

学习目标

1. 能够叙述传动系的组成与类型。
2. 能够描述传动系的布置形式。
3. 能够使用专业术语阐述传动系各总成的作用。

一、传动系的功用

汽车传动系的功用是将汽车发动机的动力按需要传递给驱动轮，使路面对驱动轮产生牵引力，驱动汽车行驶。

二、传动系的组成与类型

汽车传动系的组成与传动系类型、布置形式以及汽车驱动形式等许多因素有关。通常按结构与传动介质不同，汽车传动系的类型可分为机械式、液力机械式、静液式和电力式等。目前机械式传动系和液力机械式传动系应用最广泛。

1. 机械式传动系

机械式传动系的组成因传动系的类型、布置形式等不同而有所不同。图2–1–1所示为发动机纵向布置在汽车前部以后轮为驱动轮的机械式传动系的组成，发动机的动力依次经离合器、变速器、万向传动装置、主减速器、差速器和半轴，最后传到驱动轮。

各主要总成的作用如下。

离合器：按照需要适时地切断或接合发动机与传动系之间的动力传递。

变速器：改变发动机输出转速的高低、转矩的大小以及输出轴的旋转方向，也可以切断发动机向驱动轮的动力传递。

万向传动装置：能在轴间夹角及相互位置经常发生变化的转轴之间传递动力。

主减速器：降低转速，增大转矩，同时可以改变动力的传递方向。

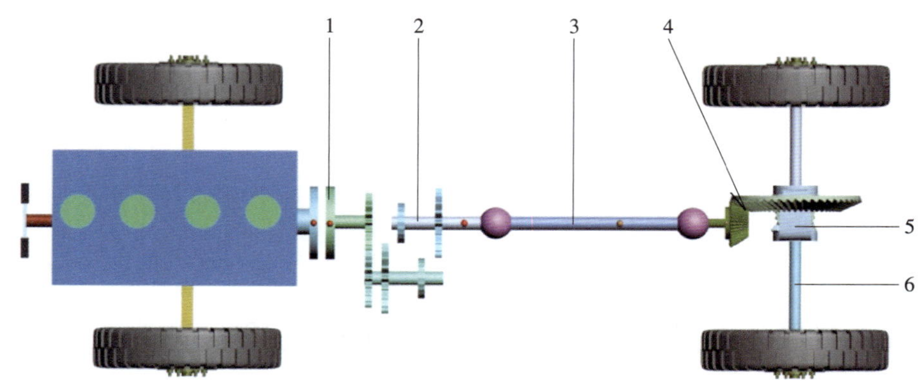

图 2–1–1　机械式传动系的组成

1—离合器　2—变速器　3—万向传动装置　4—主减速器　5—差速器　6—半轴

差速器：将主减速器传来的动力分配给左、右两半轴，并允许两半轴以不同角速度旋转，以满足左、右两驱动轮在行驶过程中差速的需要。

半轴：将差速器传来的动力传递给驱动轮，使驱动轮获得旋转的动力。

汽车传动系的布置形式取决于汽车的使用性质、发动机的安装位置和汽车的驱动形式。汽车的驱动形式通常用“汽车车轮总数 × 驱动轮数”来表示，普通汽车一般装有四个车轮，根据车轮总数和驱动轮数不同，常见的驱动形式有以下几种。

（1）发动机前置、后轮驱动

图 2–1–2 所示为发动机前置、后轮驱动（FR 型）的传动系布置形式，简称 4×2 驱动形式（通常双胎车轮按一个计）。

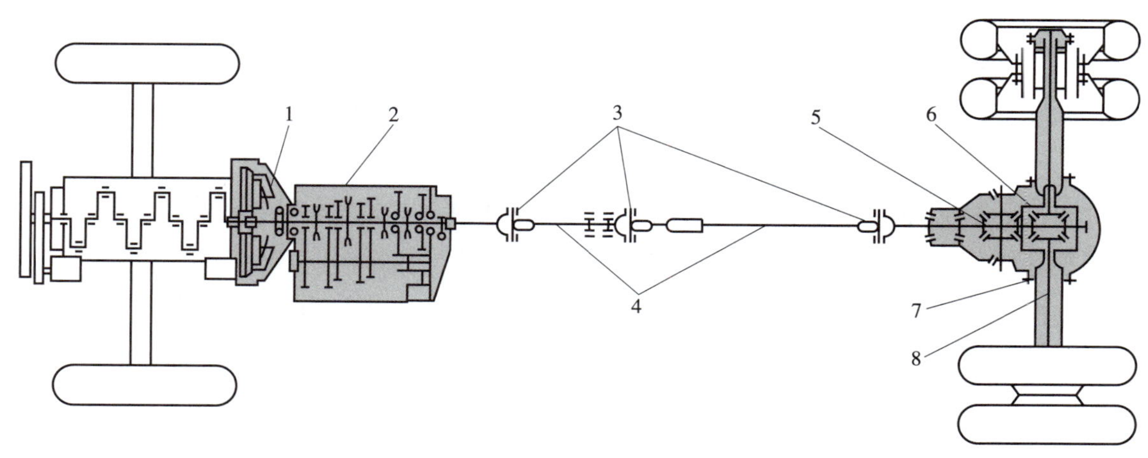

图 2–1–2　发动机前置、后轮驱动的传动系布置形式

1—离合器　2—变速器　3—万向节　4—传动轴

5—主减速器　6—差速器　7—后桥壳　8—半轴

这种布置形式一般将发动机、离合器、变速器连成一个整体安装在汽车的前部，而主减速器、差速器和半轴则安装在汽车后部的后桥壳内，两者之间通过万向传动装置（包括万向节、传动轴）相连。这种后轮驱动的布置形式，附着力大，容易获得足够的驱动力，并且发动机的散热条件好，驾驶员可直接操纵离合器、变速器，是货车上广泛采用的一种传动系布置形式。

（2）发动机前置、前轮驱动

图 2-1-3 所示为发动机前置、前轮驱动（FF 型）的传动系布置形式，简称 4×2 驱动形式。

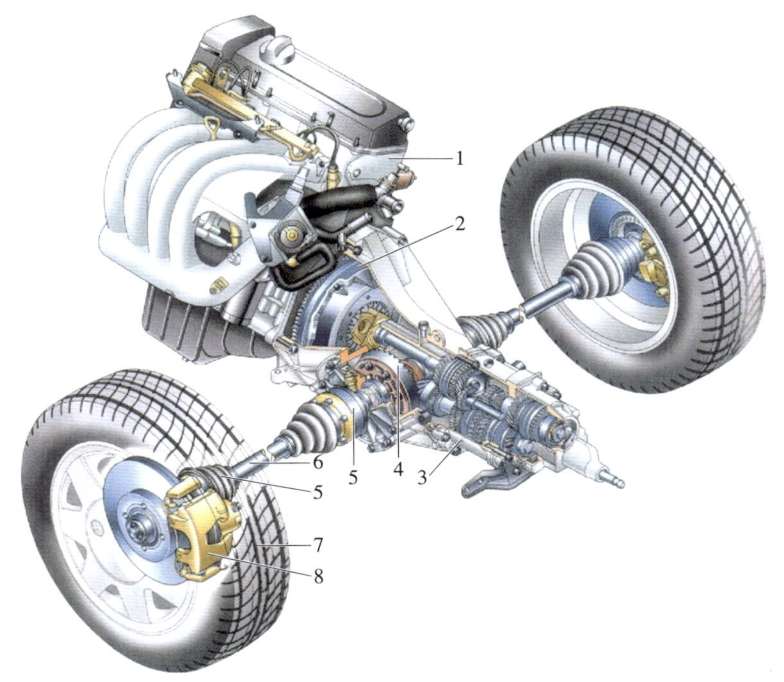

图 2-1-3　发动机前置、前轮驱动的传动系布置形式
1—发动机　2—离合器　3—变速器　4—主减速器
5—等速万向节　6—半轴　7—轮胎　8—制动钳

这种布置形式将变速器、主减速器和差速器装配成一个整体，并同发动机、离合器一起集中安装在汽车前部，除具有发动机散热条件好、操纵机构简单、维修方便等优点外，还省去了很长的传动轴，使传动系结构紧凑，整车重心降低，高速行驶稳定性好。缺点是汽车上坡时前轮附着力减小，易打滑；下坡制动时，前轮负荷过重，高速时易产生翻车现象。这是轿车上普遍采用的一种传动系布置形式，有发动机纵向布置和横向布置之分。

（3）发动机后置、后轮驱动

图 2-1-4 所示为发动机后置、后轮驱动（RR 型）的传动系布置形式，简称 4×2 驱动形式。

这种布置形式将发动机、离合器和变速器制成一体安装在驱动桥之后，大大缩短传动轴的长度，传动系结构紧凑，汽车重心有所降低，前轴不易过载，后轮附着力大，并能充分地利用车厢面积，但由于发动机后置，其散热条件差，发动机、离合器、变速器的远距离操纵使操纵机构变得复杂，且行车中某些故障不易被驾驶员察觉。这是大型客车常采用的一种传动系布置形式。

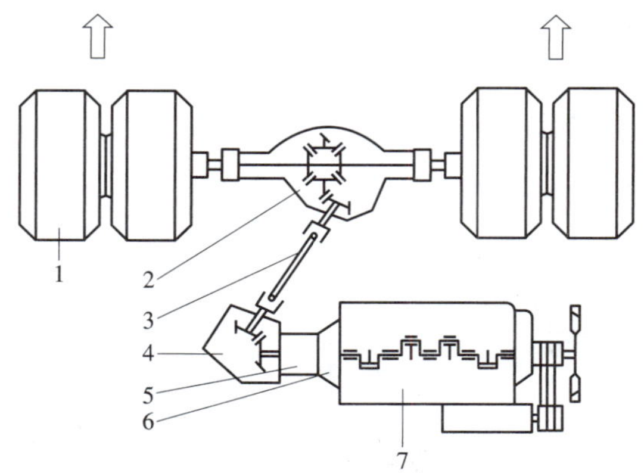

图 2-1-4　发动机后置、后轮驱动的传动系布置形式
1—驱动轮（后轮）　2—驱动桥　3—万向传动装置　4—角传动装置
5—变速器　6—离合器　7—发动机

（4）四轮驱动

图 2-1-5 所示为四轮驱动的传动系布置形式，简称 4×4 驱动形式。与发动机前置、后轮驱动的汽车相比，其前桥既是转向桥也是驱动桥。为了将发动机传递给变速器的动力分配给前、后两驱动桥，在变速器后增设了分动器，并相应地增设了从变速器到分动器、从分动器到前、后两驱动桥的万向传动装置。由于前驱动桥又是转向桥，所以左、右两根半轴均分为两段，并用等速万向节相连。

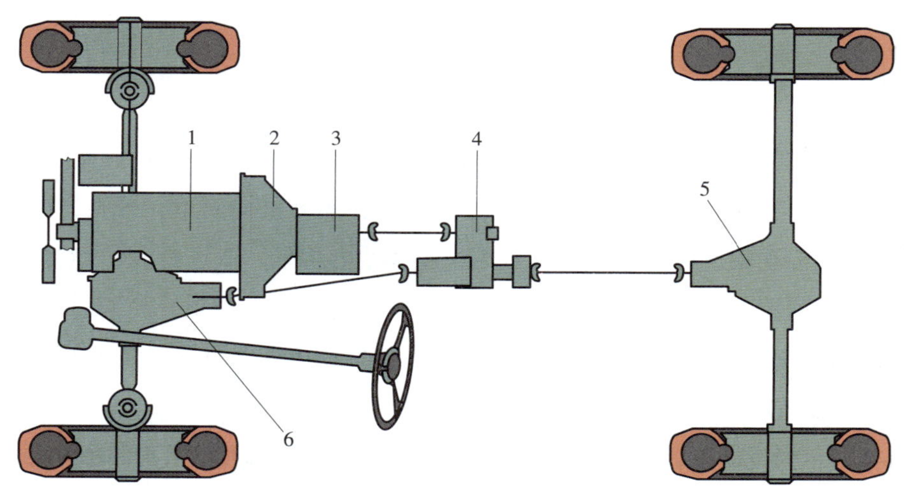

图 2-1-5　四轮驱动的传动系布置形式
1—发动机　2—离合器　3—变速器　4—分动器　5—后驱动桥　6—前驱动桥

2. 液力机械式传动系

液力机械式传动系的特点是组合运用液力传动和机械传动，以液力机械式变速器取代机械式传动系中的摩擦式离合器和普通齿轮式变速器，其他组成部件及布置形式均与机械式传动系相同。

液力机械式变速器由液力传动装置、有级式机械变速器、控制机构、操纵机构组成。液力传动装置有液力耦合器和液力变矩器两种。液力耦合器只能传递转矩，而不能改变转矩大小，可以代替离合器的部分功用。液力变矩器除具有液力耦合器的全部功用外，还能在一定范围内实现无级变速，因此目前应用较广泛。但是，液力变矩器传动比变化范围还不能满足使用要求，故一般在其后再串联一个有级式机械变速器，如图 2–1–6 所示。

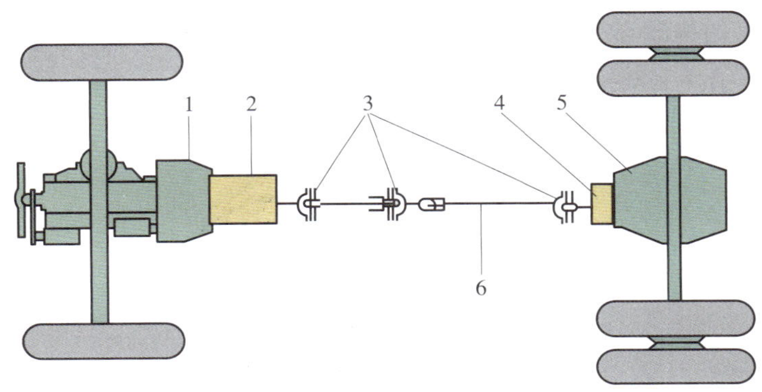

图 2–1–6　液力机械式传动系的组成

1—液力变矩器　2—有级式机械变速器　3—万向节　4—主减速器

5—驱动桥　6—传动轴

小结

1. 汽车传动系的基本功用是将发动机的动力按需要传递给驱动轮。

2. 目前汽车上普遍采用机械式和液力机械式传动系。

3. 液力机械式传动系与机械式传动系相比，用液力机械式变速器取代了机械式传动系中的摩擦式离合器和普通齿轮式变速器，其他组成部件及布置形式均与机械式传动系相同。

4. 汽车的驱动形式通常用“汽车车轮总数 × 驱动轮数”表示。普通汽车一般装有四个车轮，根据车轮总数和驱动轮数不同，常见的驱动形式有 4 × 2、4 × 4。

5. 汽车传动系的布置形式主要与汽车的使用性质、发动机的安装位置及汽车驱动形式有关，其布置形式有发动机前置、后轮驱动（FR 型），发动机前置、前轮驱动（FF 型），发动机后置、后轮驱动（RR 型）及四轮驱动布置形式等。

课题2 离 合 器

学习目标

1. 能够叙述离合器的功用及工作原理。
2. 能够叙述离合器液压操纵机构的工作过程。
3. 能够根据离合器的故障现象，分析其故障原因。
4. 能够正确使用工量具和设备，根据维修手册要求，完成离合器的拆卸、装配及检修。

离合器是汽车传动系的组成部分，装在发动机与变速器之间。当汽车起步或变速器换挡时，它使发动机与传动系暂时分离，以中断动力传递，随后又使之逐渐接合上，以传递动力。目前广泛应用的是摩擦式离合器，如图 2–2–1 所示。

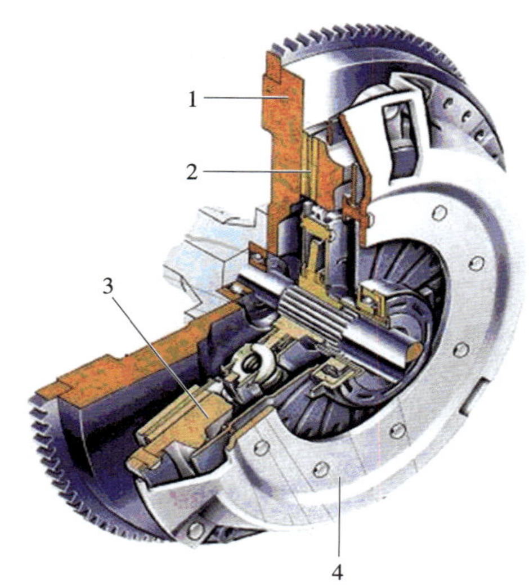

图 2–2–1 摩擦式离合器

1—飞轮 2—从动盘 3—压盘 4—离合器壳

一、离合器的功用、要求和类型

1. 离合器的功用

当汽车采用机械式传动系时，在发动机与变速器之间均装设离合器，其功用有以下几点。

（1）保证汽车平稳起步

汽车由静止状态进入行驶过程，其速度由零逐渐增大，而在汽车起步前，发动机已经开始运转。有了离合器，则在汽车起步时，逐渐踩下加速踏板使发动机的输出转矩增加，与此同时，逐渐松开离合器踏板，使离合器逐渐接合，它所传递的转矩也就逐渐增大，于是发动机的转矩便可由小变大地传递给传动系而避免冲击。当驱动轮上产生的牵引力足以克服汽车行驶阻力时，汽车便由静止开始运动，并缓慢地加速，实现汽车平稳起步。

（2）适时切断发动机动力传递，便于换挡

汽车在行驶过程中，为了适应行驶条件的变化，变速器需要经常换用不同的挡位工作。而普通齿轮式变速器的换挡是通过拨动换挡机构来实现的，即在用挡位的某一齿轮副退出啮合，待换挡位的某一齿轮副进入啮合。换挡时，如果没有离合器将发动机与变速器之间的动力传递暂时切断，在用挡位齿轮副之间将因压力很大而难以脱开，而待换挡位待啮合的齿轮副将因两者圆周速度不等而难以进入啮合，即使能进入啮合也会产生很大的冲击和噪声，损坏机件。装设了离合器，换挡前先使其分离，暂时切断动力传递，然后进行换挡操作，以保证换挡操作过程顺利进行，并减小或消除换挡时的冲击。

（3）防止传动系过载

当汽车紧急制动时，车轮突然紧急降速。若发动机与传动系刚性连接，将迫使发动机也随着急剧降速，其所有运动件将产生很大的惯性力矩（其数值可大大超过发动机工作时所输出的最大转矩），这一力矩作用于传动系，会造成传动系过载而使其机件损坏。有了离合器，当传动系承受的载荷超过离合器所能传递的最大转矩时，离合器会自动打滑以消除这一危险，从而起到过载保护作用。

2. 离合器的要求

根据离合器的功用，离合器应满足以下主要要求。

（1）具有合适的转矩储备能力，既能保证传递发动机的最大转矩，又能防止传动系过载。

（2）分离迅速彻底，便于发动机起动和变速器换挡。

（3）接合平顺柔和，以保证汽车平稳起步。

（4）具有良好的散热能力。

（5）从动部分的转动惯量尽可能小，以减小换挡时的冲击。

（6）操纵轻便，以减轻驾驶员的疲劳程度。

为了使离合器始终处于良好的工作状态，应对其进行有效的维护和必要的调整，当离合器发生故障时，要对其进行拆装与检修。拆装离合器时，必须按照规定的步骤和方法进行，正确的拆装是进行故障诊断与维修的基本技能，这就需要掌握离合器的构造、操纵机构的类型和离合器的工作原理。

3. 离合器的类型

离合器的类型有很多，目前，汽车上基本采用摩擦式离合器。摩擦式离合器按从动盘的数目不同，可分为单片式、双片式和多片式；按操纵机构的不同，可分为机械式、液压式、气压式和空气助力式等；按弹簧的类型及布置形式不同，可分为周布弹簧式、中央弹簧式、斜置弹簧式以及膜片弹簧式，其中膜片弹簧式离合器应用最广。

二、膜片弹簧式离合器的组成及工作原理

1. 膜片弹簧式离合器的组成

图 2-2-2 所示为膜片弹簧式离合器的结构，由主动部分、从动部分、压紧装置和分离操纵机构四部分组成。

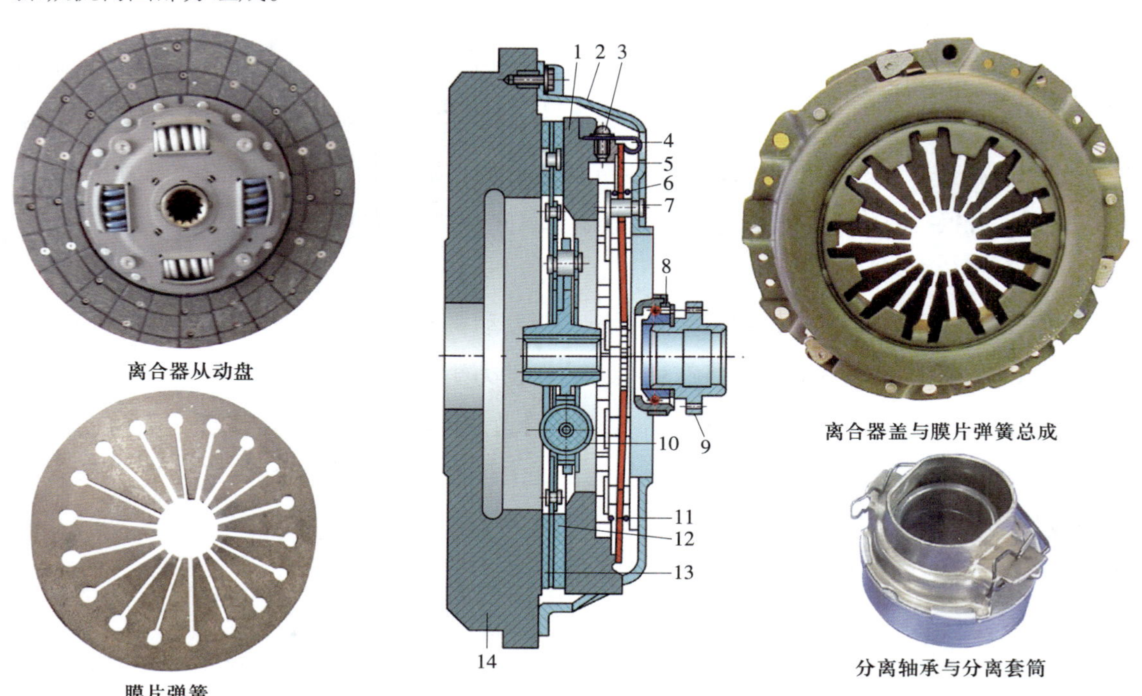

图 2-2-2 膜片弹簧式离合器的结构

1—压盘 2—离合器盖 3—螺钉 4—分离钩 5—膜片弹簧 6、11—支撑环 7—铆钉 8—分离轴承 9—分离套筒 10—扭转减振器 12—从动盘 13—摩擦片 14—飞轮

（1）主动部分

主动部分由飞轮和离合器盖总成组成。离合器盖总成由螺栓固定在发动机飞轮上，与发动机一起旋转。离合器盖总成由压盘、离合器盖、膜片弹簧、支撑环、铆钉和传动钢片等组成。

（2）从动部分

离合器从动部分主要是从动盘。从动盘毂通过花键与变速器输入轴配合。从动盘的两个摩擦面通过摩擦传递发动机转矩。轿车离合器从动盘带有扭转减振器，其主要特点：铆有摩擦片的从动盘钢片与带有花键的从动盘毂不是用铆钉刚性连接的，而是靠四周均布的减振弹簧弹性连接，当传递转矩时，由摩擦片传来的转矩首先传到从动盘钢片和扭转减振器盖上，再经减振弹簧传给从动盘毂，这时减振弹簧被压缩，缓和了由发动机传来的扭转

振动。故扭转减振器的作用是增加离合器接合时的柔顺性。

（3）压紧装置

压紧装置由压盘、离合器盖、膜片弹簧、支撑环、支撑环定位铆钉、分离钩和传动钢片等组成。

1）膜片弹簧。膜片弹簧用优质薄弹簧钢板制成，形状为碟形，其上开有 18 条径向切槽，切槽内端开通，外端为圆形，形成 18 根分离杠杆。膜片弹簧既起压紧弹簧的作用，又起分离杠杆的作用。

2）支撑环。两个支撑环位于膜片弹簧前、后面上，借铆钉夹持在离合器盖上，作为膜片弹簧变形时的支点，膜片弹簧的外缘就压在压盘的环形台上。

3）传动钢片与分离钩。沿压盘周边均布有 3 组传动钢片，每组 2 片，一端与离合器盖铆接，另一端连同分离钩一起固定于压盘上，用以传递转矩和分离压盘。

（4）分离操纵机构

分离操纵机构分为机械式和液压式，图 2–2–5 所示的离合器采用机械式分离操纵机构，分离轴承和分离套筒压装成一体，松套在从动轴的轴套上。分离拨叉是中部有支点的杠杆，离合器踏板安装在驾驶室里。

图 2–2–3 所示为速腾轿车的膜片弹簧式离合器。

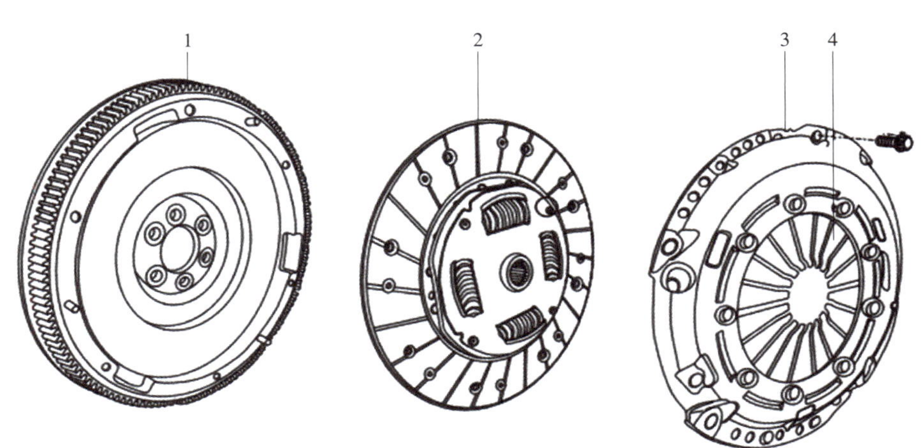

图 2–2–3 速腾轿车的膜片弹簧式离合器
1—飞轮 2—从动盘 3—压盘 4—膜片弹簧

2. 膜片弹簧式离合器的工作原理

（1）接合状态

离合器处于接合状态时，弹簧将压盘、飞轮及从动盘互相压紧。发动机的转矩经飞轮及压盘，通过摩擦面的摩擦传到从动盘，再经从动轴向传动系输出（见图 2–2–4a），图 2–2–5 所示为离合器的组成及工作原理。

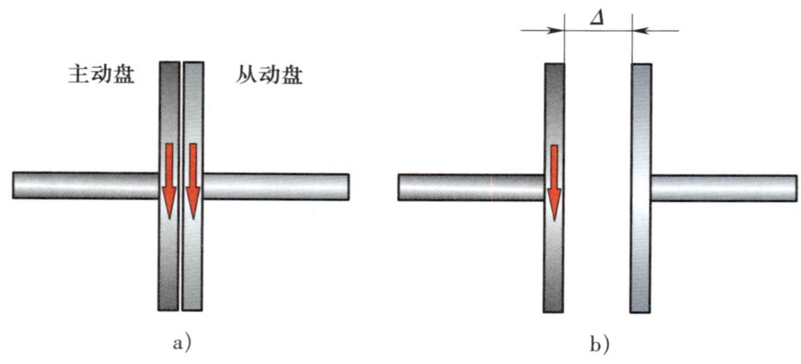

图 2-2-4　离合器的基本工作原理
a）接合状态　b）分离状态

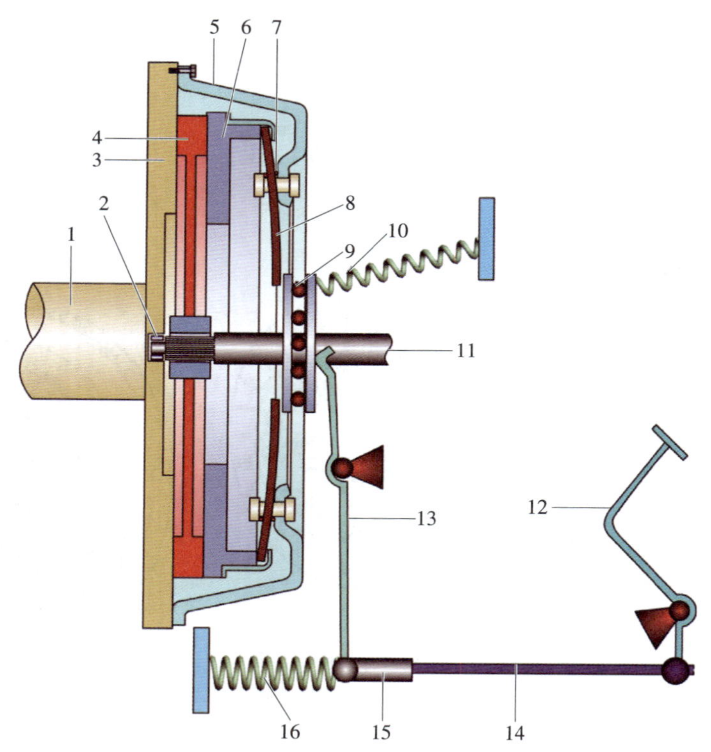

图 2-2-5　离合器的组成及工作原理
1—曲轴　2—轴承　3—飞轮　4—从动盘　5—离合器盖　6—压盘　7—支撑环
8—膜片弹簧　9—分离轴承和分离套筒　10、16—回位弹簧　11—从动轴
12—离合器踏板　13—分离拨叉　14—拉杆　15—调节叉

离合器所能传递的最大转矩应适当地高于发动机的最大转矩。

（2）分离过程

踩下离合器踏板时，拉杆拉动分离拨叉外端向右移动，分离拨叉内端通过分离轴承推动分离杠杆的内端向左移动，分离杠杆外端便拉动压盘向右移动，使其在进一步压缩压紧弹簧的同时，解除对从动盘的压力。于是离合器的主、从动部分处于分离状态而中断动力传递（见图 2–2–4b）。

（3）接合过程

当需要恢复动力传递时，缓慢抬起离合器踏板，分离轴承减小对分离杠杆内端的压力，压盘便在压紧弹簧作用下逐渐压紧从动盘，并使所传递的转矩逐渐增大。当所能传递的转矩小于汽车起步阻力时，从动盘不转，主、从动摩擦面间完全打滑；当所能传递的转矩达到足以克服汽车开始起步的阻力时，从动盘开始旋转，并经传动系使汽车运动，但从动盘的转速仍低于飞轮的转速，即摩擦面间仍存在着部分打滑现象。随着压力的不断增加和汽车的不断加速，主、从动部分的转速差逐渐减小，直到转速相等、打滑现象消失、离合器完全接合，接合过程才结束。由上述可知，汽车平稳起步是靠离合器逐渐接合过程中打滑程度的逐渐变化来实现的。

离合器接合后，在回位弹簧的作用下，离合器踏板回到最高位置，分离拨叉内端回至最右位置。分离轴承则在回位弹簧的作用下离开分离杠杆，向右紧靠在分离拨叉上。

3. 膜片弹簧式离合器的特点

（1）开有径向切槽的膜片弹簧，既起压紧弹簧的作用，又起分离杠杆的作用。

（2）膜片弹簧不像螺旋弹簧，在高转速时会因离心力作用而产生弯曲变形，导致弹力下降，其压力与转速无关。

（3）膜片弹簧具有非线性的弹性特性，即使摩擦片磨损后，仍能保持压紧力不减，即具有自动保持压紧力的能力，因此工作稳定性好，而且操纵轻便。

（4）对压盘压力均匀，离合器接合柔和。

三、离合器的自由间隙和离合器踏板的自由行程

如图 2–2–6 所示，离合器处于接合状态时，分离轴承与分离杠杆内端面（即膜片弹簧内端面）之间的预留间隙称为离合器的自由间隙。其作用是防止从动摩擦片磨损变薄后压盘不能向前移动而造成离合器打滑。

为消除离合器的自由间隙和分离操纵机构零件的弹性变形所需要的离合器踏板的行程，称为离合器踏板的自由行程。其大小可通过改变拉杆的工作长度进行调整。

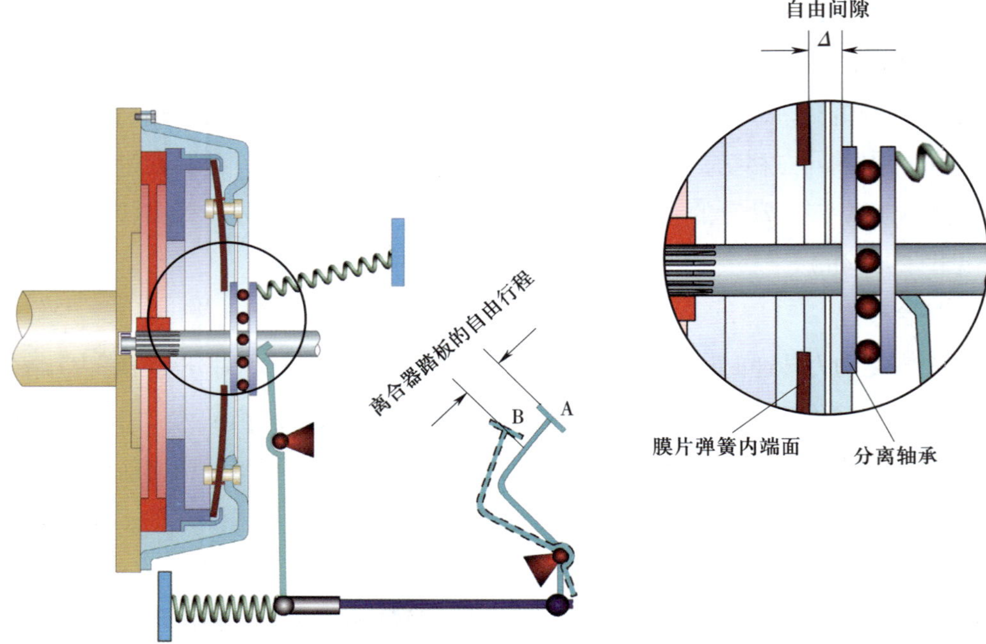

图 2–2–6　离合器的自由间隙和离合器踏板的自由行程

四、离合器液压操纵机构

离合器液压操纵机构如图 2–2–7 所示。

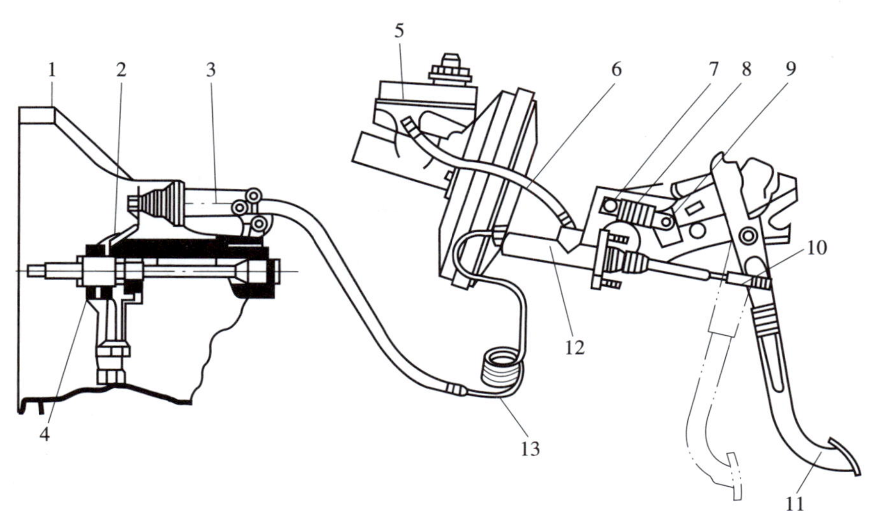

图 2–2–7　离合器液压操纵机构

1—变速器壳体　2—分离板　3—离合器工作缸　4—分离轴承　5—储液罐
6—进油软管　7—踏板助力器销轴　8—助力弹簧　9—销轴　10—推杆
11—离合器踏板　12—离合器主缸　13—油管总成

液压操纵机构由离合器踏板、储液罐、进油软管、离合器主缸（见图 2–2–8）、离合器工作缸（见图 2–2–9）、油管总成、分离轴承等组成。

其工作原理如图 2–2–10 所示，储液罐有两个出油孔，分别把制动液供给制动主缸和离合器主缸。

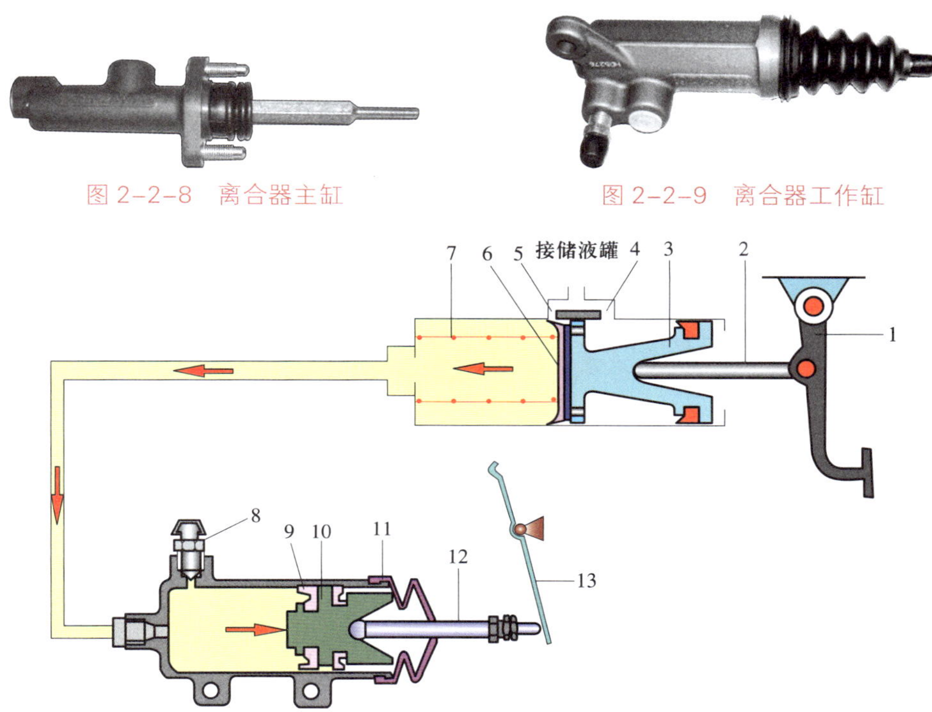

图 2–2–8　离合器主缸

图 2–2–9　离合器工作缸

图 2–2–10　离合器液压操纵机构工作原理示意图

1—离合器踏板　2—主缸推杆　3—主缸活塞　4—进油孔　5—补偿孔　6—主缸皮碗　7—主缸活塞回位弹簧　8—放气螺塞　9—工作缸皮碗　10—工作缸活塞　11—防尘罩　12—工作缸推杆　13—分离拨叉

主缸借补偿孔、进油孔通过进油软管与储液罐相通。主缸内装有活塞，活塞中部较细，且为十字形断面，使活塞右方的主缸内腔形成油室。活塞两端装有皮碗。活塞左端中部装有单向阀，经小孔与活塞右方主缸内腔的油室相通。当离合器踏板处于初始位置时，活塞左端皮碗位于补偿孔与进油孔之间，两孔均打开。

工作缸内装有活塞、皮碗、推杆等，缸体上还设有放气螺塞。当管路内有空气存在而影响操纵时，可拧出放气螺塞进行放气。

踩下离合器踏板时，通过主缸推杆使主缸活塞向左移动，单向阀关闭。当主缸皮碗将补偿孔关闭后，管路中油液受压，压力升高。在油压作用下，工作缸活塞向右移，工作缸推杆直接推动分离拨叉，从而带动分离轴承，使离合器分离。

工作缸活塞直径为 22.2 mm，主缸活塞直径为 19.05 mm，由于工作缸活塞直径略大于主缸活塞直径，故液压操纵机构稍有增力作用，以补偿液流通道的压力损失。

当迅速放松离合器踏板时，踏板回位弹簧通过主缸推杆使主缸活塞较快右移，而由于油液在管路中流动有一定阻力，流动较慢，活塞左面可能形成一定的真空度。在左、右压力差的作用下，少量油液通过进油孔经过主缸活塞的单向阀流到活塞左面以弥补真空。当由主缸压到工作缸去的油液经单向阀流入时，左腔总油量过多，多余的油即从补偿孔流回储液罐。当液压操纵机构中因漏油或因温度变化引起油液的容积变化时，则借补偿孔适时地使整个油路中油量得到适当的增减，以保证正常油压和液压操纵机构工作的可靠性。

五、离合器常见故障的现象及原因

汽车在使用过程中，经常需要踩下或松开离合器踏板，使离合器分离或接合，而使其处于滑转状态，加之操作不当，会使离合器的技术状况逐渐下降，造成离合器打滑、分离不彻底、异响和抖动等异常现象出现。

1. 离合器打滑

（1）现象

1）当汽车起步时，完全放松离合器踏板，发动机的动力不能完全传至变速器输入轴，使汽车动力下降、油耗增加和起步困难。

2）汽车加速时，车速不能随发动机转速提高而同步加快，以致行驶无力。

3）当汽车负载上坡时，打滑较明显，严重时，会从离合器内散发出焦臭味。

（2）原因

1）离合器踏板自由行程太小或没有，分离轴承经常压在离合器分离杠杆上，使压盘处于半分离状态。

2）压盘弹簧过软或折断。

3）摩擦片磨损变薄、硬化，铆钉外露或沾有油污。

4）离合器与飞轮固定螺栓松动。

2. 离合器分离不彻底

（1）现象

1）当汽车起步时，将离合器踏板踩到底仍挂挡困难，虽能强行挂入，但在不松踏板的情况下汽车就向前驶动或发动机熄火。

2）变速器挂挡困难或挂不进挡，并从变速器端发出齿轮撞击声。

（2）原因

1）离合器踏板自由行程过大。

2）分离杠杆内端不在同一平面上，某个分离杠杆或调整螺钉折断。

3）离合器从动盘翘曲，铆钉松脱或新换的摩擦片过厚。

4）双片式离合器中间主动盘限位螺钉调整不当，分离弹簧过软或折断。

5）从动盘毂键槽与变速器输入轴键齿锈蚀，使从动盘移动困难。

3. 离合器异响

（1）现象

在使用离合器时，有不正常的响声产生。

（2）原因

1）分离轴承磨损严重或缺油，轴承回位弹簧过软、折断或脱落。

2）分离杠杆支撑销孔磨损松旷。

3）从动钢片铆钉松动，钢片碎裂或减振弹簧折断。

4）踏板回位弹簧过软、脱落或折断。

5）从动盘毂与变速器输入轴花键磨损严重。

4. 起步时抖动

（1）现象

汽车起步时，离合器经常不能平稳接合，使车身发生抖动。

（2）原因

1）分离杠杆内端不在同一平面。

2）压盘或从动盘翘曲，从动盘铆钉松动。

3）压紧弹簧力不均。

4）离合器与飞轮固定螺栓松动。

技能训练

一、离合器的拆卸与装配

以速腾轿车为例。

实训准备：

设备：离合器总成。

工具：常用拆装工具、扭力扳手、密封工具。

材料：制动液、润滑脂（油）、无纺布吸油纸、记号笔。

资料：汽车维修手册。

1. 离合器的拆卸

（1）离合器总成的拆卸与分解

1）拆卸离合器时，首先要拆卸变速器。

2）在离合器盖与飞轮上做装配记号。

3）以对角顺序拧松并拆卸压盘与飞轮的固定螺栓，取下压盘总成、离合器从动盘。

4）在离合器盖与压盘之间及膜片弹簧之间做对合标记后，进行分解。

5）拆卸膜片弹簧装配螺栓，分离压盘及膜片弹簧与离合器盖。

（2）拆卸主缸

1）拔出主缸上的油管并用密封工具封闭。

2）脱开离合器位置传感器。

3）拆卸轴承座，松开主缸推杆固定件。

4）将离合器踏板与主缸推杆分离。

5）拔出轴承座中的主缸。

（3）拆卸工作缸

拧下工作缸进油管接头，再拆卸工作缸固定螺栓，即可拉出工作缸。

2. 离合器的装配

离合器的装配应大致按拆卸的相反顺序进行，同时还应注意以下几点。

（1）离合器盖与压盘及膜片弹簧的对合标记要对齐。

（2）各支点和轴承表面以及分离轴承在组装时应涂上润滑脂。

（3）离合器从动盘有减振弹簧保持架的一面应朝向压盘方向安装。

（4）安装离合器压盘总成时，需用导向定位器或变速器输入轴进行中心定位，使从动盘与压盘同心，以便安装输入轴。

（5）压盘必须与飞轮接触，才可紧固螺栓，紧固时应按对角顺序分多次逐个拧紧，紧固力矩为 20 N · m。

（6）分离拨叉两端必须同心。

（7）将离合器踏板的自由行程调到 15 ~ 25 mm。

（8）主缸和工作缸零件在装配前要用非腐蚀性液体清洗干净，并在活塞、皮碗、皮圈、缸筒等零件上涂一层制动液。装配后推杆在缸筒内运动应灵活。在放松（不工作）位置时，主缸皮碗和活塞头部应位于进油孔和补偿孔之间，两孔都打开。工作缸上带有塑料支撑环，安装时外表面要涂上一层薄薄的润滑油，工作缸推杆末端也要涂上润滑脂。

（9）安装离合器工作缸时，需要用一个适当的杠杆克服弹簧的弹力，将其压向变速器壳相应的孔中后，方能将固定螺栓旋入。

二、离合器的检修

实训准备：

设备：离合器总成。

工具：常用拆装工具、从动盘检测工具套装、专用工具、刀口尺、塞尺、游标卡尺、千斤顶、支架、扭力扳手。

材料：制动液、润滑脂、无纺布吸油纸。

资料：汽车维修手册。

1. 从动盘总成的检修

（1）从动盘总成的损伤

1）摩擦片磨损、烧蚀、破裂、沾有油污、铆钉松动。

2）从动钢片翘曲、破裂，从动盘毂铆钉松动，花键轴套花键磨损。

（2）从动盘总成的检修

1）从动盘端面圆跳动的检查。在距从动盘外边缘 2.5 mm 处测量，离合器从动盘最大端面圆跳动为 0.4 mm，如图 2–2–11 所示。如果超过规定值或存在其他损伤，应更换从动盘。

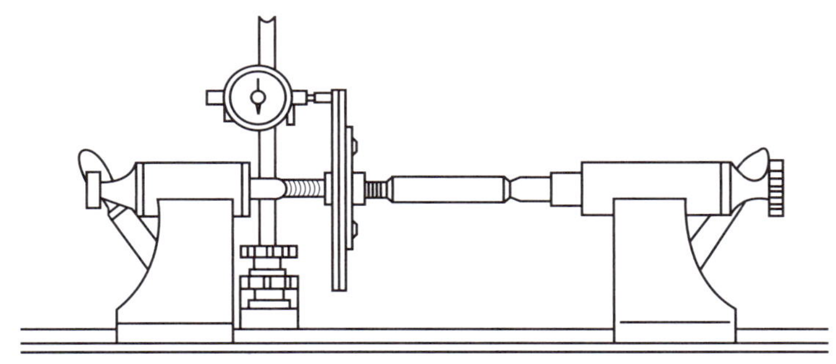

图 2–2–11　从动盘端面圆跳动的检查

2）摩擦片磨损程度的检查。摩擦片的磨损程度可用游标卡尺进行测量，铆钉头埋入深度应不小于 0.2 mm。如果小于规定值或存在其他损伤，应更换摩擦片。

2. 压盘的检修

离合器压盘平面度应不超过 0.2 mm，可用刀口尺放平后以塞尺测量，如图 2–2–12 所示。如果超过规定值，应更换压盘。

更换压盘时，先用台钻除掉传动钢片与离合器盖连接的铆钉头，然后用冲子冲出铆钉，使离合器盖与压盘分离。组装新压盘时，须在离合器盖与压盘的接触面上涂上一薄层润滑脂，用专用螺栓将离合器盖与压盘组装起来。

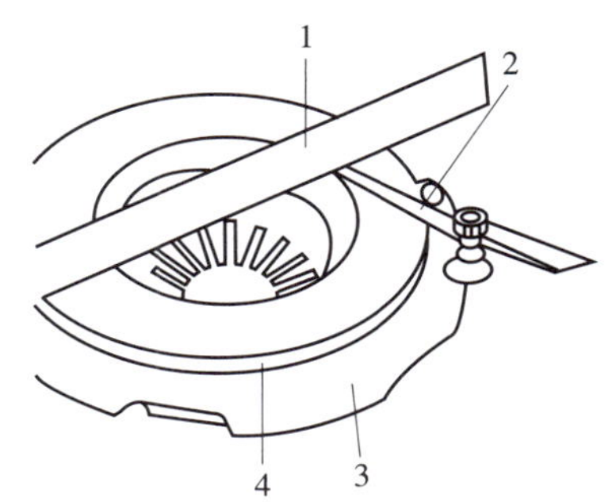

图 2–2–12　压盘的检查

1—刀口尺　2—塞尺　3—离合器盖　4—压盘

3. 膜片弹簧的检修

用游标卡尺测量膜片弹簧内端磨损的深度和宽度，如图 2–2–13 所示。磨损的极限值为深度 0.6 mm，宽度 5.0 mm。如果超过极限值或存在其他损伤，须更换离合器盖总成或膜片弹簧。

用一个塞尺和专用工具测量膜片弹簧的弯曲变形，如图 2-2-14 所示。膜片弹簧内端应在同一平面内，膜片弹簧内端与专用工具之间的间隙不能超过 0.5 mm，如果过大，则必须调整。

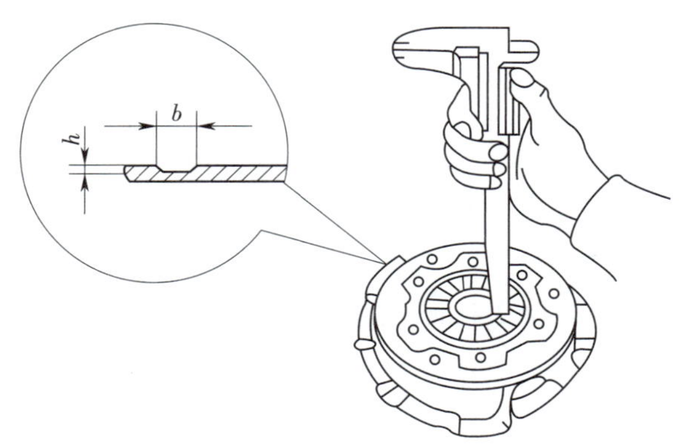

图 2-2-13　膜片弹簧内端磨损的检查

图 2-2-14　膜片弹簧弯曲变形的测量

调整时，用专用工具将膜片弹簧弯曲到正确的位置，调整后再测量一次，直到符合要求。

4. 分离轴承的检修

检查分离轴承时，应固定内缘转动外缘，同时在轴向施加压力，如有卡滞或明显间隙，则应更换分离轴承。该轴承是永久润滑而不需要加注润滑油的，当出现脏污时，用干净抹布擦净即可，出现异响无法消除时必须更换。

5. 主缸、工作缸的检修

主缸和工作缸是离合器液压操纵机构的主要部件，其工作性能的好坏直接影响离合器的工作性能。当出现缸筒内壁磨损超过 0.125 mm、活塞与缸筒的间隙超过 0.2 mm、皮圈老化及回位弹簧失效等情况时，应更换相应零件。

6. 液压操纵机构的放气

离合器液压操纵机构在经过检修之后，管路内可能进入空气，在添加制动液时也可能使液压操纵机构中进入空气。空气进入后，缩短了主缸推杆行程即踏板工作行程，从而使离合器分离不彻底。因此，液压操纵机构检修后或怀疑液压操纵机构中进入空气时，要排除液压操纵机构中的空气。排除方法如下：

（1）用千斤顶顶起汽车，然后用支架将汽车支住。将主缸储液罐中的制动液加至规定高度。

（2）在工作缸的放气螺塞上安装一软管，并接到一个盛有制动液的容器内。

（3）排除空气需要两个人配合工作，一人慢慢地踩离合器踏板数次，感到有阻力时踩住不放，另一人拧松放气螺塞，直至制动液开始流出，然后拧紧放气螺塞。

（4）连续按上述方法操作几次，直到流出的制动液中不见气泡。

（5）空气排除干净之后，需要再次检查及调整踏板自由行程。

7. 离合器踏板自由行程的调整

离合器操纵机构有拉索机械式和液压式两种。

如果为拉索机械式，踏板自由行程是在离合器安装完毕后，通过拉索长度调整螺母来调整的。以上海桑塔纳轿车为例，其离合器踏板总行程为（150 ± 5）mm，踏板的自由行程允许为 15 ~ 25 mm，如图 2–2–15 所示。

如果采用液压式操纵机构，以速腾轿车为例，其离合器踏板的总行程为 131.8 ~ 139.1 mm，自由行程仍为 15 ~ 25 mm，可通过转动主缸推杆端部的 U 形推杆叉进行调整，如图 2–2–16 所示。调整后将锁紧螺母扭紧。

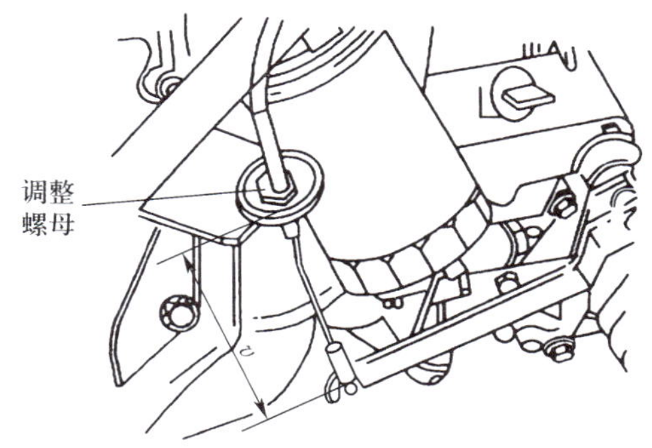

图 2–2–15 离合器踏板自由行程的调整（拉索机械式）

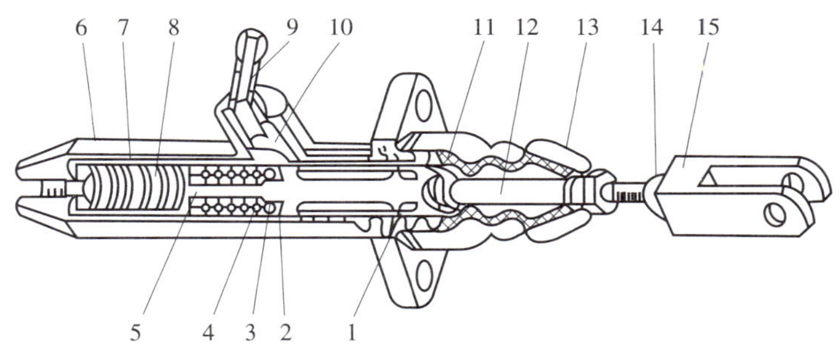

图 2–2–16 离合器踏板自由行程的调整（液压式）

1—皮圈 2—垫片 3—皮碗 4—弹簧座 5—活塞 6—离合器主缸缸体 7—离合器主缸缸筒 8—回位弹簧 9—进油嘴 10—压盖 11—卡环 12—主缸推杆 13—防尘罩 14—锁紧螺母（锁紧 U 形推杆叉用） 15—U 形推杆叉

小结

1. 离合器的功用是保证汽车平稳起步、便于换挡、防止传动系过载。

2. 对离合器的要求是具有合适的转矩储备能力；接合平顺柔和，以保证汽车平稳起步；分离迅速彻底，便于发动机起动和变速器换挡；具有良好的散热能力；操纵轻便，以减轻驾驶员的疲劳程度；从动部分的转动惯量尽可能小，以减小换挡时的冲击。

3. 摩擦式离合器的类型，按从动盘的数目不同，可分为单片式、双片式和多片式；按弹簧的类型及布置形式不同，可分为周布弹簧式、中央弹簧式、膜片弹簧式和斜置弹簧式等；按操纵机构的不同，可分为机械式、液压式、气压式和空气助力式等。

4. 膜片弹簧式离合器由主动部分、从动部分、压紧装置和分离操纵机构组成。

课题3　变速器及分动器

学习目标

1. 能够阐述变速器的功用及分类。
2. 能够描述两轴式、三轴式变速器的基本结构及同步器的工作原理。
3. 能够解释变速器操纵机构的自锁、互锁原理。
4. 能够叙述分动器不同挡位的工作情况。
5. 能够根据手动变速器的故障现象，分析其故障原因。
6. 能够正确使用工量具和设备，根据维修手册要求，完成手动变速器的拆装。

一、变速器的功用

目前汽车上广泛采用的是活塞式发动机，其转矩变化范围比较小，而汽车实际行驶的道路条件非常复杂，这就要求汽车的牵引力和行驶速度能够在相当大的范围内变化。另外，发动机的曲轴始终同一方向运转，而汽车在行驶过程中有时需要向后行驶。在发动机起动、怠速和汽车滑行等情况下，需要中断发动机向驱动轮的动力传递。为了解决这些问题，在汽车的传动系中设置了变速器，如图 2–3–1 所示。变速器的功用有以下几点。

1. 变速、变矩

即通过改变传动比，扩大驱动轮转矩和转速的变化范围，以适应经常变化的行驶条件。

2. 变向

即在发动机曲轴旋转方向不变的情况下，利用变速器使汽车能倒向行驶。

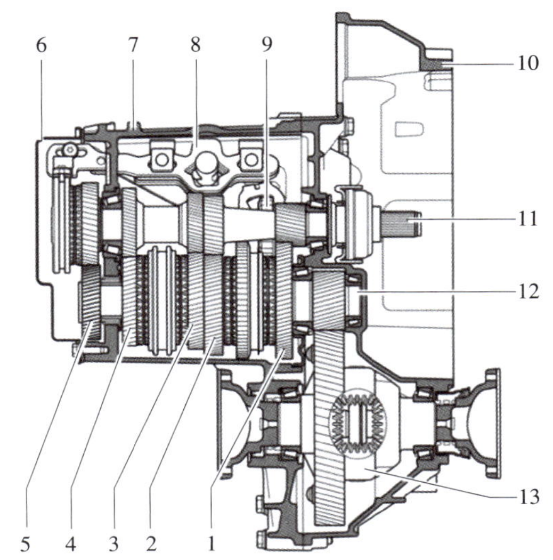

图 2-3-1 变速器

1—1 挡齿轮 2—2 挡齿轮 3—3 挡齿轮 4—4 挡齿轮 5—5 挡齿轮 6—盖板 7—变速器壳体 8—换挡机构（换挡拨叉） 9—倒挡齿轮 10—离合器壳体 11—输入轴 12—输出轴 13—差速器

3. 中断动力传递

即利用变速器的空挡中断动力传递，使发动机能够起动和怠速运转，满足汽车暂时停车或滑行的需要。

4. 动力输出

即驱动其他机构。

二、变速器的分类

现在汽车上所采用的变速器有多种结构形式，通常可作如下分类。

1. 变速器按传动比的级数可分为有级式、无级式和综合式三种，见表 2-3-1。

表 2-3-1 变速器按传动比的级数分类

种类	特点
有级式变速器	采用齿轮传动，具有若干个定值传动比。轿车和轻、中型货车的变速器多采用 3～5 个前进挡和 1 个倒挡。重型汽车变速器的挡位较多，有的重型汽车还装有副变速器 有级式变速器具有结构简单、易于制造、工作可靠、传动效率高的优点
无级式变速器	其传动比在一定范围内可连续变化，多采用液力变矩器及锥形齿轮带传动来完成
综合式变速器	它是由液力变矩器和行星齿轮式变速器组成的液力机械式变速器，其传动比可在最大值与最小值之间的几个间断的范围内无级变化，目前应用较多

2. 变速器按操纵方式可分为手动操纵式和自动操纵式两种，见表 2-3-2。

表 2-3-2　变速器按操纵方式分类

种类	特点
手动操纵式变速器（以下简称手动变速器）	它是通过驾驶员用手操纵变速杆来选定挡位的，并直接操纵变速器的换挡机构完成挡位变换。齿轮式有级变速器大多采用强制操纵的换挡方式
自动操纵式变速器（以下简称自动变速器）	自动变速器在某一传动比范围内（一般是在前进挡范围内），由变速器的自动控制系统根据发动机的负荷和车速的变化情况自动选定挡位并进行挡位变换，即自动改变传动比，驾驶员只操纵加速踏板便可以控制车速

3. 变速器按传动方式可分为普通齿轮式和行星齿轮式两种。

本课题只介绍手动操纵式普通齿轮变速器。

三、手动变速器的工作原理

手动变速器一般为普通齿轮式变速器，也叫定轴式变速器，由变速器壳体、轴线固定的几根轴和若干对齿轮组成，可实现变速、变矩和改变旋转方向。

1. 变速、变矩原理

如图 2-3-2 所示，一对不同齿数的齿轮啮合，在相同的时间内参加啮合的齿数相等，因而两齿轮转过的圈数不等。当小齿轮为主动轮时，大齿轮转速比小齿轮慢，当大齿轮为主动轮时，小齿轮则会以高于大齿轮的转速运转，这种转速关系的变化可以用传动比描述：

传动比 = 主动轮转速 / 从动轮转速 = 从动轮齿数 / 主动轮齿数

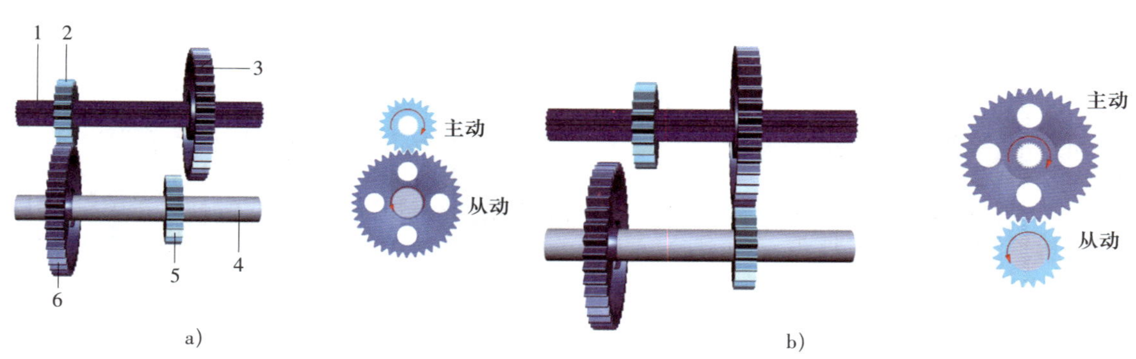

图 2-3-2　变速、变矩原理

a）减速传动　b）增速传动

1—输入轴　2—输入轴小齿轮　3—输入轴大齿轮　4—输出轴　5—输出轴小齿轮　6—输出轴大齿轮

显然，两齿轮齿数相等时，传动比等于 1，从动轮无转速变化；小齿轮带动大齿轮时，传动比大于 1，从动轮减速运转；大齿轮带动小齿轮时，传动比小于 1，从动轮增速运转。我们称传动比大于 1 的挡为减速挡，传动比等于 1 的挡为直接挡，传动比小于 1 的挡为超速挡。在变速器多个前进挡中，按传动比由大到小的次序依次称为 1 挡、2 挡、3 挡，挡位越低，相应的车速也越低。

以速腾轿车五挡手动变速器为例，其传动比见表 2–3–3。

表 2–3–3　速腾轿车五挡手动变速器传动比

挡位	传动比	挡位	传动比
1 挡	3.788	4 挡	0.971
2 挡	2.188	5 挡	0.733
3 挡	1.360	倒挡	3.60

当驾驶员驾车遇重载、爬坡或路况不好时，总是换入低速挡，反之则使用高速挡，这不仅是出于对车速的考虑，更是为了得到不同的驱动力。当一对大小不等的齿轮啮合传动时，在啮合点处两齿轮彼此作用的力大小相等，而对于半径大的齿轮，相当于力臂较长，因而其力矩就大，即大齿轮在被小齿轮带动减速的同时，得到的转矩增大，可见转矩与转速成反比关系。换用低速挡时，驱动轮得到的转矩大，驱动力也大，汽车克服路面阻力的能力加强。

2. 换挡原理

变速器中有许多齿轮，换入某一挡位就确定了具有某一传动比的一组齿轮参与传动，把这组齿轮脱开，换上另一组传动比不同的齿轮参与传动，变速器就输出新的转速，这就是换挡。

3. 变向原理

由齿轮传动原理可知，一对相啮合的外齿轮旋向相反，每经过一传动副，其轴改变一次转向，故两轴式变速器在输入轴和输出轴之间加装了一倒挡轴和倒挡齿轮，而三轴式变速器则在中间轴和输出轴之间加装了一倒挡轴和倒挡齿轮，就可使输出轴与输入轴转向相反，从而可使汽车倒向行驶，如图 2–3–3 所示。

四、手动变速器及分动器的基本结构

手动变速器由变速传动机构和操纵机构组成。变速传动机构主要通过不同齿数的齿轮副组成不同动力传递路线（组成不同传动比的挡位）。操纵机构主要进行传动比的变换，即换挡。

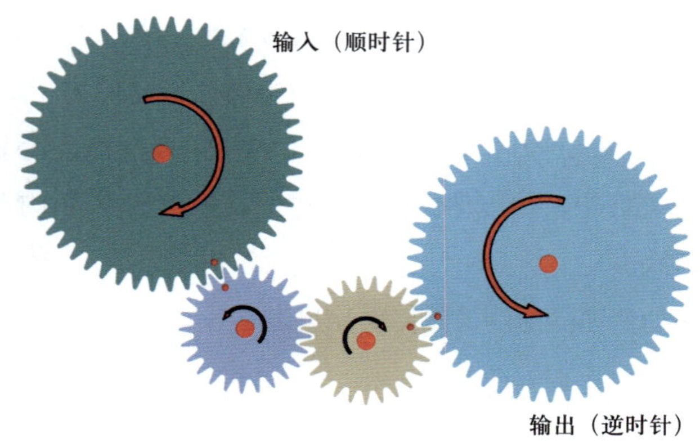

图 2–3–3　变速器的变向原理

变速传动机构安装在变速器壳内，有两轴式和三轴式两种，由输入轴、输出轴、倒挡轴（三轴式还有中间轴）及各轴上的齿轮、轴承及同步器组成。通过移动同步器中的接合套或滑动齿套，实现挡位变换。通常讲变速器的挡数是指前进挡的个数。

变速器操纵机构的作用是保证驾驶员根据使用条件，将变速器换入某个挡位。操纵机构一般安装在变速器盖上，由变速杆、拨块、拨叉轴、拨叉等组成，移动变速杆，拨叉便可带动接合套或滑动齿套前后移动，实现换挡。为了保证变速器正常工作，操纵机构中设置了自锁、互锁及倒挡锁等锁止装置。自锁装置主要用于防止跳挡，互锁装置用于防止同时挂上两个挡，倒挡锁装置用于防止误挂倒挡。

1. 两轴式变速器

在发动机前置、前轮驱动和发动机后置、后轮驱动的中、轻型轿车上，采用两轴式变速器，其特点是只有输入轴和输出轴（不包括倒挡轴），无中间轴，且输入轴与输出轴平行。其中，前置发动机又有纵向布置和横向布置两种，与其配用的两轴式变速器也有两种不同的结构形式。

（1）发动机纵向布置的两轴式变速器的变速传动机构

1）结构。图 2–3–4 所示为五挡两轴式变速器的结构，图 2–3–5 所示为五挡两轴式变速器的传动原理示意图。

发动机纵向布置的两轴式变速器内部结构均采用两轴布置形式，即输入轴总成和输出轴总成，取消了常规的中间轴。其中，四挡变速器共有四个前进挡，全部采用同步器操纵换挡，两个锁环式惯性同步器分别安装在输入轴和输出轴上；而五挡变速器的五个前进挡也全部采用同步器操纵换挡，三个锁环式惯性同步器，一个安装在变速器输出轴上，两个安装在输入轴上。输入轴的 1 挡、2 挡齿轮和倒挡齿轮与轴制成一体，其他均为带内衬套式齿轮。

2）同步器。变速器在换挡过程中，必须使即将啮合的一对齿轮的圆周速度达到相同，才能顺利地啮合并挂上挡位。如果未达到同步就强行啮合，其齿端将发生撞击并产生噪

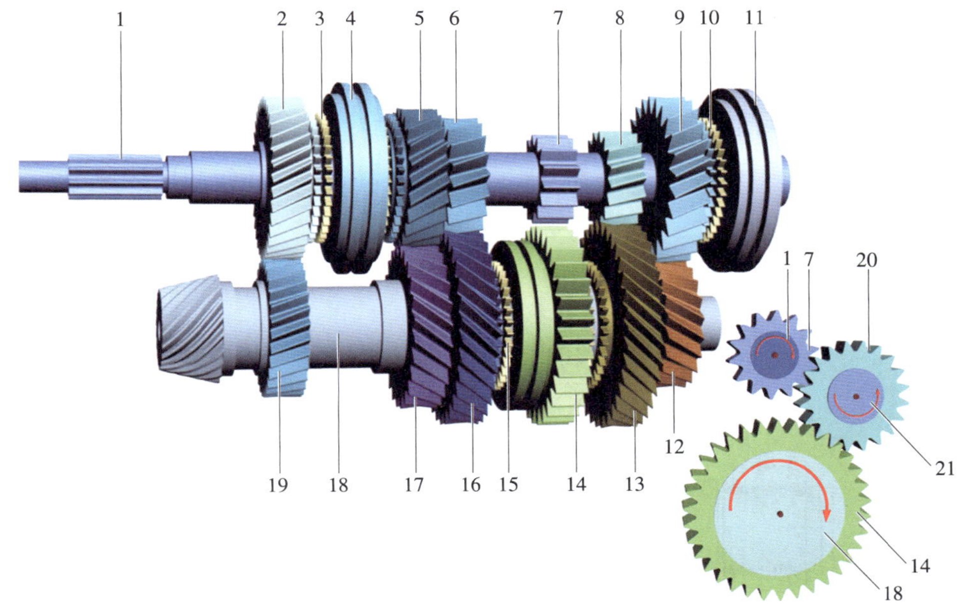

图 2-3-4 五挡两轴式变速器的结构

1—输入轴 2—输入轴 4 挡齿轮 3—4 挡锁环 4—3 挡、4 挡接合套 5—输入轴 3 挡齿轮
6—输入轴 2 挡齿轮 7—输入轴倒挡齿轮 8—输入轴 1 挡齿轮 9—输入轴 5 挡齿轮
10—5 挡锁环 11—5 挡接合套 12—输出轴 5 挡齿轮 13—输出轴 1 挡齿轮
14—输出轴倒挡齿轮 15—2 挡锁环 16—输出轴 2 挡齿轮 17—输出轴 3 挡齿轮
18—输出轴（带主动锥齿轮） 19—输出轴 4 挡齿轮 20—倒挡惰轮 21—倒挡轴

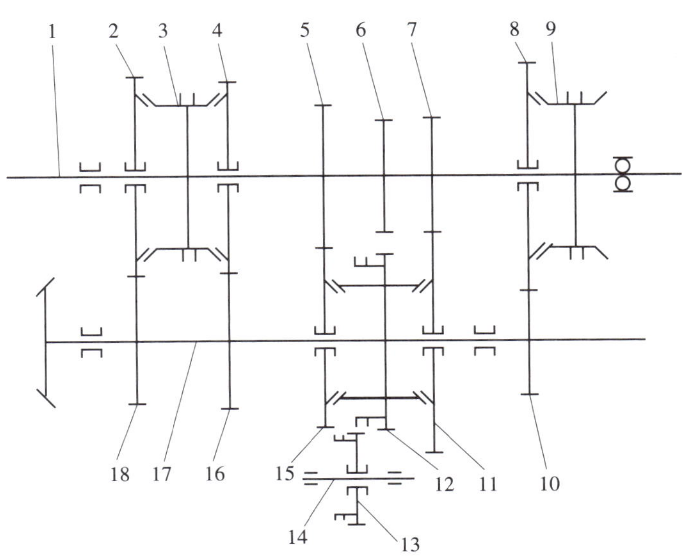

图 2-3-5 五挡两轴式变速器的传动原理示意图

1—输入轴 2—输入轴 4 挡齿轮 3—3 挡、4 挡接合套 4—输入轴 3 挡齿轮 5—输入轴 2 挡齿轮
6—输入轴倒挡齿轮 7—输入轴 1 挡齿轮 8—输入轴 5 挡齿轮 9—5 挡接合套 10—输出轴 5 挡齿轮
11—输出轴 1 挡齿轮 12—输出轴倒挡齿轮 13—倒挡惰轮 14—倒挡轴 15—输出轴 2 挡齿轮
16—输出轴 3 挡齿轮 17—输出轴（带主动锥齿轮） 18—输出轴 4 挡齿轮

声，影响齿轮的工作寿命，甚至使轮齿折断。变速器内装有同步器后，换挡过程中，当两个齿轮相互接近时，在摩擦力作用下，两个齿轮迅速达到同步状态，平稳进入啮合。这样不但可以简化驾驶员换挡操作过程，还可延长齿轮使用寿命。

图 2-3-6 所示为锁环式惯性同步器，主要由同步器齿毂（花键毂）、接合套、滑块、弹簧圈、锁环等零件组成。

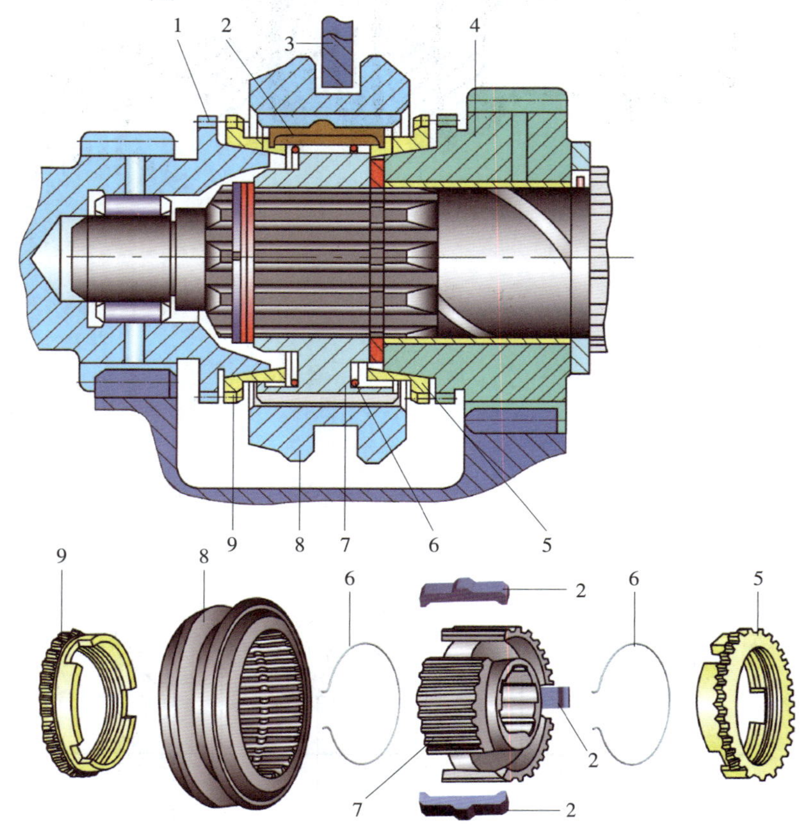

图 2-3-6　锁环式惯性同步器

1—输入轴 3 挡齿轮　2—滑块　3—拨叉　4—输出轴 2 挡齿轮　5、9—锁环　6—弹簧圈　7—花键毂　8—接合套

其中，齿毂以内花键与变速器轴连接。接合套套合于齿毂的外花键上，挂挡时可沿花键移动。三个滑块位于齿毂上相应的三条槽中，平时在弹簧圈作用下，滑块中央的凸出部位嵌入接合套相应的槽内。锁环也称同步环，位于齿毂与变速齿轮之间，其内锥面上螺纹槽用于破坏锥面上产生的油膜，提高同步摩擦效果。滑块两端位于前、后锁环的缺口内，只有滑块端头位于锁环缺口的中央时，接合套才能与锁环上锁止齿啮合，继续移动，挂上新挡位。

①工作原理。锁环式惯性同步器的基本工作原理如图 2-3-7 所示，A、B 轴均旋转，但 A 轴转速大于 B 轴转速，两轴转速不同步（见图 2-3-7a），若将 A、B 轴相互接触产生摩

擦，其结果是转速快的 A 轴将变慢，转速慢的 B 轴将变快，最终的结果是 A、B 轴同速转动，即两轴转速同步（见图 2-3-7b）。从以上例子可以看出，通过摩擦可以使不同转速的两轴迅速同步。

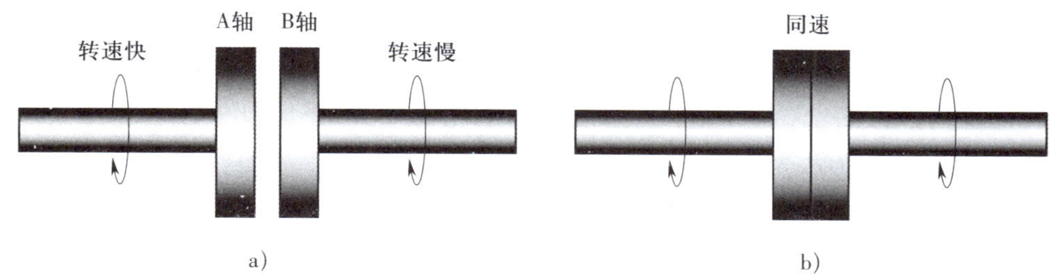

图 2-3-7 锁环式惯性同步器的基本工作原理

a）两轴转速不同步 b）两轴转速同步

图 2-3-8 所示为利用同步器 2 挡换 3 挡的工作过程。

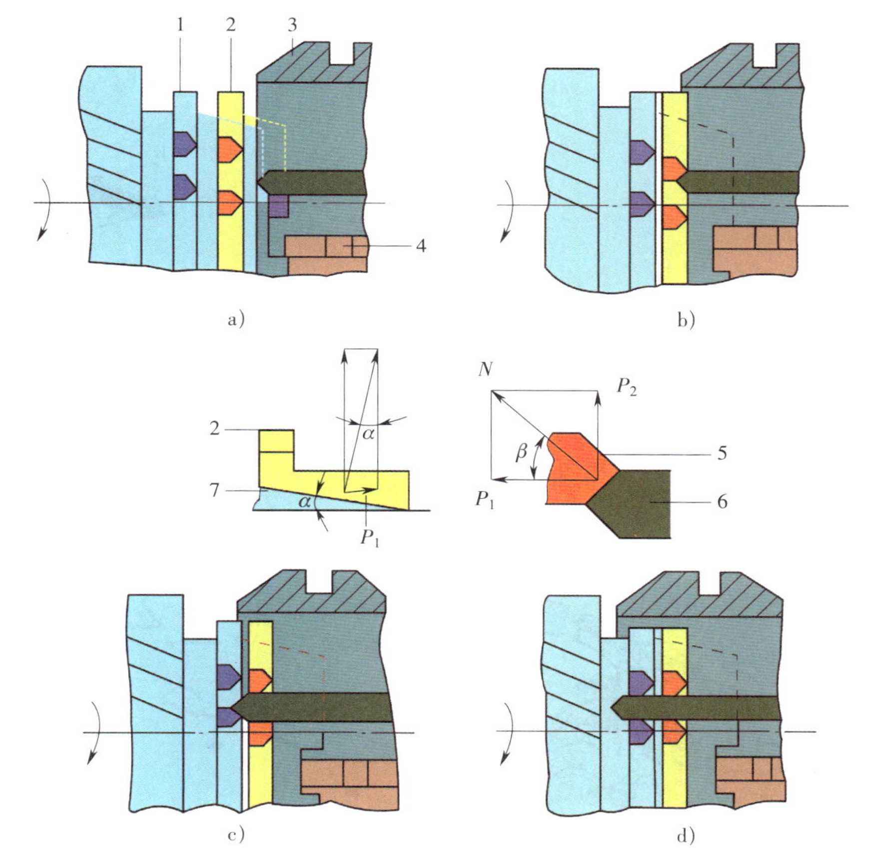

图 2-3-8 利用同步器 2 挡换 3 挡的工作过程

a）空挡位置 b）锁止 c）越过锁环 d）挂入 3 挡

1—3 挡接合齿圈 2—锁环 3—接合套 4—花键毂 5—锁环花键齿

6—接合套花键齿 7—3 挡摩擦锥面

②同步开始。当变速杆开始移动时，拨叉推动接合套、滑块、锁环移动，变速齿轮带动锁环相对于接合套转过一个角度，使滑块端头位于锁环缺口一侧，锁环阻止接合套继续移动。

③同步过程。在变速杆推动力作用下，锁环与齿轮锥面压紧，两者发生强有力的摩擦作用，迅速达到同步。同时，同步前，在惯性力作用下，锁环与接合套花键齿始终抵触，有效防止同步前强行啮合。

④同步啮合。同步后，惯性力消失，锁环退转一个角度，使滑块端头位于锁环缺口中央，接合套先与锁环花键齿啮合，然后与变速齿轮啮合，顺利挂上新挡位。

（2）变速器的操纵机构

速腾轿车五挡变速器的操纵机构主要由远距离操纵机构和内换挡机构两部分组成，如图 2-3-9 所示。

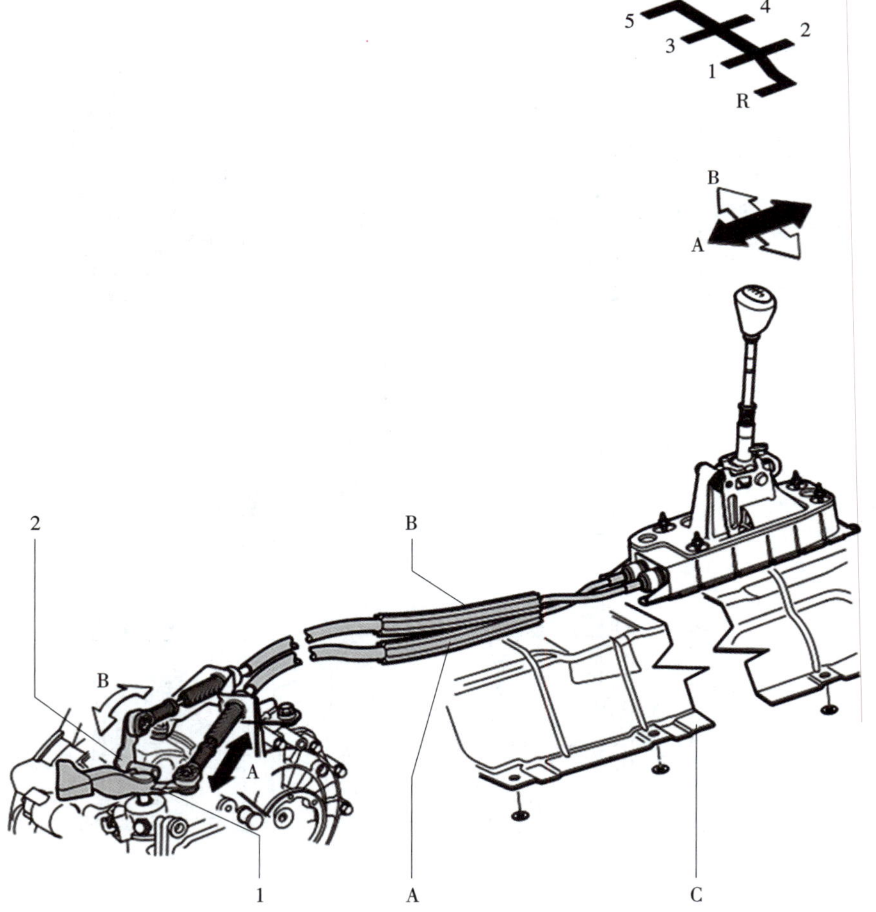

图 2-3-9　速腾轿车五挡变速器的操纵机构

A—用于换挡的换挡拉索　B—用于选挡的选挡拉索　C—隔热板

1—换挡杆　2—换向杆

2. 三轴式变速器

（1）三轴式变速器的变速传动机构

1）结构。图 2-3-10 所示为三轴式变速器的结构，图 2-3-11 所示为三轴式变速器的传动原理示意图。变速器通过四个螺栓固定在飞轮壳后端面上，它有三根主要轴，分别为第一轴（输入轴）、第二轴（输出轴）和中间轴，另外还有倒挡轴。

①第一轴。第一轴的前、后端分别用轴承支撑在曲轴后端及变速器壳体前壁的轴承孔内，前端花键部分装离合器的从动盘，后端装有常啮合传动齿轮。

②中间轴。中间轴两端均由轴承支撑在变速器壳体上，齿轮通过半圆键固定在中间轴上，中间轴与倒挡中间齿轮制成一体。

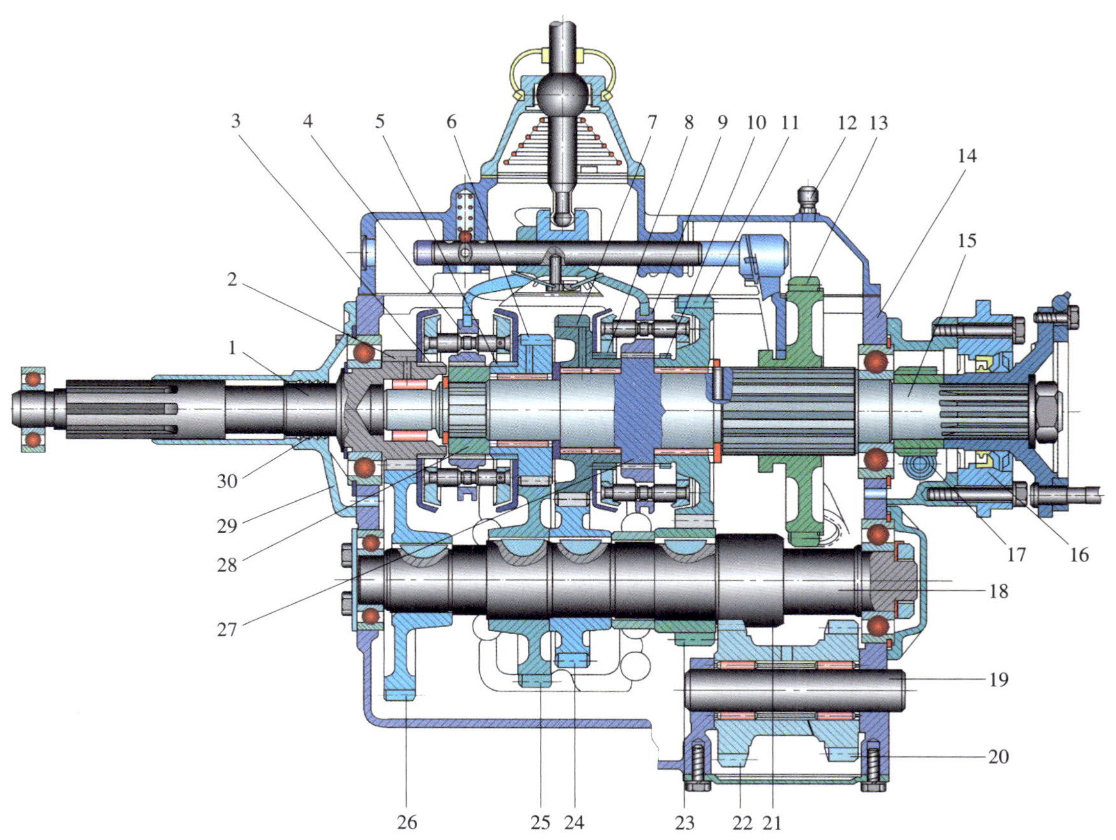

图 2-3-10 三轴式变速器的结构

1—第一轴 2—第一轴常啮合传动齿轮 3—第一轴常啮合传动齿轮接合齿圈 4、9—接合套 5—4 挡齿轮接合齿圈 6—第二轴 4 挡齿轮 7—第二轴 3 挡齿轮 8—3 挡齿轮接合齿圈 10—2 挡齿轮接合齿圈 11—第二轴 2 挡齿轮 12—通气孔 13—第二轴 1 挡、倒挡滑动齿轮 14—变速器壳体 15—第二轴 16—驻车制动器底座 17—车速里程表传动齿轮 18—中间轴 19—倒挡轴 20、22—倒挡中间齿轮 21—中间轴 1 挡、倒挡主动齿轮 23—中间轴 2 挡齿轮 24—中间轴 3 挡齿轮 25—中间轴 4 挡齿轮 26—中间轴常啮合传动齿轮 27、28—花键毂 29—第一轴轴承盖 30—轴承盖回油螺纹

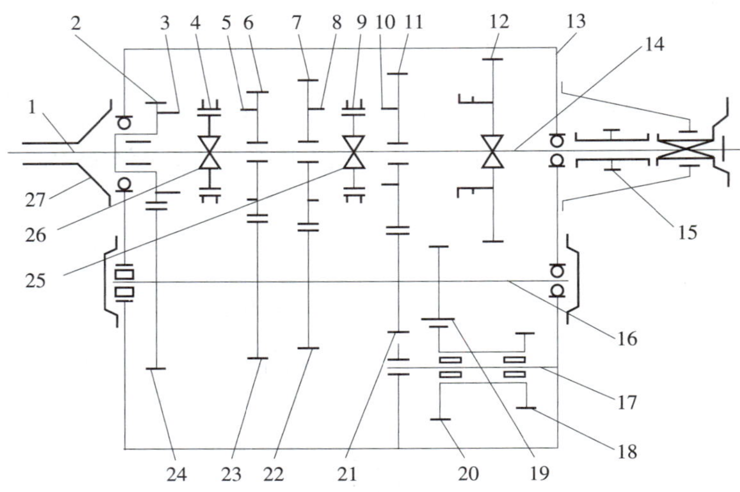

图 2-3-11 三轴式变速器的传动原理示意图

1—第一轴 2—第一轴常啮合传动齿轮 3—第一轴常啮合传动齿轮接合齿圈 4、9—接合套 5—4 挡齿轮接合齿圈 6—第二轴 4 挡齿轮 7—第二轴 3 挡齿轮 8—3 挡齿轮接合齿圈 10—2 挡齿轮接合齿圈 11—第二轴 2 挡齿轮 12—第二轴 1 挡、倒挡滑动齿轮 13—变速器壳体 14—第二轴 15—车速里程表传动齿轮 16—中间轴 17—倒挡轴 18、20—倒挡中间齿轮 19—中间轴 1 挡、倒挡主动齿轮 21—中间轴 2 挡齿轮 22—中间轴 3 挡齿轮 23—中间轴 4 挡齿轮 24—中间轴常啮合传动齿轮 25、26—花键毂 27—第一轴轴承盖

③第二轴。第二轴后端通过凸缘与万向传动装置相连，将动力输出。其前端用滚针轴承支撑在第一轴后端轴承孔内，后端用滚针轴承支撑在变速器壳体后壁的轴承孔内。第二轴上的各挡齿轮与中间轴相应的各挡齿轮均为常啮合齿轮副，所以第二轴上的齿轮都通过衬套或滚针轴承空套在轴上，为了使这些齿轮在挂挡后与第二轴连接起来传递动力，在各齿轮的一侧均制有接合齿圈，并在第二轴上相应地装有花键毂和接合套或同步器等换挡装置。为了防止各齿轮的轴向移动，在第二轴与齿轮端面之间装有卡环，对齿轮进行轴向定位。另外，第二轴后轴承盖内还装有车速里程表驱动杆及其蜗轮。

④倒挡轴。倒挡轴是固定轴，其轴端与变速器壳体上的轴承孔为过盈配合，如图 2-3-10 所示。倒挡中间齿轮通过滚针轴承空套在倒挡轴上，它同时与第二轴上的倒挡滑动齿轮及中间轴上的倒挡主动齿轮常啮合。它作为惰轮，置于齿轮 21 与齿轮 13 之间，可使第二轴旋转方向与第一轴旋转方向相反，即可实现倒向行驶。变速器中除 1 挡、倒挡齿轮为直齿轮外，其余齿轮均为斜齿轮。

2）锁销式惯性同步器。图 2-3-12 所示为三轴式变速器第 4 挡、5 挡采用的锁销式惯性同步器，由同步器齿毂（花键毂）、接合套、两个摩擦锥盘、两个摩擦锥环、三个定位销及钢球、三个锁销等零件组成。其同步工作原理：换挡时，在锥环和锥盘两锥面摩擦作用下，

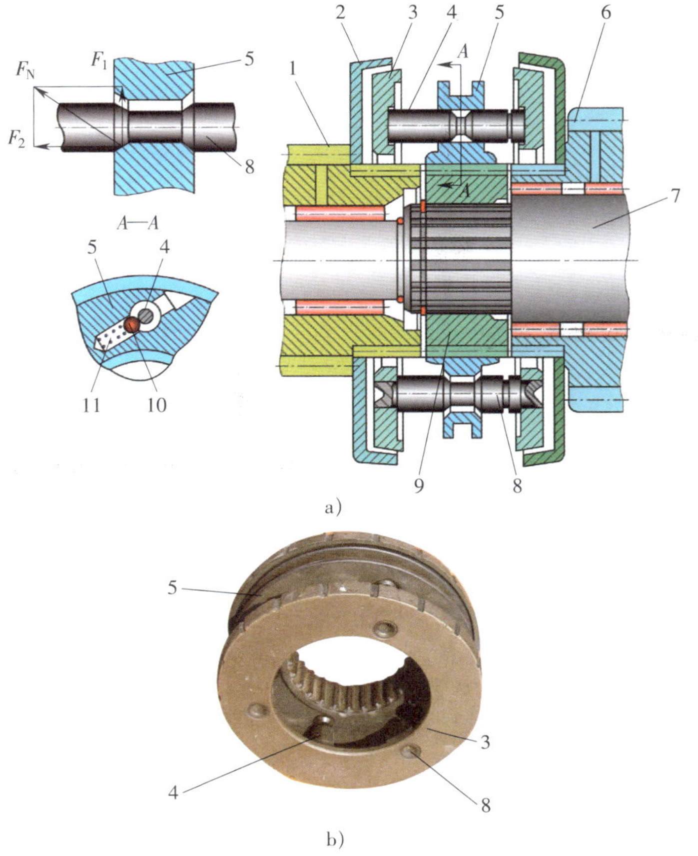

图 2-3-12　锁销式惯性同步器

a）装配图　b）同步组件

1—第一轴齿轮　2—摩擦锥盘　3—摩擦锥环　4—定位销　5—接合套　6—第二轴 4 挡齿轮　7—第二轴　8—锁销　9—花键毂　10—钢球　11—弹簧

准备啮合的两齿轮迅速达到同步。同步前，在惯性力的作用下，接合套与锁销倒角始终抵触，防止同步前强行啮合。

（2）变速器的操纵机构

如图 2-3-13 所示，变速器的操纵机构由变速杆、拨叉、拨叉轴等组成。

为保证变速器能准确、安全、可靠地工作，变速器中一般均设有自锁、互锁和倒挡锁三大锁止装置。

变速器自锁装置如图 2-3-14 所示，由自锁弹簧、自锁钢球和拨叉轴上的自锁凹槽等组成，其作用是防止变速器自动脱挡，并保证挂挡传动时轮齿以全齿进行啮合。从图 2-3-14 中可以看出自锁装置的工作原理。当任何一根拨叉做轴向移动到空挡位或某挡位时，必有一个凹槽正好对准自锁钢球，钢球在自锁弹簧压力作用下嵌入凹槽内，以防止拨叉及轴自行移动，起到自锁定位的作用。

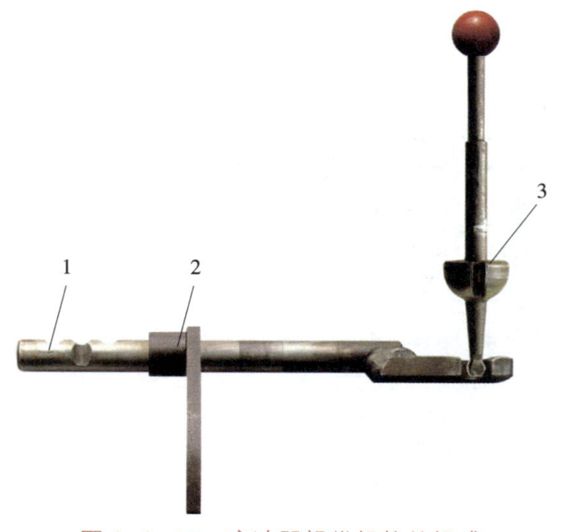

图 2-3-13　变速器操纵机构的组成
1—拨叉轴　2—拨叉　3—变速杆

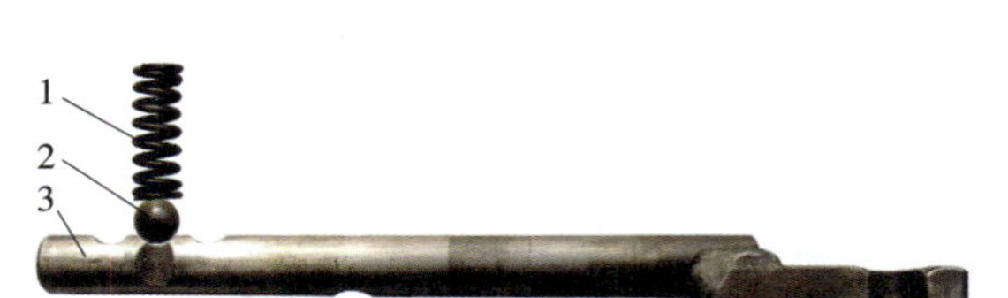

图 2-3-14　变速器自锁装置
1—自锁弹簧　2—自锁钢球　3—拨叉轴

互锁装置的作用是防止变速器换挡时同时挂入两个挡位，造成变速器齿轮“卡死”，甚至使机件严重损坏。

如图 2-3-15 所示，变速器的互锁装置主要由互锁钢球、互锁顶销等组成。中间拨叉轴两侧均有互锁凹槽，两侧拨叉轴的互锁凹槽位于轴内侧。互锁顶销插入中间拨叉轴通孔中，其长度等于拨叉轴直径减去一个互锁凹槽的深度。每两颗互锁钢球直径的和正好等于相邻两根拨叉轴表面之间的距离加上一个凹槽的深度。

在空挡位置时，各拨叉轴上的互锁凹槽处于一直线上。移动中间拨叉轴时，两内侧钢球被挤出，而两外侧钢球嵌入两侧拨叉轴侧面的互锁凹槽中，从而将两侧拨叉轴刚性地锁止在空挡位置（见图 2-3-15a）。需要移动一侧拨叉轴时，须先将中间拨叉轴退回空挡位置后再进行（见图 2-3-15b 和图 2-3-15c）。

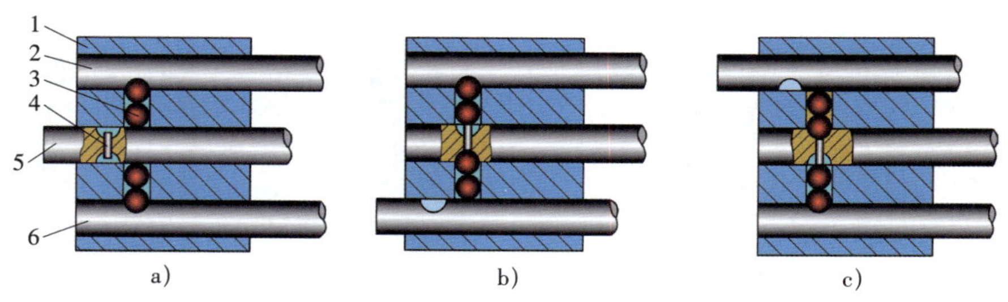

图 2-3-15　互锁装置工作示意图
1—变速器盖　2、5、6—拨叉轴　3—互锁钢球　4—互锁顶销

倒挡锁装置的作用是防止驾驶员误挂倒挡，以免发生变速器齿轮冲击和交通安全事故。图 2-3-16 所示为五挡变速器弹簧锁销式倒挡锁装置。当驾驶员要挂倒挡时，必须用较大的

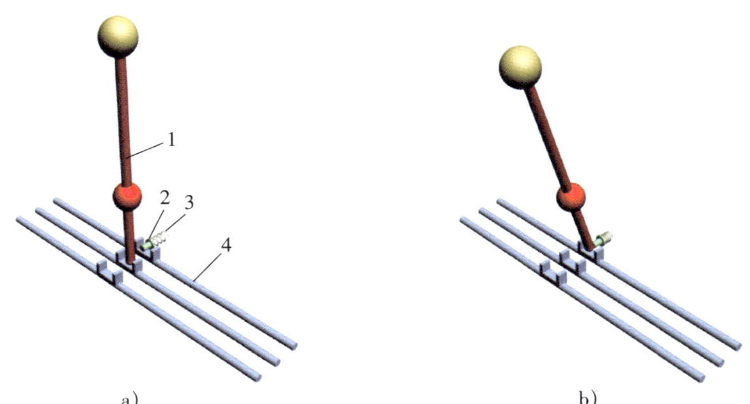

图 2-3-16 五挡变速器弹簧锁销式倒挡锁装置
a）空挡时 b）挂倒挡时
1—变速杆 2—倒挡锁销 3—倒挡锁弹簧 4—1 挡、倒挡拨叉轴

力摆动变速杆，使其下端克服倒挡锁弹簧力，并将倒挡锁销推入倒挡拔块孔中，才能移动倒挡拨叉轴挂入倒挡。

3. 分动器

分动器是四轮驱动汽车传动系中的一个重要装置。四轮驱动汽车不仅作为越野车，积雪地区的轻型汽车、家庭轿车、厢式车、运动车和高性能的赛车也均有四轮驱动的车型。最近，高性能的轿车也开始采用四轮驱动。各种不同类型四轮驱动汽车的分动器往往采用多种不同的动力分配方法，所以汽车分动器结构类型也比较多。

分动器的主要作用是将变速器输出的动力分配到各驱动桥，有的分动器兼有副变速器的作用。分动器的输入轴直接或通过万向传动装置与变速器输出轴相连，分动器输出轴有若干个，分别经万向传动装置与各驱动桥相连。

以北京 BJ2021 使用的 NP231 型分动器为例介绍分动器的结构。NP231 型分动器与变速器直接连接，主要由壳体、传动机构和操纵机构三部分组成，具有两轮高速挡（2H 挡）、四轮高速挡（4H 挡）、空挡（N 挡）和四轮低速挡（4L 挡）4 个挡位。

（1）分动器的主要机件

1）分动器壳体。NP231 型分动器壳体采用中间对开式结构，分动器前壳体与变速器后壳体直接固定连接。

2）输入轴。分动器输入轴安装于分动器前壳体上，与变速器输出轴花键连接。与轴一体的后端齿轮为行星齿轮系的太阳轮，内圈短齿为高速挡驱动齿。

3）后输出轴。后输出轴前端由输入轴轴承孔支撑，后端由分动器后壳体支撑。高低挡换挡齿套与轴前段花键齿啮合，驱动链轮借滚针轴承装在轴上。锁环式惯性同步器安装于轴上。

4）行星齿轮系。三个行星齿轮既与输入轴上的太阳轮啮合，又与固装在分动器壳体内的齿圈啮合。行星架上的短齿用来传递低挡动力。

5）前输出轴与传动链。前输出轴与其链轮制成一体，由前、后壳体支撑。驱动链轮（主动链轮）与前输出轴链轮（从动链轮）用传动链连接。

6）操纵机构。分动器操纵机构包括换挡轴、扇形板与定位销、高低挡换挡拨叉、前驱动换挡拨叉、拨叉轴。

（2）分动器的工作情况

空挡时，后输出轴上的换挡齿套与输入轴齿轮和行星架上的短齿均不接触，输入轴转动，输出轴不转动，汽车不能行驶。

当换挡齿套往前移，与输入轴齿轮内齿圈啮合时，即挂上两轮高速挡（2H 挡）。动力由输入轴直接传给后输出轴，传动比为 1∶1。而同步器与主动链轮脱离啮合，所以，汽车以两轮驱动。2H 挡传动示意图如图 2–3–17 所示。

在以上“2H”挡基础上，将同步器接合套与主动链轮啮合。此时，分动器前、后输出轴都输出动力，汽车以高速挡四轮驱动（4H 挡）。4H 挡传动示意图如图 2–3–18 所示。

同步器接合套与主动链轮继续保持啮合，而换挡齿套往后移至与行星架短齿啮合。此时，分动器挂入四轮低速挡（4L 挡），传动比为 2.72∶1，汽车以较慢的速度四轮驱动行驶。4L 挡传动示意图如图 2–3–19 所示。

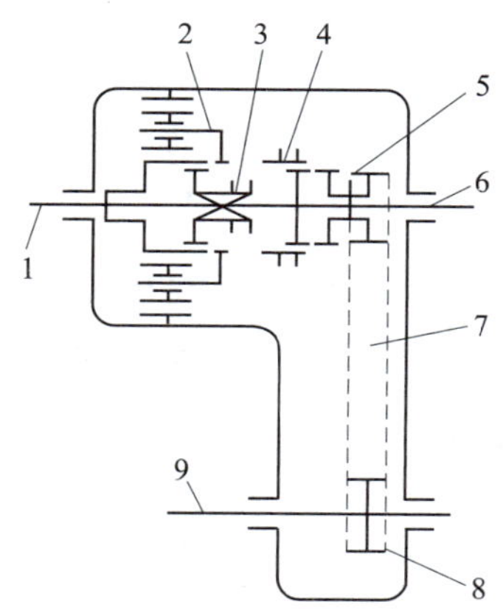

图 2–3–17　2H 挡传动示意图

1—输入轴及齿轮　2—行星架及齿圈　3—换挡齿套　4—接合套　5—主动链轮　6—后输出轴　7—传动链　8—从动链轮　9—前输出轴

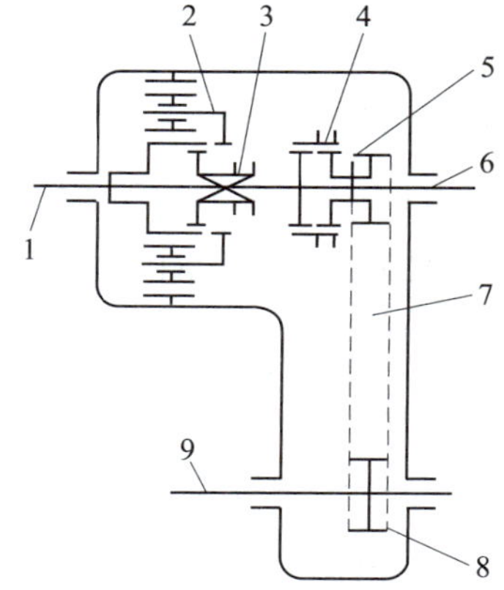

图 2–3–18　4H 挡传动示意图

1—输入轴及齿轮　2—行星架及齿圈　3—换挡齿套　4—接合套　5—主动链轮　6—后输出轴　7—传动链　8—从动链轮　9—前输出轴

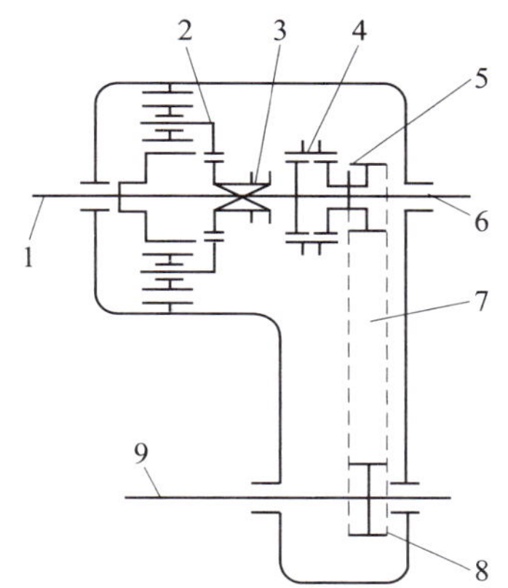

图 2-3-19 4L 挡传动示意图

1—输入轴及齿轮 2—行星架及齿圈 3—换挡齿套 4—接合套 5—主动链轮 6—后输出轴 7—传动链 8—从动链轮 9—前输出轴

五、手动变速器常见故障的现象及原因

汽车变速器随着行驶里程的增加，以及不规范的操作，其零件的磨损、变形随之增加，这样会出现异响、跳挡、挂挡困难、乱挡、发热、漏油等变速器常见故障。

1. 异响

变速器的异响主要是由于轴承磨损松旷和齿轮间不正常的啮合而引起的噪声，大致表现在空挡发响和挂挡后发响。

（1）空挡发响

1）现象

发动机怠速运转，变速器处于空挡位置有异响，踩下离合器踏板时响声消失。

2）原因

①变速器与发动机安装时曲轴与变速器第一轴中心线不同心，变速器壳体变形。

②第二轴前轴承磨损、有污垢、起毛。

③变速器常啮合传动齿轮磨损，齿侧间隙过大，或个别齿轮齿牙破裂。

④常啮合传动齿轮未成对更换，啮合不良。

⑤轴承松旷、损坏，齿轮轴向间隙大。

⑥拨叉与接合套间隙过大。

（2）挂挡后发响

1）现象

①变速器挂入挡位后发响。

②当汽车以 40 km/h 以上车速行驶时，发出一种不正常响声，且车速越高，响声越大，而当滑行或低速时响声减小或消失。

2）原因

①轴弯曲变形，轴的花键与滑动齿轮毂配合松旷。

②齿轮啮合不当或轴承松旷。

③操纵机构各连接处松动，拨叉变形。

④主从动锥齿轮配合间隙过大。

2. 跳挡

（1）现象

汽车行驶中，变速杆自动跳入空挡位置（一般多在中、高速负荷突然变化或汽车剧烈振动时发生）。

（2）原因

齿轮由于磨损形成锥形，啮合时产生轴向力，加之工作过程振动、转速变化，迫使啮合齿轮沿变速器轴向脱开。具体表现为：

1）变速器齿轮或齿套磨损过量，沿齿长方向磨成锥形。

2）拨叉轴自锁凹槽及自锁钢球磨损，以及自锁弹簧过软或折断，使自锁装置失效。

3）变速器轴、轴承磨损松旷或轴向间隙过大，使轴转动时齿轮啮合不好，发生跳动和轴向窜动。

4）操纵机构变形松旷，使齿轮在齿长方向上啮合不足。

3. 挂挡困难

（1）现象

挂挡时，不能顺利挂入挡位，常发出齿轮撞击声。

（2）原因

1）拨叉轴弯曲变形。

2）自锁或互锁钢球破裂、毛糙、卡滞。

3）变速杆调整不当或损坏。

4）同步器耗损或有缺陷。

5）变速器轴弯曲变形或花键损坏。

4. 乱挡

（1）现象

汽车起步挂挡或行驶中换挡时，所挂挡位与需要的挡位不符，或虽然挂入所需挡位但不能退回空挡，或一次挂入两个挡位。

（2）原因

1）换挡杆与换挡杆拨动端松旷、损坏或换挡杆拨动端内孔磨损过大。

2）变速器操纵机构弹簧压缩量达不到规定要求。

3）互锁顶销磨损过大，失去互锁作用。

5. 发热

（1）现象

汽车行驶一段路程后，用手触摸变速器时，有烫手的感觉。

（2）原因

1）轴承装配过紧。

2）齿轮啮合间隙过小。

3）缺少齿轮油或齿轮油黏度太高。

6. 漏油

（1）现象

变速器内的齿轮油从轴承盖或接合部位渗漏出来。

（2）原因

1）变速器各部位密封衬垫密封不良，油封损坏或紧固螺栓松动。

2）变速器壳体破裂。

3）齿轮油过多。

4）变速器放油螺塞或通气孔堵塞。

技能训练

手动变速器及分动器的拆卸与装配

以速腾轿车为例。

实训准备：

设备：速腾轿车、吊架、举升机。

工具：常用拆装工具、专用工具、手动压力机、卡簧钳、木锤、扭力扳手。

材料：无纺布吸油纸。

资料：汽车维修手册。

1. 变速器总成的拆卸

（1）拆卸蓄电池的负极。

（2）拆卸发动机罩和空气滤清器。

（3）拆卸蓄电池和蓄电池支架。

（4）拆卸换挡杆 A 和换向杆 B，如图 2-3-20 所示。

（5）拆卸变速器支撑螺栓 A 和工作缸螺栓 B，如图 2-3-21 所示。

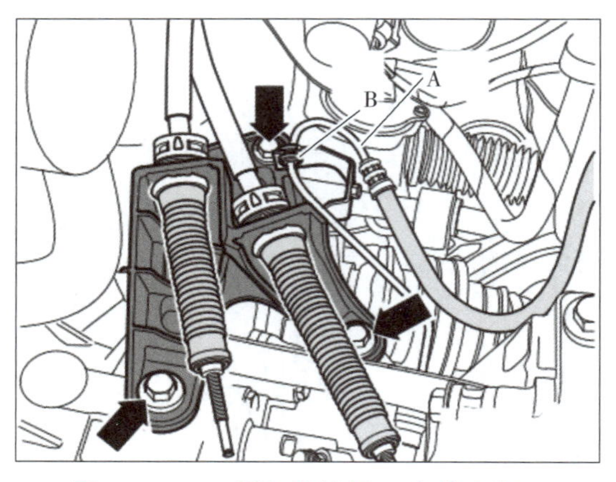

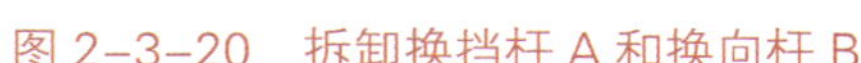
图 2–3–20　拆卸换挡杆 A 和换向杆 B

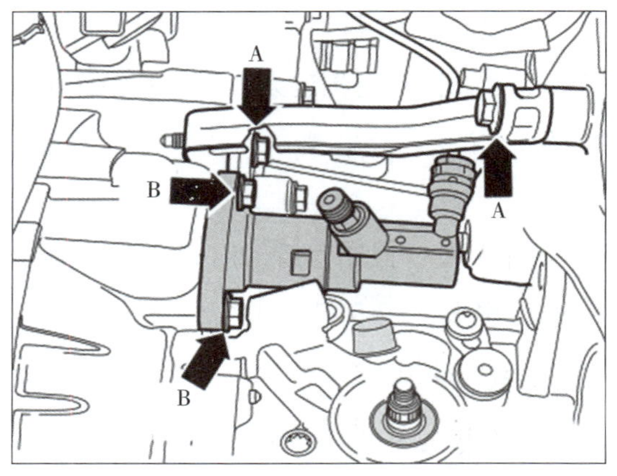

图 2–3–21　拆卸变速器支撑螺栓 A 和工作缸螺栓 B

（6）断开倒车灯开关、起动机插头及线束。

（7）拆卸起动机上部紧固螺栓。

（8）拆卸发动机和变速器之间的上部螺栓。

（9）装吊架，吊住发动机和变速器，但不要吊起。

（10）使用举升机举升车辆，拆卸左前车轮。

（11）拆卸左、右侧法兰轴上的传动轴。

（12）拆卸排气装置。

（13）拆卸起动机下部紧固螺栓，取出起动机。

（14）松开螺栓 A、螺栓 B，拆卸摆动支撑，如图 2–3–22 所示。

（15）拆卸变速器总成支撑螺栓，如图 2–3–23 所示。

图 2–3–22　拆卸摆动支撑

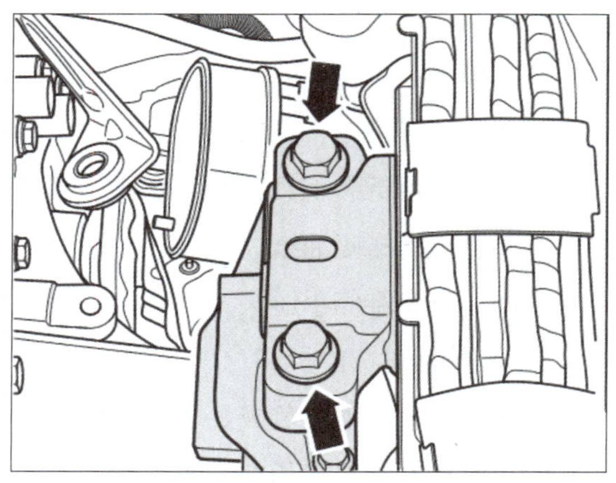

图 2–3–23　拆卸变速器总成支撑螺栓

（16）通过吊架降下发动机和变速器总成。

（17）拆卸变速器托架，如图 2–3–24 所示。

（18）用螺栓在车架上拧紧支架 T10346，将支撑设备 3300A 固定在支架上，如图 2-3-25 所示。

图 2-3-24　拆卸变速器托架

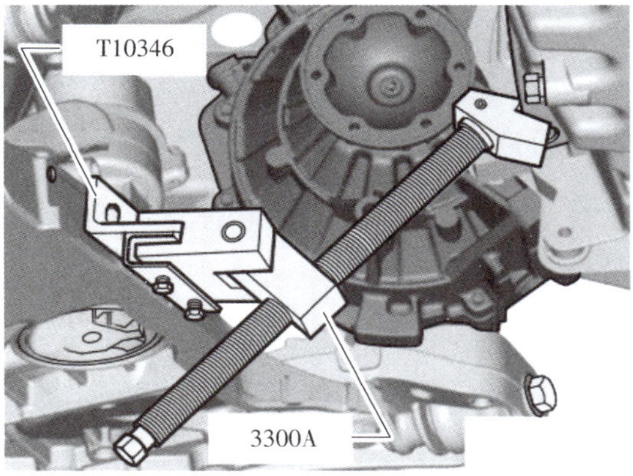

图 2-3-25　固定支撑设备

（19）向变速器摆动支撑的螺栓孔内拧入螺栓，如图 2-3-26 所示。

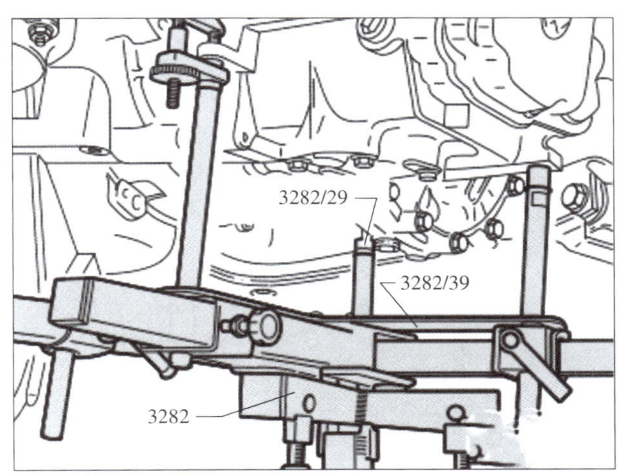

图 2-3-26　向变速器摆动支撑的螺栓孔内拧入螺栓

（20）拆卸发动机和变速器之间的下部螺栓，并拆卸变速器。

2. 变速器壳体的拆卸

（1）拆卸变速器壳体和 5 挡盖板（见图 2-3-27）

1）拆卸变速器壳体盖板螺栓，并取下盖板和密封件。

2）拆卸 5 挡换挡拨叉螺栓，取下 5 挡的换挡拨叉。

3）拆卸 5 挡齿轮螺栓，取下弹簧圈、5 挡滑动齿套、滑块、同步器齿毂、滚针轴承及 5 挡齿轮。

（2）拆卸变速器壳体和换挡机构（见图 2-3-28）

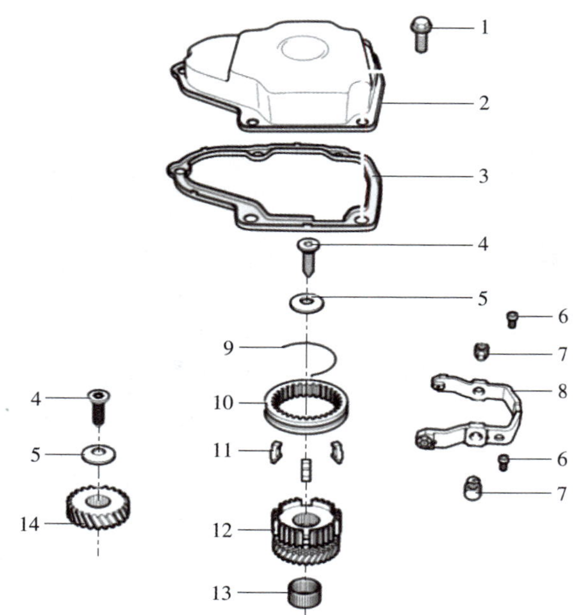

图 2-3-27　变速器壳体和 5 挡盖板

1—变速器壳体盖板螺栓　2—盖板　3—密封件　4—螺栓　5—碟形弹簧　6—螺栓　7—轴颈　8—5 挡换挡拨叉　9—弹簧圈　10—5 挡滑动齿套　11—滑块　12—同步器齿毂　13—滚针轴承　14—5 挡齿轮

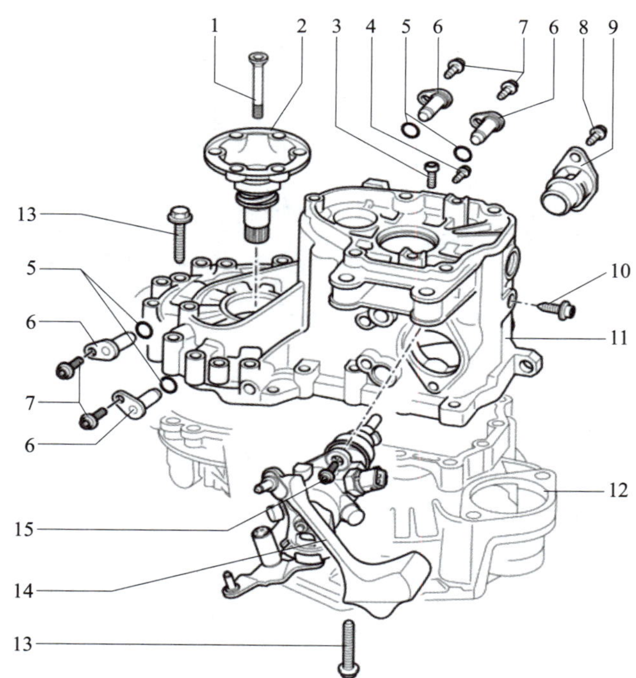

图 2-3-28　变速器壳体和换挡机构

1—锥形螺栓　2—法兰轴　3、4、10—倒挡轴支座螺栓　5—密封圈　6—轴颈　7、8、13、15—螺栓　9—密封盖　11—变速器壳体　12—离合器壳体　14—换挡机构

1）拆卸法兰轴螺栓，取出法兰轴。

2）拆卸换挡机构螺栓，取下换挡机构。

3）拆卸轴颈螺栓，取下轴颈。

4）拆卸倒挡轴支座螺栓。

5）拆卸离合器壳体与变速器壳体间螺栓。

6）将离合器壳体与变速器壳体分离。

3. 输入轴与输出轴的拆卸与分解

（1）输入轴与输出轴的拆卸

1）拆卸变速器总成。

2）拆卸变速器壳体。

3）将变速器壳体置于手动压力机上，将输入轴、输出轴与轴承座、换挡机构及倒挡齿轮一起压出。

（2）输入轴与输出轴的分解

1）将1/2挡滑动齿套滑套到2挡齿轮上，将专用工具T10084A从输入轴侧插入，并放置在手动压力机上VW 401、VW 402的止推板上，如图2–3–29所示。

2）将止推板T10081上的定心销插入输入轴和输出轴的孔内，压出轴承座及深沟球轴承。

3）在输出轴上分别取下1挡齿轮、滚针轴承和1挡齿轮内圈、外圈、同步环。

4）使用卡簧钳拆卸1/2挡同步器齿毂卡簧。

5）将输出轴2挡齿轮放置在手动压力机上的专用工具VW 402上，并借助于VW 407将输出轴上的1/2挡滑动齿套及同步器齿毂和2挡齿轮及其内圈、外圈、同步环一同压出，如图2–3–30所示。

6）在输出轴上取下2挡齿轮滚针轴承。

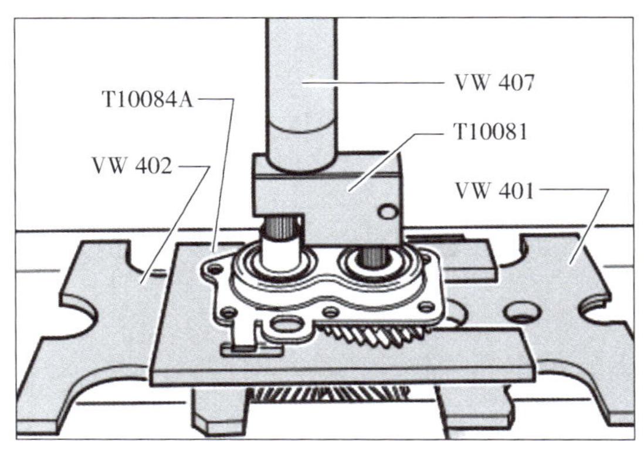

图2–3–29 分解输入轴输出轴（一）

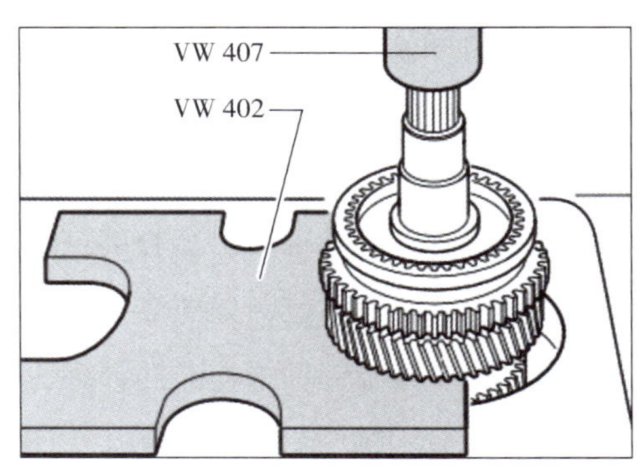

图2–3–30 分解输入轴输出轴（二）

7）将输入轴 3 挡齿轮放置在手动压力机上的专用工具 VW 401 上，并借助于 VW 412、30–23、VW 472/2 将输入轴上的轴承内圈、止推垫圈、4 挡齿轮和滚针轴承及衬套、3/4 挡滑动齿套及同步器齿毂、3 挡齿轮一同压出，如图 2–3–31 所示。

8）在输入轴上取下 3 挡齿轮滚针轴承。

4. 输入轴与输出轴的装配

（1）将各同步器滑动齿套推到同步器齿毂上，将滑块分别插入凹槽内，安装两侧弹簧圈，如图 2–3–32 所示。

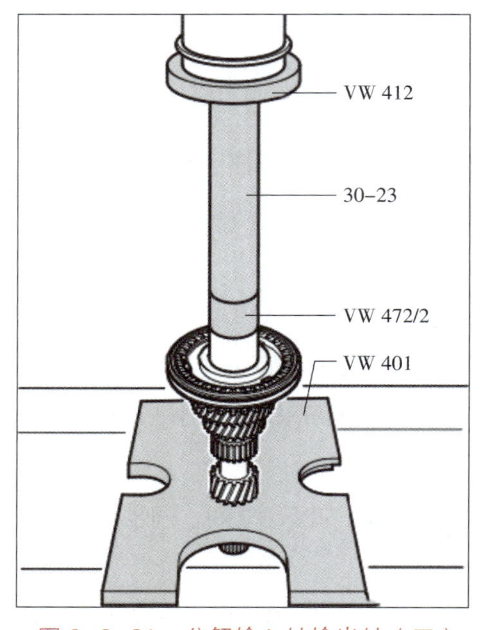

图 2–3–31　分解输入轴输出轴（三）

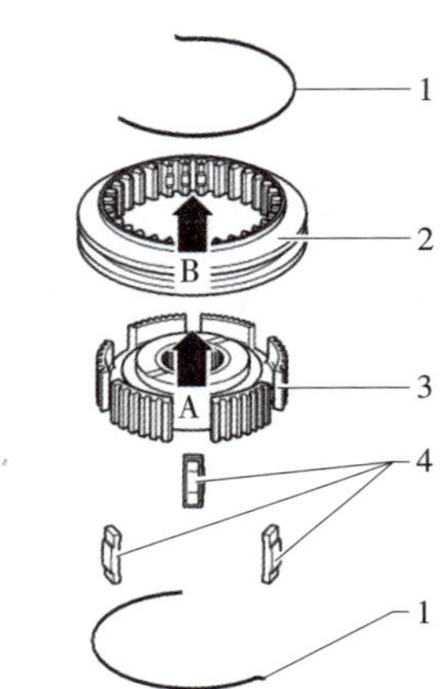

图 2–3–32　装配输入轴输出轴（一）
1—弹簧圈　2—滑动齿套
3—同步器齿毂　4—滑块

（2）安装 3 挡滚针轴承、3 挡齿轮及 3 挡同步器锁环，将 3/4 挡滑动齿套及同步器齿毂套在输入轴的花键处。

（3）将输入轴放置在手动压力机上的专用工具 VW 401 中心孔内，并借助于 30–100 将 3/4 挡同步器齿毂压入到位，检查并确认同步器滑块与 3 挡锁环凹槽对正，如图 2–3–33 所示。

（4）将 4 挡滚针轴承衬套套装在输入轴上，并借助于 VW 472/2、30–23、VW 412 将 3/4 挡同步器齿毂压入到位，如图 2–3–34 所示。

（5）将 4 挡滚针轴承与 4 挡锁环、4 挡齿轮及止推垫圈一起装在输入轴上。

（6）将输入轴滚针轴承内圈套在输入轴上，并借助于 VW 472/2、VW 422、VW 412 将其压入到位，使用卡簧钳，将输入轴卡簧装于卡簧槽内，如图 2–3–35 所示。

（7）将 2 挡齿轮、滚针轴承、同步器锁环、内圈和外圈装在输出轴上。

（8）将 1/2 挡滑动齿套及同步器齿毂套在输出轴的花键处。

（9）将输出轴放置在手动压力机上的专用工具 VW 402 中心孔内，并借助于 40–21、VW 412 将 1/2 挡同步器齿毂压入到位，如图 2–3–36 所示。

（10）压入 1/2 挡同步器齿毂，使用卡簧钳，将 1/2 挡同步器齿毂卡簧装于卡簧槽内。

（11）安装 1 挡同步器锁环、同步器齿毂、同步器外圈。

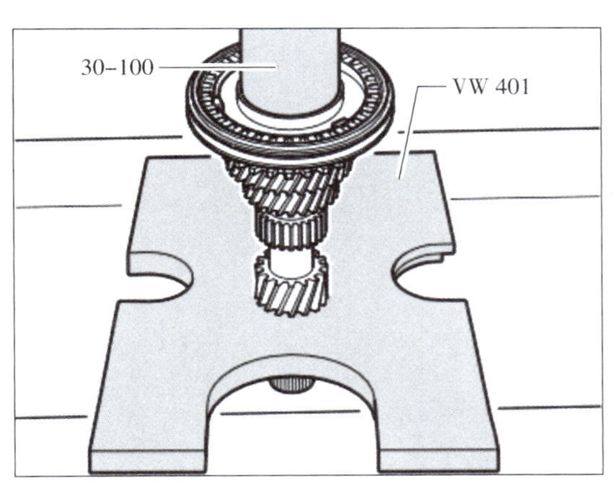

图 2–3–33　装配输入轴输出轴（二）

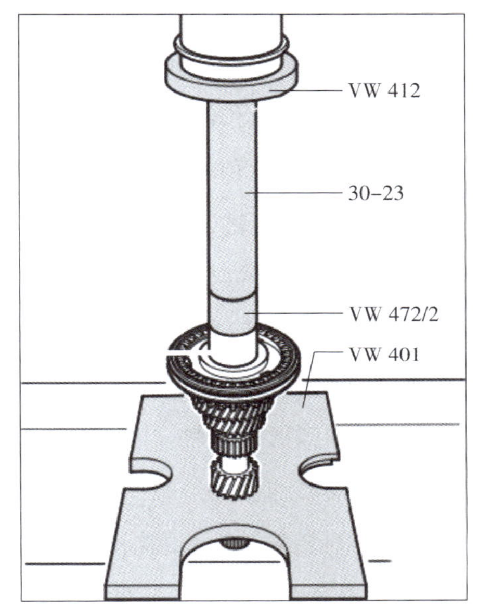

图 2–3–34　装配输入轴输出轴（三）

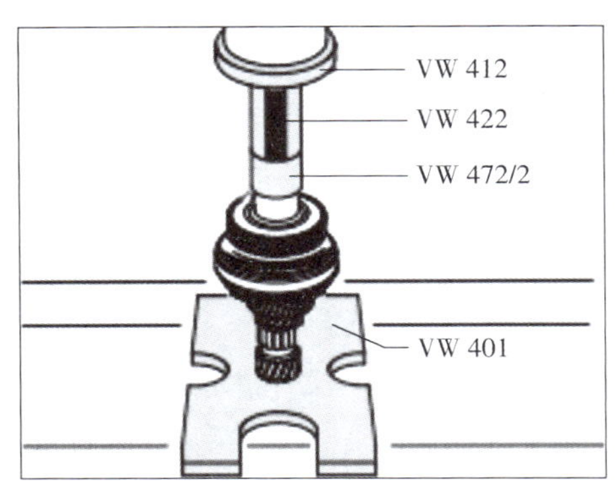

图 2–3–35　装配输入轴输出轴（四）

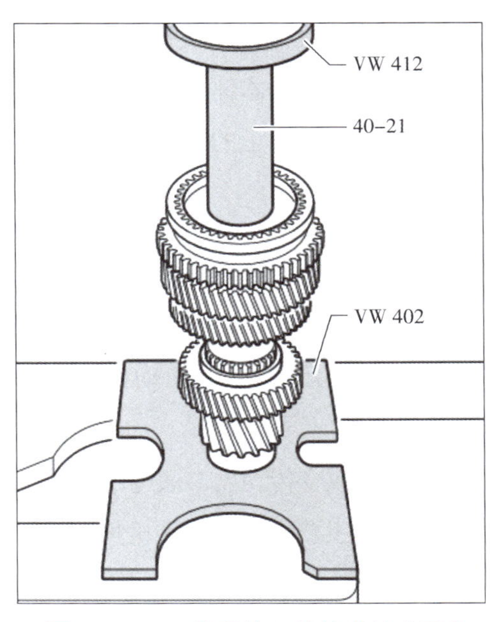

图 2–3–36　装配输入轴输出轴（五）

（12）将 1 挡齿轮和滚针轴承装到输出轴上。

5. 分动器的拆卸与装配

（1）分动器的拆卸

1）松开凸缘罩紧固螺栓，用木锤敲松后取下凸缘罩。

2）取出后输出轴上的后轴承卡圈。

3）松开后轴承紧固螺栓，用木锤敲松后取下后轴承座和油泵壳。

4）拆卸后输出轴上的油泵齿轮。

5）拆卸分动器前、后壳体的紧固螺栓，并拆卸后壳体。

6）将前输出轴和传动链作为一个整体拆下来。

7）抽出拨叉轴和前驱动换挡拨叉。

8）拉出后输出轴及齿轮。

9）取出高低挡换挡拨叉。

10）取出行星齿轮总成。

11）取出输入轴。

12）拆卸扇形板及轴。

（2）分动器的装配

分动器的装配按拆卸的相反顺序进行，并应注意以下事项：

1）安装输入齿轮时，应使用正确规格的工具，将输入齿轮压入前轴承内。

2）安装分动器壳体、凸缘罩及后轴承座时，应使用密封胶，保证其密封性。

3）各零件的螺栓必须按要求的紧固力矩紧固。

4）安装时应使用木锤敲击，以免损坏机件。

5）通过可调边杆上的调整螺母，调整换挡杆连杆机构，使换挡位置准确到位。

小结

1. 变速器的功用是变速、变矩、变向、中断动力传递及对外输出动力。

2. 变速器的类型：按传动比级数不同可分为有级式、无级式和综合式三种；按操纵方式不同可分为手动操纵式和自动操纵式两种；按变速器传动方式不同可分为普通齿轮式和行星齿轮式两种。

3. 换挡即改变传动比，通过不同的齿轮啮合传动来实现。

4. 变速器主要由变速传动机构和操纵机构两部分组成，变速传动机构的作用是改变传动比、旋转方向，由齿轮、轴、同步器、壳体和支撑件等构成；操纵机构的作用是实现换挡，由变速杆、拨块、拨叉、拨叉轴及锁止装置等构成。

5. 变速传动机构是变速器的主体，按工作轴的数量（不包括倒挡轴）分为三轴式变速器和两轴式变速器。

6. 同步器的功用是使接合套与待啮合的齿轮迅速同步，缩短换挡时间，且防止在同步之前啮合而产生接合齿轮冲击。

7. 同步器由同步装置（包括推动件、摩擦件）、锁止装置和接合装置组成。按锁止装置不同，分为锁环式惯性同步器和锁销式惯性同步器。

8. 变速器的操纵机构主要由远距离操纵机构和内换挡机构两部分组成。

9. 分动器的功用是将变速器输出的动力分配到各驱动桥。

10. 手动变速器的常见故障有跳挡、乱挡、挂挡困难、发热、漏油和异响等。

课题4 自动变速器

学习目标

1. 掌握自动变速器的分类和特点。
2. 掌握电控液动自动变速器的基本组成及工作原理。
3. 掌握行星齿轮变速系统的基本工作原理。
4. 掌握双离合变速器的特点、组成及工作原理。
5. 能够根据自动变速器的故障现象，分析其故障原因。

一、自动变速器的特点

1. 操纵轻便

换挡过程平稳，无冲击和振动，换挡品质好，行驶舒适，换挡动作准确，操纵机构工作稳定、可靠，能在高温、低温、大颠簸、冲击振动、强磁场、电子干扰下正常工作；驾驶员也可以干预自动换挡，以适应复杂的交通情况和地理条件。

2. 操作简化且提高行车安全性

汽车起步和运行时，自动变速器无须离合器操作和手动换挡操作，能根据不同的行驶条件，自动而适时地换挡，极大地简化驾驶操作，减轻驾驶员操作的劳动强度，可使驾驶员集中精力注意路面交通情况，提高汽车行驶的安全性。

3. 延长发动机和传动系的使用寿命

自动变速器在自动换挡过程中无动力中断，换挡平稳，可减小发动机和传动系零件的动载荷。此外，液力传动汽车的发动机与传动系之间靠液力变矩器来连接，工作介质是液体，可以吸收动力传递过程中的冲击和动载荷。它能起一定的缓冲和过载保护作用，尤其是外界负荷突然增大时，可防止过载和突然熄火；汽车起步、换挡或制动时，能吸收振动，使发动机和传动系承受的动载荷大为减轻，从而延长有关零件的使用寿命。因此，采用自动变速器的汽车发动机和传动系零件的寿命比采用机械式变速器的要长。

4. 提高汽车的动力性

采用自动变速器的汽车在起步时，液力变矩器可连续自动变矩，使驱动轮上的牵引力逐渐增加，换挡时动力不中断，发动机可维持在稳定的转速，可使汽车平稳起步，加速性能好，也提高汽车的平均速度。

5. 提高汽车的平顺性和通过性

采用液力传动的汽车，在起步时，驱动轮上的驱动力是逐渐增加的，起步更加平稳，有利于提高乘坐的舒适性；当汽车在不良路面行驶时，液力自动变速器能平稳、自动地改变驱动轮上的牵引力，可避免发动机因外界负荷突然增大而熄火，并能以很低的车速稳定行驶，从而提高汽车的通过性。

6. 减少排气污染

自动变速器采用液力传动和自动换挡，在换挡过程中发动机可保持在稳定的转速，发动机的燃烧条件不会恶化，因此可减少发动机排气污染。

7. 减少燃料消耗

由于自动变速器换挡及时，换挡过程中发动机仍可在理想的状态下稳定运转。因此，在需要频繁换挡的市区行驶，搭配自动变速器的汽车就比较省油，尤其是现在汽车自动变速器采用电子控制换挡，可按照最佳油耗规律控制换挡。加之采用超速挡和锁止离合器等，使自动变速器汽车的油耗有明显下降。

由于上述原因，自动变速器已广泛应用于轿车、客车、大型公共汽车、越野车及重型牵引车上，并且装车率迅速增长，尤其是在美、日、德等国家生产的轿车上，采用电子控制自动变速器的比例越来越高。但是，电子控制自动变速器存在结构复杂，零件精度要求高，制造难度大、成本较高，操作不规范时会造成变速器严重损坏、相应的维修技术较复杂，传动效率较手动齿轮式变速器低等缺点。

二、自动变速器的类型

1. 按变速形式分类

按变速形式可分为有级变速和无级变速两种。

2. 按齿轮变速系统的类型分类

按齿轮变速系统的类型不同，自动变速器可分为普通齿轮式和行星齿轮式两种。

（1）普通齿轮式自动变速器

即平行轴式变速器，体积较大，最大传动比较小，目前大众车型采用的双离合变速器也是此种结构。

（2）行星齿轮式自动变速器

结构紧凑，能获得较大的传动比，为绝大多数车型所采用。

3. 按控制方式分类

按控制方式不同，自动变速器可分为液控液动自动变速器和电控液动自动变速器两种。

（1）液控液动自动变速器

通过机械手段，将汽车行驶时的车速及节气门开度的变化这两个参数转变为液压控制信号。阀板中的各个控制阀再根据这些液压控制信号，按照设定的换挡规律，通过控制换挡执行机构中元件（换挡离合器和换挡制动器）的动作，实现自动换挡（见图 2–4–1）。

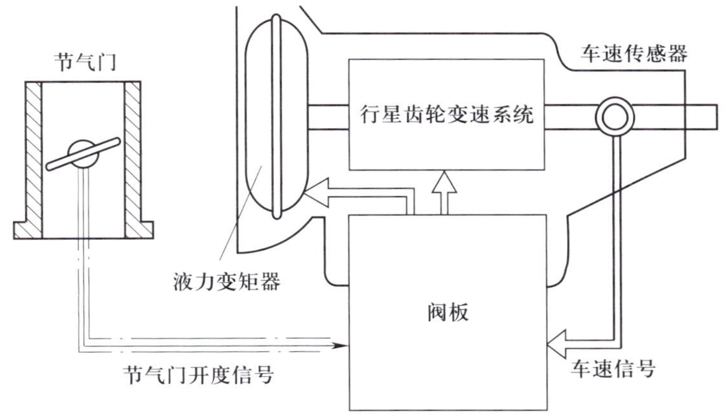

图 2–4–1　液控液动自动变速器控制过程示意图

（2）电控液动自动变速器

这是在液力控制自动变速器的基础上，利用计算机控制技术实现自动换挡的新型液力自动变速器。它通过各种传感器，将发动机转速、节气门开度、发动机冷却液温度、车速以及自动变速器油的温度等参数转变为电信号，并输入电子控制单元。电子控制单元根据这些电信号，按照设定的换挡规律，向换挡电磁阀、油压电磁阀等发出控制指令。换挡电磁阀和油压电磁阀将电子控制单元的指令转变为液压控制信号，阀板中的各个控制阀再根据这些液压控制信号，控制换挡执行机构中元件（换挡离合器和换挡制动器）的动作，从而实现自动换挡（见图 2–4–2）。

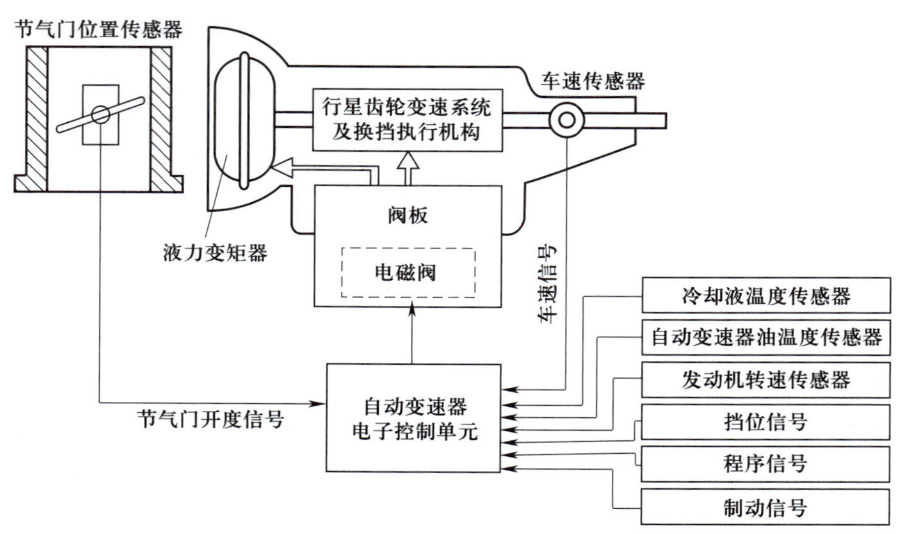

图 2-4-2　电控液动自动变速器控制过程示意图

三、电控液动自动变速器

1. 电控液动自动变速器的组成

电控液动自动变速器主要由液力变矩器、齿轮变速系统、换挡执行机构、液压控制系统、电子控制系统及冷却系统、过滤系统等几部分组成。

（1）液力变矩器

液力变矩器位于自动变速器的最前端，安装在发动机的飞轮上，利用液力传递原理，将发动机的动力传给自动变速器的输入轴。它具有一定的减速增矩功能，并能实现无级变速。

（2）齿轮变速系统

液力变矩器虽然能传递和增大发动机转矩，但变矩比不大，变速范围不宽，远不能满足汽车使用工况的需要，为此在液力变矩器后面又装一个辅助变速装置——齿轮变速系统（多数是行星齿轮变速系统，也可以是平行轴式齿轮变速系统），用以进一步增大转矩，扩大变速范围，提高汽车的适应能力。

（3）换挡执行机构

换挡执行机构的换挡执行元件包括换挡离合器、换挡制动器和单向离合器。

换挡离合器为湿式多片离合器，由液压来控制其接合与分离，通常由若干交错排列的主、从动离合器片组成。

换挡制动器将行星齿轮变速器中某一元件（太阳轮、行星架或齿圈）固定，使其不能转动，构成新的动力传递路线，得到新的传动比。

（4）液压控制系统

液压控制系统包括油泵、阀板、电磁阀、储压器及液压管路等，用于控制自动变速器的升挡、降挡和液力变矩器的锁止离合器。

（5）电子控制系统

电子控制系统包括电子控制单元（ECU）、传感器、执行器及控制电路等。它根据汽车的行驶情况，按照设定的换挡规律，通过液压控制系统控制变速器自动换挡。

（6）冷却系统、过滤系统

油液在传动过程中，会因冲击和摩擦产生热量和杂质，导致油温升高，使传动效率降低。因此，须利用冷却器使油液冷却，保持油温在 80 ~ 90 ℃。油液中的杂质应及时用滤油器分离。

2. 基本控制原理

使用车速传感器和节气门位置传感器将车速和节气门开度转换成电信号，输入电子控制单元（ECU），ECU 根据预先编制并存入存储器 ROM 的换挡程序，进行比较计算，确定换挡点和液力变矩器锁止离合器锁止时间，向电磁阀发出控制信号，以控制电磁阀线圈电流的通断，再由电磁阀控制液动的换挡阀，换挡阀移动，切换换挡执行元件（换挡离合器和换挡制动器）的油路，实现自动换挡。换言之，各换挡阀的移动方向由电磁阀控制，而电磁阀线圈通电与否由电子控制单元控制，电子控制单元又是根据反映发动机负荷的节气门位置传感器和反映车速的车速传感器输入 ECU 的电信号，向电磁阀发出控制指令的（见图 2–4–3）。

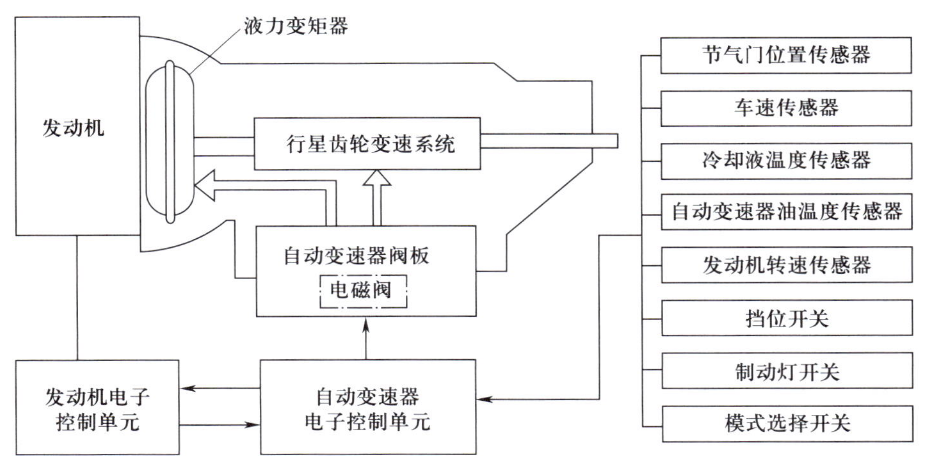

图 2–4–3　电控液动自动变速器的基本控制原理

3. 液力变矩器结构原理简介

（1）液力变矩器的结构

液力变矩器的结构如图 2–4–4 所示。

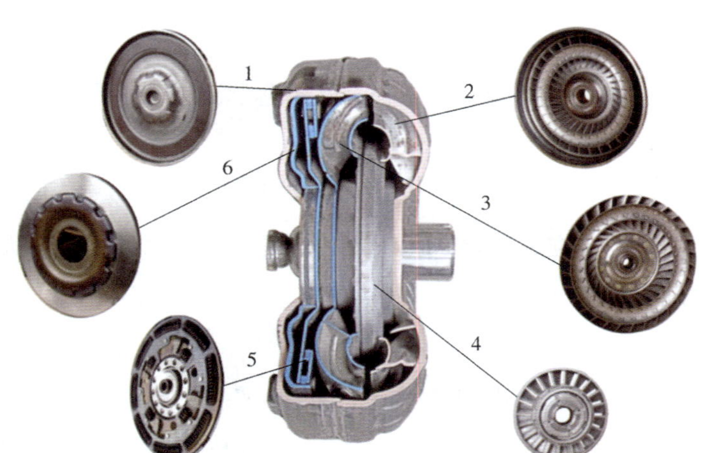

图 2–4–4　液力变矩器的结构

1—前盖　2—泵轮　3—涡轮　4—导轮　5—减振盘　6—压盘

1）工作轮

①泵轮。主动元件，与发动机曲轴相连。

②涡轮。从动元件，与从动轴相连。

③导轮。固定不动，给涡轮一个反作用力矩。

2）特点

不仅能传递转矩，且能在泵轮转矩不变的情况下，随着涡轮的转速不同而改变涡轮输出的转矩。

①三个工作轮都装于密闭的液力变矩器壳体内，泵轮与涡轮相对安装，导轮装于泵轮与涡轮之间。

②三个工作轮装合后，其轴向断面构成环状空腔，称为循环圆，液力变矩器工作时工作油液（自动变速器油）即在此循环圆内做环流运动。

③三个工作轮之间都保持一定的间隙，相互之间没有机械联系。

④液力变矩器壳体由前壳体和后壳体两半组成，其中后壳体与泵轮连成一体。将三个工作轮装入壳体后，再把两半壳体焊成一体（或用螺栓连接成一体），形成密闭空间，其中充满工作油液。

⑤导轮位于泵轮与涡轮之间，通过单向离合器安装在与油泵连接在一起的导轮轴上。

⑥导轮也是由许多扭曲叶片组成的。

（2）几种典型的液力变矩器

1）三元件液力变矩器

①三元件。包括泵轮、涡轮、导轮。

②特点。最大变矩系数是涡轮转速为 0 时的变矩系数，为 1.9 ~ 2.5。

③原理。泵轮由发动机的曲轴通过前盖带动而转动，泵轮带动液力变矩器中的自动变速器油旋转，自动变速器油冲击到涡轮上，涡轮得到来自自动变速器油的射流力，在射流力的作用下，涡轮转动，同时，从涡轮流出的自动变速器油冲击到导轮上，导轮又给涡轮一个反作用转矩，进一步增大了涡轮的输出转矩，这样，曲轴通过泵轮、自动变速器油、涡轮将动力传给变速器输入轴。

④应用。三元件液力变矩器结构简单、工作可靠、性能稳定、效率高，在自动变速器中广泛应用，如用于高级轿车、大型公交车、自卸车及工程用车等。

2）四元件综合式液力变矩器

①四元件。包括泵轮、耦轮、第一导轮、第二导轮。

②特性。具有两个变矩器和一个耦合器的综合特性，解决了三元件液力变矩器从最高效率工况到耦合器工况始点之间的区段上效率显著降低的问题。

3）带锁止离合器的液力变矩器（见图 2–4–5）

①构造。如图 2–4–5 所示，锁止离合器的主动部分是和泵轮焊接在一起的前盖，前盖通过螺栓与飞轮连接在一起。从动部分是压盘，它通过减振盘与涡轮连接在一起，涡轮与自动变速器的输入轴通过花键连接。

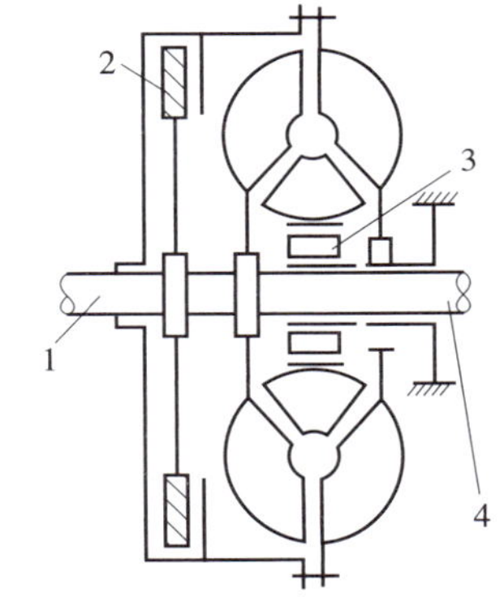

图 2–4–5　带锁止离合器的液力变矩器

1—输入轴　2—锁止离合器　3—自由轮　4—输出轴

②原理。当压盘右腔油压大于左腔油压时，压盘左移，在油压的作用下，压盘与前盖压紧，压盘与前盖之间产生摩擦力，在摩擦力的作用下，飞轮通过前盖、压盘、减振盘、涡轮将转矩传递给变速器输入轴，锁止离合器处于接合状态，发动机的转矩通过摩擦力传递给变速器输入轴。

当压盘左腔油压大于右腔油压时，压盘与前盖分离，锁止离合器处于分离状态，发动机的转矩通过泵轮、涡轮传递给变速器输入轴。

③优点。当汽车起步或在较差路面上行驶时，可将锁止离合器分离，使液力变矩器起作用，以充分发挥液力传动适应行驶阻力剧烈变化的优越性。

当汽车在良好路面上行驶时，接合锁止离合器，液力变矩器输入轴和输出轴刚性连接，进行机械传动，提高汽车行驶动力性与燃料经济性。

注意：当锁止离合器接合时，自由轮脱开，导轮在液流中自由旋转，不会加大液力损失，不降低效率。

4. 行星齿轮变速系统简介

（1）行星齿轮变速系统的结构与工作原理

液力变矩器虽能传递和增大发动机转矩，但变矩比不大，变速范围不宽，远不能满足汽车使用工况的需要。为进一步增大转矩，扩大变速范围，提高汽车的适应能力，在液力变矩器后面又装一个辅助变速器——有级式齿轮变速器。该齿轮变速器多数是用行星齿轮变速系统实现变速的。

行星齿轮变速系统由行星齿轮机构及换挡离合器、换挡制动器和单向离合器等换挡执行元件组成。行星齿轮机构通常由多个行星排组成，行星排的多少与挡数的多少有关，其基本结构和工作原理，可用最简单的单排行星齿轮机构说明。

1）单排行星齿轮机构的结构组成（见图 2-4-6）

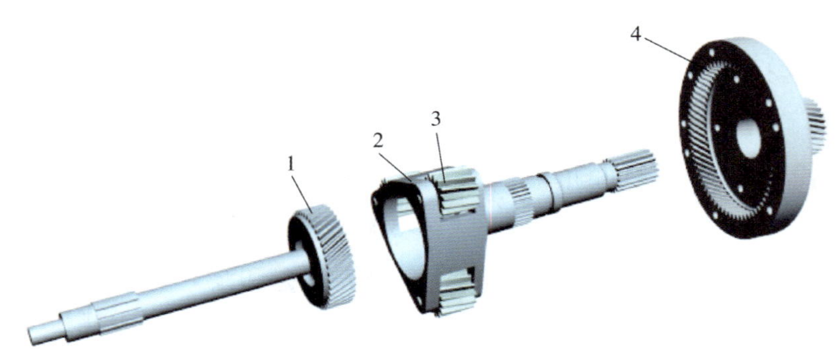

图 2-4-6　单排行星齿轮机构的结构组成

1—太阳轮　2—行星架　3—行星齿轮　4—齿圈

①单排行星齿轮机构的三个基本元件是太阳齿轮（简称太阳轮）、齿圈及行星齿轮架（简称行星架）。

②太阳轮位于中心位置，几个行星齿轮借助于滚针轴承和行星齿轮轴安装在行星架上，这些行星齿轮与太阳轮相啮合，并一般均匀布置在太阳轮周围；外面是同行星齿轮相啮合的齿圈。

③单排行星齿轮机构通过固定不同的元件或改变联锁关系，可获得不同的传动状态。

2）行星齿轮机构的工作原理（见图 2-4-7）

①行星齿轮机构运动规律。设太阳轮、齿圈和行星架的转速分别为 n_1、n_2 和 n_3，齿数分别为 Z_1、Z_2 和 Z_3；齿圈与太阳轮的齿数比为 α。则根据能量守恒定律，由作用在该机构各元件上的力矩和结构参数，可导出表示单排行星齿轮机构一般运动规律的特性方程式：

$$n_1+\alpha n_2-(1+\alpha)n_3=0$$

$$Z_1+Z_2=Z_3$$

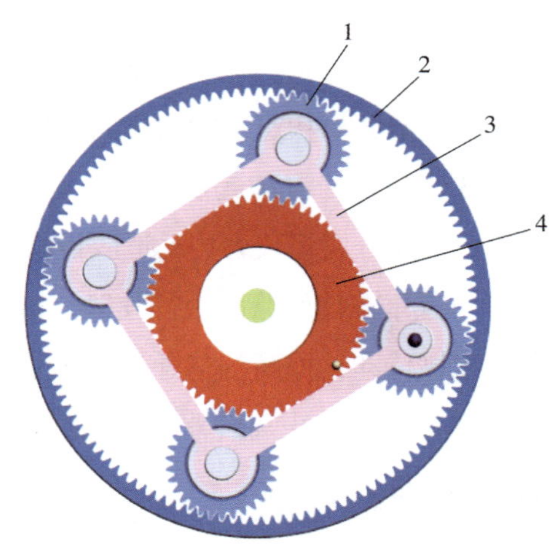

图 2-4-7　行星齿轮机构的工作原理

1—行星齿轮　2—齿圈

3—行星架　4—太阳轮

②行星齿轮机构各种运动情况。

由上式可看出，单排行星齿轮机构具有两个自由度，在太阳轮、齿圈和行星架这三个基本元件中，任选两个分别作为主动件和从动件，而使另一元件固定不动（即该元件转速为0），或使其运动受一定的约束（即该元件的转速为某定值），则机构只有一个自由度，整个轮系以一定的传动比传递动力。下面分别讨论行星齿轮机构各种运动情况（见表2–4–1）。当齿圈固定，太阳轮主动，行星架从动时，则减速，且转向相同；反之，行星架带动太阳轮转，则增速。当太阳轮固定，齿圈主动，行星架从动时，则减速，且转向相同；反之，行星架带动齿圈转，则增速。当行星架固定，太阳轮主动，齿圈从动时，则减速，但转向相反；反之，齿圈带动太阳轮转，则增速。

表2–4–1 行星齿轮机构各种运动情况

固定件	主动件	从动件	转速	旋转方向
齿圈	太阳轮	行星架	减速	与主动件同向
	行星架	太阳轮	加速	
太阳轮	齿圈	行星架	减速	与主动件同向
	行星架	齿圈	加速	
行星架	太阳轮	齿圈	减速	与主动件反向
	齿圈	太阳轮	加速	

若使三元件中的任何两个元件连成一体旋转，则第三个元件的转速必与二者转速相等，即行星齿轮机构按直接挡传动，传动比 $i=1$。

如果所有元件都不受约束，可以自由转动，则行星齿轮机构失去传动作用，此种状态相当于空挡。

3）行星齿轮机构在自动变速器上的应用

在汽车行星齿轮变速器中，广泛采用辛普森（Simpson）式双排行星齿轮机构和拉维娜（Ravigneaux）式复合行星齿轮机构。辛普森式双排行星齿轮机构由共用一个太阳轮的前、后两排行星齿轮机构组成。拉维娜式复合行星齿轮机构的结构特点为两排行星齿轮机构共用一个齿圈和一个行星齿轮架，行星齿轮架上的两套行星齿轮互相啮合，其中，短行星齿轮与小太阳轮相啮合，长行星齿轮与大太阳轮相啮合。

图2–4–8所示为A340E型自动变速器的行星齿轮机构。

①有三个行星排，可组合出四个挡位。

②不同行星排中有的元件是公用的。

③固定元件的动作由换挡制动器和单向离合器完成。

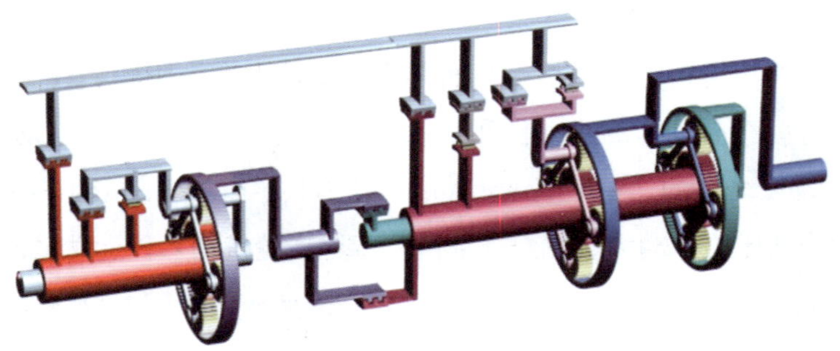

图 2–4–8　A340E 型自动变速器的行星齿轮机构

（2）自动变速器的换挡执行机构

1）换挡离合器的组成及工作原理

自动变速器的换挡执行机构与普通手动变速器的换挡执行机构不同，自动变速器的换挡离合器、换挡制动器、单向离合器代替了普通手动变速器中的同步器，而且完全由电、液系统实现自动控制。

行星齿轮变速器的换挡执行元件包括换挡离合器、换挡制动器和单向离合器。

换挡离合器为湿式多片离合器，如图 2–4–9 所示。

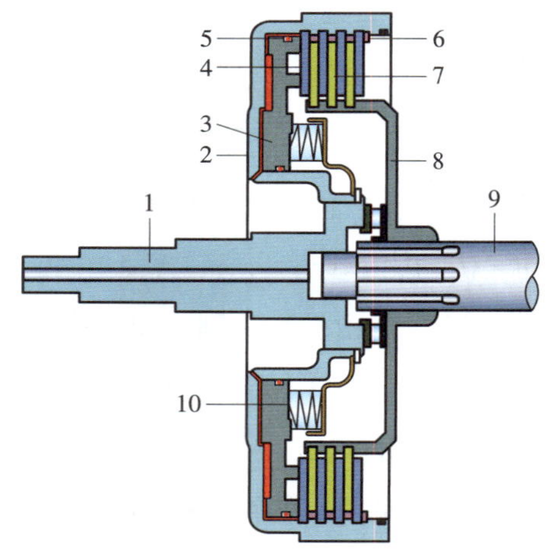

图 2–4–9　换挡离合器

1—输入轴　2—输入转鼓　3—活塞　4—钢片　5—密封圈　6—挡圈
7—摩擦片　8—输出转鼓　9—输出轴　10—回位弹簧

①换挡离合器的作用

a. 连接作用。将行星齿轮机构中某一元件与输入部分相连，使该元件成为主动元件。

b. 联锁作用。将行星齿轮机构中任意两元件联锁为一体，使三个元件具有相同的转速。这时行星齿轮机构作为一个刚性整体，实现直接传动。

②换挡离合器的组成

a. 摩擦片。一般用纸质浸树脂材料制成，也可用铜基烧结粉末冶金制成。一般自动变速器的换挡离合器摩擦片的个数为 3 ~ 5 个，其中低速挡和倒挡离合器摩擦片的个数较多。

b. 钢片。一般用特殊钢制成，形状为圆盘形，外圆带齿。钢片与摩擦片配合成对，但也有部分车型在相邻摩擦片之间放多个钢片，这是为了调整间隙。

c. 活塞。一般用铝合金制成，表面镀有软金属，形状为环状圆柱形，端面有单向阀和弹簧座。

d. 离合器鼓和缸体。一般由铸铁制成，内有液压缸体及相关油道，摩擦片与钢片均装于离合器鼓内并用挡圈将钢片限位。

e. 密封圈。一般由橡胶制成，在活塞内外各一个。常用的密封圈有 O 形及开口密封圈，O 形密封圈无方向性，开口密封圈安装时开口必须对缸体。

f. 回位弹簧。有些自动变速器的换挡离合器中装有碟形弹簧，目的是减小活塞工作时的冲击，同时活塞回位时又可充当回位弹簧。安装时，碟形弹簧小端对着活塞。

g. 挡圈。换挡离合器的最外面一块钢片由于承受较大的冲击力，厚度比其他钢片大很多（2 ~ 3 倍），安装时其平整面对着摩擦片。

③换挡离合器接合。如图 2-4-10a 所示，当控制油液流至活塞缸时，活塞克服回位弹簧力的作用，将摩擦片与钢片压紧，产生摩擦力，输出动力。

④换挡离合器分离。如图 2-4-10b 所示，当控制油压减小时，活塞缸的油液经油道流出。在回位弹簧的作用下，活塞返回原位，换挡离合器分离。

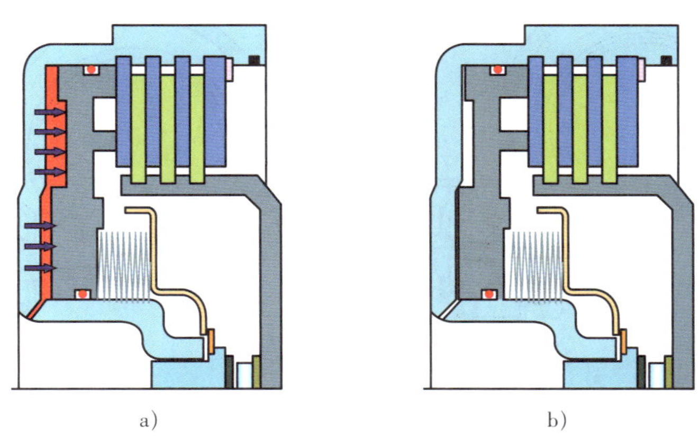

图 2-4-10 换挡离合器的工作原理
a）换挡离合器接合 b）换挡离合器分离

2）换挡制动器的组成及工作原理

换挡制动器通常有两种形式。一种是湿式多片制动器，其结构与湿式多片离合器基本相同，不同之处是换挡制动器用于连接转动件与变速器壳体，使转动件不能转动；另一种是带式制动器。

①换挡制动器的作用。换挡制动器将行星齿轮机构中某一元件与变速器壳体相连，使该元件受约束而固定。

②带式制动器

a. 组成。如图 2–4–11 所示，带式制动器的主要组成部件包括制动带、转鼓和推杆等，转鼓通常就是制动器的外壳。

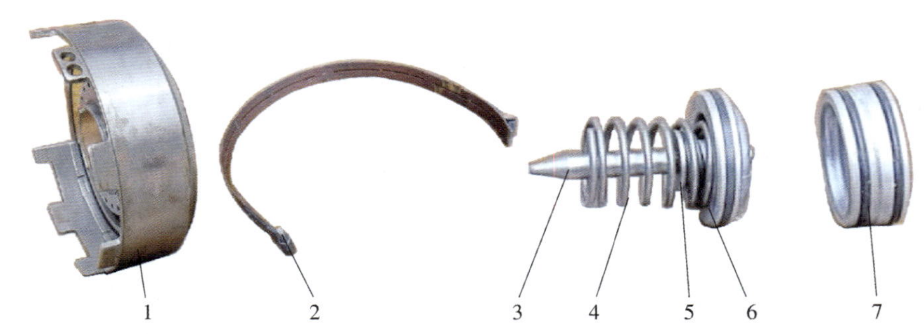

图 2–4–11　带式制动器的组成

1—转鼓　2—制动带　3—推杆　4—回位弹簧　5—内弹簧　6—活塞　7—端盖

b. 工作原理。如图 2–4–12 所示，当控制油压加在活塞上时，活塞向左移，压缩回位弹簧，推杆推动制动带的一端左移，由于制动带的另一端固定在变速器壳体上，制动带的直径变小，箍紧在转鼓上，在制动带与转鼓之间产生很大的摩擦转矩，使转鼓无法转动。

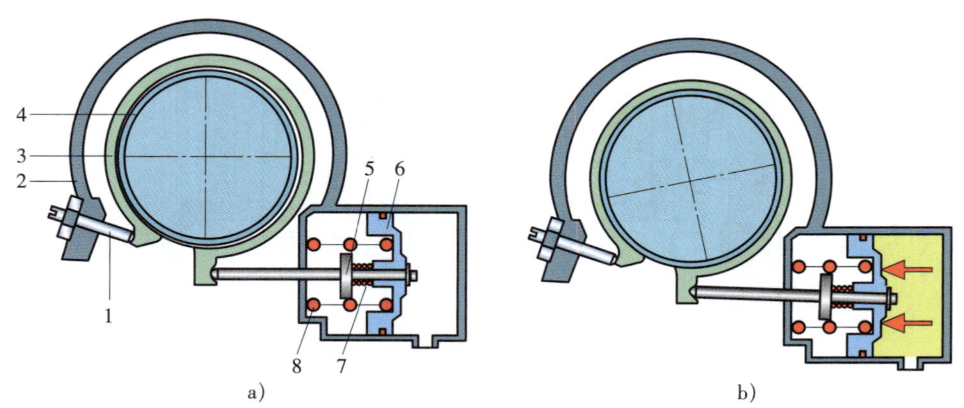

图 2–4–12　带式制动器的工作原理

a）解除制动　b）制动

1—调整螺杆　2—壳体　3—制动带　4—转鼓　5—推杆

6—活塞　7—内弹簧　8—回位弹簧

当活塞缸中没有控制油压时，活塞和推杆在回位弹簧的作用下被推回，制动带松开，转鼓解除制动。

（3）自动变速器汽车的变速控制简介

1）选挡控制

图 2-4-13 所示为选挡控制手柄。

图 2-4-13 选挡控制手柄
P—驻车挡 R—倒挡 N—空挡 D—前进挡

①挡位有 P、N、R、D。

②电子控制自动变速器还有正常模式、经济模式、运动模式等。

2）手自一体自动变速器

手自一体自动变速器的选挡控制手柄如图 2-4-14 所示，在手动模式时，前推选挡控制手柄增挡，后拉选挡控制手柄减挡。

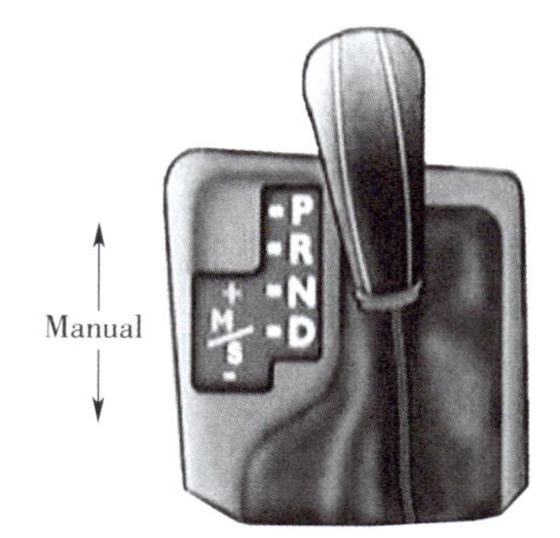

图 2-4-14 手自一体自动变速器的选挡控制手柄

四、双离合变速器（DCT）

1. 双离合变速器的特点

DCT 是英文 Dual Clutch Transmission 的简写，与传统的手动变速器相比，双离合变速器的优势有以下几点：

（1）换挡快。双离合变速器的换挡时间非常短，比手动变速器的速度要快，只有不到 0.2 s。

（2）省油。双离合变速器因为消除了扭矩的中断，而始终在最佳的工作状态，所以能够节省燃油。相比传统行星齿轮式自动变速器，更利于提升燃油经济性，油耗大约能够降低 15%，而且在换挡过程中，几乎没有扭矩损失。

（3）稳定、舒适性好。因为换挡速度快，所以 DCT 的每次换挡都非常平顺，高速顿挫感小到难以察觉的地步。

但是由于结构复杂，它还兼具以下缺点：

（1）成本问题。双离合变速器的结构复杂，制造工艺要求比较高。

（2）扭矩问题。在传递扭矩方面，双离合变速器能满足一般车辆的要求，对于恶劣的行车工况，则动力传递不足。如果是干式离合器，会产生太多的热量，而如果是湿式离合器，摩擦力又不够。

（3）由于电控系统和液压系统的存在，双离合变速器的效率仍然不及传统手动变速器，特别是用于传递大扭矩的湿式双离合变速器更是如此。

2. 双离合变速器的分类

根据双离合器摩擦片的冷却方式，双离合变速器可分为湿式双离合变速器和干式双离合变速器。湿式离合器的两组离合器片在一个密封的油槽中，通过浸泡着离合器片的变速器油吸收热量，而干式离合器的摩擦片则没有密封油槽，需要通过风冷散热。

3. 双离合变速器的结构及工作原理

图 2-4-15 所示为大众 02E 双离合变速器的结构。双离合变速器换挡和离合的操作都

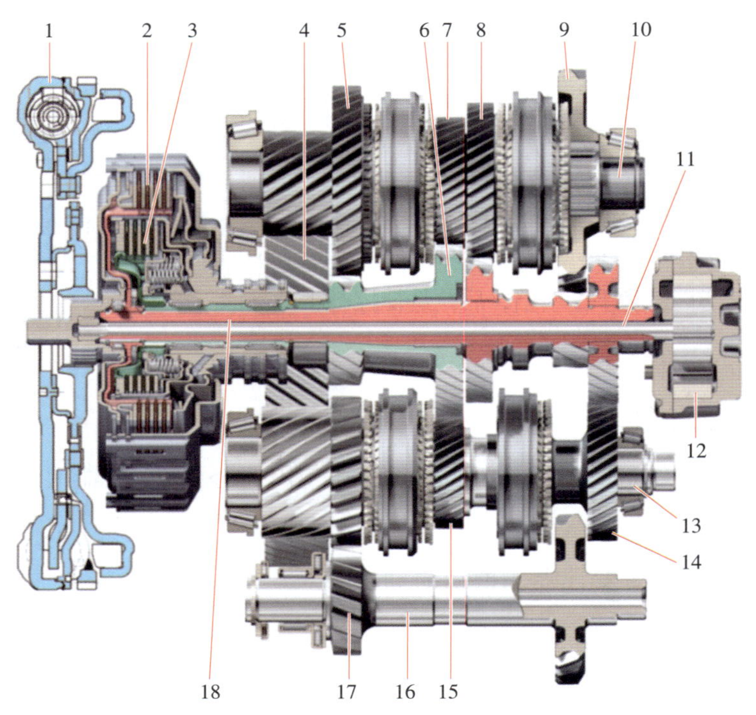

图 2-4-15　大众 02E 双离合变速器的结构

1—双质量飞轮　2—离合器 1　3—离合器 2　4—主传动齿轮　5—2 挡齿轮　6—输入轴 2　7—4 挡齿轮　8—3 挡齿轮　9—1 挡齿轮　10—输出轴 1　11—泵轴　12—油泵　13—输出轴 2　14—5 挡齿轮　15—6 挡齿轮　16—倒挡轴　17—倒挡齿轮　18—输入轴 1

是通过变速器电子控制单元控制实现的。变速器电子控制单元进行自动换挡逻辑控制，并发令使换挡电磁阀动作，完成挡位的自动转换。双离合变速器液压部分包括油泵、油路板、液压换挡滑阀、双离合器和三个同步器的液压缸。传动轴被分为两条，一条是放于内里实心的传动轴，而另一条则是外面空心的传动轴；内里实心的传动轴连接 1、3、5 及倒挡，而外面空心的传动轴则连接 2、4 及 6 挡。

以速腾轿车为例，简要介绍换挡工作原理。如图 2-4-16 所示，变速器处于 1 挡时，连接 1 挡的离合器 1 与变速器接合，变速器电子控制单元根据车速信号和发动机转速信号对换挡意图做出判断，预见性地控制离合器 2 与 2 挡齿轮组相连，但仅处于准备状态，尚未与发动机动力相连。当 1 挡升 2 挡时，连接 1 挡的离合器 1 分离，连接 2 挡的离合器 2 迅即与发动机接合，完成升挡过程。

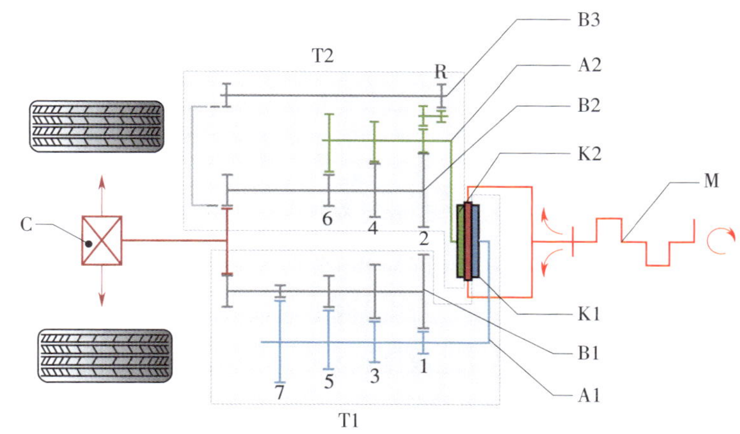

图 2-4-16 速腾轿车 DCT 变速器工作原理

A1—输入轴 1　A2—输入轴 2　B1—输出轴 1　B2—输出轴 2　B3—倒挡轴

C—前桥主减速器　K1—离合器 1　K2—离合器 2　M—发动机

T1—分变速器 1，连着 1 挡、3 挡、5 挡和 7 挡

T2—分变速器 2，连着 2 挡、4 挡、6 挡和倒挡（R 挡）

小结

1. 自动变速器按控制方式可分为两种：液控液动自动变速器和电控液动自动变速器。

2. 电控液动自动变速器主要由液力变矩器、齿轮变速系统、换挡执行机构、液压控制系统、电子控制系统及冷却系统、过滤系统等组成。

3. 三元件液力变矩器主要由泵轮、涡轮和导轮三部分组成。

4. 简单的行星齿轮机构一般由一个太阳轮、一个齿圈、一个行星架和支撑在行星架上的几个行星齿轮组成，称为一个单行星排。在行星排中，太阳轮、齿圈以及行星架称为行星排的三个基本元件。

5. 双离合变速器具有换挡快、省油、舒适性好的优点，被广泛应用，其结构一般具有一根实心传动轴、一根空心传动轴以及两个离合器。

课题5　万向传动装置

学习目标

1. 了解万向传动装置的安装位置。
2. 掌握万向节的分类以及各自的组成与工作原理。
3. 掌握传动轴与中间支撑的构造与功用。
4. 掌握万向传动装置常见故障的现象以及原因。
5. 掌握万向传动装置的拆装顺序以及检修方法，并能根据维修手册熟练拆装、检修。

一、概述

1. 在变速器（或分动器）与驱动桥之间安装万向传动装置

在汽车的总体布置中，发动机、离合器和变速器连成一体固装在车架上，驱动桥则通过弹性悬架与车架连接。由此可见，变速器输出轴轴线与驱动桥的输入轴轴线不在同一平面上。汽车行驶时，车轮的跳动会造成驱动桥与变速器的相对位置（距离、夹角）不断变化，故变速器的输出轴与驱动桥的输入轴不可能刚性连接，必须安装万向传动装置，如图 2–5–1 所示。

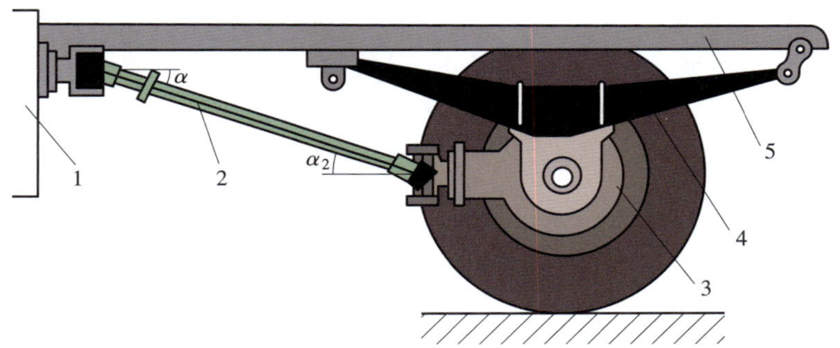

图 2–5–1　变速器与驱动桥之间的万向传动装置（一）
1—变速器　2—万向传动装置　3—驱动桥　4—后悬架　5—车架

在变速器与驱动桥距离较远的情况下，应将传动轴分成两段，即主传动轴和中间传动轴，用三个万向节将变速器输出轴、中间传动轴、主传动轴、主减速器输入轴连接起来，且在中间传动轴后端设置中间支撑，如图 2–5–2 所示。

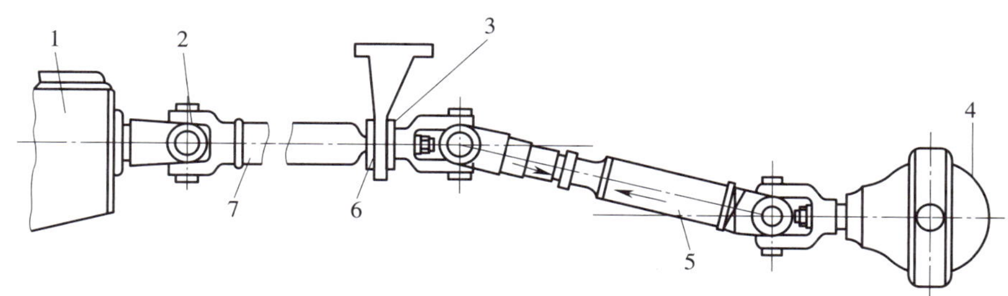

图 2–5–2　变速器与驱动桥之间的万向传动装置（二）
1—变速器　2—万向节　3、6—中间支撑　4—驱动桥　5—主传动轴　7—中间传动轴

2. 在离合器与变速器或变速器与分动器之间安装万向传动装置

当离合器与变速器或变速器与分动器分开布置时，万向传动装置如图 2–5–3、图 2–5–4 所示。虽然它们都支撑在车架上，且轴线也可以设计成重合的，但为了消除制造和装配误差及车架变形对传动的影响，在其间也设有万向传动装置。

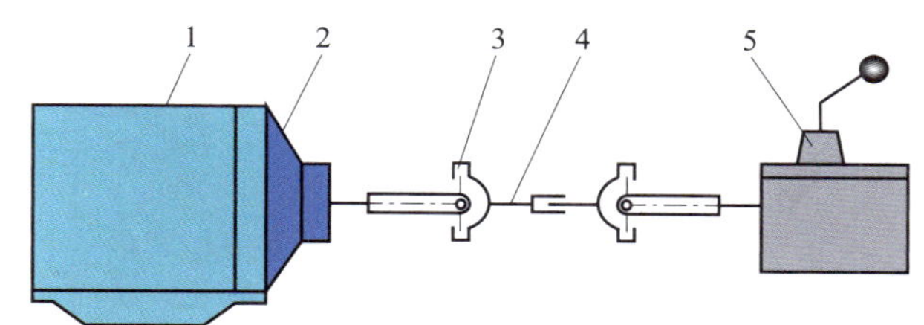

图 2–5–3　离合器与变速器之间的万向传动装置
1—发动机　2—离合器　3—万向节　4—传动轴　5—变速器

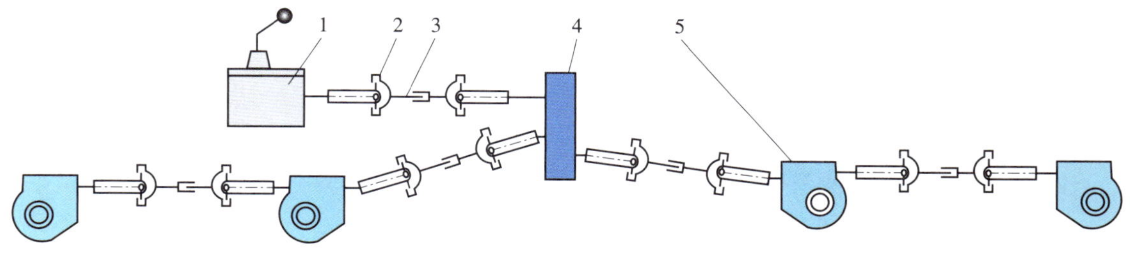

图 2–5–4　变速器与分动器、分动器与各驱动桥之间的万向传动装置
1—变速器　2—万向节　3—中间传动轴　4—分动器　5—驱动桥

3. 在转向驱动桥和断开式驱动桥中安装万向传动装置

在转向驱动桥中，前轮既是转向轮又是驱动轮，作为转向轮，要求它能在最大转角范围内任意偏转；作为驱动轮，要求半轴不间断地把动力传给驱动轮。因此，转向驱动桥中的半轴是分段的，并用万向节连接（见图 2–5–5）。在断开式驱动桥中（配用独立悬架），主减速器与车架固定，而驱动轮可以相对于主减速器上下摆动。因此，在靠近主减速器处，半轴也要分段并用万向节连接。

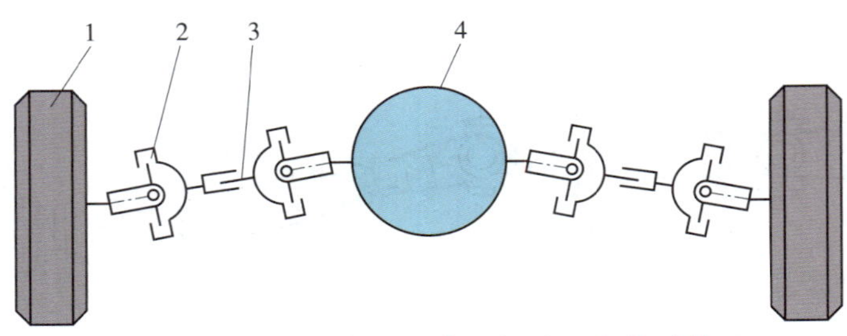

图 2–5–5　转向驱动桥半轴间的万向传动装置
1—车轮　2—万向节　3—半轴　4—转向驱动桥

4. 在汽车转向操纵机构中安装万向传动装置

有些汽车的转向操纵机构受整体布置的限制，转向盘轴线与转向器输入轴轴线不能重合，因此，转向操纵机构中也常采用万向传动装置（见图 2–5–6）。

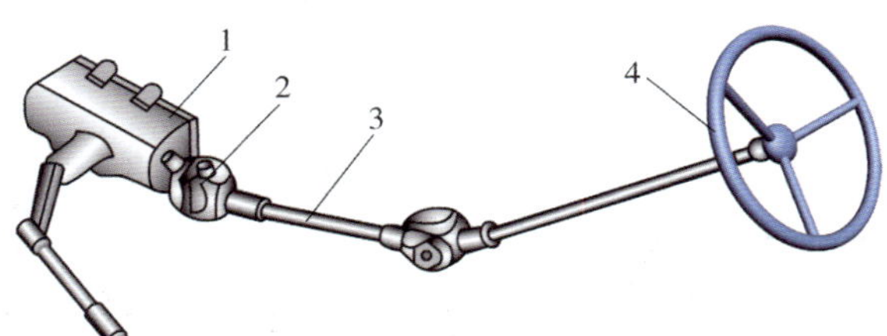

图 2–5–6　转向操纵机构中的万向传动装置
1—转向器　2—万向节　3—转向传动轴　4—转向盘

二、万向节

1. 万向节的类型

（1）按刚度大小分类

万向节按刚度大小可分为刚性万向节和柔性万向节。

（2）按速度特性分类

万向节按速度特性可分为不等速万向节、准等速万向节和等速万向节。

2. 十字轴式刚性万向节

十字轴式刚性万向节又称普通万向节，是目前汽车传动系中应用最广的一种万向节。它允许相邻两轴的最大交角为 15°～20°。

（1）结构

图 2–5–7 所示为十字轴式刚性万向节，主要由万向节叉和十字轴、轴承等组成。两个万向节叉分别与主、从动轴相连，其叉形上的孔分别套在十字轴的四个轴颈上。在十字轴轴颈与万向节叉孔之间装有滚针和套筒组成的滚针轴承。该滚针轴承通过轴承盖、锁片和螺钉来固定和定位。如图 2–5–8 所示，为了轴承的润滑，在十字轴内钻有油道，并装有润滑脂嘴（油嘴）和安全阀。为了避免润滑脂流出及尘垢进入轴承，在十字轴的每

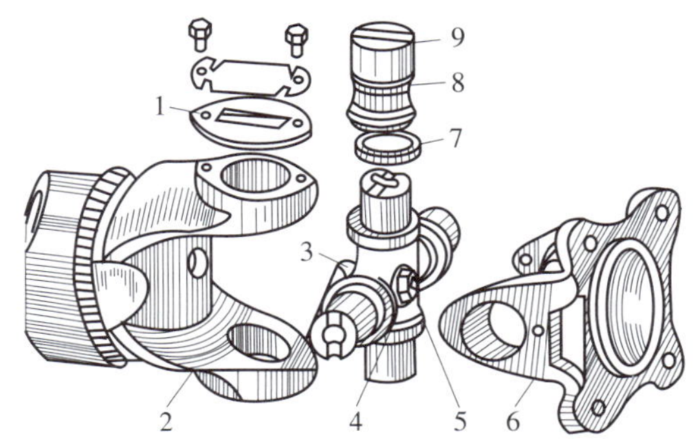

图 2-5-7 十字轴式刚性万向节
1—轴承盖 2、6—万向节叉 3—油嘴 4—十字轴 5—安全阀
7—油封 8—滚针 9—套筒

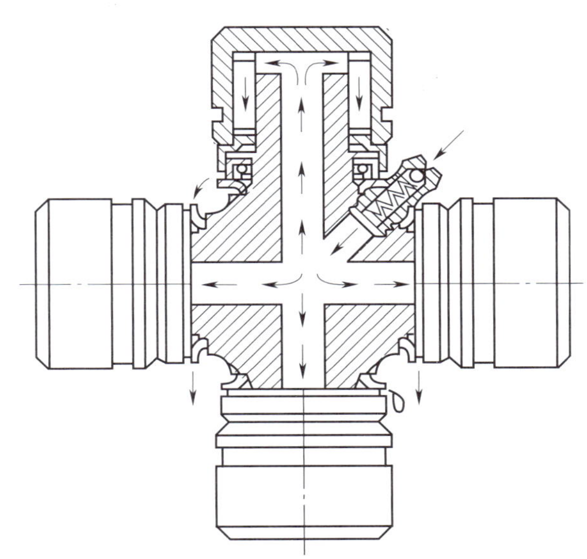

图 2-5-8 十字轴式刚性万向节的润滑油道及密封装置

个轴颈内端都套装一个带金属壳的毛毡油封（或橡胶油封）。

十字轴式刚性万向节可以保证在轴间夹角变化时可靠地传动，结构简单，传动效率高。缺点是单个万向节在所连两轴有夹角的情况下不能实现等角速传动。

（2）十字轴式刚性万向节的速度特性与等速排列

1）十字轴式刚性万向节的速度特性。万向节的主动万向节叉转一圈时，从动万向节叉也转一圈，即主动万向节叉与从动万向节叉等速转动；主动万向节叉转过 45° 时，从动万向节叉仅转约 39°（主、从动万向节叉轴线夹角 30°），主动万向节叉再转过 45° 时，从动万向节叉又转约 51°。即主动万向节叉匀速转动，而从动万向节叉时慢时快转动，做变速转动，这种现象称为主、从动万向节叉角速度不等。此即单个十字轴式刚性万向节在有夹角传动时具有不等角速度特性。单个普通万向节的不等角速度特性会使从动轴及与其相连的传动部件产生扭转振动，产生附加的交变载荷，影响部件的使用寿命。

2）十字轴式刚性万向节的等速排列。在传动过程中一个十字轴式刚性万向节具有不等角速度特性，若将两个十字轴式刚性万向节按一定方式排列，就可实现普通万向节的等角速传动。

如图 2-5-9 所示，实现普通万向节的等角速传动必须满足以下两个条件：

①输入轴与传动轴之间的夹角 α_1 等于输出轴与传动轴之间的夹角 α_2，即 $\alpha_1=\alpha_2$。

②传动轴的万向节叉处于同一平面内。

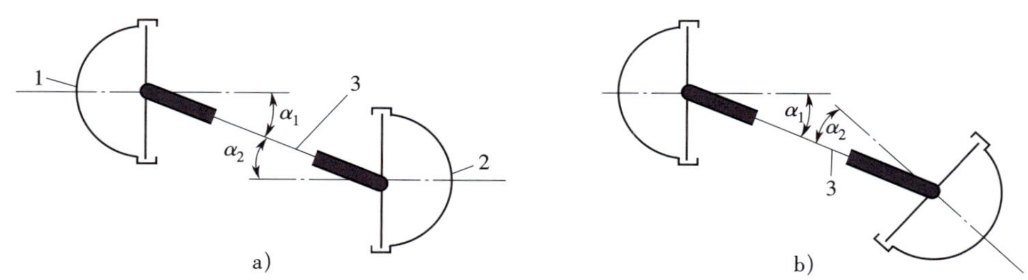

图 2-5-9　十字轴式刚性万向节的等速排列

a）平行排列　b）等腰排列

1—输入轴及主动万向节叉　2—输出轴及从动万向节叉　3—传动轴

3. 等速万向节

等速万向节的基本原理是从结构上保证万向节在工作过程中，其传力点永远位于两轴交角的角平分面上。

图 2-5-10 所示为一对大小相同的锥齿轮传动示意图。两齿轮的接触点 P 位于两齿轮轴线交角 α 的角平分面上，由 P 点到两轴的垂直距离都等于 r。在 P 点处两齿轮的圆周速度是相等的，因而两个齿轮旋转的角速度也相等。与此相似，若万向节的传力点在其交角变化时，始终位于角平分面内，则可使两万向节叉保持等角速关系。

图 2-5-10　一对大小相同的锥齿轮传动示意图（等速万向节的工作原理）

常见的等速万向节有球叉式和球笼式两种。

（1）球叉式万向节

球叉式万向节的构造如图 2-5-11 所示。主动叉与从动叉分别与内外半轴制成一体。在主、从动叉上，各有 4 个曲面凹槽，装合后形成两条相交的环槽，作为钢球滚道。4 个传动钢球装在槽中，中心钢球（又称分度球）放在两叉中心的凹槽内以实现定心。

为顺利将钢球装入槽内，在中心钢球上铣出一个凹面，凹面中央有一深孔。装合时，先将定位销装入从动叉内，放入中心钢球，然后在两叉槽中陆续装入 3 个传动钢球，再

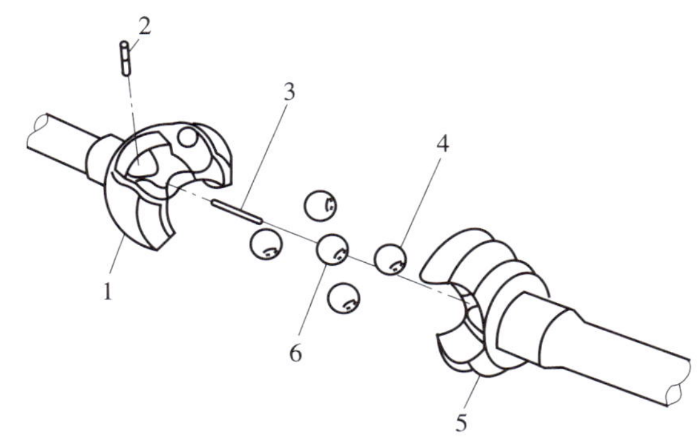

图 2-5-11 球叉式万向节的构造

1—从动叉 2—锁止销 3—定位销 4—传动钢球 5—主动叉 6—中心钢球

将中心钢球的凹面对向未放入钢球的凹槽，以便装入第四个传动钢球，而后再将中心钢球的孔对准从动叉孔，提起从动叉轴使定位销插入球孔中，最后将锁止销插入从动叉上与定位销垂直的孔中，以限制定位销轴向移动，保证中心钢球的正确位置。

球叉式万向节等角速传动的原理如图 2-5-12 所示，主、从动叉曲面凹槽的中心线分别是以 O_1、O_2 为圆心的两个半径相等的圆，且圆心 O_1、O_2 到万向节中心 O 的距离相等，因此，在主动轴与从动轴以任何角度相交的情况下，传动钢球中心都位于两圆的交点上，因而保证等角速传动。

球叉式万向节结构简单，允许最大交角为 32°～33°，一般应用于转向驱动桥中。

近年来，有些球叉式万向节中省去了定位销和锁止销，中心钢球上也没有凹面，靠压力装配。这样，结构更为简单，但拆装不便。

球叉式万向节工作时，只有两个钢球传力，反转时，则由另两个钢球传力。因此，钢球与曲面凹槽之间的单位压力较大，磨损较快，影响使用寿命。

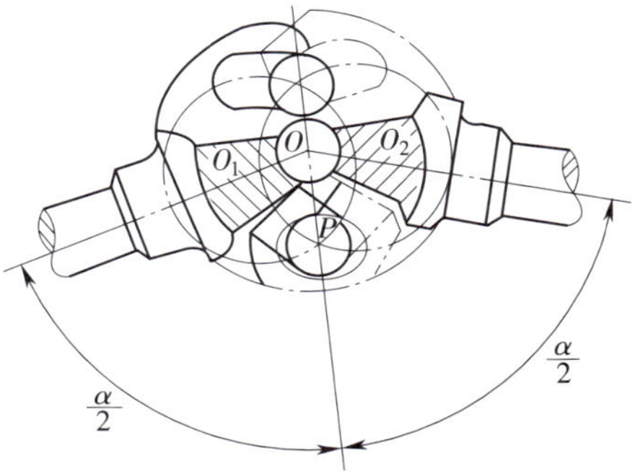

图 2-5-12 球叉式万向节等角速传动的原理

（2）球笼式万向节

球笼式万向节的结构如图 2-5-13 所示。内球座以内花键与主动轴相连，其外表面有 6 条凹槽，形成内滚道。外球座的内表面有相应的 6 条凹槽，形成外滚道。6 个钢球分别装在各条凹槽中，并有球笼使之保持在一个平面内。动力由主动轴经钢球、外球座输出。

固定型球笼式万向节如图 2-5-14 所示。外滚道的中心 A 与内滚道的中心 B 分别位于万向节中心 O 的两边，且与 O 等距离。钢球中心 C 到 A、B 两点的距离也相等。保持架的内外球面、内球座的外球面和外球座的内球面均以万向节中心 O 为圆心，故当两轴交角变化时，保持架可沿内外球面滑动，以保持钢球在一定位置。

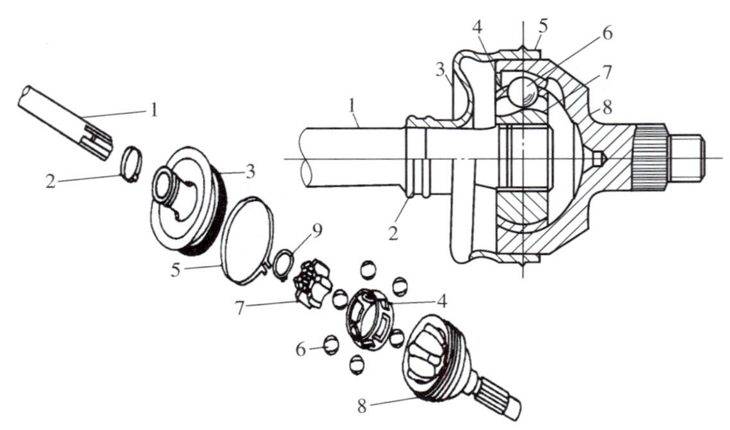

图 2-5-13　球笼式万向节的结构

1—主动轴　2、5—钢带箍　3—外罩　4—球笼（钢球保持架）　6—钢球
7—内球座（内滚道）　8—外球座（外滚道）　9—卡环

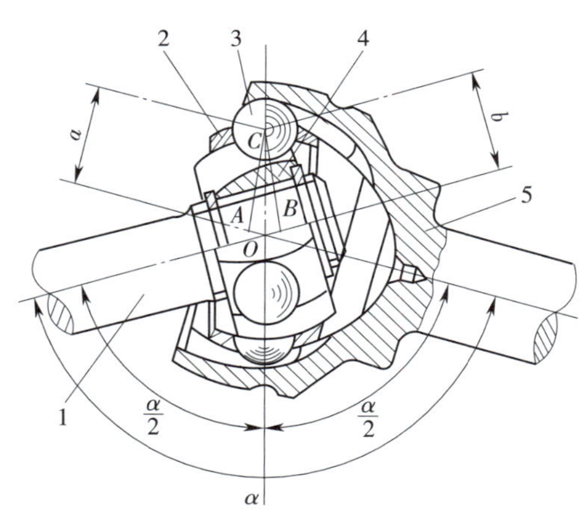

图 2-5-14　固定型球笼式万向节

1—主动轴　2—保持架　3—钢球　4—内球座　5—从动轴

球笼式万向节的等角速条件的实现：如图 2-5-14 所示，由于 $OA=OB$，$CA=CB$，CO 是公共边，则 $\triangle COA$ 与 $\triangle COB$ 全等，故 $\angle COA$ 与 $\angle COB$ 相等，即两轴相交角为任意角 α 时，传力的钢球球心 C 都位于交角角平分面上，此时钢球到主动轴和从动轴的距离 a 和 b 相等，从而保证从动轴与主动轴以相等的角速度旋转。

球笼式万向节可在两轴最大交角为 42° 的情况下传递转矩，且在工作时，无论传动方向如何，6 个钢球全部传力。与球叉式万向节相比，其承载能力强，结构紧凑，拆装方便，应用越来越广泛。

三、传动轴和中间支撑

1. 传动轴

汽车传动系的传动轴轴身通常是一根壁厚均匀的轴管。在转向驱动桥、断开式驱动桥或微型汽车的万向传动装置中，常把传动轴制成实心轴。

传动轴连接变速器（或分动器）与驱动桥，主要作用是将变速器（或分动器）传来的转矩传给驱动桥的主减速齿轮。

（1）构造

传动轴是一根转速相当高的长轴。理论与实践证明，一根长轴的转速高达某一数值时就会发生破坏，这时的转速称为轴的危险转速。危险转速取决于轴的长度、断面尺寸与形状及轴的平衡情况等因素。短轴能大大提高危险转速，保证旋转的稳定性。当变速器与驱动桥之间的距离较远时，汽车上传动轴多分为两段，其间用万向节连接并加装中间支撑。

图 2-5-15 所示为速腾轿车带等速万向节的传动轴总成。由于速腾轿车采用前置前驱

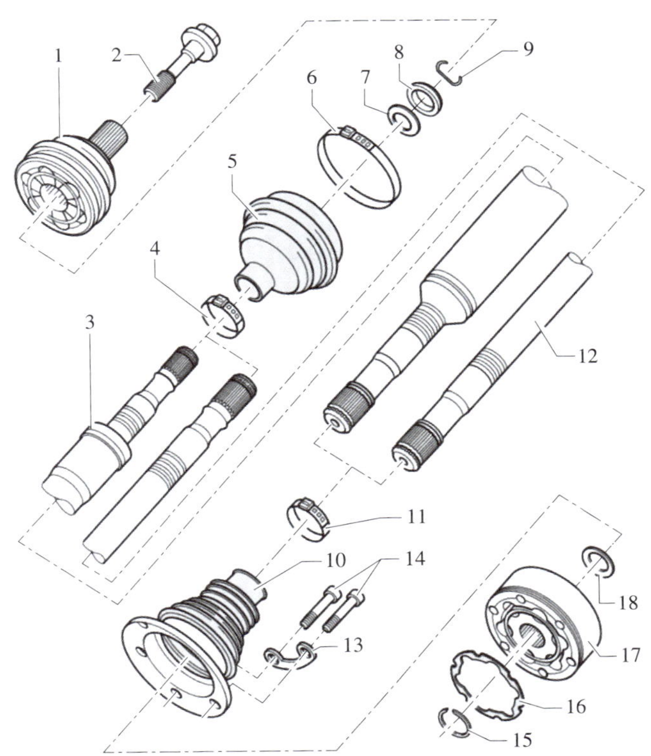

图 2-5-15 速腾轿车带等速万向节的传动轴总成

1—外侧等速万向节 2—十二角螺栓 3—右传动轴 4、6、11—卡箍 5—外侧等速万向节保护套 7、18—碟形弹簧 8—止推环 9、15—卡环 10—内侧等速万向节保护套 12—左传动轴 13—垫板 14—圆头内梅花螺栓 16—密封圈 17—内侧等速万向节

布置，传动轴采用了短轴形式。它由两个等速万向节，左、右两传动轴，卡环等组成。传动轴外端利用花键、碟形弹簧、止推环、卡环与外侧等速万向节相连，轮毂通过十二角螺栓穿过外侧等速万向节与传动轴相连，外侧等速万向节保护套利用卡箍连接在传动轴上，对万向节进行保护；传动轴内端利用花键、碟形弹簧与内侧等速万向节相连，利用圆头内梅花螺栓将内侧等速万向节保护套固定在变速器法兰盘上。为防止变速器油泄漏，安装密封圈。

（2）传动轴的几种排列方法

1）单节式传动轴。普通汽车最简单的传动轴只有一节，其两端用普通万向节分别与变速器和驱动桥连接。装配时，传动轴两端的万向节叉在同一平面内就能保证满载时实现等角速传动。

2）双节式传动轴。传动轴分为两段，即中间传动轴和主传动轴，与三个万向节组成万向传动装置，其装配方法有两种：

①某些汽车变速器输出轴与中间传动轴不在一条直线上，当汽车满载时两节传动轴近似在一直线上，中间万向节不起改变角速度的作用，前端万向节从动叉与后端万向节主动叉在同一平面内，即满足等角速传动的条件。

②有些汽车的中间传动轴与变速器输出轴近似在一条直线上，实际上只要主传动轴满足等角速传动条件即可。

3）越野汽车的传动轴。越野汽车传动轴的布置包括从变速器到分动器，又从分动器到各驱动桥。图 2-5-16 所示为三桥越野汽车传动轴的布置，后桥传动轴分为后桥中间传动轴和后桥主传动轴，中间支撑装在中驱动桥上。满载时，变速器输出轴与分动器的各

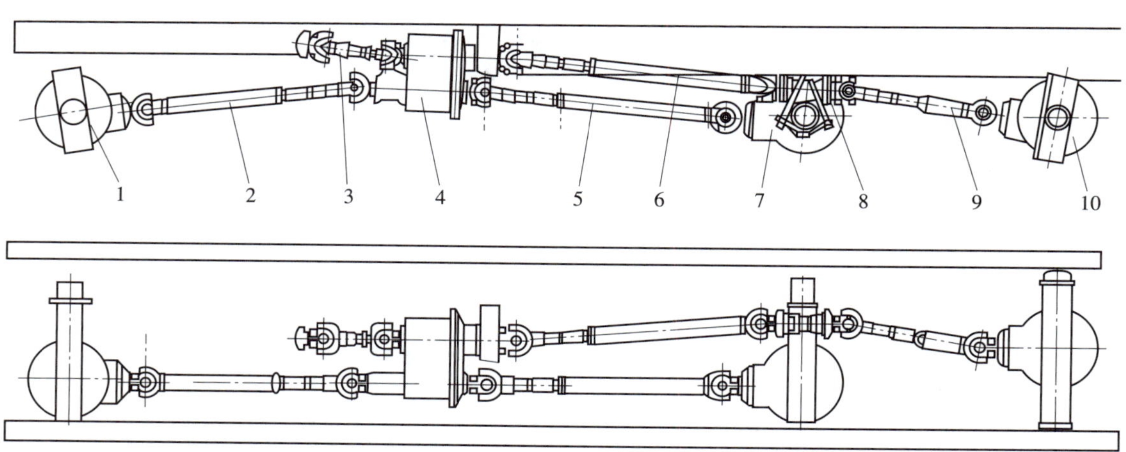

图 2-5-16　三桥越野汽车传动轴的布置

1—前驱动桥　2—前桥传动轴　3—传动轴　4—分动器　5—中桥传动轴　6—后桥中间传动轴　7—中驱动桥　8—中间支撑　9—后桥主传动轴　10—后驱动桥

输出轴、中驱动桥和后驱动桥的输入轴以及中间支撑的轴线近似平行。每一传动轴两端的万向节叉在同一平面内，满足平行排列或等腰排列的等角速传动条件。

2. 中间支撑

双节式传动轴的中间支撑通常装在车架横梁上，能补偿传动轴轴向和角度方向的安装误差，以及汽车行驶时因发动机窜动或车架变形等所引起的位移。

中间支撑常用弹性元件来满足上述要求，图 2-5-17 所示为汽车传动轴中间支撑，它由支架和双列圆锥滚子轴承等组成。中间支撑支架用螺栓装在车架的横梁上。圆锥滚子轴承装在支撑孔内的橡胶垫环中，轴承两端用油封密封，轴承下方装有润滑脂嘴。弹性橡胶垫环可以吸收传动轴的振动和适应传动轴在一定范围内的摆动。

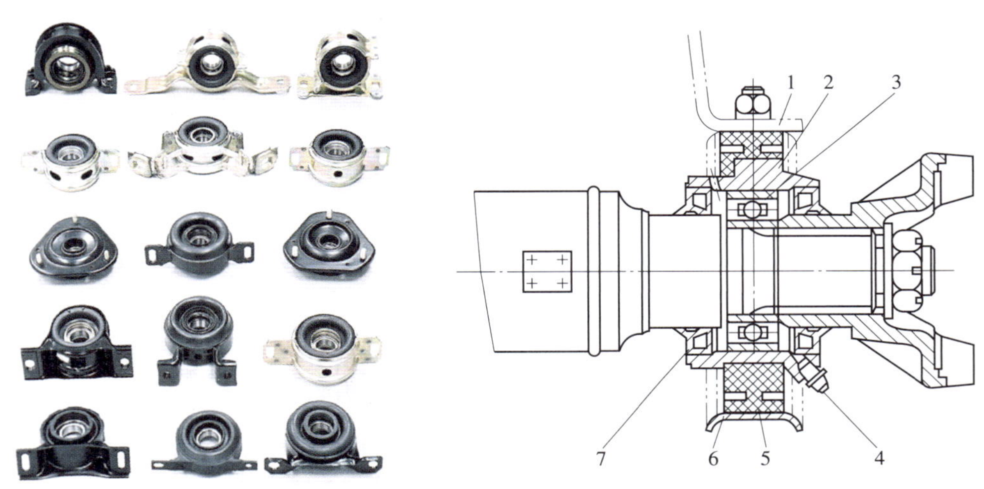

图 2-5-17 汽车传动轴中间支撑

1—车架横梁 2—轴承外壳 3—轴承隔圈 4—润滑脂嘴 5—橡胶垫环
6—支架 7—双列圆锥滚子轴承

有的汽车采用摆动式中间支撑，如图 2-5-18 所示。它可绕支撑轴摆动，改善发动机轴向窜动时轴承的受力情况。橡胶衬套能适应传动轴轴线在横向平面内少量的位置变化。

三桥越野汽车后桥传动轴的中间支撑通常支撑在中驱动桥上，如图 2-5-19 所示，中间支撑用两个 U 形螺栓紧固在中驱动桥上，中间支撑轴两端各用一个圆锥滚子轴承支撑于中间支撑壳体内，两油封座与壳体间的调整垫片可调整两圆锥滚子轴承的松紧度。两端万向节叉通过花键套在中间支撑轴上，用万向节叉紧固螺母紧固。

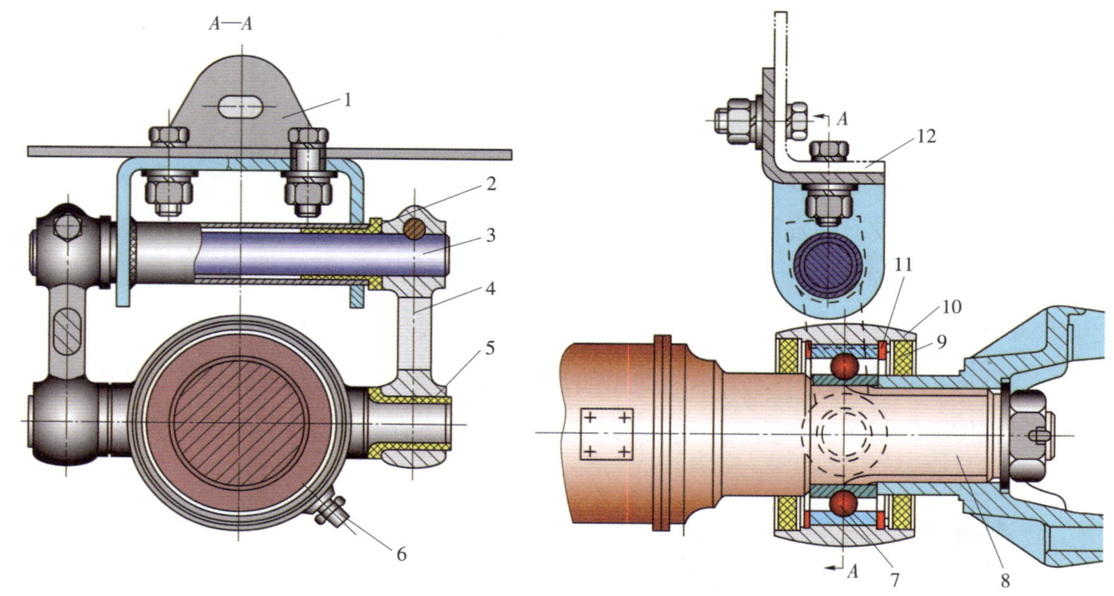

图 2-5-18　摆动式中间支撑示意图
1—支架　2、5—橡胶衬套　3—支撑轴　4—摆臂　6—油嘴　7—轴承　8—中间传动轴
9—油封　10—支撑座　11—卡环　12—车架横梁

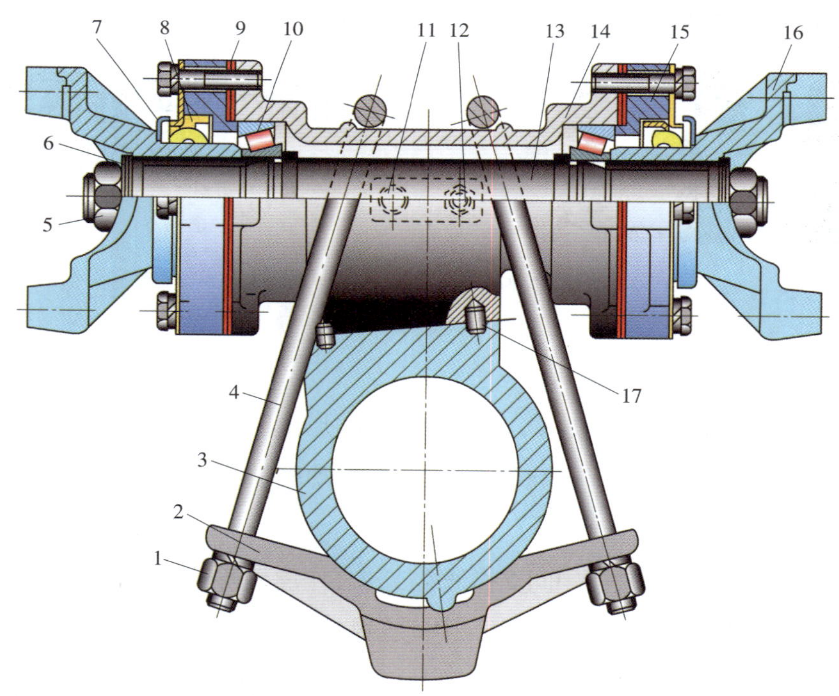

图 2-5-19　三桥越野汽车后桥传动轴的中间支撑示意图
1—U 形螺栓紧固螺母　2—中间支撑托板　3—中桥壳　4—U 形螺栓
5—万向节叉紧固螺母　6—垫片　7—防尘罩　8—油封　9—调整垫片
10—圆锥滚子轴承　11—通气塞　12—油嘴　13—中间支撑轴
14—中间支撑壳体　15—油封座　16—万向节叉　17—定位销

四、万向传动装置的故障现象及原因

万向传动装置在使用中常见的故障有传动轴振动和噪声，起动撞击和滑行异响等。

1. 传动轴振动和噪声

（1）现象

汽车在行驶过程中，传动轴产生振动并传递给车身，从而引起车身振动和噪声。其振动强度一般与车速成正相关关系。

（2）原因

1）万向节严重磨损。

2）传动轴产生弯曲或扭转变形。

3）传动轴不平衡或连接部件松动。

4）变速器输出轴花键齿磨损严重。

5）中间支撑轴承磨损或中间支撑松动。

2. 起动撞击和滑行异响

万向传动装置在汽车起步和滑行时产生异响，其主要原因如下：

（1）万向节产生磨损或损伤。

（2）变速器输出轴花键磨损。

（3）万向节叉花键磨损或损伤。

（4）传动轴连接部位松动。

技能训练

一、万向传动装置的拆装

以速腾轿车为例。

实训准备：

设备：速腾轿车、举升机。

工具：常用拆装工具、专用工具、扭力扳手、吊架。

材料：无纺布吸油纸、机油。

资料：汽车维修手册。

1. 拆卸

在车辆上进行拆卸和装配工作时，不得松弛地吊着传动轴，也不能弯曲后装入万向节的极限位置中。进行下列作业：

（1）拧下轮毂上的传动轴螺栓。

注意：车轮侧传动轴螺栓连接件松开时，轮毂轴承不允许承重。轮毂轴承如果承载了汽车自身的质量，就会受到损坏，从而缩短轮毂轴承的使用寿命。

当汽车停放在地上时，传动轴的螺栓最多只允许松开 90°。汽车安装传动轴前不允许移动，否则会损坏轮毂轴承。如果一定要移动汽车，必须注意以下事项：安装一个外侧万向节替代传动轴，用 120 N·m 的力矩拧紧外侧万向节，松开车轮螺栓，最后升高汽车。

（2）拆卸车轮。

（3）拆卸下部隔音垫。

（4）从变速器的法兰轴上拧下传动轴的连接螺栓，脱开传动轴。

（5）拆卸箭头所示的三个螺母（见图 2-5-20）。

（6）从控制臂上拉出转向节主销。

（7）从轮毂中拉出传动轴。

2. 安装

（1）按与拆卸相反的顺序进行安装操作。

（2）去除外侧万向节螺纹 / 花键中可能残存的油漆和锈蚀。

（3）装入传动轴。

（4）将外侧万向节插入轮毂花键中。

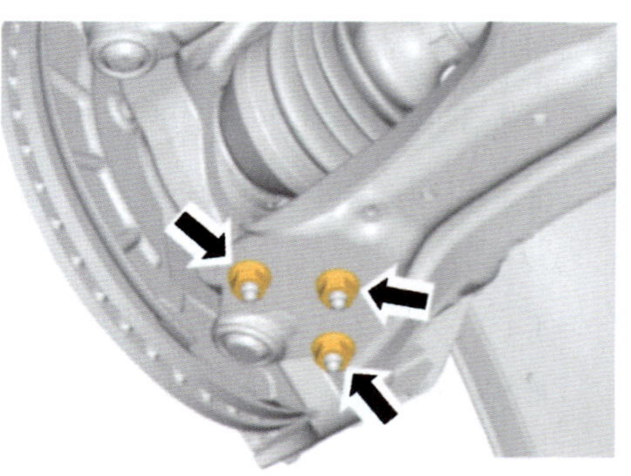

图 2-5-20　拆卸螺母示意图

（5）拧紧转向节主销和控制臂的连接螺栓。

（6）安装传动轴的内侧万向节，先以 10 N·m 的力矩交叉预拧紧螺栓。

（7）用规定的拧紧力矩以交叉方式拧紧内梅花螺栓。

（8）安装下部隔音垫。

（9）拧紧轮毂上的传动轴螺栓。注意：此时汽车不允许着地，螺栓已松动时，轮毂轴承可能会由于承受汽车自身质量而受到损坏。

（10）安装车轮并拧紧。

二、万向传动装置的检修

实训准备：

设备：传动轴、V 形支架。

工具：百分表、常用拆装工具。

材料：无纺布吸油纸。

资料：汽车维修手册。

1. 传动轴

传动轴不得有裂纹、凹陷，严重时要更换。

（1）传动轴弯曲程度的检查方法如图 2–5–21 所示。用 V 形支架支起传动轴，用百分表在轴的中部测量径向跳动量。传动轴全长的径向全跳动公差应符合规定（见表 2–5–1），轿车传动轴相应减小 0.2 mm。

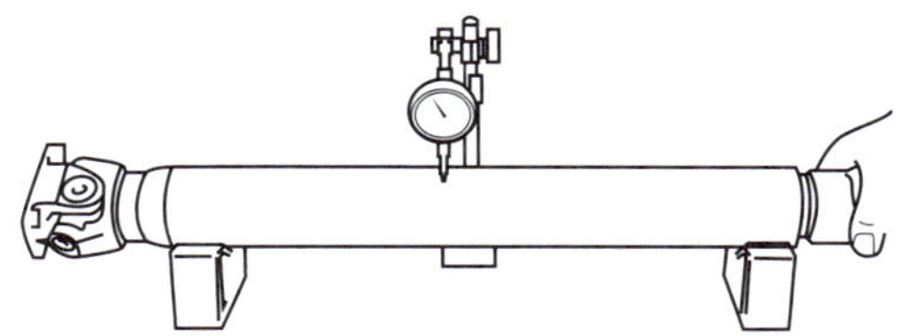

图 2–5–21 传动轴弯曲程度的检查方法

表 2–5–1 传动轴全长的径向全跳动公差 mm

轴长	< 600	600 ~ 1 000	> 1 000
径向全跳动公差	0.6	0.8	1.0

（2）检查传动轴花键轴与万向节叉的侧隙，轿车应不大于 0.15 mm，其他类型的汽车应不大于 0.30 mm，装配后要滑动自如，否则应更换。

2. 万向节叉和十字轴

（1）万向节叉和十字轴不得有裂纹，否则应更换。

（2）十字轴轴颈表面有疲劳剥落、磨损沟槽或压痕深大于 0.1 mm 时，应更换。

（3）检查十字轴轴承是否磨损或损坏，视情况决定是否更换。按图 2–5–22 所示的方法检查十字轴轴承的松旷程度和轴向间隙。轿车的此间隙应小于 0.05 mm，货车的此间隙应小于 0.25 mm，否则应更换轴承。

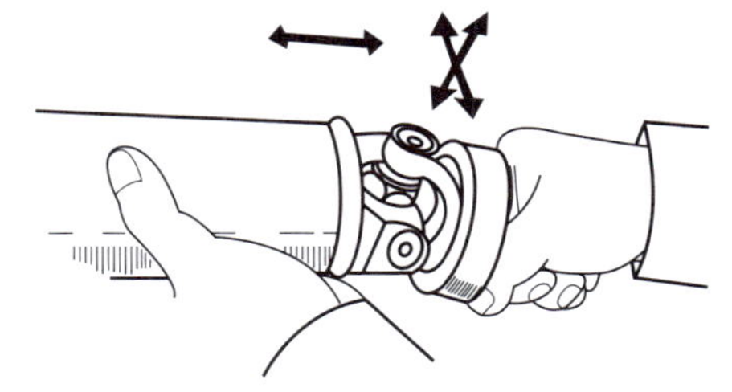

图 2–5–22 十字轴轴承的检查方法

（4）若滚针轴承的油封老化、滚针断裂，应更换。

3. 中间支撑

检查中间支撑轴承的旋转是否灵活，有无异响；检查油封和橡胶垫环是否损坏，若损坏，应更换。

拆卸中间支撑前，可以在中间支撑附近摇动传动轴，检查中间支撑轴承的松旷程度。分解后，可进一步检查轴承的轴向和径向间隙，其轴向间隙应小于 0.5 mm，径向间隙应小于 0.05 mm。

4. 等速万向节

检查外球座、球笼、内球座及钢球有无凹陷、磨损、裂纹、麻点等，如有，则更换。

检查外罩是否有刺破、撕裂等现象，如有，则更换。

小结

1. 万向传动装置的功用是能在轴间夹角及相对位置经常发生变化的情况下传递动力。

2. 万向传动装置主要由万向节、传动轴、中间支撑等组成。

3. 万向传动装置在汽车上主要应用在变速器（或分动器）与驱动桥之间、离合器与变速器之间、变速器与分动器之间、转向驱动桥中、断开式驱动桥的半轴及转向操纵机构中。

4. 万向节按其速度特性可分为不等速万向节、准等速万向节和等速万向节；按其刚度不同，可分为刚性万向节和柔性万向节。

5. 传动轴的类型按结构可分为实心轴和空心轴。

6. 普通万向节的不等速是指主动叉和从动叉在转动一周内的角速度不相等。

课题6 驱 动 桥

学习目标

1. 掌握驱动桥的功用以及组成。
2. 了解驱动桥的类型，并能判断其类型。
3. 掌握主减速器的功用、组成以及减速原理。
4. 掌握差速器的功用、组成以及差速原理。
5. 了解半轴的功用以及分类。
6. 了解桥壳的功用以及分类。
7. 掌握驱动桥常见故障的现象并能够分析故障原因。
8. 可根据维修手册，熟练拆装差速器。

一、驱动桥的功用

驱动桥的功用是将万向传动装置传来的发动机转矩传给驱动轮，并经降速、增矩，改变动力的传递方向（发动机纵置时为90°），使汽车行驶，并允许左、右驱动轮以不同的转速旋转。

二、驱动桥的组成

驱动桥主要由主减速器、差速器、半轴和差速器壳等组成，如图 2-6-1 所示。

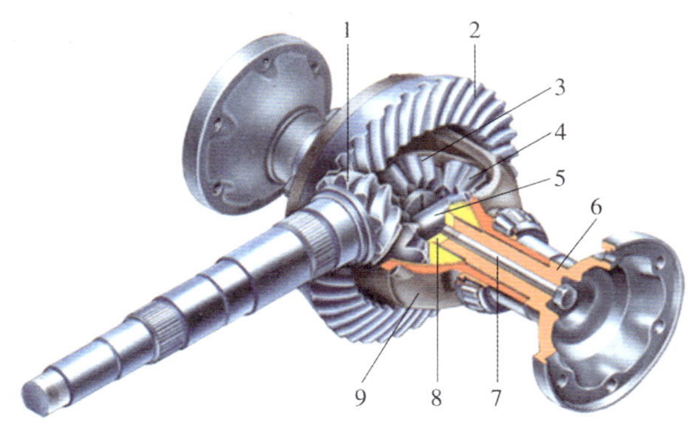

图 2-6-1　驱动桥的组成

1—主减速器主动锥齿轮　2—主减速器从动锥齿轮　3—半轴齿轮　4—行星齿轮
5—行星齿轮轴　6—半轴及凸缘　7—半轴　8—防转螺母　9—差速器壳

三、驱动桥的类型

驱动桥可分为非断开式（整体式）驱动桥和断开式驱动桥两种。

1. 非断开式驱动桥

图 2-6-2 所示为非断开式驱动桥，其桥壳为一刚性整体，整个桥通过悬架与车架连接。由于半轴套管与主减速器壳是刚性连接成一体的，因而两侧的半轴和驱动轮不可能在横向平面内做相对运动，即一侧车轮的跳动，必然要影响另一侧车轮的跳动。汽车行驶的平顺性较差，但其桥的刚度和强度较好。

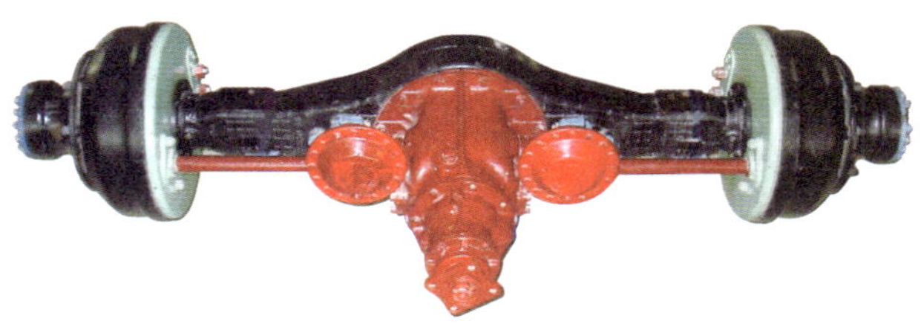

图 2-6-2　非断开式驱动桥

2. 断开式驱动桥

断开式驱动桥采用独立悬架。其主减速器可固定在车架上，而将桥壳做成左、右二段，彼此可以独立地相对于车架做上下摆动，即一侧车轮的跳动，不影响另一侧车轮的跳动。这种驱动桥可提高汽车行驶的平顺性和舒适性。断开式驱动桥可分为单铰接摆动桥和双铰接摆动桥，如图 2-6-3 所示。

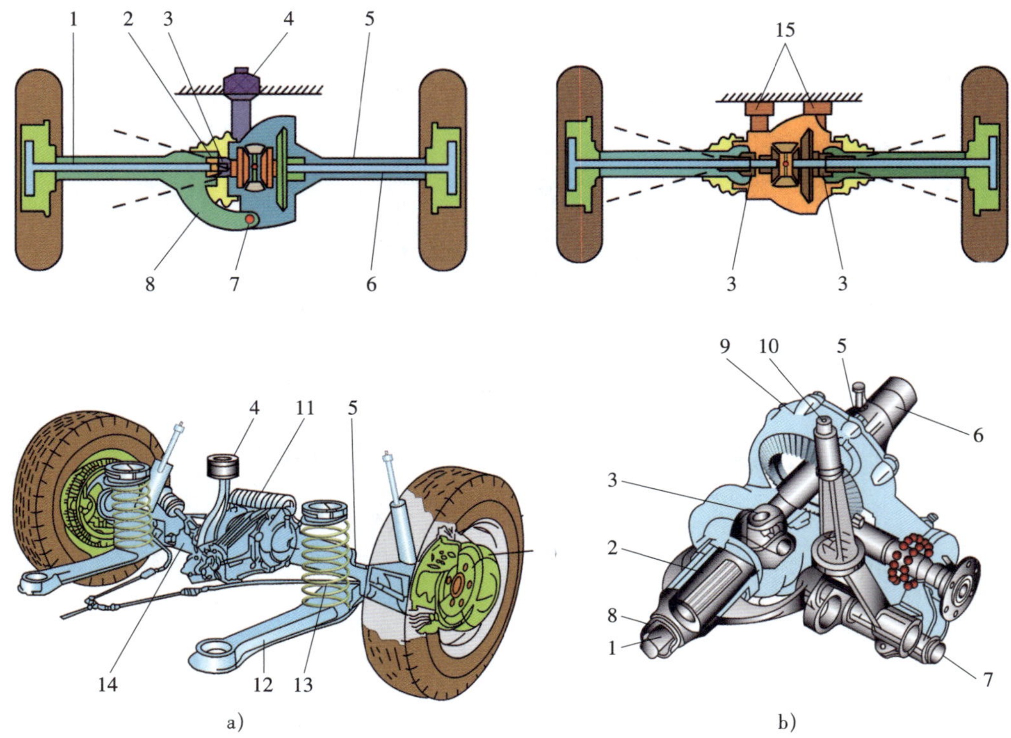

图 2-6-3　断开式驱动桥
a）单铰接摆动桥　b）双铰接摆动桥
1—摆动半轴　2—伸缩节　3—万向节　4—主减速器壳弹性固定架　5—半轴套管
6—刚性半轴　7—铰链　8—铰链臂　9—差速器　10—摆动半轴垂直支撑
11—横向补偿弹簧　12—后延臂　13—悬架弹簧　14—传动轴　15—弹性支架

四、主减速器

1. 主减速器的功用

主减速器的功用是将输入的转速降低、转矩增大（即降速增矩），并将动力传递方向改变 90° 后（横置发动机车辆除外）传给差速器，使汽车在良好的公路上能以直接挡行驶。

2. 主减速器的分类

（1）按参加传动的齿轮副数目分类

分为单级主减速器和双级主减速器。

（2）按主减速器的传动比分类

分为单速主减速器和双速主减速器。前者的传动比是固定的，后者有两个传动比供驾驶员选择，以适应不同行驶条件的需要。

（3）按齿轮副结构形式分类

分为圆柱齿轮式（又可分为轴线固定式和轴线旋转式及行星齿轮式）、锥齿轮式和准双曲面齿轮式。

3. 单级主减速器

单级主减速器主要由一对常啮合的锥齿轮组成。单级主减速器的结构简单，体积小，传动效率高，一般用于轿车和中小型货车。

（1）单级主减速器的结构

1）图 2-6-4 和图 2-6-5 所示为汽车单级主减速器及差速器的结构与机构简图。如图 2-6-4 所示，它由主动锥齿轮、从动锥齿轮、支撑轴承、调整装置和主减速器壳等组成。主动锥齿轮的轴通过两轴承支撑在主减速器壳上。轴承内圈用隔套和轴肩定位，轴承外圈依靠承孔内的台阶定位，并设有调整轴承预紧度和主动锥齿轮与从动锥齿轮相对位置的调整装置。如增减调整垫片 9 可使主动锥齿轮轴向移动，增减调整垫片 14 可使主动锥齿轮轴上的轴承预紧度减小或增加。从动锥齿轮通过螺栓固定在差速器壳的凸缘上，与差速器壳一起转动，通过一对圆锥滚子轴承支撑在主减速器壳上，并设有调整轴承预紧度和从动锥齿轮与主动锥齿轮相对位置的调整装置，如两轴承外侧的轴承调整螺母 2。

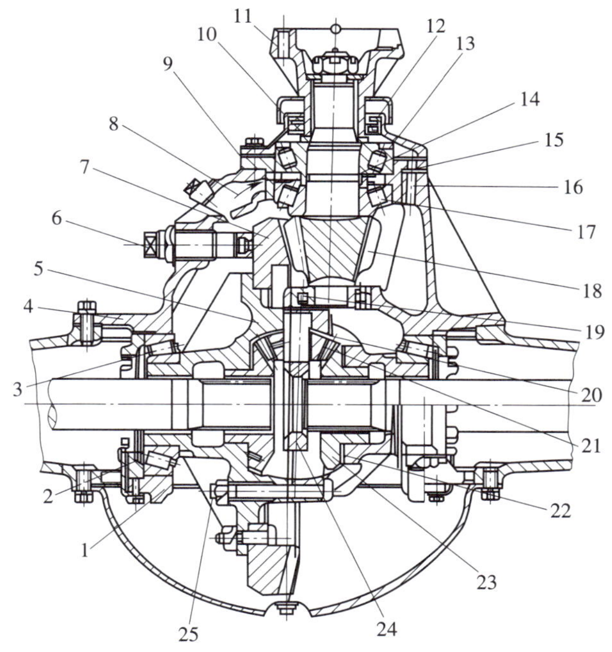

图 2-6-4 汽车单级主减速器及差速器的结构

1—差速器轴承盖 2—轴承调整螺母 3、13、17—圆锥滚子轴承 4—主减速器壳 5—差速器壳 6—支撑螺栓 7—从动锥齿轮 8—进油道 9、14—调整垫片 10—防尘罩 11—叉形凸缘 12—油封 15—轴承座 16—回油道 18—主动锥齿轮 19—圆柱滚子轴承 20—行星齿轮球面垫片 21—行星齿轮 22—半轴齿轮垫片 23—半轴齿轮 24—行星齿轮十字轴 25—螺栓

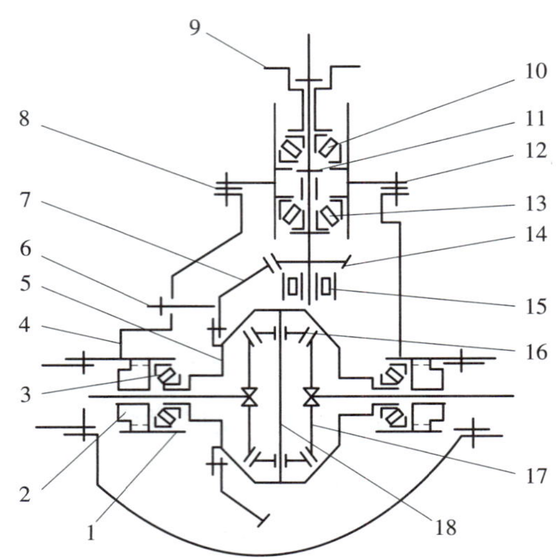

图 2-6-5　汽车单级主减速器及差速器机构简图
1—差速器轴承盖　2—轴承调整螺母　3、10、13—圆锥滚子轴承　4—主减速器壳
5—差速器壳　6—支撑螺栓　7—从动锥齿轮　8、11—调整垫片　9—叉形凸缘
12—轴承座　14—主动锥齿轮　15—圆柱滚子轴承　16—行星齿轮
17—半轴齿轮　18—行星齿轮十字轴

为了保证主动锥齿轮有足够的支撑刚度，改善齿轮的啮合条件，有的主减速器的主动锥齿轮轴采用三个轴承以跨置的方式支撑在主减速器壳上；从动锥齿轮若较大，在其背面还设有支撑螺栓。

为了减轻主减速器的齿轮和轴承的摩擦与磨损，在主减速器壳体内加注一定量的齿轮油，从动锥齿轮在转动时，将齿轮油飞溅到各齿轮、轴承上来实现润滑。为了防止主减速器内齿轮油温度升高使气压增大而造成齿轮油外溢，在主减速器壳上装有通气塞。此外，为了能加入和放出主减速器壳体中的齿轮油，还设有加油螺塞和放油螺塞。

2）图 2-6-6 所示为轿车单级主减速器，由于采用了发动机纵向前置前轮驱动，因此主减速器装在变速器的壳体之内，没有专门的主减速器壳。变速器的输出轴即主减速器的主动锥齿轮轴，从而省去了变速器到主减速器之间的万向传动装置。

（2）单级主减速器的调整

1）轴承预紧度的调整。装配主减速器时，圆锥滚子轴承应有一定的装配预紧度，即在消除轴承间隙的基础上，再给予一定的压紧力。其目的是减小锥齿轮传动过程中产生的轴向力引起的齿轮轴轴向位移，以提高轴的支撑刚度，保证锥齿轮副的正常啮合，但也不能过紧，过紧则传动效率低，且加速轴承的磨损。图 2-6-4 所示的单级主减速器轴承预紧度的调整部位：圆锥滚子轴承 17 和圆锥滚子轴承 13 的预紧度通过调整垫片 14 来调整，若过紧，则增加调整垫片 14 的厚度，反之，减小垫片的总厚度；支撑差速器壳的圆锥滚子轴承 3

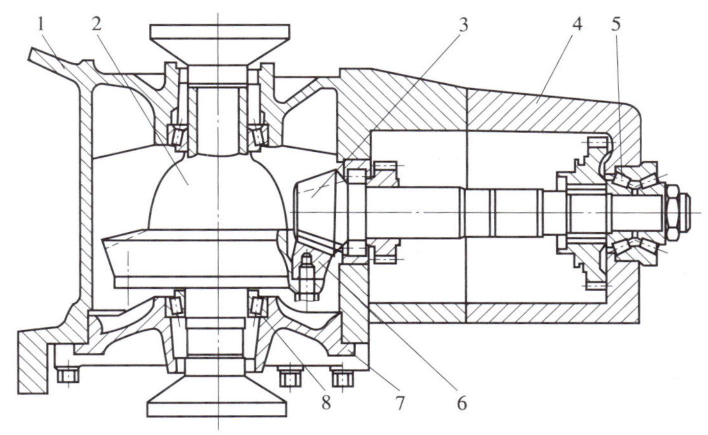

图 2–6–6　轿车单级主减速器

1—变速器前壳　2—差速器　3—主动锥齿轮　4—变速器后壳　5—双列圆锥滚子轴承
6—从动锥齿轮　7—主减速器盖　8—圆锥滚子轴承

的预紧度靠拧动两端轴承调整螺母 2 调整，调整时用手转动从动锥齿轮，使轴承滚子处于正确的位置。调好后应能以 1.5 ~ 2.5 N · m 的力矩转动差速器组件。必须指出，圆锥滚子轴承预紧度调整须在齿轮啮合调整之前进行。

2）齿轮啮合印痕和啮合间隙的调整。锥齿轮必须有正确的啮合印痕和啮合间隙才能正常工作和达到正常的使用寿命。正确的啮合印痕和啮合间隙是通过齿轮的轴向移动改变其相对位置来实现的。因此，锥齿轮都有轴向位置调整装置及啮合印痕和啮合间隙调整装置。

①主动锥齿轮常见的调整装置。图 2–6–4 所示的单级主减速器是通过增减调整垫片 9 的厚度来使主动锥齿轮相对于从动锥齿轮向外、向里移动，从而改变啮合印痕和啮合间隙的。

②从动锥齿轮的调整装置。从动锥齿轮轴向位置的调整装置与轴承预紧度的调整装置是共用的。预紧度调好后，只要将左、右两侧的调整垫片从一侧调到另一侧，或左、右两侧的调整螺母一侧旋出多少，另一侧等量旋进多少（见图 2–6–4 中的轴承调整螺母 2），就可以保证在轴承预紧度不变的情况下，达到调整啮合状态的目的。

4．双级主减速器

有些汽车要求主减速器有较大的传动比，如果用单级主减速器，会因从动锥齿轮直径过大、刚度降低，使汽车的最小离地间隙过小，通过性变差。采用双级主减速器，就解决了这个问题。

双级主减速器由一对锥齿轮和一对圆柱齿轮组成。

（1）双级主减速器的结构

图 2–6–7、图 2–6–8 所示为汽车双级主减速器的结构与机构简图。第一级为锥齿轮传

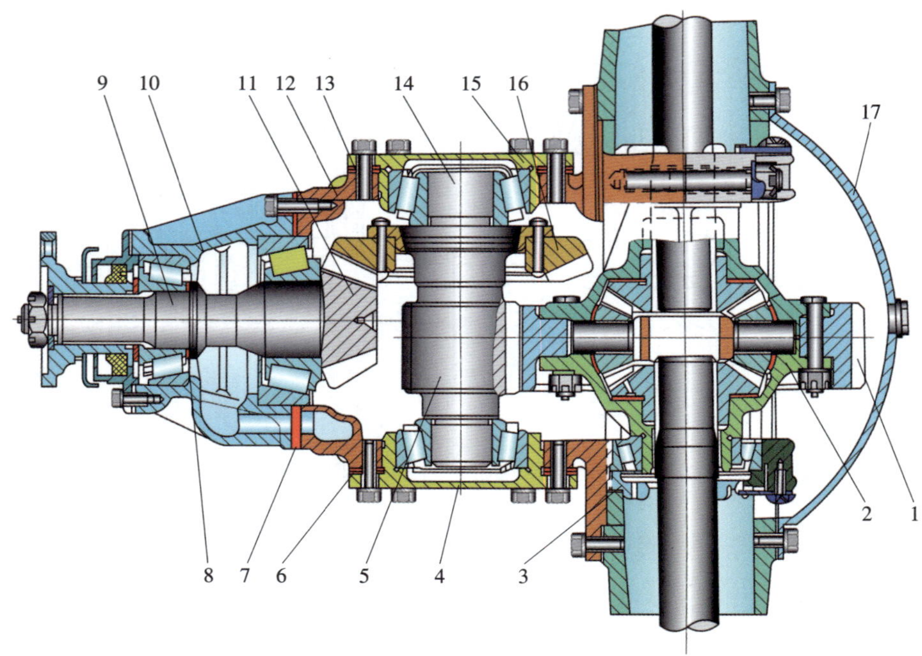

图 2-6-7　汽车双级主减速器的结构

1—第二级从动圆柱齿轮　2—差速器壳　3—调整螺母　4、15—轴承盖
5—第二级主动圆柱齿轮　6、7、8、13—调整垫片　9—第一级主动锥齿轮轴
10—轴承座　11—第一级主动锥齿轮　12—主减速器壳　14—中间轴
16—第一级从动锥齿轮　17—后盖

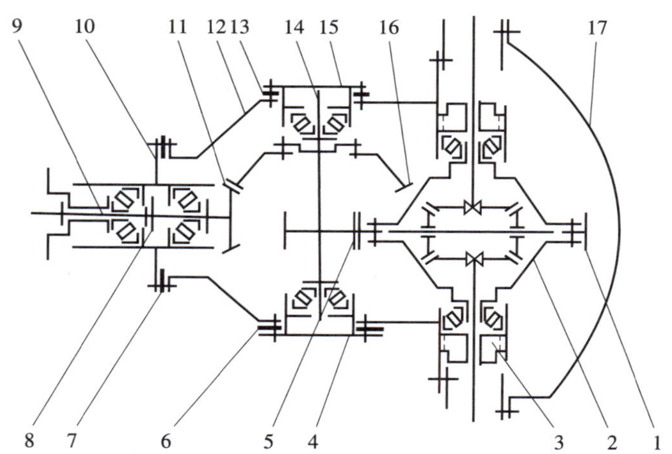

图 2-6-8　汽车双级主减速器机构简图

1—第二级从动圆柱齿轮　2—差速器壳　3—调整螺母　4、15—轴承盖
5—第二级主动圆柱齿轮　6、7、8、13—调整垫片　9—第一级主动锥齿轮轴
10—轴承座　11—第一级主动锥齿轮　12—主减速器壳　14—中间轴
16—第一级从动锥齿轮　17—后盖

动，第二级为圆柱齿轮传动。第一级主动锥齿轮与第一级主动锥齿轮轴制成一体，用两个圆锥滚子轴承支撑在轴承座的座孔中，其主动锥齿轮采用悬臂式支撑。第一级从动锥齿轮加热后套在中间轴的凸缘上并用铆钉铆紧。第二级主动圆柱齿轮与中间轴制成一体。中间轴两端通过轴承支撑在主减速器壳上。第二级从动圆柱齿轮夹在两半的差速器壳之间，并用螺栓与差速器壳紧固在一起。

（2）双级主减速器的调整

1）轴承预紧度的调整。图 2-6-7、图 2-6-8 所示双级主减速器主动锥齿轮轴轴承预紧度是通过增减调整垫片 8 的厚度来调整的。中间轴圆锥滚子轴承的预紧度是通过改变调整垫片 6 和调整垫片 13 的总厚度调整的。支撑差速器壳的圆锥滚子轴承的预紧度靠拧动调整螺母 3 调整。

2）齿轮啮合印痕和啮合间隙的调整。图 2-6-9 所示的双级主减速器啮合状态的调整方法如下：参见图 2-6-7，增加调整垫片 7 的厚度，可使第一级主动锥齿轮沿轴向离开第一级从动锥齿轮，反之则靠近；减少左轴承盖 4 处的调整垫片 6，同时将这些卸下来的垫片加到右端的调整垫片 13 上，则第一级从动锥齿轮右移，反之则左移。因两组调整垫片 6 和 13 的总厚度未变，不会破坏已调好的中间轴轴承的预紧度。第二级斜齿圆柱齿轮传动的啮合不可调，但可拧动调整螺母使第二级从动圆柱齿轮略作轴向移动，以保证与第二级主动圆柱齿轮的全齿长啮合。同样，一端调整螺母的拧入圈数应等于另一端调整螺母的退出圈数。

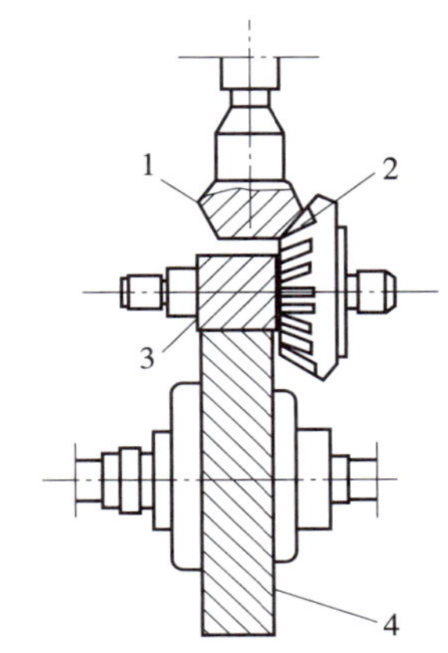

图 2-6-9　双级主减速器简图
1—第一级主动锥齿轮
2—第一级从动锥齿轮
3—第二级主动圆柱齿轮
4—第二级从动圆柱齿轮

五、差速器

1. 差速器的功用与分类

（1）功用

差速器的功用是将主减速器传来的动力传给左、右半轴，并在必要时允许左、右半轴以不同的转速旋转，以满足两侧驱动轮在转向时能以不同转速运转的需要。如图 2-6-10 所示，车辆转弯时，内侧车轮转弯半径较小，外侧车轮转弯半径较大，即两侧的车轮以不同的转速旋转，所以，必须设置差速装置才能满足汽车转向的要求。

（2）分类

现在汽车用的差速器多为齿轮式差速器。

1）按齿轮形式可分为圆锥齿轮式和圆柱齿轮式。

2）按工作特性可分为普通差速器和防滑差速器。

3）按装设的位置可分为轮间差速器和轴间差速器。

2. 普通差速器

普通差速器中应用最广泛的是行星齿轮式差速器。

（1）结构

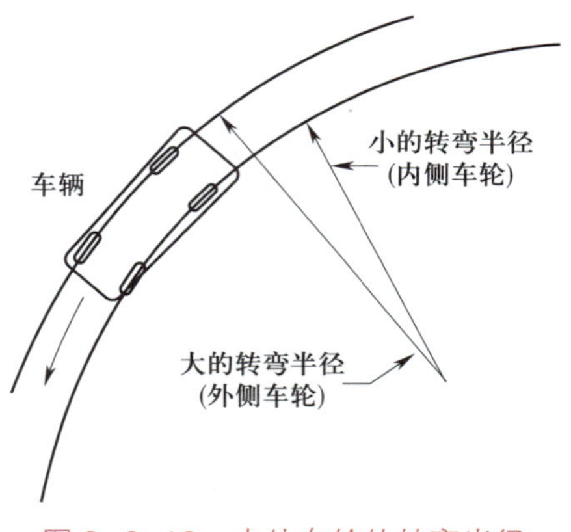

图 2-6-10　内外车轮的转弯半径

1）图 2-6-11 所示为行星齿轮式差速器，它由四个行星齿轮，一个行星齿轮轴，两个半轴齿轮，差速器壳，以及行星齿轮背面的减摩垫片与半轴齿轮背面的减摩垫片组成。在装配时，十字形的行星齿轮轴的四个轴颈嵌在差速器壳两半端面上相应的半圆槽所形成的孔中，每个轴颈上空套安装一个行星齿轮。两个半轴齿轮也装在差速器壳内，并分置在行星齿轮的两侧与行星齿轮啮合，其轴颈滑动支撑在差速器壳上的支撑孔中。半轴齿轮的轴颈的中心为花键孔，与半轴内端的外花键连接，以便将差速器的动力传给左、右半轴。行星齿轮和半轴齿轮背面的减摩垫片既可用以减轻摩擦面间的摩擦和磨损，提高差速器的使用寿命，又可通过更换不同厚度的垫片来调整齿轮的啮合间隙。

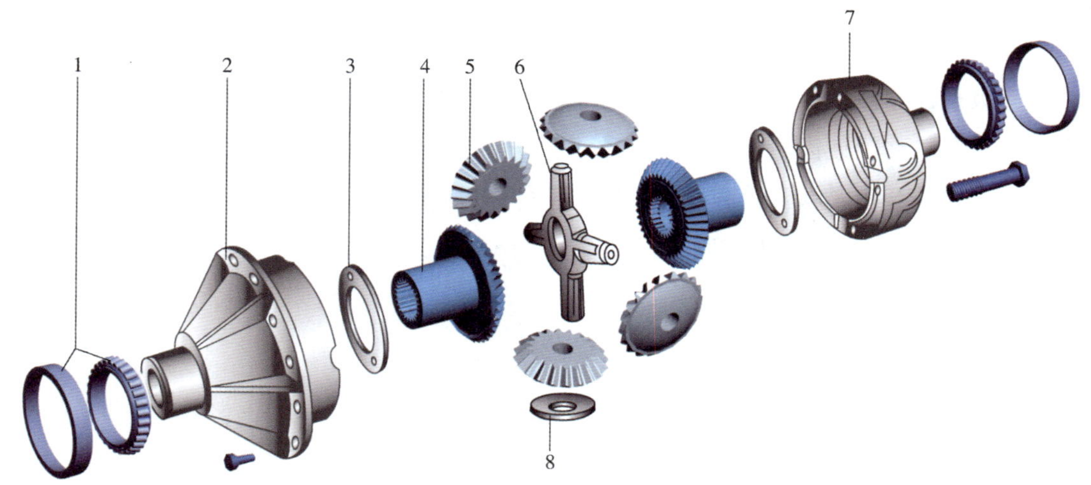

图 2-6-11　行星齿轮式差速器

1—圆锥滚子轴承　2—差速器壳（左）　3—半轴齿轮背面的减摩垫片　4—半轴齿轮　5—行星齿轮　6—行星齿轮轴（十字轴）　7—差速器壳（右）　8—行星齿轮背面的减摩垫片

另外，差速器是靠主减速器壳内的齿轮油来实现润滑的，因此差速器壳上开有供齿轮油进出差速器壳的窗孔。为了保证行星齿轮和半轴齿轮轴颈及背面减摩垫片的润滑，在其齿间钻有通向该部位的油孔。

2）图 2-6-12 所示为速腾轿车差速器，采用两个行星齿轮，相应的行星齿轮轴为一根直轴，并用锁止销定位；差速器壳体为整体式框架结构；差速器行星齿轮和半轴齿轮背面的减摩垫片是做成一体的，称为组合止推垫片。

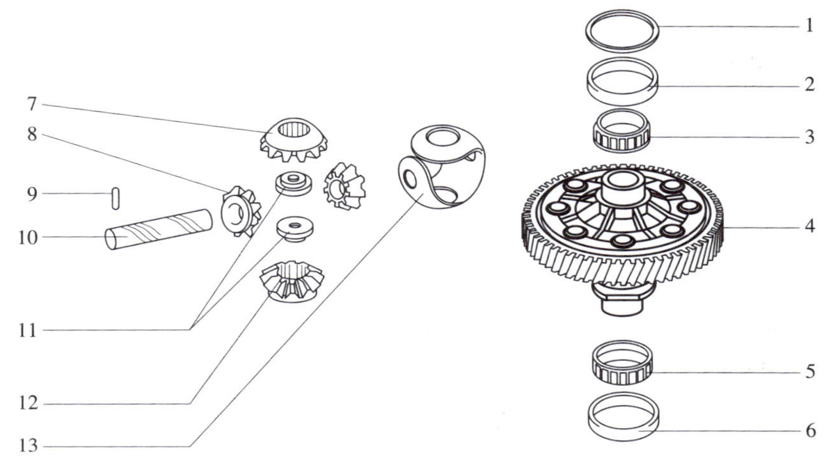

图 2-6-12 速腾轿车差速器

1—调整垫片 2—圆锥滚子轴承外圈 3—圆锥滚子轴承内圈 4—差速器壳体 5—圆锥滚子轴承内圈 6—圆锥滚子轴承外圈 7—差速器半轴齿轮 8—差速器行星齿轮 9—锁止销 10—差速器行星齿轮轴 11—螺纹件 12—差速器半轴齿轮 13—组合止推垫片

（2）工作原理

图 2-6-13 所示为差速器的工作原理。差速器壳与行星齿轮轴连成一体，并由主减速器从动锥齿轮带动一起转动，是差速器的主动件，设其转速为 n_0。两半轴齿轮为从动件，设其转速为 n。

差速器行星齿轮有三种运动状态，即公转、自转和既公转又自传。汽车直行时行星齿轮相当于一个等臂的杠杆保持平衡，即行星齿轮不自转，而只随行星齿轮轴及差速器壳体一起公转，所以两半轴无转速差（见图 2-6-13a），差速器不起差速作用。即

$$n_{左}=n_{右}=n_0$$

且

$$n_{左}+n_{右}=2n_0$$

当汽车转弯行驶时，行星齿轮除随差速器壳体一起公转外，还绕行星齿轮轴自转，如图 2-6-13b 所示，则左半轴齿轮的转速加快，右半轴齿轮的转速减慢。设两半轴齿轮转速的增减值为 Δn，则两半轴齿轮转速分别为

$$n_{左}= n_0+\Delta n$$

$$n_{右}= n_0-\Delta n$$

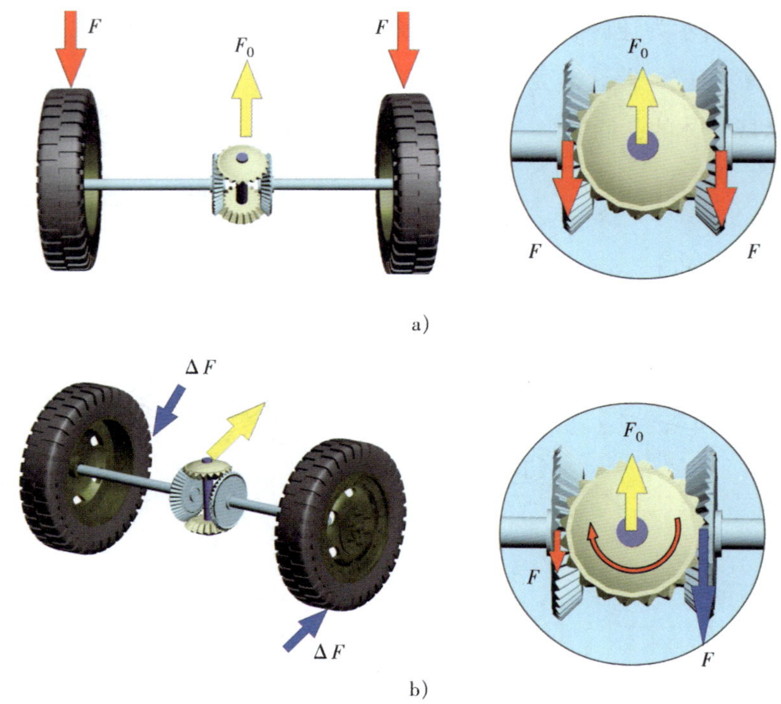

图 2-6-13　差速器的工作原理

a）当汽车直线行驶时　b）当汽车右转弯时

通过以上的分析得知，当行星齿轮自转时，两半轴转速不再相等，外侧增加一个转速 Δn，内侧减少一个转速 Δn。这就是差速器的差速作用，即汽车在转弯或其他情况下行驶时，两侧车轮可以不同的转速在地面上滚动，但仍然有

$$n_{左}+n_{右}=2n_0$$

（3）差速器的运动特性

1）差速器不起作用时，两半轴转速均等于差速器壳的转速，这时行星齿轮只有公转，没有自转（如当汽车直行时）。

2）差速器起作用时，一半轴增加的转速等于另一半轴减少的转速，这时行星齿轮既有公转，又有自转。

3）左、右两半轴转速之和永远等于差速器壳转速的 2 倍。

由以上特性可知，当左侧车轮转速减小时，右侧车轮转速必然增加，这表明汽车在转弯或在复杂路面上行驶；而当左侧车轮转速为零时，必有 $n_{右}=2n_0$，这就是一侧驱动轮在良好的路面上不转动，而另一侧驱动轮在泥坑中以两倍于差速器壳的转速滑转的情况；又当 $n_0=0$ 时，必有 $n_{左}=-n_{右}$，这时行星齿轮只有自转，没有公转。驱动轮架空，传动轴不转，当转动一侧车轮时，另一侧车轮等速反转就是这种现象。

（4）差速器的转矩特性

差速器起差速作用的同时，还要分配转矩给左、右两侧的驱动轮。图 2–6–14 所示为行星齿轮式差速器转矩分配示意图。主减速器传至差速器壳的转矩 M_0，经行星齿轮轴和行星齿轮传给两半轴齿轮的转矩分别为 M_1、M_2。

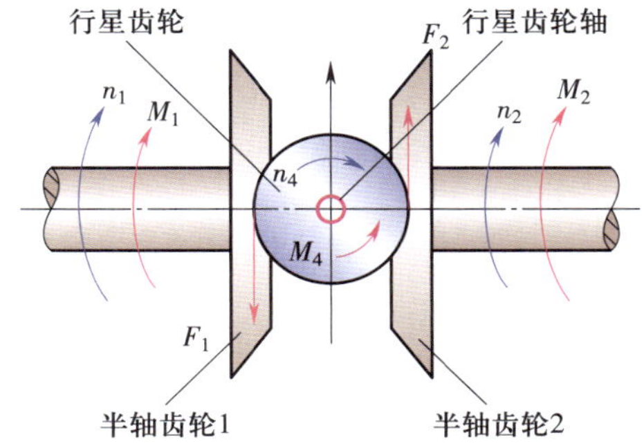

图 2–6–14　行星齿轮式差速器转矩分配示意图

当行星齿轮不自转时，即 M_4=0（M_4 为行星齿轮自转时其内孔和背面所受的摩擦力矩），行星齿轮相当于一个等臂杠杆，均衡拨动两半轴齿轮转动，所以，差速器将转矩 M_0 平均分配给两半轴齿轮，即 $M_1=M_2=M_0/2$。当行星齿轮按图 2–6–14 中 n_4 方向自转时（即 $n_1>n_2$），行星齿轮所受的摩擦力矩 M_4 与其自转方向相反，从而使行星齿轮分别对半轴齿轮 1、2 附加作用两个大小相等方向相反的圆周力 F_1 和 F_2，F_1 使传到转得快的半轴齿轮 1 上的转矩减小，而却使传到转得慢的半轴齿轮 2 上的转矩增大，且 M_1 的减小值等于 M_2 的增大值，等于 $M_4/2$。所以，当两侧驱动轮存在差速时（$n_1>n_2$），有

$$M_1=(M_0-M_4)/2$$

$$M_2=(M_0+M_4)/2$$

即转得慢的车轮分配到的转矩大于转得快的车轮分配到的转矩，差值为差速器内部摩擦力矩 M_4，由于 M_4 很小，可忽略不计，则

$$M_1=M_2=M_0/2$$

可见，无论差速器差速与否，行星齿轮式差速器都具有转矩等量分配的特性。

这样的分配比例对于汽车在良好路面上行驶时是满意的。但汽车在不良路面上行驶时，却严重影响通过能力。例如，当汽车的一个驱动轮接触到泥泞或冰雪路面时，即使另一驱动轮在好路面上，汽车往往仍不能前进。此时，在泥泞路面上的驱动轮原地滑转，而在好路面上的驱动轮静止不动。这是因为，在泥泞路面上的驱动轮与路面间的附着力很小，路面只能对驱动轮产生很小的反作用转矩，虽然另一驱动轮与好路面间的附着力较大，但因转矩平均分配的特点，使这一驱动轮分配到的转矩只能与传到滑转的驱动轮上的很小转矩相等，导致总的驱动力不足以克服行驶阻力，汽车便不能前进。

为了提高汽车在不良路面上的通过能力，防止车轮滑转，某些越野汽车上采用了不同的防滑转装置。

3. 防滑差速器

防滑差速器可以克服上述对称锥齿轮式差速器的弊病。它可以在一侧驱动轮打滑空转的同时，将大部分或全部转矩传给不打滑的驱动轮，以利用这一驱动轮的附着力产生较大

的驱动力矩使汽车行驶。常用的防滑差速器有强制锁止式和自锁式两大类。

（1）强制锁止式差速器

强制锁止式差速器就是在对称锥齿轮式差速器上加一差速锁。工作时，由驾驶员操纵差速锁，使差速器不起差速作用，相当于把两根半轴连成一体。图 2-6-15 所示为奔驰 2026A 型汽车强制锁止式差速器。

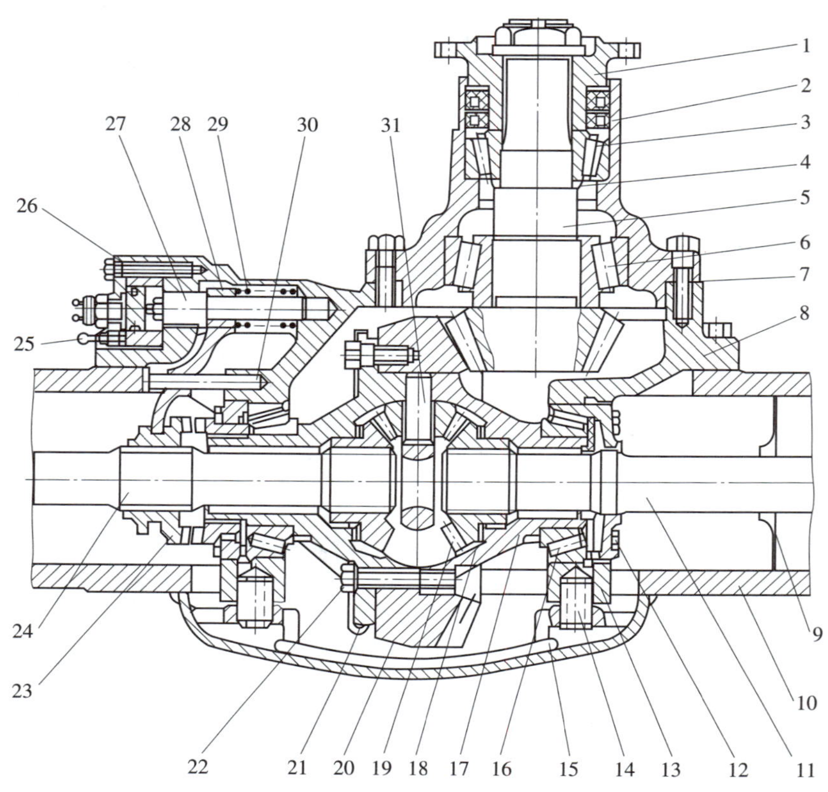

图 2-6-15　奔驰 2026A 型汽车强制锁止式差速器

1—传动凸缘　2—油封　3、6、16—轴承　4—调整隔圈　5—主减速器主动锥齿轮轴　7—调整垫片　8—主减速器壳　9—挡油盘　10—桥壳　11、24—半轴　12—调整螺母　13—轴承盖　14—定位销　15—集油槽　17—差速器壳　18—推力垫片　19—半轴齿轮　20—主减速器从动锥齿轮　21—锁板　22—螺栓　23—滑动接合套　25—气管接头　26—缸盖　27—拨叉轴　28—拨叉　29—弹簧　30—导轴　31—十字轴

（2）自锁式差速器

自锁式差速器的特点是在两驱动轮或两驱动桥转速不同时，不需人力操纵，而是自动向慢转的驱动轮或驱动桥多分配转矩，以提高汽车的通过性。其中包括摩擦式、凸轮滑块式和托森差速器。图 2-6-16 所示为摩擦式自锁差速器。

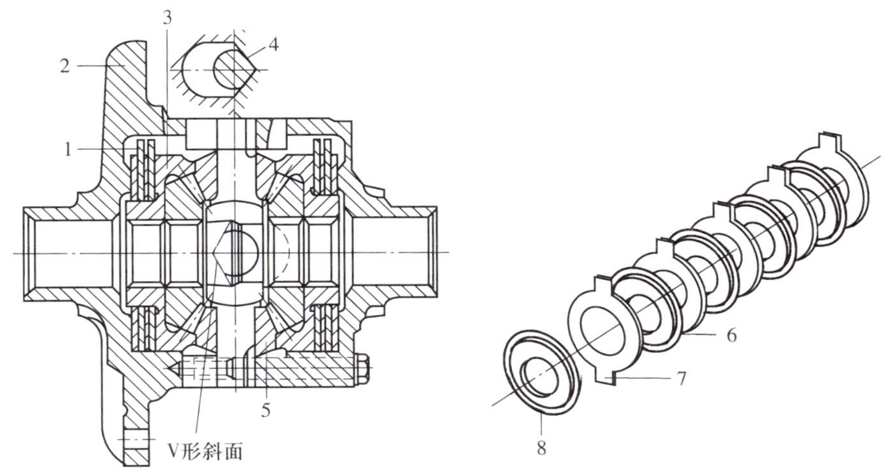

图 2-6-16 摩擦式自锁差速器

1—主、从动摩擦片组 2—差速器壳 3—推力压盘 4—十字轴 5—行星齿轮 6—从动摩擦片 7—主动摩擦片 8—弹簧钢片

六、半轴和桥壳

1. 半轴

半轴是在差速器与驱动轮之间传递动力的实心轴。其内端与差速器的半轴齿轮连接，外端与驱动轮的轮毂相连接。半轴与驱动轮的轮毂在桥壳上的支撑形式决定了半轴的受力状况。常见的半轴支撑形式有全浮式和半浮式两种。

（1）全浮式半轴

全浮式半轴广泛应用于各种载货汽车上。图 2-6-17 为全浮式半轴示意图。图中标出了路面对驱动轮的各种作用力。切向反力 F_X 为驱动力。这个力构成反转矩，与半轴齿轮传来的转矩平衡，直接由半轴承受。此外，这个力还构成桥壳在水平面内的弯曲力矩。垂直反力 F_Z 和横向力 F_Y 构成桥壳在垂直平面内的弯曲力矩。上述弯矩，均由轮毂通过两个轴承直接传给桥壳，而完全不经半轴传递。在半轴内端，作用在主减速器从动锥齿轮上的力及弯矩全部由差速器壳直接承受，而与半轴无关。半轴只承受转矩，而不承受其他力和弯矩的半轴支撑形式，称为全浮式支撑。

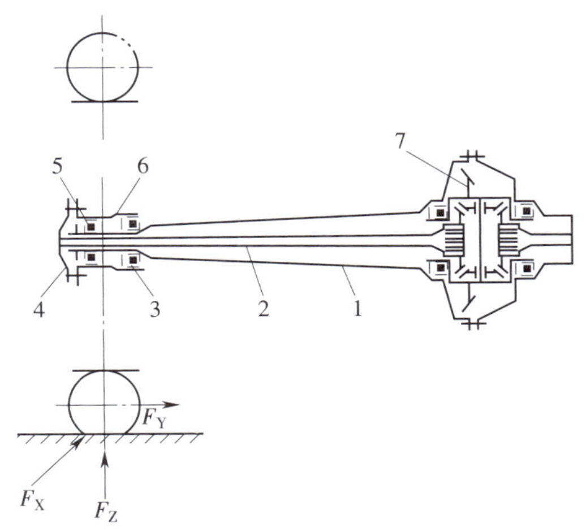

图 2-6-17 全浮式半轴示意图

1—桥壳 2—半轴 3、5—轴承 4—半轴凸缘 6—轮毂 7—主减速器从动锥齿轮

全浮式半轴的定义：半轴的内外端只承受转矩，不承受弯矩。

为防止轮毂连同半轴在侧向力的作用下发生横向窜动，轮毂内两个轴承的安装方向必须使它们能分别承受向内和向外的轴向力（汽车侧向力）。

全浮式支撑的半轴易于拆装，拧下半轴凸缘上的半轴螺栓即可将半轴从半轴套管中抽出，而车轮与桥壳照样能支撑住汽车。

（2）半浮式半轴

图 2–6–18 所示为半浮式半轴的结构，其结构特点是外端以圆锥面及键与轮毂相固定支撑在一个圆锥滚子轴承上，向外的轴向力由圆锥滚子轴承承受，向内的轴向力通过滑块传给另一侧半轴的圆锥滚子轴承。

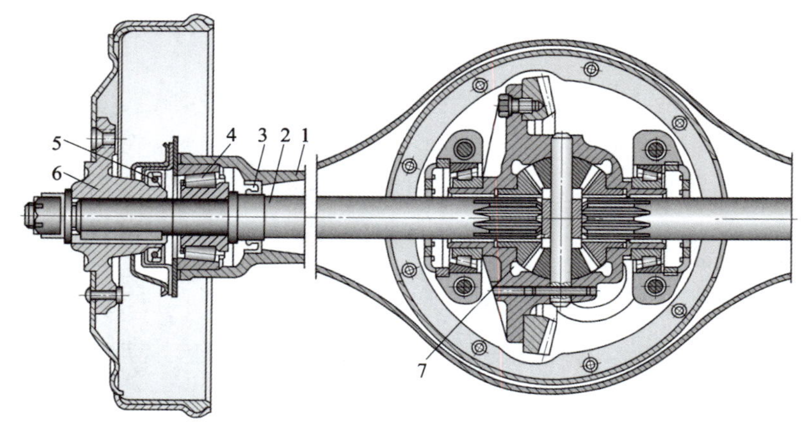

图 2–6–18　半浮式半轴的结构

1—桥壳　2—半轴　3、5—油封　4—轴承　6—轮毂　7—滑块（传力块）

半浮式半轴的定义：半轴的内端只承受转矩，不承受弯矩，而其外端既承受转矩，又承受弯矩。

半浮式支撑的半轴结构紧凑，质量小，但半轴受力情况复杂且拆装不方便，多用于反力弯矩较小的轿车。

2. 桥壳

（1）桥壳的功用

桥壳的功用是用来安装主减速器、差速器、半轴、悬架和车轮的轮毂，承受悬架传来的车身重力和车轮传来的支撑力等。

（2）桥壳的类型

桥壳分为整体式和断开式两类。

1）整体式驱动桥。整体式驱动桥适用于采用非独立悬架的汽车驱动桥，图 2–6–19 所示为整体式驱动桥壳的结构。在中部的圆形大通孔上，前面安装主减速器，后面用来检视

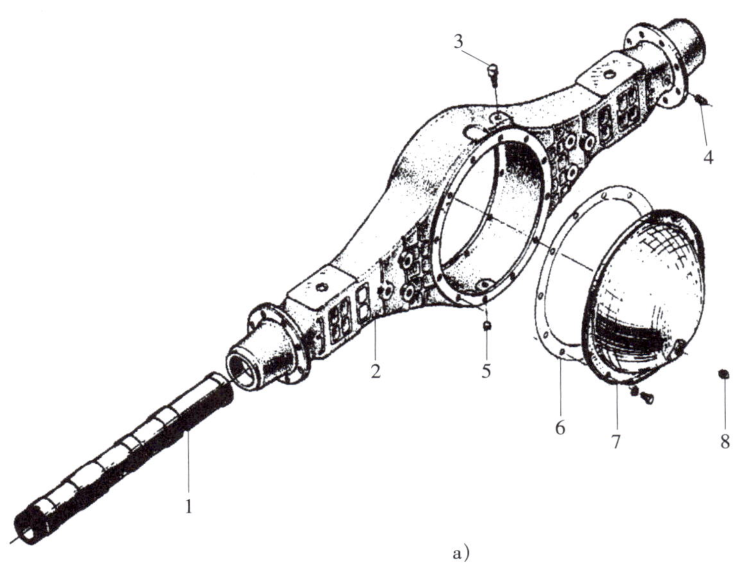

a）

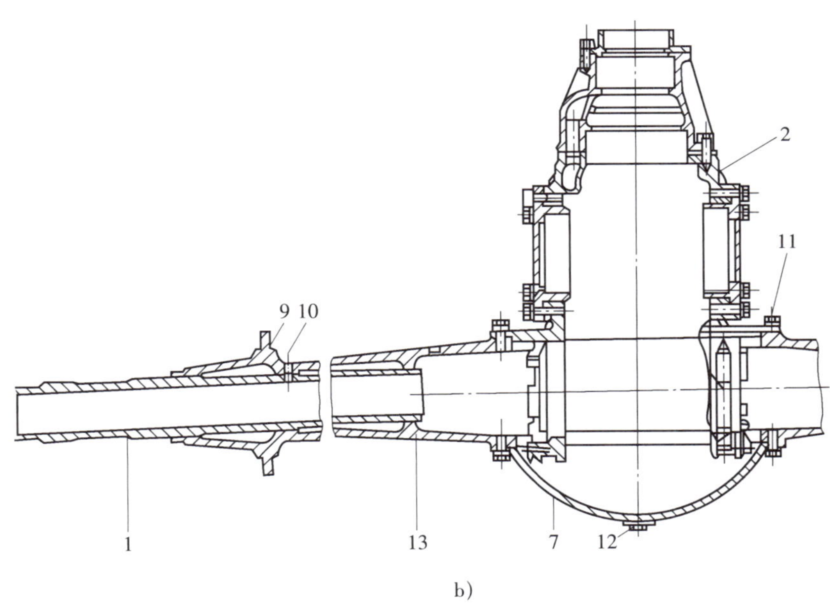

b）

图 2-6-19 整体式驱动桥壳的结构

a）分解图 b）装配图

1—半轴套管 2—壳体 3—通气塞 4—止动销 5—放油螺塞 6—垫圈 7—后盖 8—加油螺塞 9—凸缘盘 10—止动螺钉 11—固定螺钉 12—油封检查螺塞 13—空心梁

主减速器和差速器的工作情况，通常用一后盖盖住。两端固装有钢制轴管，以便安装车轮轮毂。

图 2–6–20 所示为整体式驱动桥壳实物。

整体式桥壳结构的优点是强度、刚度较大，检查主减速器和差速器的技术状况或拆装时，不用把整个驱动桥从车上拆下来，因而维修比较方便，故普遍用于各类汽车。

图 2–6–20　整体式驱动桥壳实物

2）断开式驱动桥。目前的轿车多数都采用断开式驱动桥并省去桥壳，主减速器与驱动轮之间通过摆臂铰链连在一起，如图 2–6–21、图 2–6–22 所示。

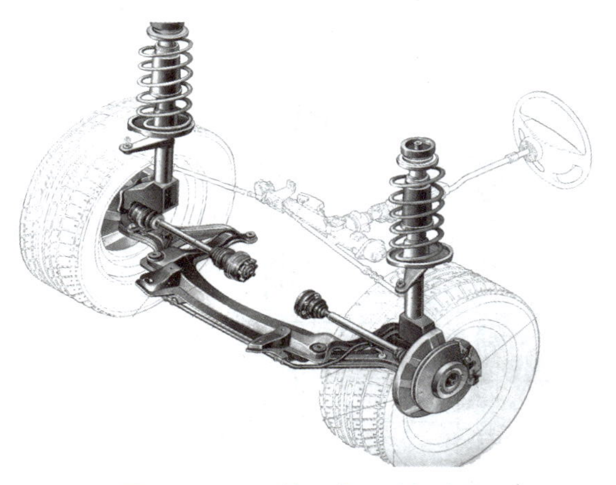

图 2–6–21　断开式驱动桥实物

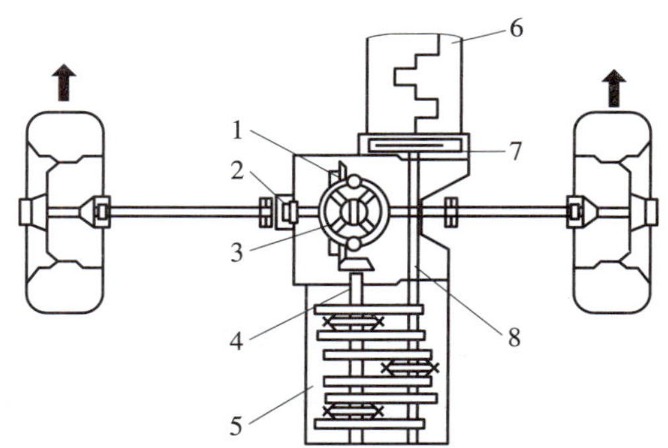

图 2–6–22　桑塔纳轿车断开式驱动桥示意图

1—主减速器　2—半轴　3—差速器
4—变速器输出轴　5—变速器　6—发动机
7—离合器　8—变速器输入轴

发动机前置、前轮驱动的轿车，则是将变速器、主减速器、差速器安装在一个与变速器组合在一起的外壳内，该外壳通常也称为变速器壳。由于取消了贯穿前后的传动轴和驱动桥壳，结构大为简化，有效地减小了传动系的体积，使轿车的自重减轻，而且动力直接传给前轮，提高了传动效率。

七、驱动桥常见故障的现象及原因

驱动桥中的主减速器、差速器、半轴、轴承和油封等长期承受冲击载荷，使其各运动副的磨损加剧和各零部件损坏，导致驱动桥过热、异响和漏油等故障发生。驱动桥的常见故障部位主要有行星齿轮与十字轴、轴承、花键、调整垫片、齿轮等。

1. 过热

（1）现象

汽车行驶一段里程后，用手探试驱动桥壳中部或主减速器壳，有无法忍受的烫手的感觉。

（2）原因

1）齿轮油变质、油量不足或牌号不符合要求。

2）轴承调整得过紧。

3）齿轮啮合间隙和行星齿轮与半轴齿轮啮合间隙调整得太小。

4）止推垫片与主减速器从动锥齿轮背隙过小。

5）油封过紧和各运动副、轴承润滑不良而产生干（或半干）摩擦。

2. 漏油

（1）现象

驱动桥加油螺塞、放油螺塞处或油封、各接合面处可见明显的漏油痕迹。

（2）原因

1）加油螺塞、放油螺塞松动或损坏。

2）油封安装位置不正确、磨损、硬化，油封装反，油封与轴颈不同轴，油封、轴颈磨出沟槽。

3）接合面变形、加工粗糙，密封衬垫太薄、硬化或损坏，紧固螺钉松动或损坏。

4）通气孔堵塞。

5）桥壳有铸造缺陷或裂纹。

3. 驱动桥异响

（1）现象

驱动桥在汽车不同的行驶工况下发出非正常响声。随着汽车行驶工况的不同，驱动桥的异响也不同。

1）汽车行驶时驱动桥发出较大的响声，而当滑行或低速行驶时响声减弱，甚至消失。

2）汽车行驶、滑行时驱动桥均发出较大的响声。

3）汽车转弯行驶时驱动桥发出较大的响声，而直线行驶时响声明显减弱或消失。

4）汽车起步或突然改变车速时驱动桥发出“铿锵”声。

（2）原因

1）主减速器主、从动锥齿轮，行星齿轮和半轴齿轮等啮合间隙过大或过小。

2）半轴齿轮与半轴的花键配合、差速器壳与十字轴的配合、行星齿轮孔与十字轴的配合松旷。

3）主、从动锥齿轮的啮合印痕不符合要求。

4）主、从动锥齿轮，行星齿轮和半轴齿轮的齿面磨损严重，轮齿折断、变形或未成对更换。

5）齿轮油油量不足、牌号不符、变质或有杂物。

6）圆锥滚子轴承预紧度调整不当。

7）驱动桥壳体、主动锥齿轮紧固螺母或从动锥齿轮连接螺钉松动。

技能训练

驱动桥的检修

以速腾轿车为例。

实训准备：

设备：主减速器和差速器总成。

工具：常用拆装工具、压杆、压块、压盘、压板、扭力扳手、千分表、块规板、起拔器、木锤。

材料：无纺布吸油纸、变速器齿轮油。

资料：汽车维修手册。

1. 主减速器和差速器的拆卸（见图 2–6–23）

（1）拆卸密封环 / 法兰轴的定位套筒，并从离合器壳体中压出圆锥滚子轴承外圈，如图 2–6–24 所示。

（2）将圆锥滚子轴承外圈压入离合器壳体中，在离合器壳体的一侧不要安装调整垫片，如图 2–6–25 所示。

（3）取下圆锥滚子轴承内圈，安装拉拔工具前把压盘装到差速器壳体上，如图 2–6–26 所示。提示：拔出差速器壳两个圆锥滚子轴承内圈的方法相同。

（4）压上圆锥滚子轴承内圈，如图 2–6–27 所示。提示：变速器壳和离合器壳的圆锥滚子轴承内圈可用相同的专用工具压上。

（5）从变速器壳体中取出圆锥滚子轴承外圈，如图 2–6–28 所示。

（6）将圆锥滚子轴承外圈压入变速器壳体中，此时调整垫片置于外圈下部，用轴套直接从轴承托架下支撑变速器壳体，如图 2–6–29 所示。

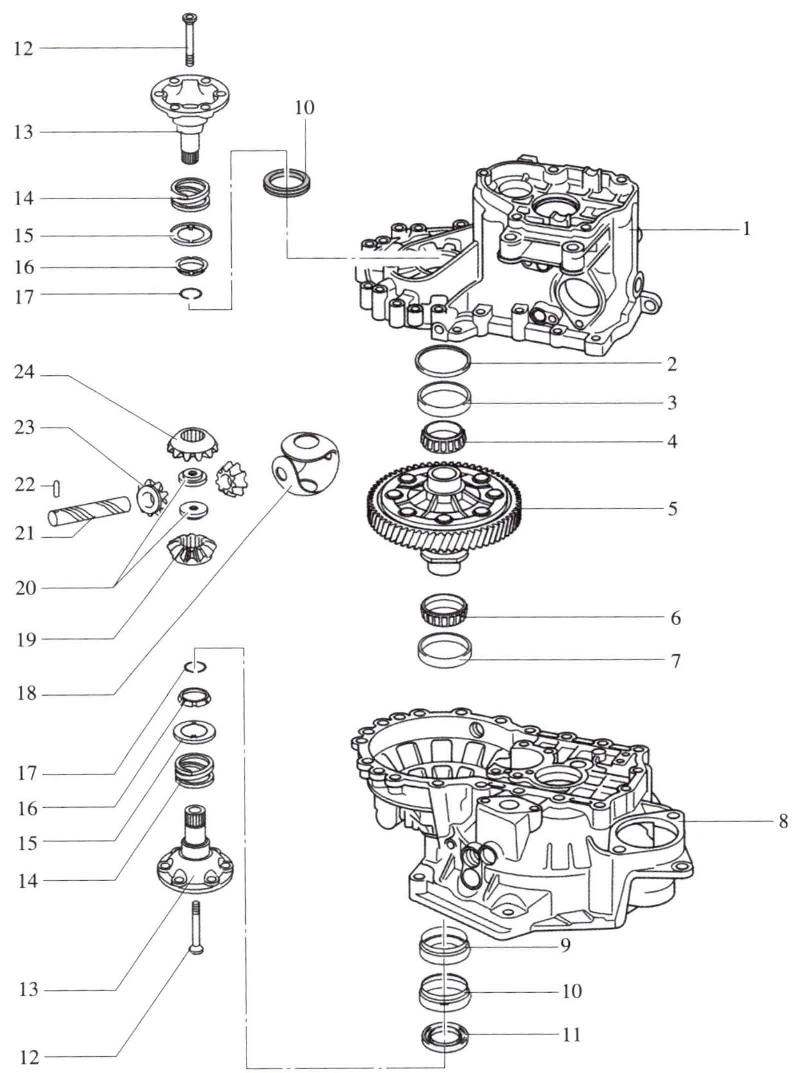

图 2-6-23 速腾轿车主减速器和差速器的两件分解图

1—变速器壳体 2—调整垫片 3—圆锥滚子轴承外圈 4—圆锥滚子轴承内圈 5—差速器壳体 6—圆锥滚子轴承内圈 7—圆锥滚子轴承外圈 8—离合器壳体 9— 一体化密封环和轴套 10—轴套 11—密封环 12—锥形螺栓 13—法兰轴 14—法兰轴的压力弹簧 15—止推垫片 16—锥形环 17—卡环 18—组合止推垫片 19—差速器半轴齿轮 20—螺纹件 21—差速器行星齿轮轴 22—锁止销 23—差速器行星齿轮 24—差速器半轴齿轮

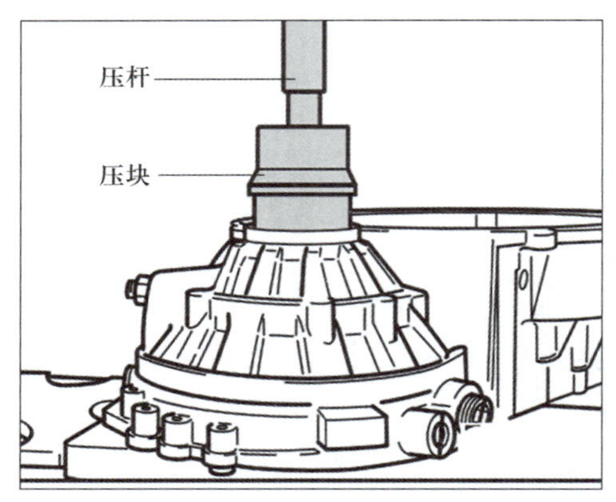

图 2-6-24　压出圆锥滚子轴承外圈

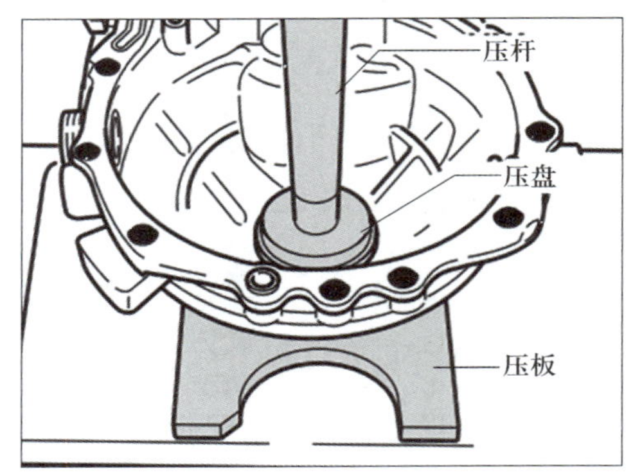

图 2-6-25　压入离合器壳体

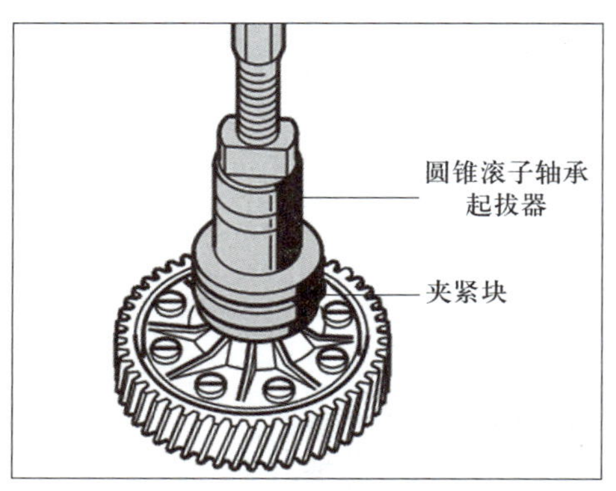

图 2-6-26　压盘安装

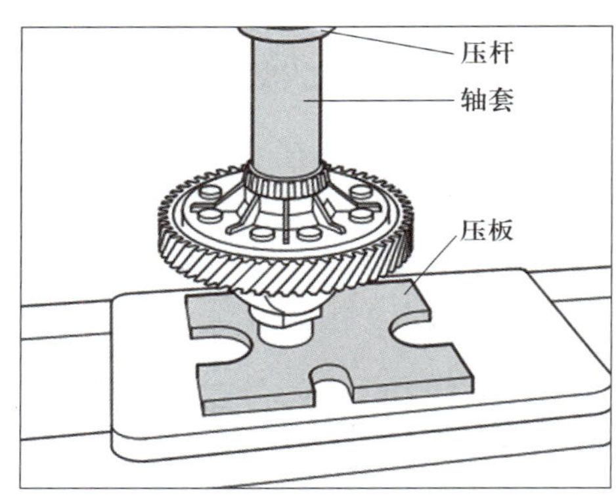

图 2-6-27　压上圆锥滚子轴承内圈

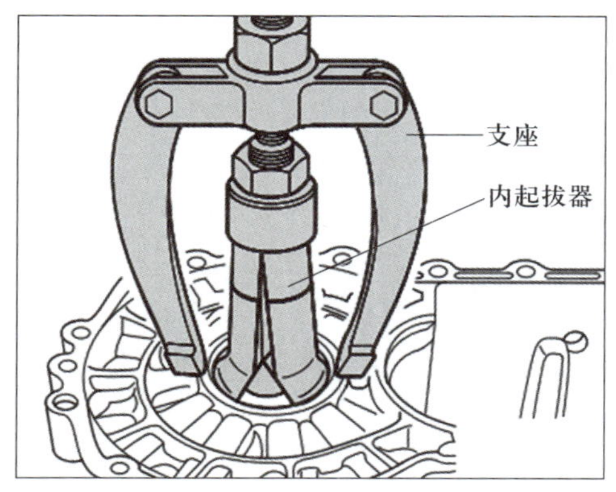

图 2-6-28　取出圆锥滚子轴承外圈

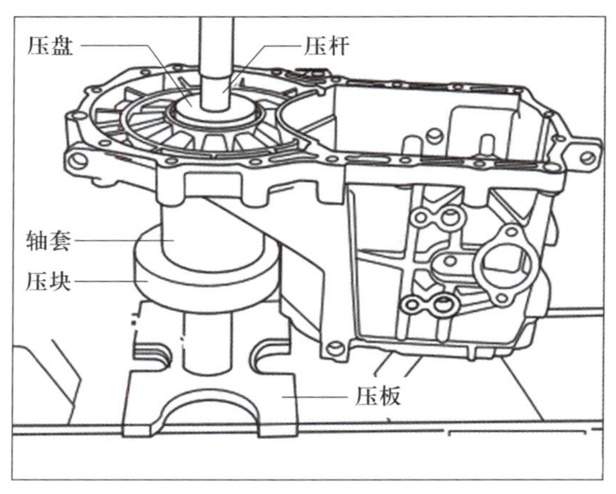

图 2-6-29　圆锥滚子轴承外圈压入变速器壳体

（7）拆卸锁止销：压出差速器行星齿轮轴，压出时剪开锁止销并将锁止销的剩余部分敲出差速器壳，如图 2–6–30 所示。

（8）安装锁止销：将差速器行星齿轮轴中的孔与差速器壳中的孔对准，用芯棒当成新的锁止销，如图 2–6–31 所示。

注意：尺寸 a=3.0 mm，在差速器安装条件下，锁止销不可与变速器接触。

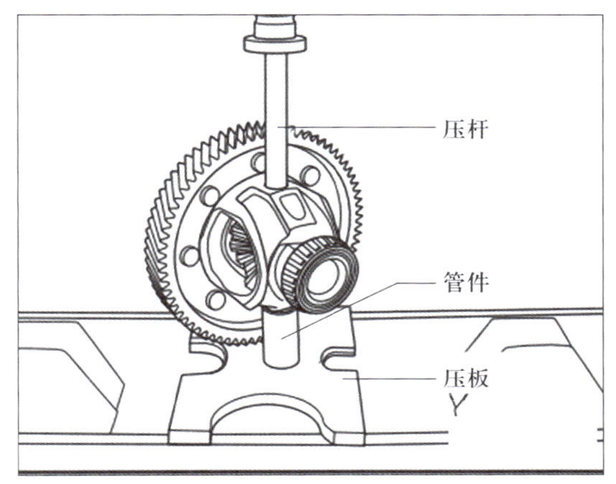

图 2–6–30　拆卸锁止销

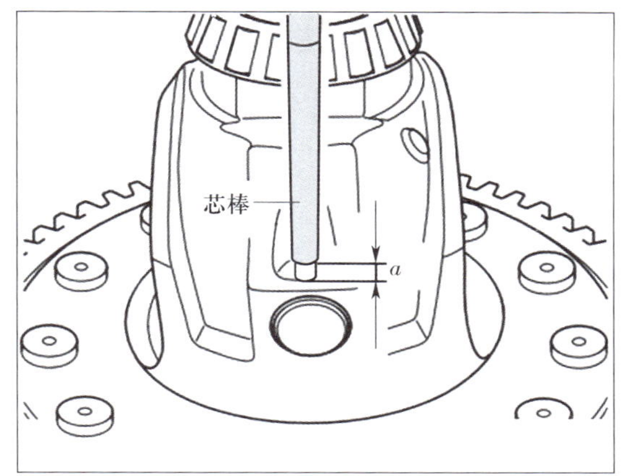

图 2–6–31　安装锁止销

（9）某些变速器的组合止推垫片在孔范围内有一个凸台，与此棱边共同构成差速器壳体上的环形凹槽。注意：给组合止推垫片涂上变速器齿轮油后才可安装，装入组合止推垫片，并使之卡牢在差速器壳体上的凹槽，如图 2–6–32 所示。

（10）安装差速器行星齿轮、半轴齿轮和差速器行星齿轮轴，如图 2–6–33 所示。

1）将组合止推垫片用变速器齿轮油润滑后再安装。

2）安装并固定差速器两个半轴齿轮（例如用法兰轴）。

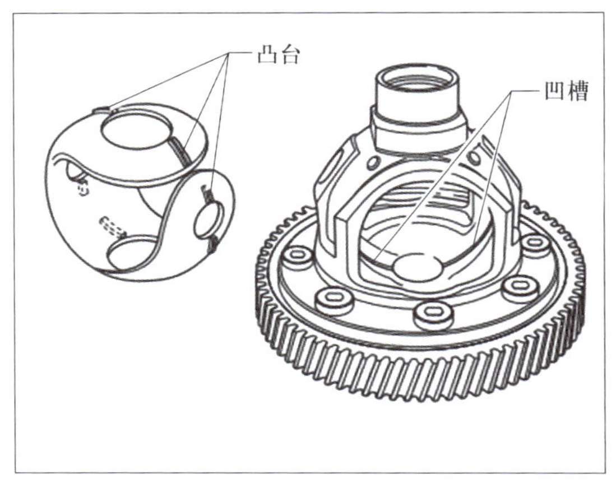

图 2–6–32　凸台

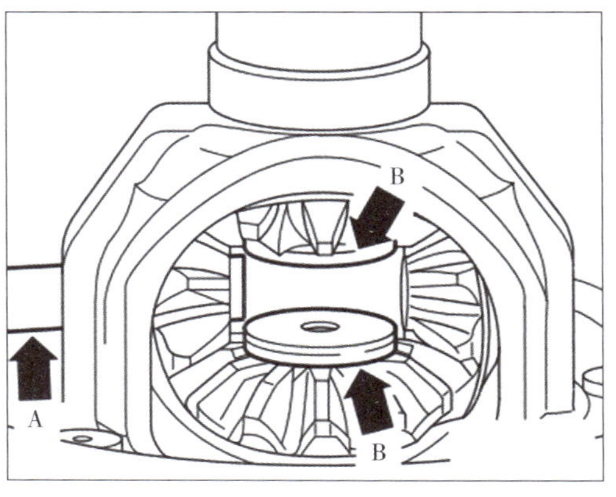

图 2–6–33　安装示意图

3）将行星齿轮错位 180° 后进行安装和旋转。

4）将差速器行星齿轮轴以 A 箭头方向压至差速器第一个行星齿轮。

5）将螺纹件以 B 箭头方向装入差速器半轴齿轮。

安装位置：凸台指向差速器半轴齿轮。

6）将差速器行星齿轮轴敲入极限位置，并用锁止销固定。

（11）锥形环止推垫片的安装位置：凸肩应指向压力弹簧，一些变速器带有棱边，此时棱边指向锥形环，如图 2–6–34 所示。

2. 差速器的调整

更换下列部件时，必须重新调整差速器：变速器壳体、离合器壳体、差速器壳体或差速器圆锥滚子轴承。

（1）调整步骤

1）将不带调整垫片的圆锥滚子轴承外圈用压盘压入变速器壳体。

注意：圆锥滚子轴承的内圈和外圈是成对的，不要混淆。

2）将圆锥滚子轴承外圈用压盘装入离合器壳体。

3）将差速器装入离合器壳体内。

4）安装变速器壳体，并用 25 N · m 的力矩拧紧 5 个螺栓。

5）安装千分表，并以 1 mm 预紧力调到“0”。

6）上下移动差速器，读取并记录千分表上的间隙值（示例：0.70 mm），如图 2–6–35 所示。

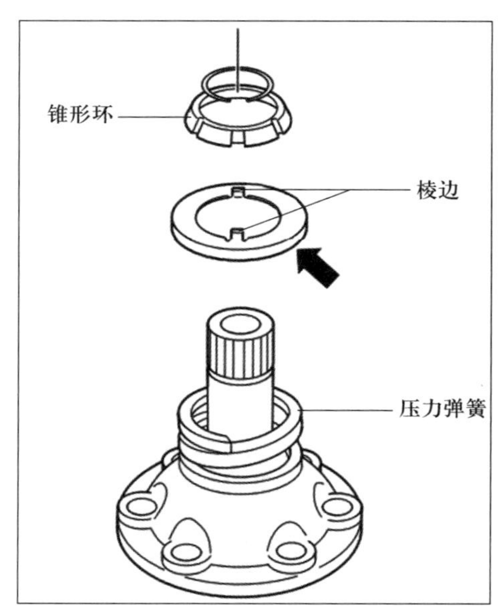

图 2–6–34　锥形环止推垫片的安装位置

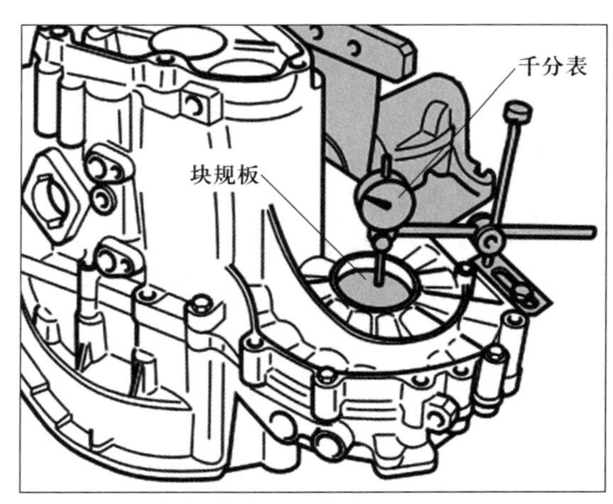

图 2–6–35　千分表测量间隙

（2）确定调整垫片

调整垫片厚度确定示例见表 2–6–1。

表 2–6–1　调整垫片厚度确定示例

轴承间隙测量值 / mm	确定的调整垫片厚度 / mm
0.70	0.95

轴承间隙与调整垫片厚度见表 2–6–2。

表 2–6–2　轴承间隙与调整垫片厚度

轴承间隙	调整垫片
测得的数值 / mm	厚度 / mm
0.303 ~ 0.449	0.650
0.450 ~ 0.499	0.700
0.500 ~ 0.549	0.750
0.550 ~ 0.599	0.800
0.600 ~ 0.649	0.850
0.650 ~ 0.699	0.900
0.700 ~ 0.749	0.950
0.750 ~ 0.799	1.000
0.800 ~ 0.849	1.050
0.850 ~ 0.899	1.100
0.900 ~ 0.949	1.150
0.950 ~ 0.999	1.200
1.000 ~ 1.049	1.250
1.050 ~ 1.099	1.300
1.100 ~ 1.149	1.350
1.150 ~ 1.199	1.400

具体调整步骤如下：

1）从变速器壳体中取出圆锥滚子轴承外圈，如图 2–6–36 所示。

2）装入所需厚度的调整垫片，首先装入最厚的调整垫片。

如果测得的调整垫片厚度大于表中所列数值，则可以安装 2 个符合测量值的调整垫片，不同的公差确保对调整垫片厚度进行精确的测量。

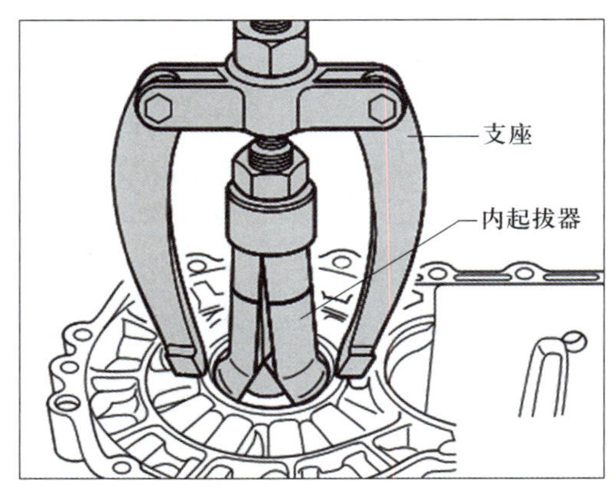

图 2-6-36 取出圆锥滚子轴承外圈

3）重新压入圆锥滚子轴承外圈，然后拧紧变速器壳体的紧固螺栓。

小结

1. 驱动桥由主减速器、差速器、半轴和差速器壳等组成。

2. 驱动桥的功用是将万向传动装置输入的动力，经降速、增矩，改变动力传递方向后，分配到左、右驱动轮，使汽车行驶，并允许左、右驱动轮以不同的转速旋转。

3. 驱动桥按配用悬架的结构不同，分为非断开式和断开式两种。非断开式驱动桥配用非独立悬架，断开式驱动桥配用独立悬架。

4. 主减速器的功用是将输入的转速降低、转矩增大，并将动力的传递方向改变后传给差速器。

5. 主减速器有不同的结构类型，按传动的齿轮副数目，可分为单级主减速器和双级主减速器；按主减速器的传动比，可分为单速主减速器和双速主减速器；按齿轮副结构形式，可分为圆柱齿轮式主减速器、锥齿轮式主减速器和准双曲面齿轮式主减速器。

6. 单级主减速器采用一对锥齿轮传动。

7. 主减速器的调整项目有轴承预紧度的调整、齿轮啮合印痕的调整、齿轮啮合间隙的调整，需按一定顺序和要求进行。

8. 差速器的功用是将主减速器传来的动力传给左、右半轴，并在必要时允许左、右半轴以不同的转速旋转，以满足两侧驱动轮差速的需要。

9. 差速器的类型，按其工作特性可分为普通差速器和防滑差速器。

10. 行星齿轮式差速器由行星齿轮、十字形行星齿轮轴、半轴齿轮、差速器壳、行星齿轮背面的减摩垫片和半轴齿轮背面的减摩垫片等组成。

11. 半轴的功用是将差速器传来的动力传给驱动轮。

12. 半轴有两种支撑形式，即全浮式半轴支撑和半浮式半轴支撑。

13. 桥壳的功用是用来安装主减速器、差速器、半轴、悬架和车轮的轮毂，承受悬架传来的车身重力和车轮传来的支撑力等。

模块三 汽车行驶系

课题1 汽车行驶系概述

学习目标

1. 了解汽车行驶系的作用、结构以及各种类型。
2. 理解汽车行驶系的工作原理。

汽车行驶系一般由车架（见图 3-1-1b）、车桥（见图 3-1-1c 和图 3-1-1d）、悬架（见图 3-1-1e）和车轮（见图 3-1-1f）组成。如图 3-1-1a 所示，车轮经轮毂轴承安装在车桥上，车桥又通过悬架与车架相连，从而使行驶系成为一个整体。

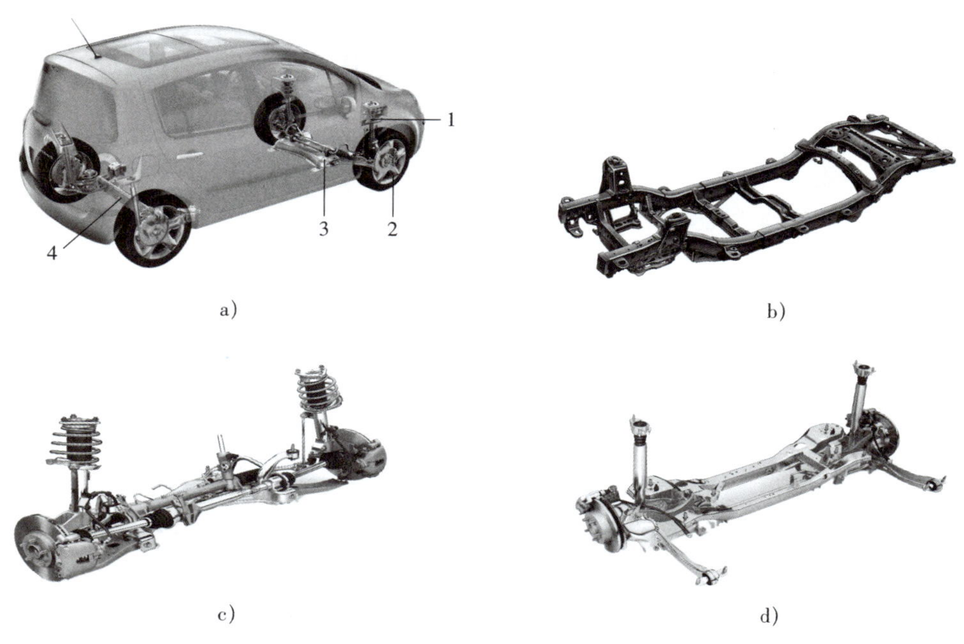

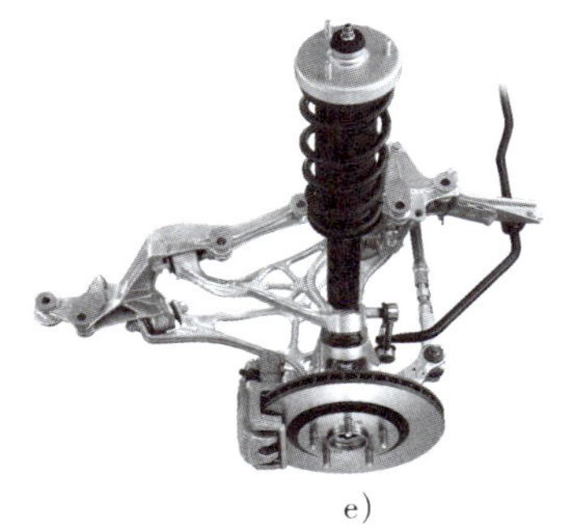
e)

f)

图 3-1-1 汽车行驶系及其部件
a)分布 b)车架 c)前桥 d)后桥 e)悬架 f)车轮
1—悬架 2—车轮 3—前桥 4—后桥

一、汽车行驶系的主要作用

1. 支撑汽车的总质量。
2. 将转矩转化为汽车行驶的驱动力。
3. 承受并传递各种反力、弯矩和转矩。
4. 减小振动，缓和冲击，保证汽车平稳行驶。

二、汽车行驶系的类型

汽车行驶系的类型主要有轮式、半履带式、全履带式和车轮—履带式等。

1. 轮式行驶系

行驶系中直接与路面接触的部分是车轮。

2. 半履带式行驶系

具有很高的通过能力，主要用于雪地或沼泽地带行驶。前桥（从动桥）上装有滑橇式车轮，用来实现转向；后桥（驱动桥）上装有履带，以减小对地面单位面积的压力，控制汽车下陷，同时履带上的履刺也加强与地面的附着作用，提高通过能力。

3. 全履带式行驶系

前、后桥上都装有履带。

4. 车轮—履带式行驶系

有可以互换使用的车轮和履带，适合在滑雪场、沼泽地、果园或多土丘地带行驶作业。

本课题讲解的是最常见的轮式行驶系。

三、轮式行驶系的组成、结构特点、受力分析及行驶原理

1. 轮式行驶系的组成及结构特点

轮式行驶系一般由车架、车桥、车轮和悬架等组成，如图 3-1-2 所示。

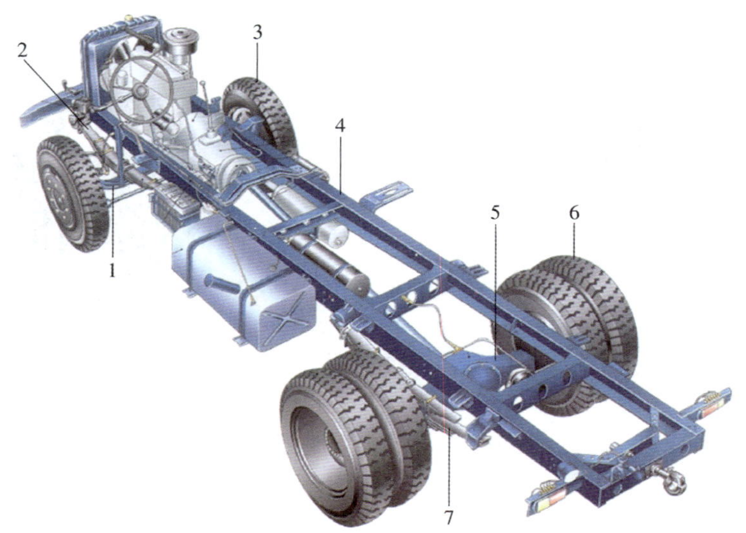

图 3-1-2　轮式行驶系的组成

1—前桥　2—前悬架　3—前轮　4—车架　5—后桥　6—后轮　7—后悬架

车架是全车的装配基体，它将汽车的各相关总成连接成一个整体。

前轮和后轮分别装在前桥和后桥上。

为减小汽车在不平路面上行驶时车身所受到的冲击及振动，车桥又通过弹性的后悬架 7 和前悬架 2 与车架 4 连接。

2. 轮式行驶系的受力分析

轮式行驶系的受力如图 3-1-3 所示。

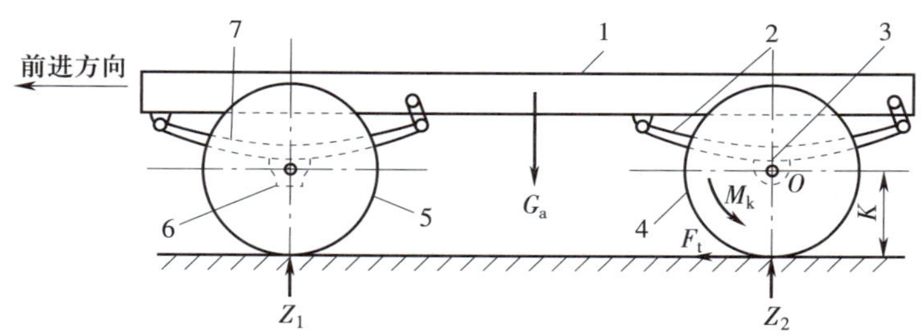

图 3-1-3　轮式行驶系的受力

1—车架　2—后悬架　3—驱动桥　4—驱动轮　5—从动轮　6—从动桥　7—前悬架

（1）汽车的总重力 G_a

（2）地面支反力 Z_1 和 Z_2

由图可见，汽车的总重力 G_a 通过前、后车轮传到地面，产生地面支反力 Z_1 和 Z_2。

（3）牵引力 F_t

当驱动轮受到驱动转矩 M_k 作用时，通过车轮与路面的附着作用，即轮缘作用于地面一个向后的力，同时，路面对轮缘产生向前的纵向反力——牵引力 F_t。牵引力除用于克服驱动轮的滚动阻力外，其余大部分经过桥壳和悬架传到车架。其中一部分用于克服空气阻力和上坡阻力，另一部分由车架经前悬架传到从动桥，作用在从动轮中心，使从动轮克服滚动阻力向前滚动，于是整个汽车便向前运动。

牵引力 F_t 是作用在轮缘上的，此力对驱动轮中心形成一个反力矩 F_tK，并力图使驱动桥壳前端向上抬起，这将导致万向传动装置中万向节卡死不能工作，甚至损坏。同时，牵引反力矩经后悬架传给车架，结果使车架连同整车前部都有向上抬起的趋势。由此导致前轮上的垂直载荷减小而后轮上的垂直载荷增大。

（4）制动力

汽车制动时，制动力与驱动力方向相反，其作用结果恰好相反。

（5）侧向力

汽车在弯道或横向坡道上行驶时，车轮与路面之间将产生侧向力，此力也由行驶系承受和传递。

综上所述，路面作用于车轮上的所有外力都必须通过行驶系的零部件传给车架，使汽车行驶、制动或转向。同时，这些力和力矩又使车架和车桥等基础件产生变形、裂纹、连接件松动及各总成相对位置改变。此外，这些力还会使配合副之间产生冲击和振动，出现噪声、密封件泄漏等故障。

3. 轮式行驶系的行驶原理

汽车要行驶，就必须有克服各种行驶阻力的驱动力。行驶阻力包括车轮阻力、空气阻力和坡度阻力。

（1）车轮阻力

车轮阻力主要包括轮胎的变形阻力、路面阻力和轮胎侧偏阻力。

汽车在行驶时车轮不是一直保持静止时的圆形而是会产生变形，由于轮胎本身的橡胶和内部的空气都具有弹性，因此轮胎在滚动时会反复经历压缩和伸展的过程，由此产生变形阻力。

车轮在路面行驶时，胎面与地面之间存在纵向和横向的相对局部滑动，还有车轮轴承内部也会有相对运动，形成路面阻力。

车轮的运动方向与受到的侧向力方向产生夹角，形成轮胎侧偏阻力。

（2）空气阻力

汽车在行驶时，需要挤开周围的空气，汽车前面承受气流压力。此外，还存在各层空气之间以及空气与汽车表面的摩擦，再加上冷却发动机、室内通风以及汽车表面外凸零件引起的气流干扰等，综合形成空气阻力。

空气阻力与汽车的形状、汽车的正面投影面积有关，特别是和汽车与空气相对速度的平方成正比。当汽车高速行驶时，空气阻力的数值将显著增加。

（3）坡度阻力

坡度阻力是指汽车上坡时其总重力沿路面方向的分力形成的阻力。

汽车要行驶就必须克服以上的阻力总和。

必须知道，驱动力的最大值取决于发动机的最大转矩和传动系的传动比，但实际发出的驱动力还受到轮胎与路面之间附着性能（即包括各种条件的路面情况）的限制。

四、汽车行驶系的常见故障

行驶系的常见故障有车架损伤、轮毂轴承故障、车轮定位失准、轮胎异常磨损和爆胎、车轮不平衡、车身倾斜、行驶跑偏、汽车行驶摆振、异响以及车辆移位倾斜等。

五、汽车行驶系的检查项目

行驶系的检查项目主要有车架变形及损伤的检查、车轮定位的检查、轮毂轴承预紧度的检查、轮胎气压的检查、轮胎异常磨损的检查、车轮平衡度的检查以及悬架系统的检查等。

六、汽车行驶系的校正与调整

汽车行驶系的校正与调整项目有车架变形的校正、轮毂轴承的调整、车轮定位的调整、轮胎换位以及车轮平衡度的调整等。

小结

1. 汽车行驶系的主要作用包括支撑汽车的总质量，将转矩转化为汽车行驶的驱动力，承受并传递各种反力、弯矩和转矩，减小振动，缓和冲击，保证汽车平稳行驶。

2. 汽车行驶系的类型主要有轮式、半履带式、全履带式和车轮—履带式等。

课题2 车　架

学习目标

1. 熟悉车架的类型、结构和作用。
2. 了解车架的常见故障及检修方法。

一、车架的类型、结构和作用

车架是汽车装配的基础，俗称“大梁”，其上装有发动机，变速器，传动轴，前、后桥，车身等总成和部件。车架的作用是支撑、连接汽车的各总成，使各总成保持相对正确的位置，并承受汽车内外的各种载荷。车架通过悬架装置安装在车桥上。

车架的类型、组成和结构特点见表 3–2–1。

表 3–2–1 车架的类型、组成和结构特点

车架类型	组成	结构特点
边梁式车架	由两根纵梁和若干根横梁组成，用铆接法或焊接法将纵、横梁连接成坚固的刚性构架	抗弯强度较高，质量小，便于安装总成和部件，广泛用于货车和大多数特种汽车上
无梁式车架	以车身兼作车架，所有的总成和零部件都安装在车身上	车身的上下部结构形成一个统一的整体，整个车身均参与承载，现在轿车均采用此种车身结构，又称整体式车身
中梁式车架	由中央纵梁和若干根横向悬伸托架构成	中梁的断面可做成管形或箱形。这种车架制造工艺复杂，总成安装困难，维修不方便，故目前应用不多
综合式车架	由边梁式和中梁式车架综合构成	制造工艺复杂且安全性能欠佳，目前应用也不多

二、车架的常见故障

1. 故障现象

（1）车架纵、横梁上下弯曲、侧向弯曲，车架菱形变形或扭曲，车身变形严重。

（2）车架宽度，纵梁直线度，纵、横梁垂直度，对角线长度等检测指标超出检测标准值。

2. 故障原因

（1）汽车碰撞或碰擦。

（2）汽车超载、偏载、侧翻。

（3）错误驾驶或使用汽车导致车架异常受力。

技能训练

一、载货汽车边梁式车架的检查

实训准备：

设备：边梁式车架。

工具：卷尺、直尺、专用角尺。

资料：汽车维修手册。

边梁式车架的检查项目有车架宽度的检查，纵梁直线度的检查，纵、横梁垂直度的检查和车架对角线的检查。边梁式车架的检查项目和标准见表 3–2–2。

表 3–2–2　边梁式车架的检查项目和标准

检查项目	检查标准
车架宽度的检查	用卷尺或专用卡尺测量，车架宽度应不超过基本尺寸 ±3 mm
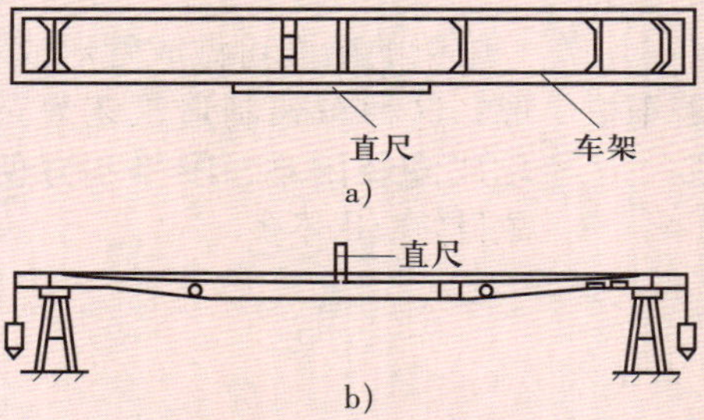 直尺　车架 a) 直尺 b) 纵梁直线度的检查 a）用直尺检查　b）用拉线法检查	用拉线法或用直尺检查车架纵梁上平面及侧面纵向的直线度，在任意 1 000 mm 长度上的直线度误差应不大于 3 mm，在全长上的直线度误差应不大于车架长度的 1/1 000
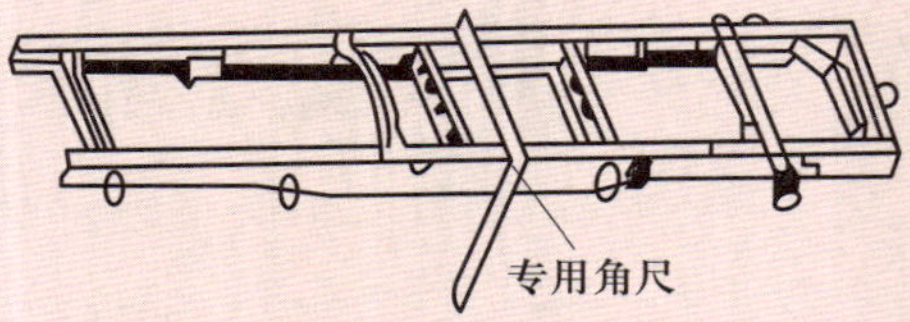 专用角尺 纵、横梁垂直度的检查	用专用角尺进行测量，车架纵梁侧面对上平面的垂直度误差应不大于纵梁高度的 1/10。车架各主要横梁对纵梁的垂直度误差应不大于横梁长度的 1/1 000
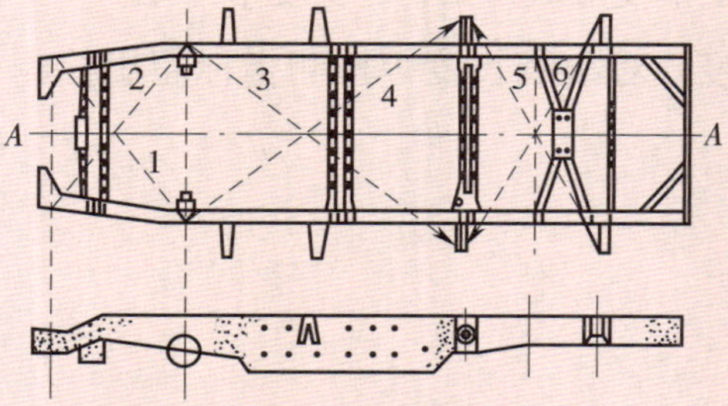 A 1 2 3 4 5 6 A 车架对角线的检查	测 1 与 2、3 与 4、5 与 6 各段对角线长度，其差值均不得大于 5 mm。车架对角线交点距车架中心线距离不得大于 2 mm。沿车架测量两纵梁到中心线的距离，其差值不得大于 2 mm

除以上检查项目外，还要求对车架附件进行检查，检查要求：后牵引钩不得有裂损，最大磨损量应不大于 5 mm；牵引钩与衬套的配合间隙应不大于 2 mm，缓冲弹簧应无断裂现象且调整得当（用手能转动牵引钩且无轴向松动感）；锁扣应开启灵活，闭合时应能自动进入锁止位置；各支架、托架应连接可靠，无明显变形及裂纹。

二、轿车车架的检查

实训准备：

设备：轿车车架。

工具：中心量规。

资料：汽车维修手册。

轿车车架一般是车身的一部分，多采用等边大梁结构。轿车车架变形一般用中心量规检查，把测量杆悬挂在车架基准尺寸主要测量点（前、中、后）上，通过测量杆的中心上下或左右扭转变形情况来判断，见表 3–2–3。

表 3–2–3　轿车车架变形的检查

左右弯曲	上下弯曲	扭曲
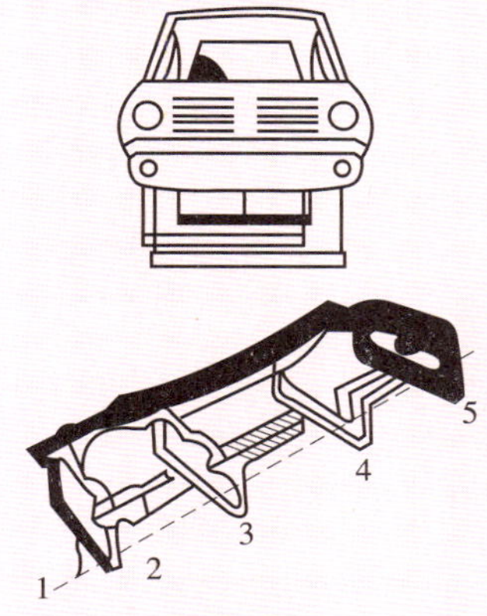 车架左右方向弯曲的确认及中心量规的安装	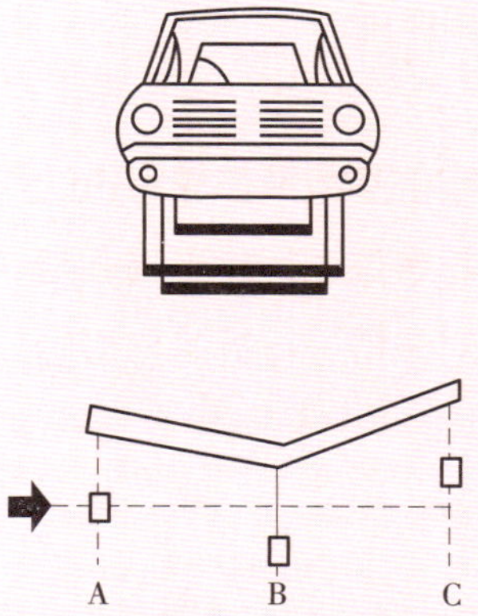 车架上下方向弯曲的确认	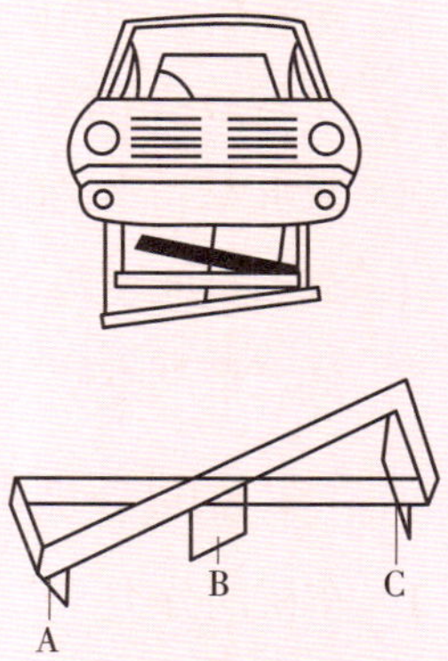 车架扭曲的确认

对轿车车架进行测量时，将标定的测量杆挂在各个测量点上，然后检查其与基准平面的偏差，如果各个测量杆的顶部都在一个平面上，说明车架符合技术要求；如果某些测量点不在该平面上，则说明车架有变形，测量点偏离了基准平面。基准平面是一假想平面，由于测量杆的高度可根据标定的尺寸增大或减小，所以如果一个测量杆相对于基准平面的尺寸调整，其他测量杆的尺寸也应按基准予以调整，这样才能准确模拟被测平面。

小结

1. 车架是汽车装配的基础，车架的作用是支撑、连接汽车的各总成，使各总成保持相对正确的位置，并承受汽车内外的各种载荷。

2. 车架类型可分为边梁式车架、无梁式车架、中梁式车架、综合式车架。

3. 车架的常见故障现象有车架纵、横梁上下弯曲、侧向弯曲，车架菱形变形或扭曲，车身变形严重。

4. 边梁式车架的检查项目有车架宽度的检查，纵梁直线度的检查，纵、横梁垂直度的检查和车架对角线的检查。

5. 轿车车架多采用等边大梁结构。轿车车架变形一般用中心量规检查，把测量杆悬挂在车架基准尺寸主要测量点（前、中、后）上，通过测量杆的中心上下或左右扭转变形情况来判断。

课题3 车 桥

学习目标

1. 熟悉车桥的类型、结构和作用。
2. 了解车桥的常见故障。
3. 掌握车轮定位的定义、定位参数及车轮定位的作用。
4. 通过查阅资料，会对车轮定位进行检查与调整。
5. 通过查阅维修手册，会对车桥进行拆装与检修。

一、车桥的分类和作用

1. 车桥的分类

车桥的分类见表3–3–1。

2. 车桥的作用

转向桥通常位于汽车前部，能使装在其两端的车轮偏转一定角度，实现汽车转向，同时还要承受车架与车轮之间的作用力及其产生的弯矩和转矩。

用于承载，而且兼起驱动作用的车桥称为驱动桥。

越野汽车和前轮驱动汽车的前桥，除了承载和转向的作用外，还兼起驱动作用，所以称为转向驱动桥。

只起支撑作用的车桥称为支持桥。挂车的车桥就是支持桥。支持桥除不能转向外，其他功能和结构与转向桥相同。

表 3-3-1 车桥的分类

分类方式	类型	说明
按悬架结构的不同分类	整体式车桥	车桥中部是刚性的实心或空心（管状）梁，与非独立悬架配合使用
	断开式车桥	车桥中部为活动关节式结构，与独立悬架配合使用
按作用不同分类	转向桥	转向桥和支持桥都属于从动桥
	驱动桥	货车前桥多为转向桥，后桥或中、后两桥为驱动桥
	转向驱动桥	越野汽车、大部分轿车的前桥为转向驱动桥
	支持桥	挂车的车桥为支持桥

二、车桥的结构

1. 转向桥的结构

转向桥通常位于汽车前部，以实现汽车转向，同时还要承受车架与车轮之间的作用力及其产生的弯矩和转矩。

各种车型的转向桥结构基本相同，主要由前轴、主销、转向节和轮毂等组成，如图 3-3-1 所示。

（1）前轴

前轴是转向桥的主体，一般由中碳钢模锻而成。其横截面为工字形断面，以提高抗弯强度；接近两端逐渐过渡为方形，以提高抗扭强度。中部加工出两处用以支撑钢板弹簧的弹簧座（图上未画出），其上钻有四个安装 U 形螺栓（俗称骑马螺栓）的通孔和一个位于中心的钢板弹簧定位凹坑。中部向下弯曲，使发动机位置得以降低，从而降低汽车重心，扩展驾驶员视野，并减小传动轴与变速器输出轴之间的夹角。前轴两端各有一个加粗部分，呈拳形，称为拳部，其中有通孔，用以安装主销。

（2）主销

主销装在前轴两端拳部通孔内，用带有螺纹的楔形锁销将主销固定在拳部通孔内，使之不能转动。

（3）转向节

转向节是一个叉形部件。上下两叉加工有同轴销孔，通过主销与前轴的拳部相连，使前轮可以绕主销偏转一定角度而实现汽车转向。为了减轻磨损，转向节销孔内压入青铜衬套，衬套上的润滑油槽在上面端部是切通的，用装在转向节上的油嘴注入润滑脂润滑。为了使转向灵活轻便，在转向节下耳与前轴拳部之间装有推力滚子轴承；在转向节上耳与前

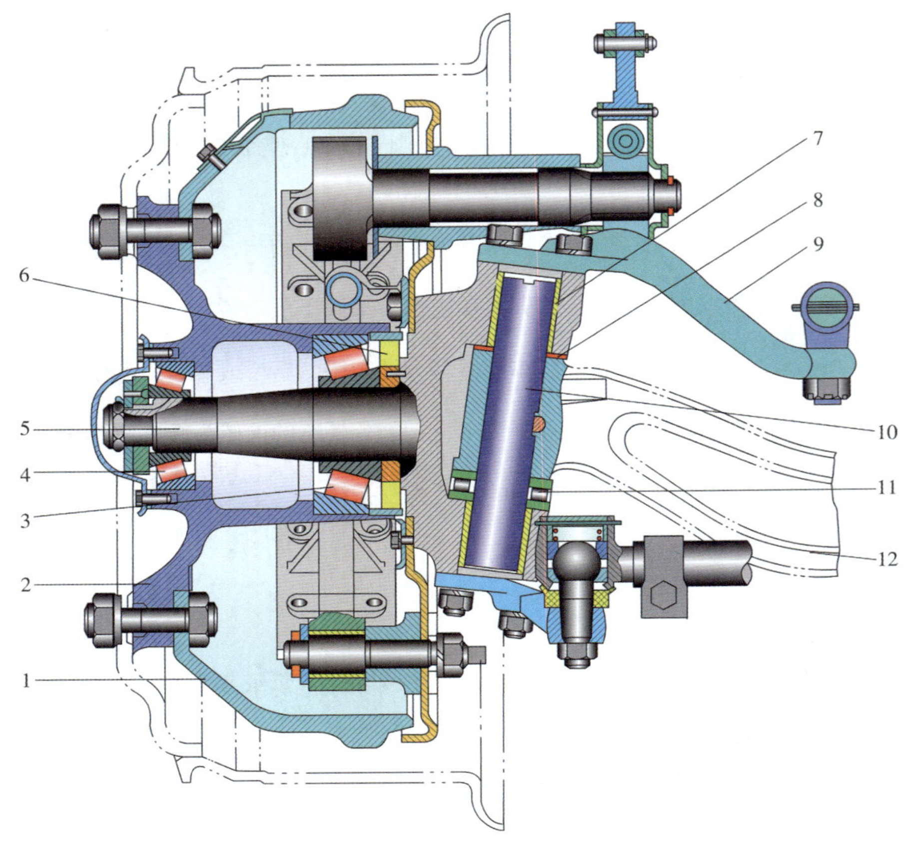

图 3-3-1　转向桥的结构

1—制动鼓　2—轮毂　3、4—轮毂轴承　5—转向节　6—油封　7—衬套　8—调整垫片
9—转向节臂　10—主销　11—推力滚子轴承　12—前轴

轴拳部之间装有调整垫片，以调整其间隙。在左转向节的上耳上装有与转向节臂制成一体的凸缘，在下耳上则装有与转向梯形臂制成一体的凸缘，此两凸缘上均制有一矩形键，因此在左转向节的上、下耳上都有与之配合的键槽。转向节即通过矩形键及带有锥形套的双头螺栓与转向节臂及转向梯形臂相连。

（4）轮毂

轮毂通过两个圆锥滚子轴承（轮毂轴承）支撑在转向节轴颈上，轴承的松紧度可用调整螺母加以调整。轮毂外端用冲压的金属罩盖住。转向节上装有限位螺栓，与前轴上的限位凸台相配合，可以限制并调整转向轮的最大偏转角。

2. 转向驱动桥的结构

同时具有转向和驱动功能的车桥称为转向驱动桥。

转向驱动桥具有一般驱动桥所具有的主减速器、差速器和半轴，也具有一般转向桥所具有的转向节和轮毂等。如图 3-3-2 所示，由于转向的需要，其半轴被分为两段，与差速器连接的部分叫做内半轴，与轮毂连接的部分叫做外半轴，两者用等速万向节连接。摆臂一端与副车架铰接，另一端通过球头与前悬架总成连接，前悬架总成的上端连接在车身上。横向稳定杆可以增加车身的稳定性。

动力经过主减速器、差速器传给半轴，再传给车轮，驱动车轮转动。转动转向盘，通过转向器带动转向横拉杆移动，使前悬架总成转动，带动车轮摆动，实现汽车转向。

此种布置的优点是结构形式简单、行驶平稳、维修方便，且具有较小的转弯半径，汽车的机动性能好。

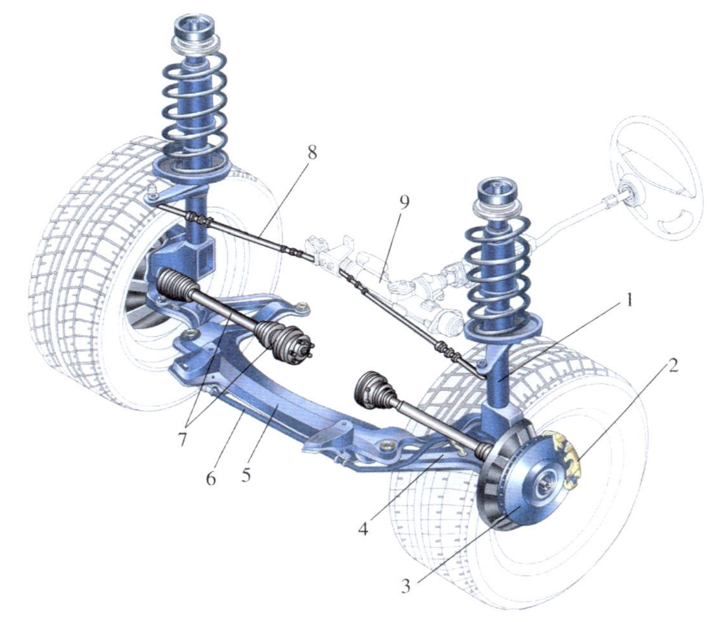

图 3-3-2　转向驱动桥示意图

1—前悬架总成　2—制动钳　3—制动盘　4—摆臂　5—副车架　6—横向稳定杆
7—等速万向节与半轴　8—转向横拉杆　9—转向器

三、车轮定位

1. 车轮定位的定义及作用

转向轮、转向节和前轴三者与车架的安装应保持一定的相对位置关系，这种安装位置关系称为转向轮定位，也称前轮定位。对两个后轮来说也同样存在与后轴之间安装的相对位置关系，称为后轮定位。前轮定位和后轮定位统称为车轮定位。转向轮定位包括前轮外倾角、主销后倾角、主销内倾角及前轮前束四个参数。

正确的车轮定位是车辆良好操纵性能、直线行驶性能和自动回正能力的保证。因此必须定期对车轮定位参数进行检测和调整，以使其保持在正常范围内。只有这样，才能保证汽车在具有良好操纵性能的同时，减少轮胎异常磨损和悬架系统、转向机构零部件磨损，降低燃油消耗。

2. 前轮定位参数

（1）前轮外倾角

当前轮处于摆正的位置时，前轮中心平面与地面不垂直，而是向外倾斜一个角度 φ，这种现象称为前轮外倾，这个角度称为前轮外倾角，如图 3–3–3 所示。

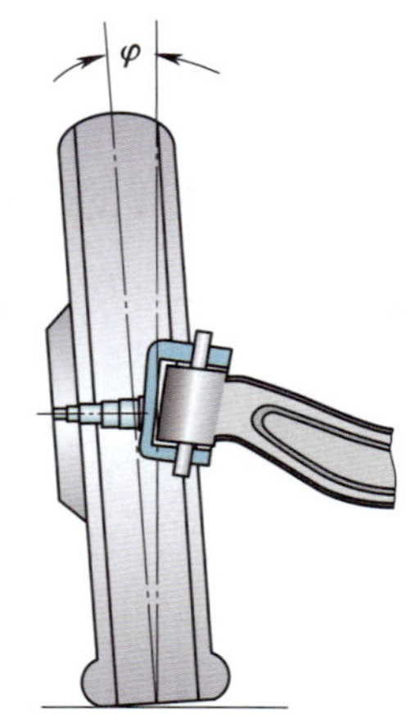

图 3–3–3　前轮外倾角示意图

如果空载时车轮的中心平面正好垂直于路面，车桥和悬架系统满载时将因承载变形出现车轮内倾。车轮内倾一方面会加速轮胎的内侧磨损；另一方面，路面对车轮的垂直反力会加大车轮轮毂外端小轴承及轮毂紧固螺母的负荷，缩短它们的使用寿命。因此，为了防止车轮内倾，使轮胎磨损均匀和减小轮毂外端小轴承的负荷，安装车轮时应使车轮具有一定的外倾角。

同时，车轮外倾角还可以与拱形路面相适应，在不增大主销内倾角的情况下减小转向力臂，使转向轻便。但是，外倾角也不宜过大，一般为 1° 左右。否则，会使轮胎产生外侧磨损。

在汽车上，由于子午线轮胎（轮胎花纹刚性大，胎体比较软，外胎面宽）的普及，设定较大外倾角，会使轮胎偏磨，降低轮胎抓地力。另外，悬架和车桥都比过去坚固，加之路面平坦，再加上助力转向机构的不断使用，也使外倾角不断缩小。目前，汽车上采用接近零度的外倾角。某些车型甚至采用负外倾角，在转向时能增大车轮与地面的接触面积，从而提高车轮的抓地力，让车辆转弯更稳，改善转向性能。

（2）前轮前束

安装车轮时，不使汽车两前轮的中心平面平行，而是前端略向内倾。假设两轮前边缘距离为 B，两轮后边缘距离为 A，那么 A 与 B 之差值称为前轮前束，如图 3–3–4 所示。当后边缘距离比前边缘距离大时为正前束，反之为负前束，负前束又称为前张。前束也可用前束角（前张角）来表示。

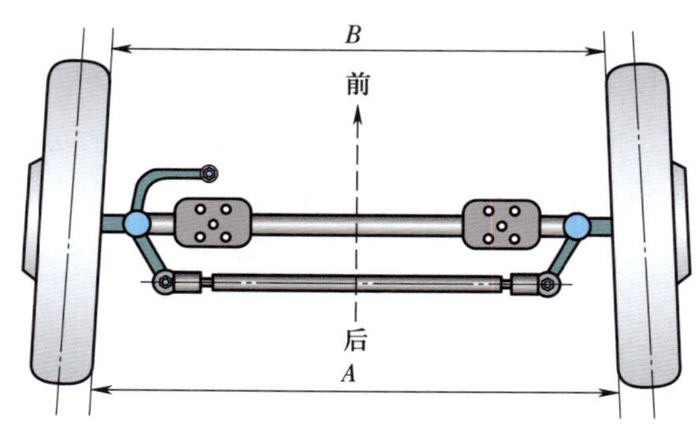

图 3–3–4　前轮前束示意图

车轮设计了外倾角以后，既能防止车轮出现内倾，使轮胎磨损均匀和减轻轮毂外端小轴承的负荷，还能使汽车转向轻便，但也会产生不良影响，即车轮滚动时有向外滚开的趋势。由于车桥和地面的约束，车轮不可能向外滚开，车轮将在地面上一边向前滚动，一边产生侧向滑动，从而加速轮胎的磨损。前束的作用正是消除车轮外倾带来的这种不良影响，使车轮在每一瞬间的滚动方向接近于正前方，减小侧向滑动量。

因此，车轮外倾角与前束的关系是相互配合而又相互抵消不良影响的关系。

前轮前束可以通过改变转向横拉杆的长度来调整。调整时可以根据制造厂规定的测量位置，使前束值（角）调整到规定的范围内。

（3）主销后倾角

在纵向平面内，相对于铅垂线，主销上部向后倾斜一定角度 γ，这种现象称为主销后倾，这个角度称为主销后倾角，如图 3–3–5 所示。主销向后倾斜其角度为正，主销向前倾斜其角度为负，现在汽车的主销后倾角一般为 2°～3°。

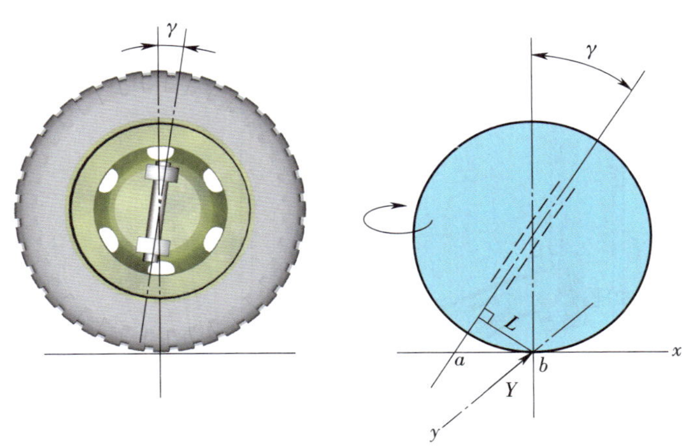

图 3–3–5　主销后倾角示意图

主销后倾角的作用是形成回正的稳定力矩。当主销具有后倾角时，主销轴线延长线与路面交点 a 将位于车轮与路面接触点 b 的前面。当转向轮偶然受到外力作用而稍有偏转时，如图 3–3–5 所示向右偏转，汽车将向右转向。这时由于离心力的作用，在车轮与路面接触点 b 处，路面对车轮作用着一个侧向反作用力 Y，反作用力 Y 对车轮形成绕主销轴线作用的力矩 Y_L，其方向正好与车轮偏转方向相反，正是此力矩使车轮回到原来中间的位置，从而保证汽车稳定地直线行驶，故称此力矩为稳定力矩。但此力矩也不宜过大，否则会造成转向盘沉重。稳定力矩的大小取决于力臂 L 和反作用力 Y，而力臂又取决于主销后倾角的大小。

轮胎气压降低，弹性增加，会使稳定力矩增加。因此，有些汽车主销后倾角可以减小到接近于零，甚至为负值，如红旗牌轿车主销后倾角为 -1° 30′。

（4）主销内倾角

在横向平面内，主销上部向内倾斜一个角度 β，这种现象称为主销内倾，这个角度称为主销内倾角，如图 3-3-6a 所示。主销内倾角的作用有两个：

1）主销内倾角能使车轮自动回正。当转向轮在外力作用下由中间位置偏转一个角度时，转向轮会使整个汽车前部向上抬起一个相应的高度，这样汽车的重力有使转向轮恢复到原来中间位置（势能最低状态）的效应，如图 3-3-6b 所示。

2）主销内倾角能使转向操纵轻便。主销内倾使主销轴线延长线与路面交点到车轮中心面与地面交线的距离 e 减小，从而可以减小转向时驾驶员施加在转向盘上的力矩，使转向操纵轻便，同时也可减小从转向轮传到转向盘上的冲击力。但 e 值也不宜过小，即主销内倾角不宜过大，否则在转向时，车轮绕主销偏转的过程中，轮胎与路面间将产生较大的滑动，从而增大轮胎与路面间的摩擦阻力，使转向变得很沉重，而且将加速轮胎的磨损。一般主销内倾角为 5° ~ 8°，这个角度是车辆设计时决定的，一般是不可调的。

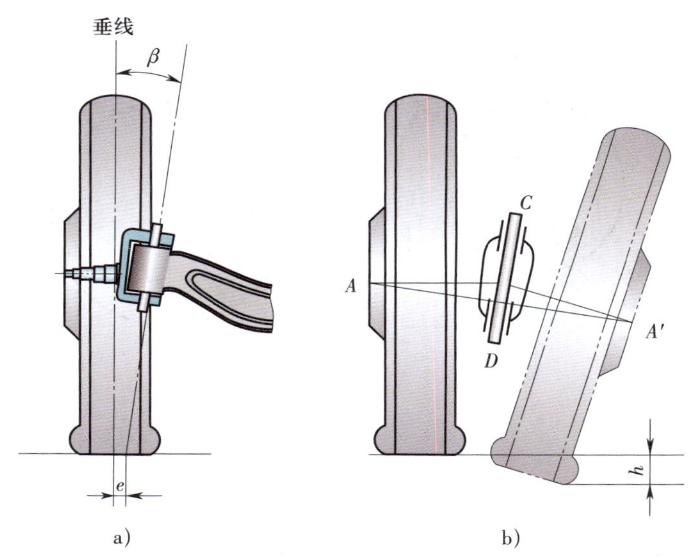

图 3-3-6　主销内倾角示意图

3. 后轮定位参数

（1）后轮外倾角

同前轮外倾角的作用一样，后轮外倾角可以保证汽车直线行驶的稳定性和操纵轻便性，减少汽车轮胎的磨损。理想状态是四个车轮的外倾角均为零，这样轮胎和路面接触良好，从而得到最佳的牵引性能和操纵性能。

后轮外倾角不是静态的，而是随悬架的上下移动而变化的。车辆加载荷后悬架下沉就会引起车轮外倾角改变。采用后独立悬架的大多数汽车为了对载荷进行补偿，常有一个较小的正后轮外倾角。

（2）后轮前束

后轮前束的作用同前轮前束一样，后轮前束是后轮定位的一个重要参数。它也不是一个静态量。如果前束不当，后轮轮胎会异常磨损，也会引起转向不稳定。对于前轮驱动车辆，前驱动轮宜采用正前束，而后轮宜采用负前束。

四、车桥的常见故障

1. 轮毂轴承故障

（1）现象

1）汽车行驶时产生车轮噪声，轮毂轴承或轮毂过热，轮胎磨损严重。

2）汽车行驶时产生转向盘游动间隙过大、车轮摆头、行驶跑偏、制动跑偏、转向不灵敏等现象，操纵性下降。

3）将汽车受检轮毂一端车轮的车桥架起，用支车凳、掩车木等用具把车安全地架好。用手转动受检的车轮数圈，转动不平稳，时紧时松。对于小型汽车，用双手握住轮胎的上、下侧，双手来回扳动轮胎，重复做多次，有明显松旷的感觉。

（2）原因

1）轮毂轴承的预紧度过大或过小。

2）轮毂轴承缺少润滑脂。

3）车轮外倾角不正确。

4）轮毂轴承断裂，有麻点等质量缺陷。

5）轮毂轴承与其配合件的配合不当。

2. 四轮定位失准

（1）现象

1）汽车行驶时产生转向沉重、自动跑偏、制动跑偏、前轮摆头等现象。

2）轮胎出现异常磨损情况。

3）车轮定位参数超出正常范围。

（2）原因

1）转向系各连接件松旷或刚度不足。

2）汽车长期超载、偏载或使用不当导致车架、车桥变形严重。

3）行驶系各连接件或配合件松旷。

4）车轮定位参数调整不当。

技能训练

一、转向驱动桥半轴总成的拆装

以速腾轿车为例。

实训准备：

设备：速腾轿车、举升机。

工具：车辆防护装置、工具车、常用拆装工具、大众专用转接头、扭力扳手（40～200 N · m）。

资料：汽车维修手册。

图 3-3-7 所示为 RF 节与 VL 节在转向驱动桥中的布置，速腾轿车转向驱动桥半轴总成的拆装参照图 3-3-7 进行。

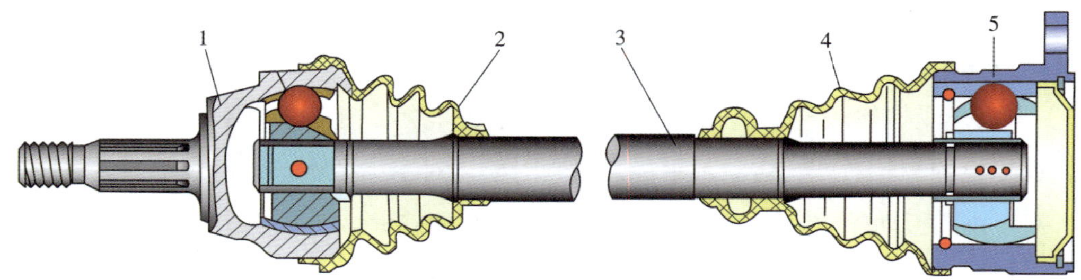

图 3-3-7　RF 节与 VL 节在转向驱动桥中的布置
1—球笼式万向节（RF 节）　2、4—防尘罩　3—传动轴（半轴）
5—伸缩型球笼式万向节（VL 节）

（1）拆卸

1）使用大众专用转接头拧松轮毂上的传动轴螺栓。

2）松开车轮螺栓。

3）举升车辆，踩下制动踏板，拆卸传动轴螺栓。

4）拆卸车轮。

5）拆卸下部隔音垫。

6）从变速器的法兰轴上拧下传动轴的连接螺栓，脱开传动轴。

7）拆卸转向节主销和控制臂的连接螺母，如图 3-3-8 所示。

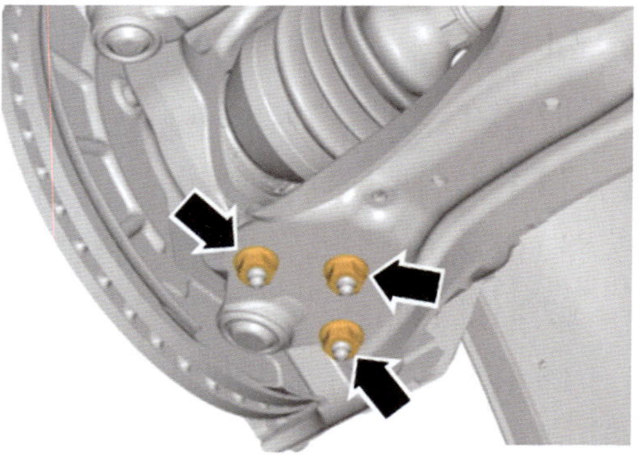

图 3-3-8　转向节主销和控制臂的连接螺母

8）从控制臂上拉出转向节主销。

9）从轮毂中拉出传动轴。

提示：车轮侧传动轴螺栓连接件松开时，轮毂轴承不允许承重。

轮毂轴承如果承载了汽车自身的质量，就会受到损坏，从而缩短轮毂轴承的使用寿命。

当汽车停放在地上时，传动轴的螺栓最多只允许松开 90°。汽车安装传动轴前不允许移动，否则会损坏轮毂轴承。

（2）安装

1）装入传动轴。

2）将外侧万向节插入轮毂花键中。

3）拧紧转向节主销和控制臂的连接螺栓。

4）安装传动轴的内侧万向节，先以 10 N·m 的力矩交叉预拧紧螺栓。

5）用规定的拧紧力矩以交叉方式拧紧内梅花螺栓。

6）安装下部隔音垫。

7）拧紧轮毂上的传动轴螺栓。

8）装上车轮并拧紧。

二、车轮定位的检查

以速腾轿车为例。

实训准备：

设备：速腾轿车、举升机、四轮定位仪。

工具：车辆防护装置、工具车、常用拆装工具、扭力扳手（40 ~ 200 N·m）。

资料：汽车维修手册。

由于汽车行驶速度越来越快，汽车的操纵稳定性对行车安全的影响越来越大。有些汽车，尤其是轿车，不仅具有前轮定位，还具有后轮外倾角和后轮前束等定位参数。用四轮定位仪可以对汽车四轮定位参数进行检测。

四轮定位仪可检测的项目包括前轮前束、前轮外倾角、主销后倾角、主销内倾角、后轮前束、后轮外倾角、轮距、轴距、推力角和左、右轴距差等。

计算机式四轮定位仪由主机，显示器，打印机，前、后车轮检测传感器，传感器支架，转盘，制动锁，转向盘锁及导线等零部件构成，配有专用软件和数据光盘，还配有数码视频图像数据库，能显示检查和调整位置等。

为便于检测和调整，被检汽车需放在地沟上或举升平台上，地沟或举升平台应处于水平状态，四轮定位仪则安装在地沟两旁或举升平台上，图 3–3–9 所示为四轮定位仪安装在举升平台上。

1. 检测前的准备

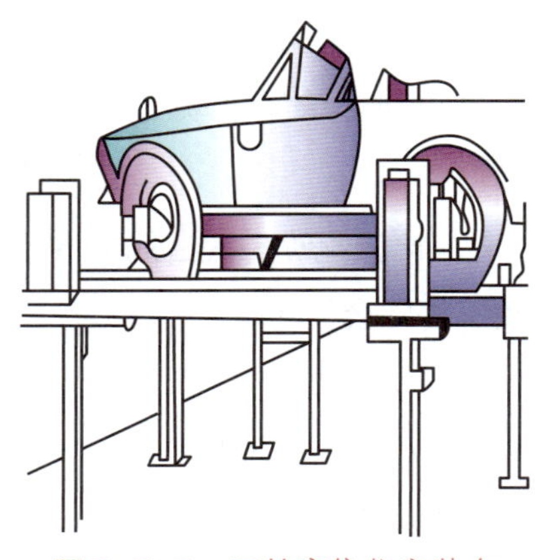
图 3-3-9 四轮定位仪安装在举升平台上

（1）把汽车驶到举升平台上，托住车轮，把汽车举升 50 cm（第一次举升）。

（2）托住车身，把汽车举升至车轮能自由转动（第二次举升）。

（3）拆卸各车轮，检查轮胎磨损情况，要求各轮胎磨损基本一致。

（4）检查轮胎气压，使其符合标准值。

（5）做车轮动平衡试验，动平衡完成后，将车轮装回车上。

（6）检查车身高度，检查车身四个角的高度和减振器技术状况，如车身不平，应先调平，同时检查转向系和悬架是否松旷，如松旷，则应先紧固或更换零件。

2. 检测步骤

（1）把传感器支架安装在轮辋上，再把传感器（定位校正头）安装到支架上，并按使用说明书的规定调整。

（2）打开计算机主机，进入测试程序，输入被测汽车的车型和生产年份。

（3）进行轮辋变形补偿，转向盘位于直线行驶位置，使每个车轮旋转一周，即可把轮辋变形误差输入计算机。

（4）降下第二次举升量，使车轮落到平台上，把汽车前部和后部向下压动 4 ~ 5 次。

（5）用制动锁压下制动踏板，使汽车处于制动状态。

（6）将转向盘左转至计算机显示“OK”，输入左转角度，然后将转向盘右转至计算机显示“OK”，输入右转角度。

（7）将转向盘回正，计算机显示后轮前束及外倾角数值。

（8）用转向盘锁锁止转向盘，使之不能转动。

（9）将安装在四个车轮上的定位校正头的水平仪调到水平线上，此时计算机显示转向轮的主销后倾角、主销内倾角、外倾角和前束的数值。计算机将比较各测量数值，得出“无偏差”“在允许范围内”或“超出允许范围”的结论。

（10）若“超出允许范围”，按计算机提示的调整方法进行针对性调整。若调整后仍不能解决问题，则应更换有关零部件。

（11）拆卸定位校正头和支架，进行路试，检查四轮定位调整的效果。

三、车桥的检修

以速腾轿车为例。

实训准备：

设备：速腾轿车、举升机。

工具：车辆防护装置、工具车、常用拆装工具、扭力扳手（40～200 N·m）、轮毂盖拉拔器、大众专用转接头。

材料：金属丝。

资料：汽车维修手册。

1. 后桥轮毂轴承的检修

（1）拆卸

1）拆卸车轮螺栓。

2）举升车辆，拆卸车轮。

3）轻击轮毂盖拉拔器的卡爪，并从定位处松开橡胶防尘罩。

4）用轮毂盖拉拔器拔出防尘罩，如图 3-3-10 所示。

5）拆卸制动钳和制动器支架，并用金属丝将其挂在车身上。

6）拆卸制动盘螺栓，并拆卸制动盘。

7）用大众专用转接头拆卸圆头内梅花螺栓，如图 3-3-11 所示。

8）从轮毂轴中拔出轮毂 / 车轮轴承单元。

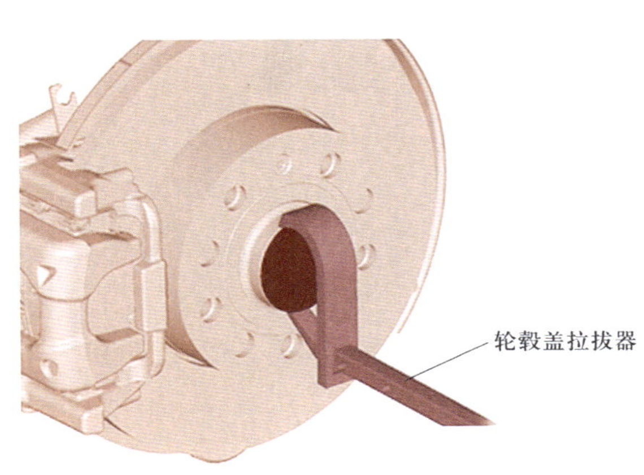

图 3-3-10　拔出防尘罩

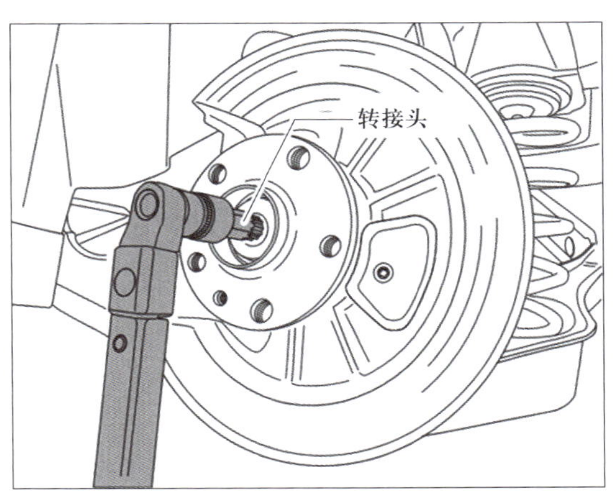

图 3-3-11　拆卸圆头内梅花螺栓

（2）检查

轮毂与轴承集成一体，该类型轴承使用寿命长，如需维修，建议更换整个轴承总成。

（3）安装

按与拆卸相反的顺序进行安装操作。

提示：每次都要更换防尘罩。防尘罩损坏的话，湿气就会进入。

2. 车轮定位参数的调整

由于速腾轿车的主销后倾角是不能调整的，主销内倾角也不可调整，因此只调整前轮外倾角和前轮前束。

（1）调整前轮外倾角

通过移动副车架调整前轮外倾角。步骤如下：

1）拆卸下部隔音垫。

2）松开将副车架固定在车身上的螺栓。

3）沿图 3–3–12 所示方向推拉副车架，将前轮外倾角调整到额定值。

4）用新的螺栓将副车架固定在车身上，并用规定的力矩拧紧螺栓。

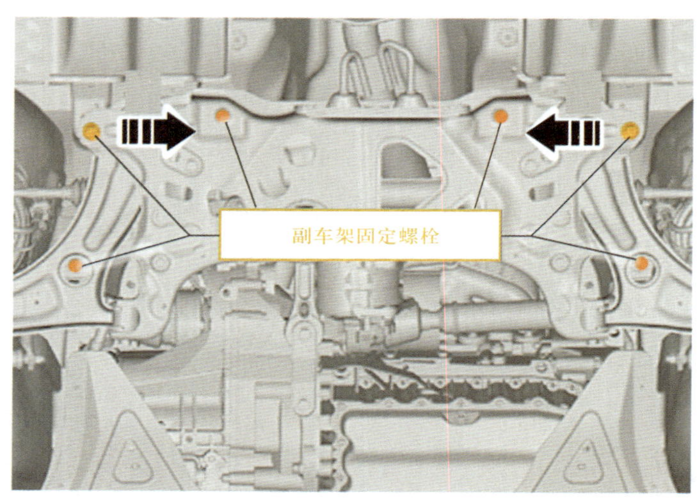

图 3–3–12　调整前轮外倾角

（2）调整前轮前束

它是通过改变两侧转向横拉杆的长度来实现的，如图 3–3–13 所示。步骤如下：

1）固定转向横拉杆头，用大众专用转接头松开防松螺母。

2）用软管卡箍钳从橡胶防尘套上松开弹簧卡箍。

3）通过旋转左侧和 / 或右侧转向横拉杆来调整前轮前束。

4）拧紧防松螺母。

5）再次检测前轮前束。

注意：旋转转向横拉杆后不要扭转橡胶防尘套，被扭转的橡胶防尘套会很快磨损。

拧紧防松螺母后，已设定的数值可能会略有偏差。如果测得的前轮前束仍在公差范围内，可视为正确调整。

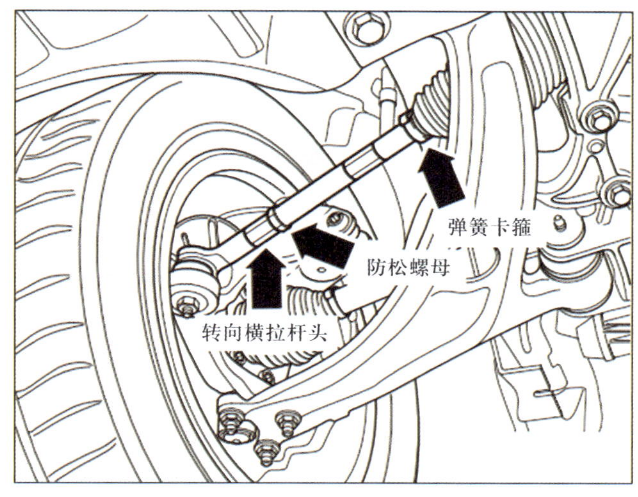

图 3-3-13 调整前轮前束

小结

1. 车桥按作用不同可分为转向桥、驱动桥、转向驱动桥和支持桥等类型。

2. 只起支撑作用的车桥称为支持桥。

3. 用于承载，而且兼起驱动作用的车桥称为驱动桥。

4. 越野汽车和前轮驱动汽车的前桥，除了承载和转向的作用外，还兼起驱动作用，所以称为转向驱动桥。

5. 转向桥通常位于汽车前部，能使装在其两端的车轮偏转一定的角度，实现汽车转向，同时还要承受车架与车轮之间的作用力及其产生的弯矩和转矩。

6. 各种车型的转向桥结构基本相同，主要由前轴、主销、转向节和轮毂等组成。

7. 转向驱动桥具有一般驱动桥所具有的主减速器、差速器和半轴，也具有一般转向桥所具有的转向节和轮毂等。

8. 转向轮、转向节和前轴三者与车架的安装应保持一定的相对位置关系，这种安装位置关系称为转向轮定位，也称前轮定位。前轮定位和后轮定位统称为车轮定位。转向轮定位包括前轮外倾角、主销后倾角、主销内倾角及前轮前束四个参数。

9. 正确的车轮定位是车辆良好操纵性能、直线行驶性能和自动回正能力的保证。

10. 车桥常见故障有轮毂轴承故障和四轮定位失准。

课题4 车轮与轮胎

学习目标

1. 掌握汽车车轮和轮胎的作用、结构与分类。
2. 理解车轮和轮胎的规格表示方法。
3. 能够对车轮与轮胎的常见故障进行分析。
4. 能够对车轮进行车轮动平衡检测与调整。
5. 通过查阅维修手册，会对车轮总成进行拆装与检修。

车轮和轮胎的作用是支撑汽车的质量、缓和不平路面所造成的冲击和振动，并通过轮胎与路面存在的附着力来产生驱动力和制动力。车轮和轮胎如图3–4–1所示。轮胎装在车轮上，车轮通过轮毂安装在车桥上，有的乘用车车轮外侧装有装饰罩，习惯上将车轮和轮胎统称为车轮。

一、车轮

车轮是介于轮胎和车桥之间的旋转组件，用于安装轮胎，承受轮胎与车桥之间的各种载荷。

车轮主要由轮辋、轮辐、轮毂、轮毂轴承等组成。图3–4–2所示为盘式车轮，为了安装时对正中心和车轮互换，钢质（或铝合金）轮毂用端部带有球面凸起的螺母与轮辐

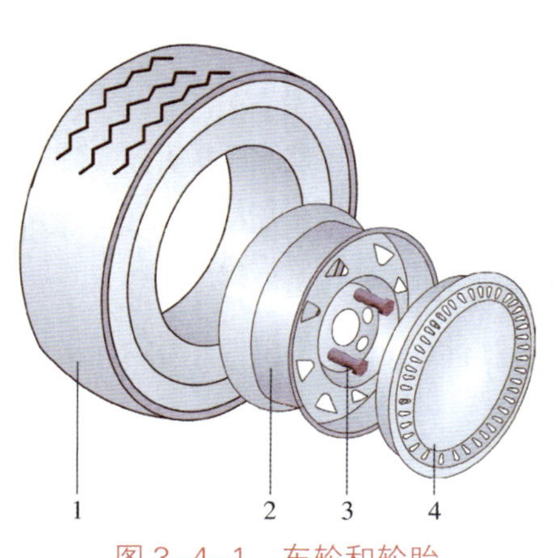

图3–4–1 车轮和轮胎
1—轮胎 2—车轮
3—螺栓 4—装饰罩

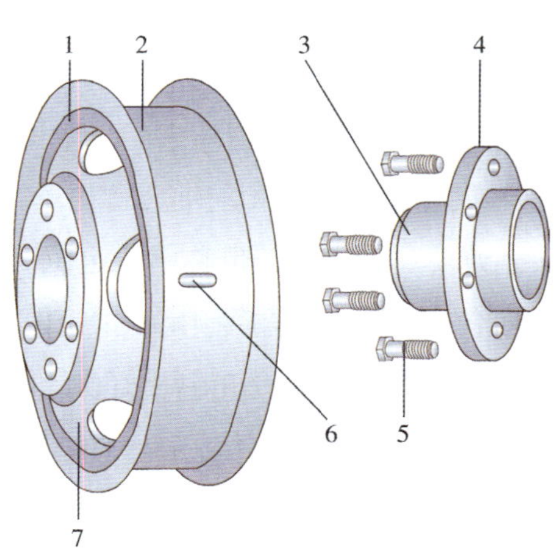

图3–4–2 盘式车轮
1—挡圈 2—轮辋 3—轮毂 4—凸缘
5—螺栓 6—气门孔 7—轮辐

上制有的螺栓孔相连接，而轮辐通过焊接与轮辋固定成一体。为了便于拆装、轮胎充气及制动鼓散热等，同时为了减小其自身质量，在轮辐上开有几个大孔。

车轮的分类见表 3–4–1。

表 3–4–1 车轮的分类

分类方式	类型	说明
按轮辐的构造分	辐板式车轮	辐板与轮辋通过焊接或铆接的方式固定成为一个整体，辐板通过螺栓安装在轮毂上，辐板上的孔可以减小质量，有利于制动鼓的散热，便于接近气门嘴，同时可作为安装时的把手处。6 个孔加工成锥形，以便把辐板固定在轮毂上时对正中心
	辐条式车轮	轮辐是钢丝辐条或与轮毂铸成一体的铸造辐条
按车桥一端安装的轮胎数目分	单式车轮	同一轮毂安装一套轮辐和轮辋
	双式车轮	同一轮毂安装两套轮辐和轮辋

轮辋用于安装和固定轮胎，常见的轮辋结构形式如图 3–4–3 所示。

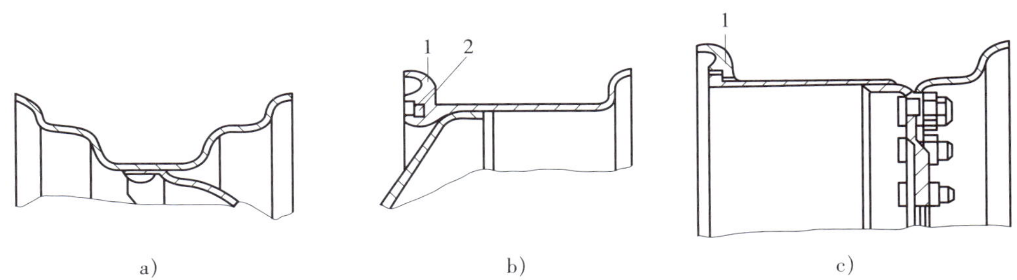

图 3–4–3 常见的轮辋结构形式

a）深槽轮辋 b）平底轮辋 c）对开式轮辋

1—挡圈 2—锁圈

轮辋的规格代号标记如图 3–4–4 所示。

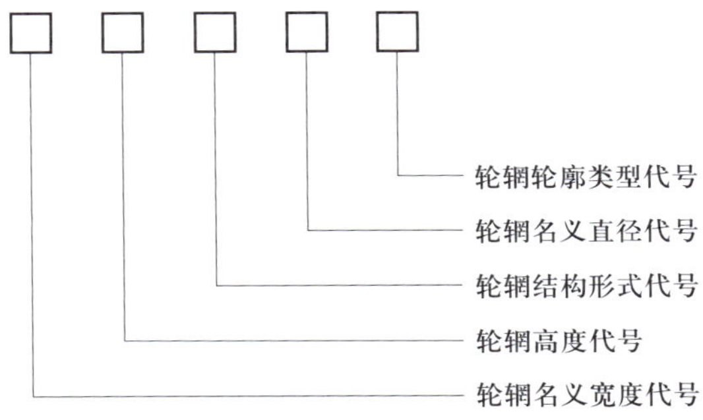

图 3–4–4 轮辋的规格代号标记

各部分的含义及具体内容如下：

（1）轮辋名义宽度代号

以数字表示，一般取小数点后两位，单位为 in（当以 mm 表示时，要求轮胎与轮辋的单位一致）。

（2）轮辋高度代号

用一个或几个拉丁字母表示，如 C、D、E、F、J、K、L、V 等。

轮辋的高度代号及高度值见表 3-4-2。

表 3-4-2　轮辋的高度代号及高度值　mm

C	D	E	F	G	H	J	K
15.88	17.45	19.81	22.23	27.94	33.73	17.27	19.26
L	P	R	S	T	V	W	
21.59	25.40	28.58	33.33	38.10	44.45	50.80	

（3）轮辋结构形式代号

用符号“×”表示一件式轮辋，用“—”表示多件式轮辋。一件式轮辋是指轮辋为整体式，只有一个部件；而多件式轮辋由轮辋体、挡圈、锁圈等多个部件组成。

（4）轮辋名义直径代号

轮辋名义直径代号以数字表示，单位为 in(当以 mm 表示时，要求轮胎与轮辋的单位一致)。

（5）轮辋轮廓类型代号

轮辋轮廓类型及代号如图 3-4-5 所示。

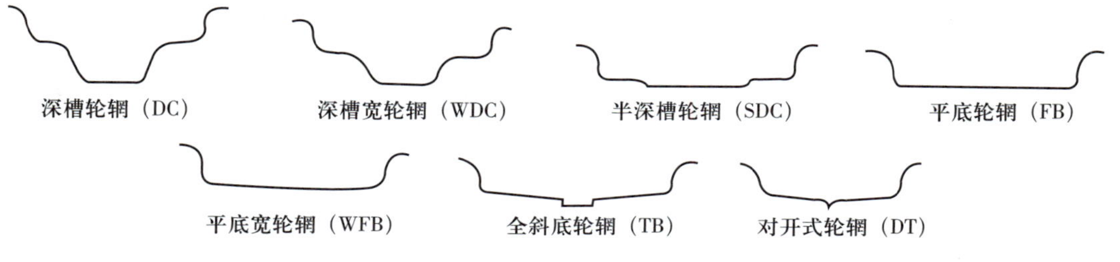

图 3-4-5　轮辋轮廓类型及代号

（6）示例

上海桑塔纳轿车轮辋的规格为 5.5J×13，表明其轮辋宽度为 5.5 in，轮辋高度为 17.27 mm，轮辋直径为 13 in，属于一件式轮辋。

大众速腾轿车轮辋的规格为 6J×16，表明其轮辋宽度为 6 in，轮辋高度为 17.27 mm，轮辋直径为 16 in，属于一件式轮辋。

二、轮胎

1. 轮胎的类型

（1）按轮胎内空气压力分类

按轮胎内空气压力的大小，轮胎分为高压胎（0.5 ~ 0.7 MPa）、低压胎（0.2 ~ 0.5 MPa）和超低压胎（0.2 MPa 以下）三种。低压胎弹性好、减振性能强，壁薄、散热性好，与地面接触面积大、附着性好，因而广泛用于轿车。超低压胎在松软路面上具有良好的通过能力，多用于越野汽车及部分高级轿车。

（2）按轮胎有无内胎分类

按轮胎有无内胎，轮胎分为有内胎轮胎（见图 3-4-6）和无内胎轮胎（俗称真空胎，见图 3-4-7）两种。

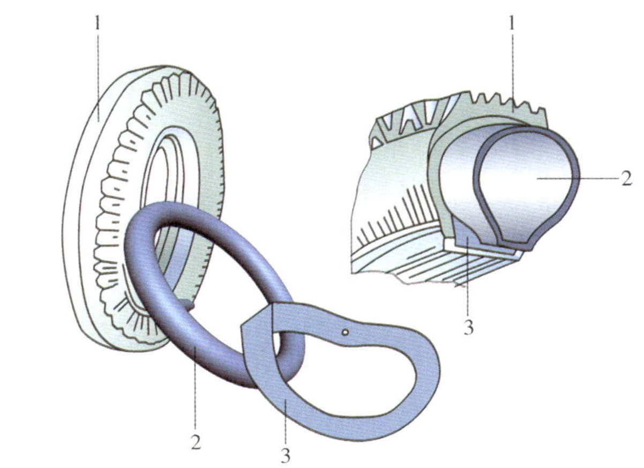

图 3-4-6 有内胎轮胎

1—外胎 2—内胎 3—垫带

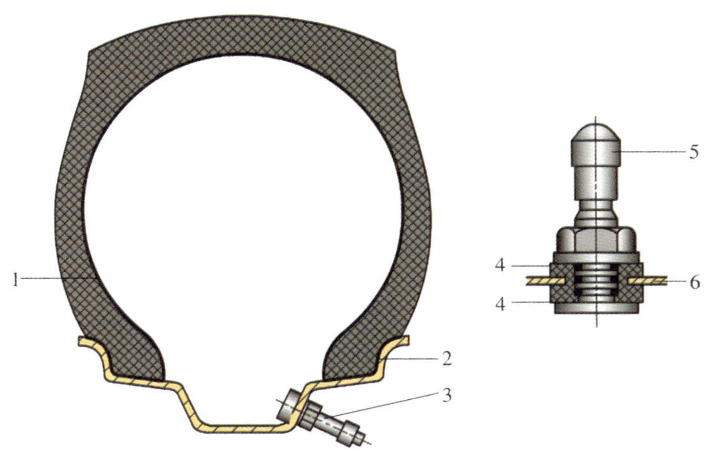

图 3-4-7 无内胎轮胎

1—橡胶密封层 2—胎圈橡胶密封层 3—气门嘴 4—橡胶密封垫 5—气门嘴帽 6—轮辋

（3）按胎体帘布层结构分类

按胎体帘布层结构的不同，轮胎分为斜交轮胎和子午线轮胎，如图 3–4–8 所示。目前，子午线轮胎在汽车上广泛应用，主要是由于子午线轮胎具有接地面积大、附着性能好、滚动阻力小、寿命长、不易穿刺、缓冲性能好、负荷能力较强、可降低 3%~8% 油耗等优点。

轮胎安装在轮辋上，直接与路面接触，它在汽车中起着支撑汽车质量、承受路面传来的各种载荷的作用，同时和汽车悬架共同缓和汽车行驶中所受到的冲击，并衰减由此而产生的振动，以保证汽车有良好的乘坐舒适性和行驶平顺性，并保证车轮和路面有良好的附着性，以提高汽车的动力性、制动性和通过性。

2. 轮胎的结构

外胎由胎面（包括胎冠、胎肩、胎侧）、帘布层、缓冲层和胎圈组成，如图 3–4–9 所示。

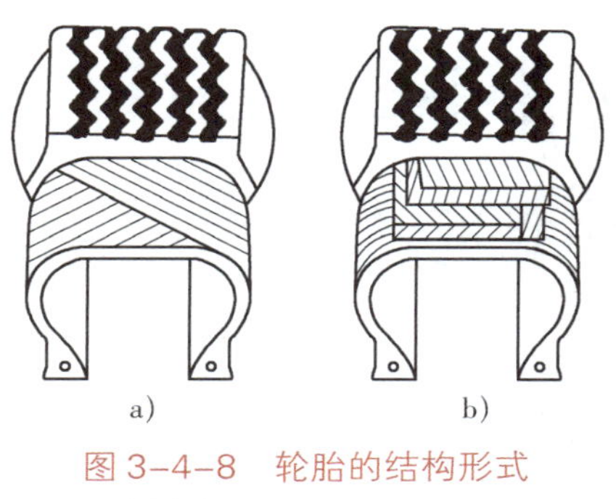

图 3–4–8　轮胎的结构形式

a）斜交轮胎　b）子午线轮胎

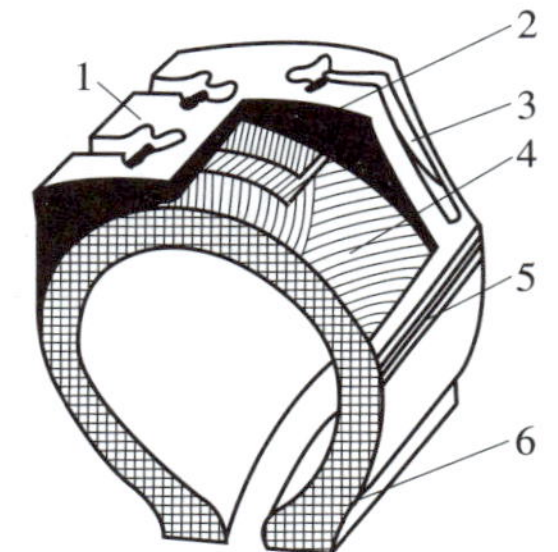

图 3–4–9　外胎的结构

1—胎冠　2—缓冲层　3—胎肩

4—帘布层　5—胎侧　6—胎圈

（1）胎面

胎面是轮胎的外表面，可分为胎冠、胎肩和胎侧三部分。

胎冠与路面直接接触，并产生附着力，使车辆行驶和制动。为使轮胎与地面有良好的附着性能，防止纵、横向滑移，在胎面上制有各种形状的花纹，如图 3–4–10 所示。

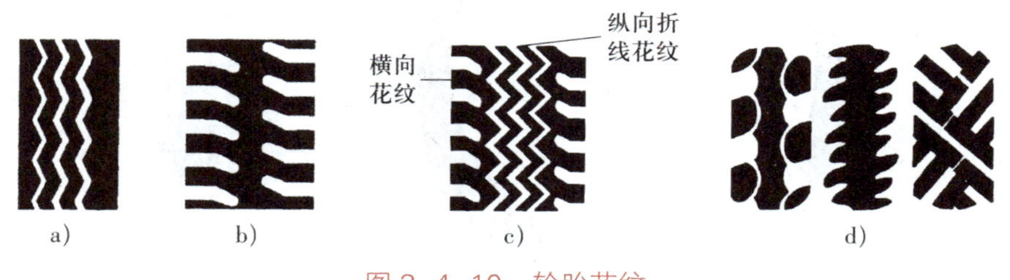

图 3–4–10　轮胎花纹

胎肩是较厚的胎冠和较薄的胎侧间的过渡部分，一般也制有各种花纹，以提高该部位的散热性能。

胎侧又称胎壁，由数层橡胶构成，覆盖轮胎两侧，保护内胎免受外部损伤。胎侧上标有厂家名称、轮胎规格及其他信息。

（2）帘布层

帘布层是外胎的骨架，主要用于承受载荷，保持外胎的形状和尺寸，并使其具有足够的强度。帘布层通常由成双数的多层帘布用橡胶贴合而成，相邻层的帘线交叉排列。帘线可以是棉线、人造丝、尼龙和钢丝。帘线排列方式分为交叉排列和子午线排列两种。

（3）缓冲层

缓冲层夹在胎面和帘布层之间，由两层或数层较稀疏的帘布和橡胶制成，弹性较大。其作用是加强胎面与帘布层之间的结合，防止汽车紧急制动时胎面与帘布层脱离，并缓和汽车行驶时所受到的路面冲击。

（4）胎圈

胎圈由钢丝圈、帘布层包边和胎圈包布组成，有很大的刚度和强度，可以使外胎牢固地安装在轮辋上。

3. 轮胎的规格标记

（1）轮胎的尺寸标注

轮胎的尺寸标注如图 3-4-11 所示。

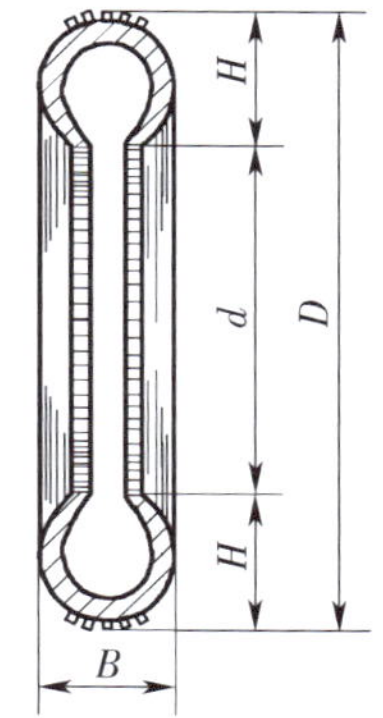

图 3-4-11 轮胎的尺寸标注

D—轮胎外径 *d*—轮胎内径或轮辋直径

B—轮胎宽度 *H*—轮胎高度

（2）斜交轮胎的规格

我国斜交轮胎的规格用 *B*—*d* 表示，尺寸 *B* 和 *d* 均以 in 为单位，例如“9.00—20”表示轮胎宽度为 9.00 in、轮胎内径为 20 in 的斜交轮胎。

（3）子午线轮胎的规格

国产子午线轮胎规格用 BRD 表示，其中 R 代表子午线轮胎，国产子午线轮胎断面宽 *B* 已全部改用单位 mm。货车子午线轮胎的宽度有英制单位 in 和公制单位 mm 两种。

以大众速腾轿车轮胎的规格 205/55 R16 91V 为例进行说明。

205——轮胎宽度为 205 mm。

55——扁平比为 55%，扁平比为轮胎高度 *H* 与轮胎宽度 *B* 之比。

R——子午线轮胎。

16——轮胎内径为 16 in。

91——荷重等级，即最大载荷质量。常见的荷重等级及对应的最大载荷质量（摘录）见

表 3–4–3。

V——速度等级，即轮胎能行驶的最高车速。常见的速度等级及对应的最高车速（摘录）见表 3–4–4。

表 3–4–3　常见的荷重等级及对应的最大载荷质量（摘录）

荷重等级	最大载荷质量 / kg	荷重等级	最大载荷质量 / kg
90	600	113	1 164
91	615	114	1 200
92	630	115	1 237

表 3–4–4　常见的速度等级及对应的最高车速（摘录）

速度等级	最高车速 /（$km \cdot h^{-1}$）	速度等级	最高车速 /（$km \cdot h^{-1}$）
M	130	U	200
N	140	H	210
P	150	V	240

三、车轮平衡度的检测

1. 车轮不平衡的危害

随着汽车行驶速度的不断提高，车轮不平衡越来越严重地影响到汽车行驶的平顺性、安全性和乘坐舒适性。在高速旋转时，车轮不平衡会引起车轮的上下跳动和摆动，使车辆难以控制，同时还加剧轮胎和有关部件的非正常磨损和冲击。因此，车轮平衡度检测已成为汽车检测的重要项目之一。

2. 车轮平衡的概念

车轮平衡可分为车轮静平衡和车轮动平衡。

（1）车轮静平衡与静不平衡

支起车桥，调整好轮毂轴承松紧度，用手轻轻转动车轮，使其自然停转。车轮停转后在离地最近处做一标记，然后重复上述试验多次。若车轮经几次转动自然停转后，所做标记的位置各不一样，或强迫停转后，消除外力车轮也不再转动，则车轮静平衡。静平衡的车轮，其旋转中心与车轮重心重合。

如果每次试验的标记位置都一样，则车轮静不平衡。静不平衡的车轮，其旋转中心与车轮重心不重合。

（2）车轮动平衡与动不平衡

在图 3–4–12a、图 3–4–12b 中，车轮是静平衡的，在该车轮旋转轴线的径向反位置上，各有一作用半径相同、质量也相同的不平衡点 m_1 与 m_2，且不处于同一平面内。对于这样的车轮，其不平衡点的离心力合力为零，但离心力的合力矩不为零，转动中产生方向反复变动的力偶 M，使车轮处于动不平衡状态，动不平衡的前轮绕主销摆动。如果在 m_1 与 m_2 同一作用半径的相反方向上配置相同质量的 m_1' 与 m_2'，则车轮处于动平衡状态，如图 3-4-12c 所示。动平衡的车轮肯定是静平衡的，因此对车轮主要应进行动不平衡检测。

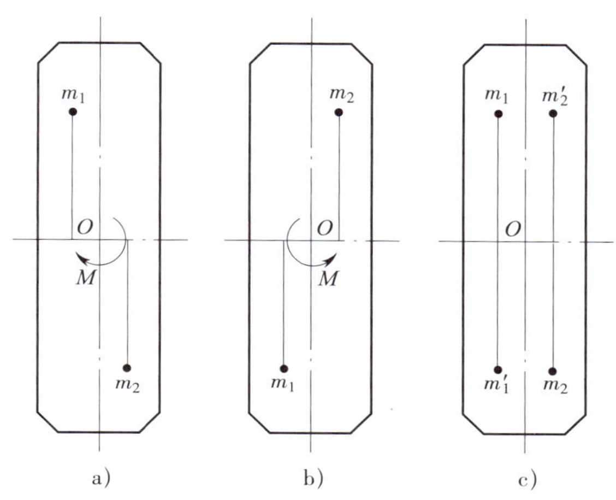

图 3-4-12　车轮动平衡与动不平衡

四、车轮与轮胎的常见故障

1. 轮胎异常磨损

（1）现象

轮胎磨损主要是轮胎与地面间滑动产生的摩擦力造成的。胎使用不当或轮胎定位不准，将产生异常磨损。

（2）原因

1）轮胎的中央部分磨损。主要原因是充气量过大。适当增大轮胎的充气量，可以减小轮胎的滚动阻力，节约燃油。但充气量过大，不但会降低轮胎的减振性能，还会使轮胎变形，与地面的接触面积减小，胎面中央部分磨损加剧。

2）轮胎两边磨损。主要原因是充气量不足，或长期超负荷行驶。

3）轮胎的单边磨损。主要原因是前轮定位失准。当前轮外倾角过大时，轮胎的外边形成早期磨损；外倾角过小或没有时，轮胎的内边形成早期磨损。

4）轮胎胎面出现锯齿状磨损。主要原因是前轮定位调整不当或前悬架系统位置失常、球头松旷等。

5）个别轮胎磨损量大。个别车轮的悬架系统失常、支撑件弯曲或个别车轮不平衡，都会造成轮胎早期磨损。出现这种情况后，应检查磨损严重车轮的定位情况、独立悬架弹簧和减振器的工作情况，同时应缩短车轮换位周期。

6）轮胎出现斑秃形磨损。主要原因是车轮平衡性差。当不平衡的车轮高速转动时，个别部位受力大、磨损快。另外，经常紧急制动或起步过猛也会造成斑秃形磨损，因此应尽量避免紧急制动和起步过猛。

2. 车轮不平衡

（1）现象

在高速旋转时，车轮不平衡会引起车轮的上下跳动和摆动，使车辆难以控制。同时，还将加剧轮胎和有关部件的非正常磨损和冲击。

（2）原因

1）轮毂、制动鼓（盘）加工时定心定位不准、加工误差大、非加工面铸造误差大、热处理变形，使用中变形或磨损不均。

2）车轮螺栓质量不等，轮辋质量分布不均或径向圆跳动、端面圆跳动太大。

3）轮胎质量分布不均、尺寸或形状误差太大，使用中变形或磨损不均，使用翻新胎或补胎。

4）并装双胎的气门嘴未相隔180°安装，单胎的气门嘴未与不平衡点标记（经过平衡试验的新轮胎，往往在胎侧标有红、黄、白或浅蓝色的□、△、○、◇符号，用来表示不平衡点位置）相隔180°安装。

5）轮毂、制动鼓（盘）、车轮螺栓、轮辋、内胎、垫带、轮胎等拆卸后重新组装成车轮总成时，累积的不平衡质量或形位偏差太大，破坏了原来的平衡。

技能训练

一、车轮的拆装

实训准备：

设备：实训车辆、千斤顶、车轮螺母拆装机。

工具：车辆防护装置、工具车、常用拆装工具、扭力扳手（40～200 N·m）、车轮挡块。

资料：汽车维修手册。

1. 车轮的拆卸

（1）停稳车辆，用车轮挡块抵住各车轮。

（2）取下车轮上的装饰罩，使用车轮螺母拆装机或用套筒扳手初步拧松各连接螺母。

（3）用千斤顶支撑指定位置，使被拆车轮稍离地面。

（4）拆卸车轮与轮毂连接的全部螺母，取下垫圈，并摆放整齐。

（5）边向外拉边左右晃动车轮，从轮毂上取下车轮总成。

2. 车轮的安装

（1）举升车辆，安装车轮，将螺母初步拧在螺柱上。

（2）下降车辆并在车轮前后用车轮挡块抵住，用扭力扳手或车轮螺母拆装机，按对角顺序分两三次拧紧车轮螺母，最后一次要按规定力矩拧紧。

（3）对于双胎后轮的安装，要先拧紧内侧车轮的内螺母，再装外侧车轮。在安装过程中，应用千斤顶分两次顶起车桥，分别安装内外两个车轮。应注意内侧车轮和外侧车轮的气门嘴应成 180° 位置。

二、车轮的检修

实训准备：

设备：车轮、离车式车轮动平衡机。

工具：平衡块、轮胎花纹深度测量尺（深度尺）、轮胎气压表、卡尺。

资料：汽车维修手册。

1. 轮胎的检查

轮胎的检查内容主要是检查胎面花纹深度、轮胎异常磨损和轮胎气压，见表 3–4–5。

2. 车轮平衡度的检测

（1）离车式检测

离车式车轮动平衡机如图 3–4–13 所示。

表 3–4–5 轮胎的检查内容

检查项目	说明
胎面花纹深度的检查	轿车轮胎胎冠花纹磨损至花纹深度小于 1.6 mm（磨损标志），载货汽车转向轮胎冠花纹深度小于 3.2 mm，其他轮胎胎冠花纹深度小于 1.6 mm 时，应停止使用。轮胎花纹深度可用深度尺进行测量 胎面磨损标志位于胎面花纹沟底部，当胎面磨损到此处时，花纹沟断开，表明轮胎必须停止使用，应送去翻新。为便于用户找到磨损标志所在的位置，通常在磨损标志对应的胎肩处标出“TWI”或者“△”等符号
轮胎异常磨损的检查	检查轮胎的异常磨损，可以发现故障的早期征兆和原因，以便及时排除影响轮胎使用寿命的不良因素，防止早期磨损和损坏。异常磨损有胎肩或胎面中间磨损、内侧或外侧磨损、羽片状磨损、锯齿状磨损、碟状磨损等形式
轮胎气压的检查	轮胎气压可用轮胎气压表进行检查

离车式车轮动平衡机的使用方法和步骤如下：

1）清除被测车轮上的泥土、石子和旧平衡块。

2）检查轮胎气压，必要时充至规定值。

3）根据轮辋中心孔的大小选择锥体，仔细地装上车轮，用大螺距螺母上紧。

4）打开电源开关，检查指示与控制装置的面板是否指示正确。

5）用卡尺测量轮辋宽度 b、轮辋直径 d（也可由胎侧读出），用平衡机上的标尺测量轮辋边缘至机箱距离 a，再用键入或选择器旋钮对准测量值的方法，将 a、b、d 值输入指示与控制装置中。为了适应不同计量制式，平衡机上的所有标尺一般都同时标有英制和公制刻度。

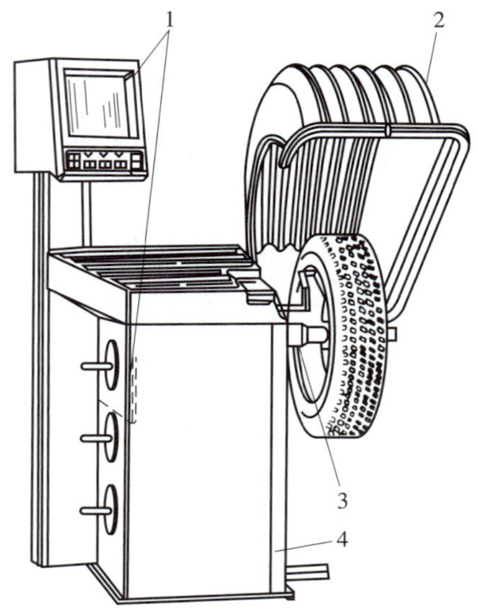

图 3-4-13　离车式车轮动平衡机
1—指示与控制装置　2—车轮防护罩
3—转轴　4—机箱

6）放下车轮防护罩，按下启动键，车轮旋转，平衡测试开始，计算机自动采集数据。

7）车轮自动停转或听到“嘀”声按下停止键并操纵制动装置使车轮停转后，从指示装置读取车轮内外不平衡量和不平衡位置。

8）抬起车轮防护罩，用手按箭头方向慢慢转动车轮。当指示装置出现两个相对箭头时停止转动。在轮辋的内侧或外侧的上部（时钟 12 点位置）加装指示装置显示的该侧平衡块质量。内外侧要分别进行，平衡块装卡要牢固。安装平衡块后有可能产生新的不平衡，应重新进行平衡测试，直至不平衡量小于 5g，指示装置显示“00”或“OK”。当不平衡量相差 10 g 左右时，沿轮辋边缘左右移动平衡块一定角度，也可获得满意的效果。

9）测试结束，关闭电源开关。

（2）就车式检测

就车式车轮动平衡机（见图 3-4-14、图 3-4-15）除车桥支架外，其他部分如电测系统、光电相位检测装置（光电传感器）、仪表板、摩擦轮和驱动电动机等，均安装在一个驱动小车上。由于该方法精度较差，安全性不高，因此仅作概括了解即可。

就车式车轮动平衡机的使用方法和步骤如下：

1）检测前的准备工作

①用千斤顶支起车桥，两边车轮离地间隙要相等。

②清除被测车轮上的泥土、石子和旧平衡块。

③检查轮胎气压，必要时充至规定值。

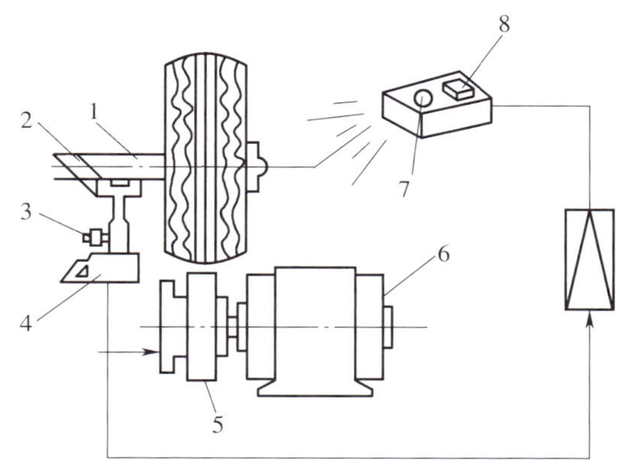

图 3-4-14 就车式车轮动平衡机
1—转向节 2—传感磁头 3—可调支杆
4—底盘 5—转轮 6—电动机
7—频闪灯 8—不平衡度表

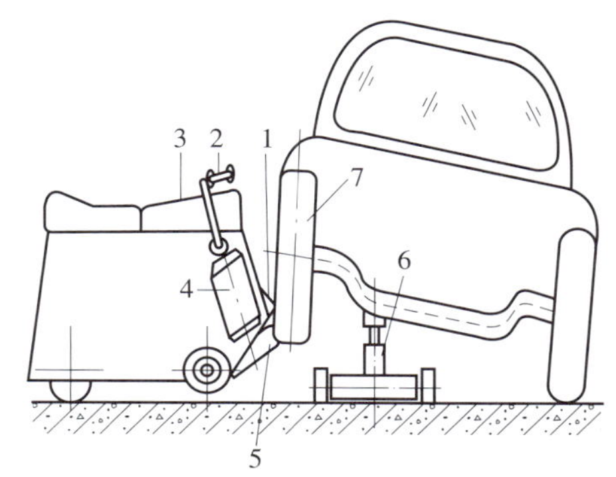

图 3-4-15 就车式车轮动平衡机工作图
1—光电传感器 2—手柄 3—不平衡度表
4—电动机 5—转轮 6—传感器支架
7—被测车轮

④检查轮毂轴承是否松旷，必要时调整至规定松紧度。

⑤在轮胎外侧面任意位置上用白粉笔或白胶布做上记号。

2）从动前轮静平衡度的就车式检测

①用三角垫木塞紧对面车轮和后桥车轮，将就车式车轮动平衡机的测量装置推至被测前轮一端的前桥下，传感磁头吸附在悬架下或转向节下，调节可调支杆高度并锁紧。

②将就车式车轮动平衡机推至车轮侧面或前面（视车轮动平衡机形式不同而异），检查频闪灯工作是否正常，检查转轮的旋转能否使车轮的转动与前进行驶时的方向一致。

③待转轮与轮胎压紧后按下右转按钮（左转按钮也可），同时按压第一次试验按钮驱动车轮旋转，待转速上升到适当转速时，即分离转轮同时释放按钮，电路即记录与不平衡量及其相位有关的原始量，显示面板（见图 3-4-16 中 4、5）上闪烁显示这组未经标定的不平衡量和相位。为使光电元件正常工作，胎侧距光电管不得超过 5 cm。

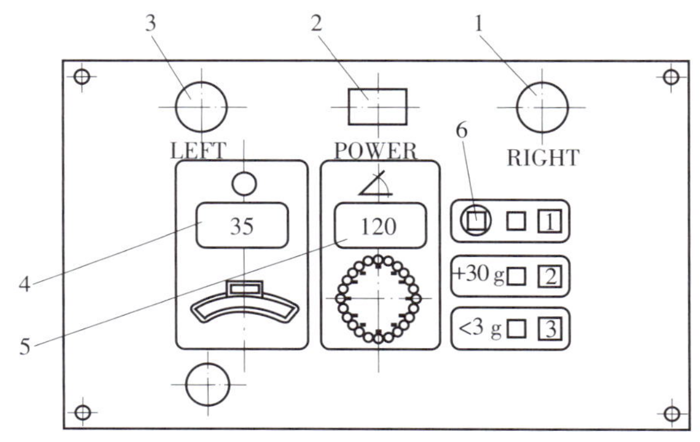

图 3-4-16 就车式车轮动平衡机显示面板
1—右转按钮 2—电源开关 3—左转按钮 4—质量显示 5—相位显示 6—显示灯

④在反光标志处加装计算机预设的标定质量，如规定小客车为 30 g，大货车为 300 g，按下第二次试验按钮，重复上述操作，即用已知预设质量对振动系统的刚度和结构参数进行计算。

⑤用手转动车轮，将指示装置显示的不平衡量加装在所显示的相位上，然后除去标定重块。

⑥进行剩余不平衡量检测，以证实剩余不平衡量是否满足有关标准的要求；如果达不到标准要求，应调整平衡块质量和位置（见图 3–4–17）；如仍达不到标准要求，只能拆卸车轮，使用较高精度的离车式车轮动平衡机进行平衡。

3）从动前轮动平衡度的就车式检测

①将传感磁头吸附在经过擦拭的制动底板边缘平整处。

②操纵就车式车轮动平衡机转轮，驱动车轮旋转至规定转速。

4）驱动轮平衡度的就车式检测

①对面车轮不必用三角垫木塞紧。

②用发动机、传动系驱动车轮，加速至 50 ~ 70 km/h 的某一转速稳定运转。

③测试结束后，用汽车制动器使车轮停转。

④其他方法同从动轮动、静平衡度检测。

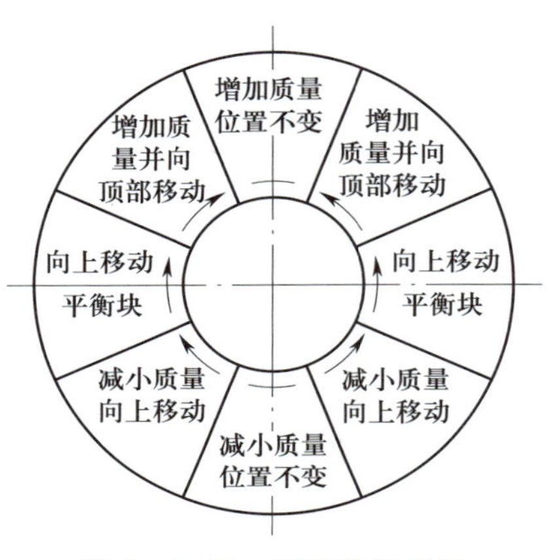

图 3–4–17　平衡块质量和位置的调整方法

小结

1. 车轮和轮胎的作用是支撑汽车的质量、缓和不平路面所造成的冲击和振动，并通过轮胎与路面存在的附着力来产生驱动力和制动力。

2. 车轮是介于轮胎和车桥之间的旋转组件，用于安装轮胎，承受轮胎与车桥之间的各种载荷。

3. 车轮主要由轮辋、轮辐、轮毂、轮毂轴承等组成。

4. 轮辋用于安装和固定轮胎，常见的轮辋轮廓类型有深槽轮辋、深槽宽轮辋、半深槽轮辋、平底轮辋、平底宽轮辋、全斜底轮辋和对开式轮辋。轮辋的规格代号标记包括轮辋名义宽度代号、轮辋高度代号、轮辋结构形式代号、轮辋名义直径代号和轮辋轮廓类型代号。

5. 按轮胎内空气压力的大小，轮胎分为高压胎、低压胎和超低压胎三种。按有无内胎，轮胎分为有内胎轮胎和无内胎轮胎两种。按胎体帘布层结构的不同，轮胎分为斜交轮胎和子午线轮胎。

6. 外胎由胎面、帘布层、缓冲层和胎圈组成。胎面是轮胎的外表面，可分为胎冠、胎肩和胎侧三部分。

7. 轮胎规格标记应符合相应标准。

8. 车轮平衡可分为车轮静平衡和车轮动平衡。车轮平衡度的检测有离车式检测和就车式检测两种方法。车轮不平衡严重影响汽车行驶的平顺性、安全性和乘坐舒适性。

9. 轮胎异常磨损故障有轮胎的中央部分磨损、轮胎两边磨损、轮胎的单边磨损、轮胎胎面出现锯齿状磨损、个别轮胎磨损量大、轮胎出现斑秃形磨损等。

10. 轮胎的检查内容包括胎面花纹深度、轮胎异常磨损和轮胎气压。

课题5 悬 架

学习目标

1. 掌握汽车悬架的组成、作用、类型。
2. 理解减振器的工作原理。
3. 能够对悬架的常见故障进行分析。
4. 通过查阅维修手册，会对悬架总成进行拆装与检修。

悬架是车架（或车身）与车桥（或车轮）之间一切传力连接装置的总称，如图3–5–1所示。悬架在汽车中起到连接车架（或车身）和车轮，把路面作用于车轮的各种力传给车架（或车身），缓和冲击，衰减振动，同时保证汽车具有良好的操纵稳定性的作用，如图3–5–2所示。

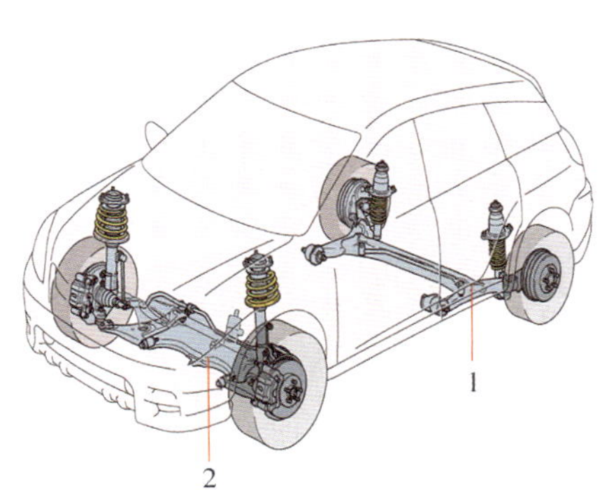

图3–5–1 悬架
1—后悬架总成 2—前悬架总成

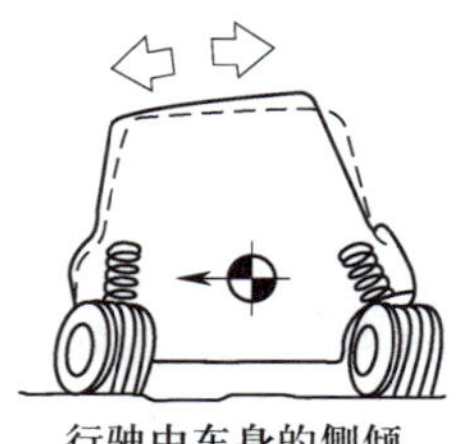

行驶中车身的侧倾

行驶中车辆前后颠簸

无悬架的车辆寸步难行

图 3–5–2　悬架的作用

一、悬架的组成、作用

悬架一般由弹性元件、减振器、导向机构等组成，轿车一般还有横向稳定杆。悬架的组成如图 3–5–3 所示。弹性元件使车架（或车身）与车桥（或车轮）之间成弹性连接，缓和不平路面带来的冲击，并承受和传递垂直载荷。减振器可以衰减路面冲击产生的振动，使振动的振幅迅速减小。导向机构包括纵向推力杆和横向推力杆，用于传递纵向载荷和横向载荷，并保证车轮相对于车架（或车身）的运动关系。

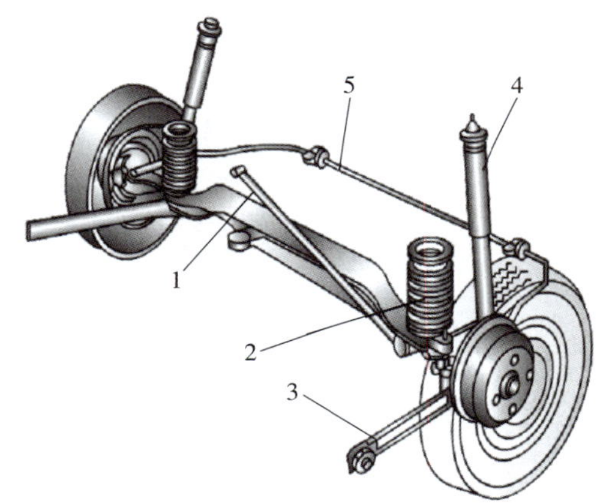

图 3–5–3　悬架的组成

1—横向推力杆　2—弹性元件　3—纵向推力杆　4—减振器　5—横向稳定杆

1. 弹性元件

汽车上常用的弹性元件包括钢板弹簧、螺旋弹簧、扭杆弹簧和气体弹簧等。

（1）钢板弹簧

钢板弹簧主要应用于汽车的非独立悬架中，其构造如图 3–5–4 所示。

钢板弹簧构造特点如下：

1）钢板弹簧由若干片长度不等的合金弹簧钢片叠加而成，构成一根近似等强度的弹性梁。钢板弹簧在载荷作用下变形时，各片之间会相对滑动而产生摩擦，因此各片之间要涂抹石墨润滑脂或装有塑料垫片以减摩。

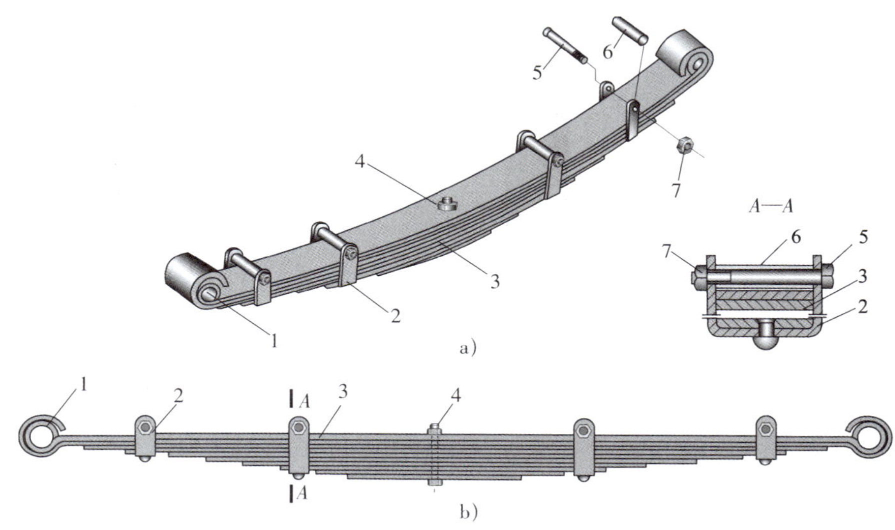

图 3-5-4 钢板弹簧的构造

a）轴测图 b）装配图

1—卷耳 2—弹簧夹 3—弹簧钢片 4—中心螺栓 5—螺栓 6—套管 7—螺母

2）最长的一片称为主片，其两端卷成卷耳，内装衬套，以便用弹簧销与固定在车架上的支架或吊耳做铰链连接。

3）中心螺栓保证各片的相对位置。

4）在钢板弹簧上装有若干弹簧夹，弹簧夹通过铆钉与最下面的弹簧钢片相连，弹簧夹两边通过螺栓相连，螺栓上有套管，装配时要求螺母朝向轮胎。

（2）螺旋弹簧

螺旋弹簧主要应用于独立悬架，但悬架中需装有减振器和导向机构。

螺旋弹簧如图 3-5-5 所示。

（3）扭杆弹簧

扭杆弹簧是由弹簧钢制成的杆件，如图 3-5-6 所示。其两端制成花键、方形、六角形等形状，以便一端固定在车架（或车身）上，另一端固定在悬架的摆臂上。摆臂与车轮相连，当车轮跳动时，摆臂绕扭杆轴线摆动，使扭杆产生扭转弹性变形，以保证车轮与车架（或车身）的弹性联系。

（4）气体弹簧

气体弹簧分为空气弹簧（见图 3-5-7）和油气弹簧（见图 3-5-8）两种。空气弹簧的常见类型为囊式空气弹簧（见图 3-5-7a）和膜式空气弹簧（见图 3-5-7b）。

1）空气弹簧的结构。空气弹簧有囊式和膜式两种形式。

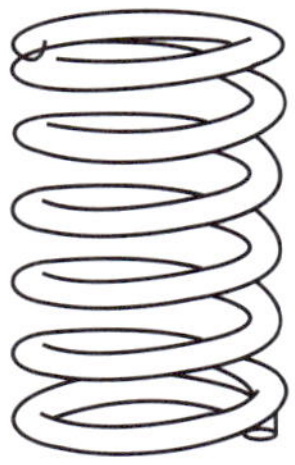

图 3-5-5 螺旋弹簧

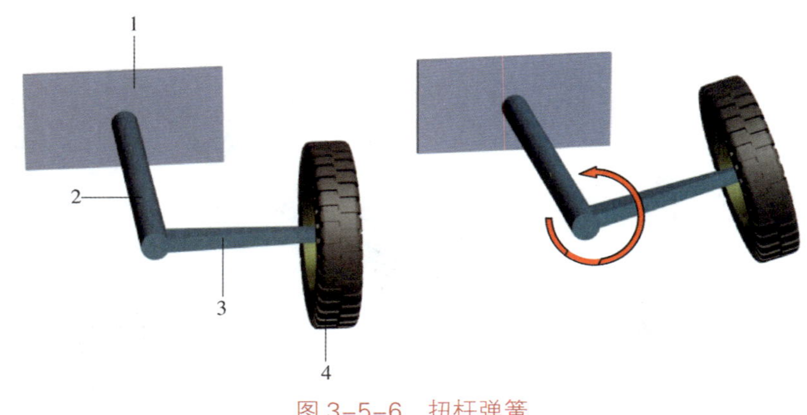

图 3-5-6　扭杆弹簧

1—车身　2—扭杆　3—摆臂　4—车轮

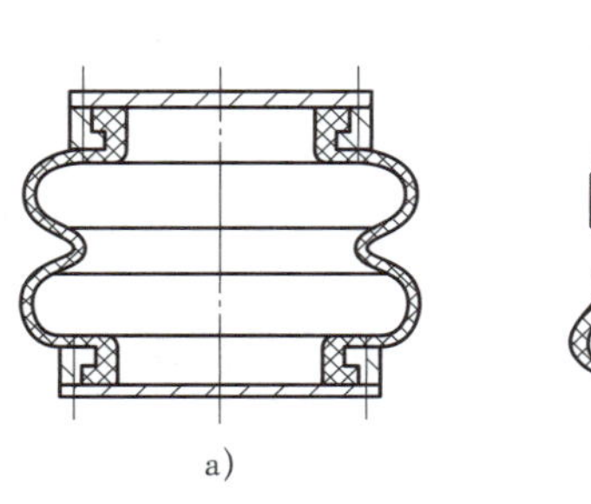

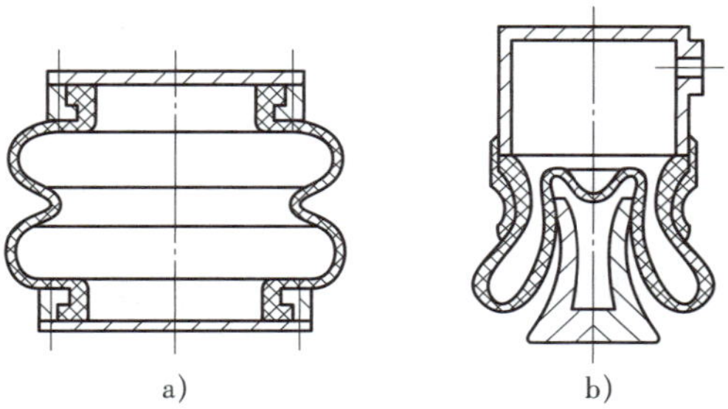

图 3-5-7　空气弹簧

a）囊式空气弹簧　b）膜式空气弹簧

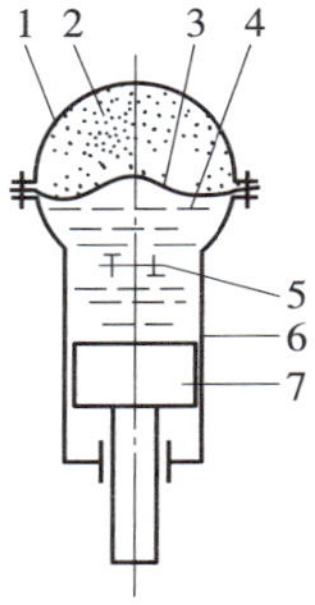

图 3-5-8　油气弹簧

1—球形室　2—气体　3—隔膜　4—油液

5—阻尼阀　6—工作缸　7—活塞

2）油气弹簧的结构及工作原理。

①油气弹簧的结构。油气弹簧如图 3-5-8 所示，其球形室固定在工作缸上，球形室的内腔用橡胶油气隔膜隔开，充入高压氮气的一侧为气室，与工作缸相通并充满油液的一侧为油室。工作缸内装有活塞、阻尼阀及其阀座。

②油气弹簧的工作原理。当载荷增加且车架与车桥相互靠近时，活塞上移，使工作缸内容积减小，油压升高，油液顶开阻尼阀进入球形室，推动隔膜向气室方向移动，使气室容积减小，氮气压力升高，油气弹簧的刚度增大。当载荷减小时，在高压氮气的作用下隔膜向油室方向移动，油室内油液经阻尼阀流回工作缸，推动活塞下移，这时气室容积增大，氮气压力下降，弹簧刚度减小。

2. 减振器

汽车上应用广泛的减振器是双向作用筒式减振器和充气式减振器。

（1）双向作用筒式减振器

1）双向作用筒式减振器的组成、结构特点。双向作用筒式减振器的基本组成如

图 3-5-9 所示，它由防尘罩、储油缸筒、工作缸筒、压缩阀、伸张阀、流通阀和补偿阀等组成。流通阀和补偿阀是一般的单向阀，其弹簧刚度较小，当阀上的油压作用力与弹簧弹力同向时，阀处于关闭状态，完全不通油液；而当油压作用力与弹簧弹力反向时，只要很小的油压，阀便能开启。压缩阀和伸张阀是卸载阀，其弹簧刚度较大，预紧力较大，只有当油压增高到一定程度时，阀才能开启；而当油压减低到一定程度时，阀即自行关闭。

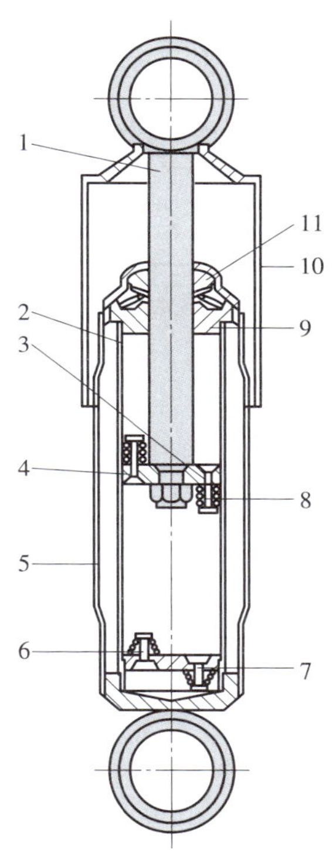

图 3-5-9　双向作用筒式减振器的基本组成

1—活塞杆　2—工作缸筒　3—活塞　4—伸张阀　5—储油缸筒　6—压缩阀　7—补偿阀　8—流通阀　9—导向座　10—防尘罩　11—油封

2）双向作用筒式减振器的工作原理，如图 3-5-10 所示。

①压缩行程。当车桥移近车架（或车身）时，减振器受压缩，活塞下移，使其下方腔室容积减小，油压升高，具有一定压力的油液顶开流通阀进入活塞上方腔室。由于活塞杆占去上腔室的部分容积，上腔室增加的容积小于下腔室减小的容积，因此还有一部分油液不能进入上腔室而只能压开压缩阀，流回储油缸筒。油液流经上述阀孔时，受到一定的节流阻力，为克服这种阻力而消耗振动能量，使振动衰减。

②伸张行程。当车桥相对远离车架（或车身）时，减振器受拉伸，活塞上移，使其上方腔室油压升高，上腔室的油液便推开伸张阀流入下腔室。同样由于活塞杆的存在，上腔

室减小的容积小于下腔室增加的容积，因而从上腔室流出来的油液不足以充满下腔室所增加的容积，使下腔室产生一定的真空度，这时储油缸筒中的油液在真空度作用下推开补偿阀流进下腔室进行补充。

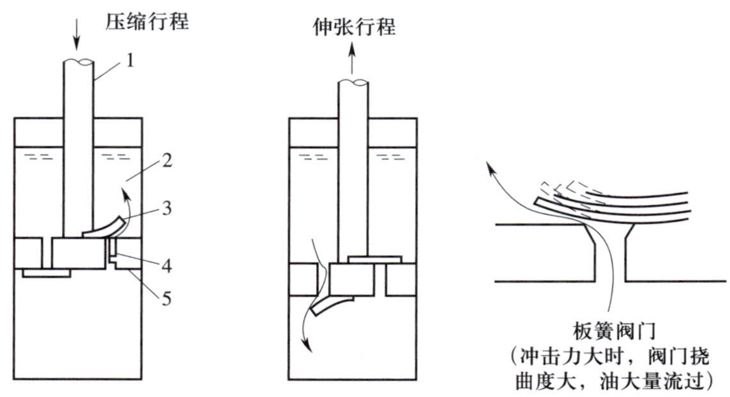

图 3-5-10　双向作用筒式减振器的工作原理

1—活塞杆　2—油液　3—阀　4—节流孔　5—活塞

（2）充气式减振器

1）充气式减振器的组成如图 3-5-11 所示。在缸筒的下部装有浮动活塞，高压氮气充在浮动活塞与缸筒一端形成的密闭气室里。在浮动活塞的上面是减振器油液。O 形密封圈把油和气完全分开。在工作活塞上装有压缩阀和伸张阀，这两个阀都由一组厚度相同、直径不等、由大到小而排列的弹簧钢片组成。

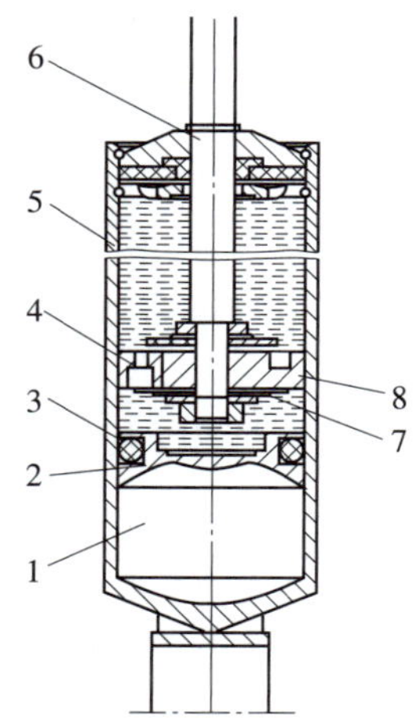

图 3-5-11　充气式减振器的组成

1—密闭气室　2—浮动活塞　3—密封圈　4—压缩阀　5—缸筒

6—活塞杆　7—伸张阀　8—工作活塞

2）充气式减振器的工作原理。当车轮上下跳动时，工作活塞在油液中往复运动，使工作活塞的上、下腔之间产生油压差，压力油便推开压缩阀或伸张阀而来回流动。阀孔对压力油产生较大的阻尼力，使振动衰减。

二、悬架的分类及结构特点

悬架分为非独立悬架和独立悬架两大类，如图 3-5-12 所示。

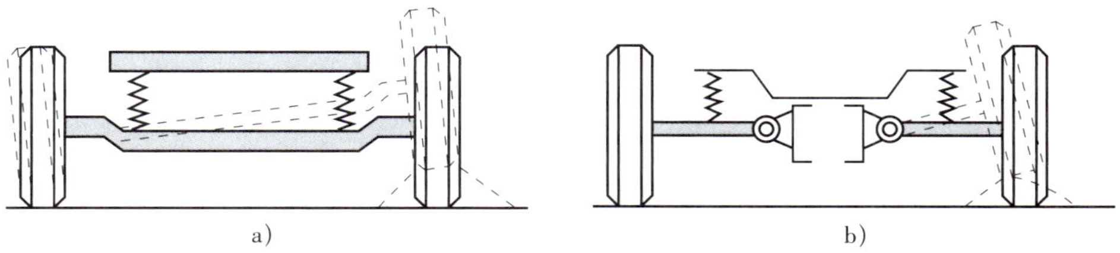

图 3-5-12 非独立悬架与独立悬架示意图
a）非独立悬架 b）独立悬架

1. 非独立悬架

两侧车轮安装在一根整体式车桥上，一侧车轮发生位置变化会导致另一侧车轮的位置发生变化。

非独立悬架按照采用的弹性元件不同，分为钢板弹簧式悬架和螺旋弹簧式悬架。

（1）钢板弹簧式悬架

图 3-5-13 所示为钢板弹簧式悬架（前悬架）。钢板弹簧中部通过 U 形螺栓（骑马螺栓）固定在前桥上。钢板弹簧的前端卷耳用弹簧销与前支架相连，形成固定式铰链支点，起传力和导向作用；后端卷耳则用吊耳销与可在车架上摆动的吊耳相连，形成摆动式铰链支点。减振器的上、下两个吊耳通过橡胶衬套和连接销分别与车架上的上支架和下支架相连接。盖板上装有橡胶缓冲块，以限制弹簧的最大变形，防止弹簧直接碰撞车架。

图 3-5-14 所示为变刚度钢板弹簧式悬架，由主、副钢板弹簧（简称主簧、副簧）叠合而成，其刚度是可变的，以适应装载质量的不同。当汽车空载或实际装载质量不大时，主钢板弹簧单独工作。在重载或满载情况下，车架相对车桥下移，主、副钢板弹簧共同工作，一起承受载荷而使悬架刚度增大。

图 3-5-15 所示为渐变刚度钢板弹簧式悬架。主簧由 5 片较薄弹簧钢片组成，副簧由 5 片较厚的弹簧钢片组成，它们用中心螺栓固定在一起，主簧在上，副簧在下。在小载荷时，仅主簧起作用，而当载荷增加到一定值时，副簧开始与主簧接触，悬架刚度随之相应提高。这种渐变刚度钢板弹簧式悬架的特点是副簧逐渐地起作用，使悬架刚度的变化比较平稳。

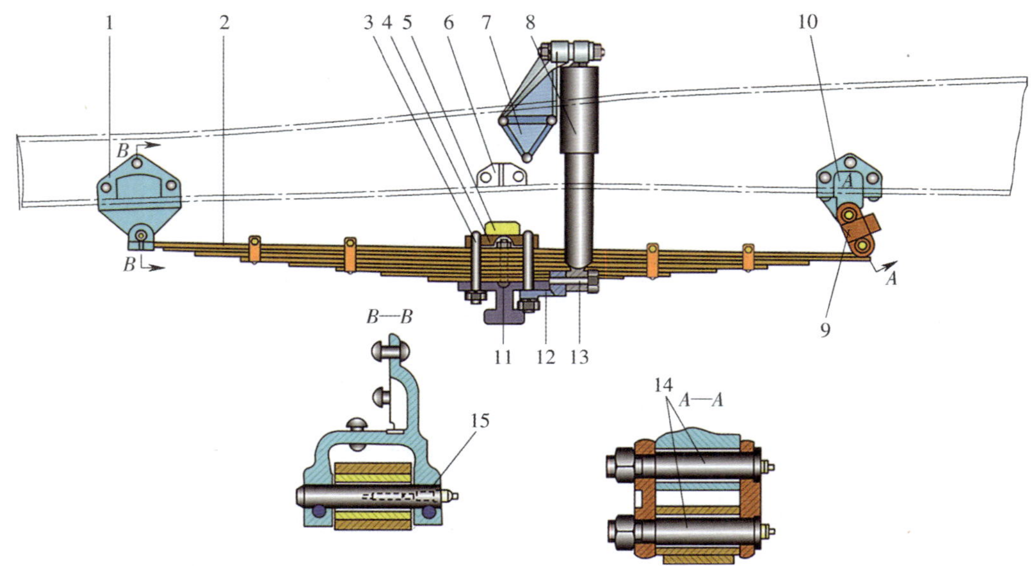

图 3-5-13　钢板弹簧式悬架

1—前支架　2—钢板弹簧　3—U 形螺栓　4—盖板　5—缓冲块　6—限位块　7—减振器上支架　8—减振器　9—吊耳　10—后支架　11—钢板弹簧中心螺栓　12—减振器下支架　13—减振器连接销　14—吊耳销　15—弹簧销

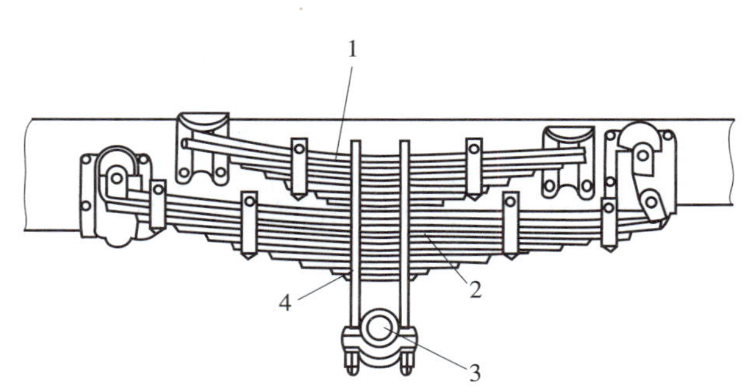

图 3-5-14　变刚度钢板弹簧式悬架

1—副钢板弹簧　2—主钢板弹簧　3—车桥　4—U 形螺栓

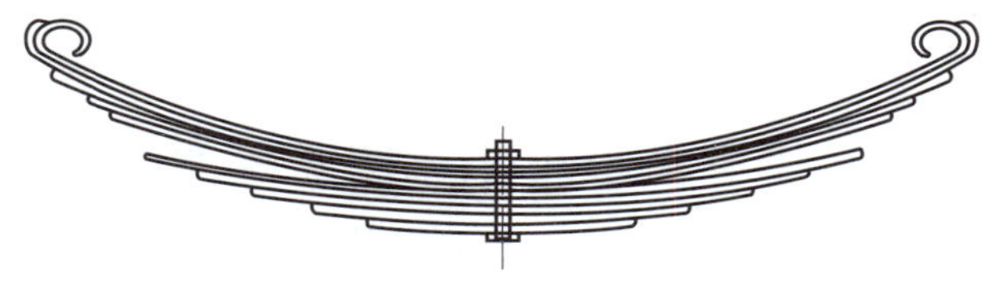

图 3-5-15　渐变刚度钢板弹簧式悬架

（2）螺旋弹簧式悬架

螺旋弹簧式悬架一般只用于轿车的后悬架。

图 3-5-16 所示为螺旋弹簧式悬架。两根纵向推力杆的中部与后桥焊接为一体，前端通过带橡胶的支撑座与车身做铰链连接，后端与轮毂相连接。后桥、纵向推力杆及车轮可以绕支撑座的铰接点连线相对于车身做上下纵向摆动。螺旋弹簧的上端装在上弹簧座中，下端则支撑在减振器外壳上的下弹簧座上，它只承受垂直载荷。减振器的上端与上弹簧座一起装在车身底部的悬架支座中，下端则与纵向推力杆相连接。

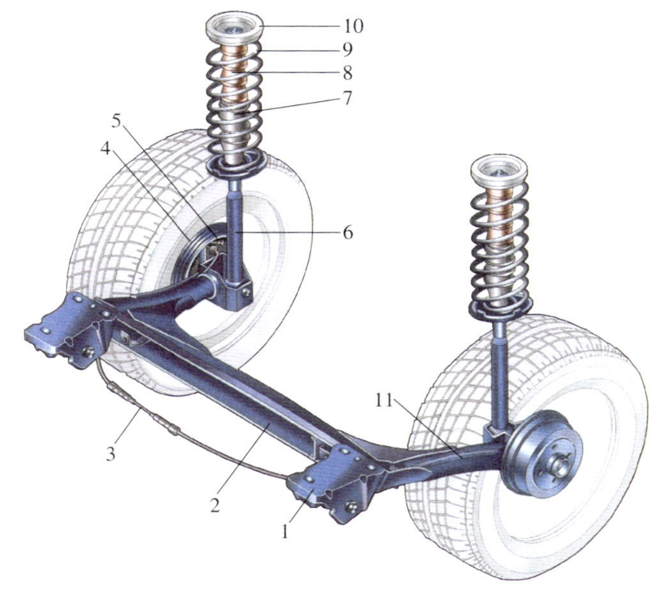

图 3-5-16　螺旋弹簧式悬架

1—橡胶 - 金属支撑座　2—后桥　3—驻车制动器拉索　4—制动鼓　5—制动底板
6—减振器　7—橡胶护套　8—缓冲限位块　9—后螺旋弹簧　10—上弹簧座　11—纵向推力杆

2. 独立悬架

两侧车轮分别独立地与车架（或车身）弹性相连，配用断开式车桥，两侧车轮的运动相对独立、互不影响。一般可按车轮的运动方式分为三类：横臂式独立悬架、纵臂式独立悬架和车轮沿主销移动的独立悬架，如图 3-5-17 所示。

（1）横臂式独立悬架

车轮在汽车横向平面内摆动的悬架，如图 3-5-17a 所示，分为单横臂式和双横臂式两种。

1）单横臂式独立悬架

单横臂式独立悬架多应用在后悬架上，但由于不能适应高速行驶的要求，目前应用较少。

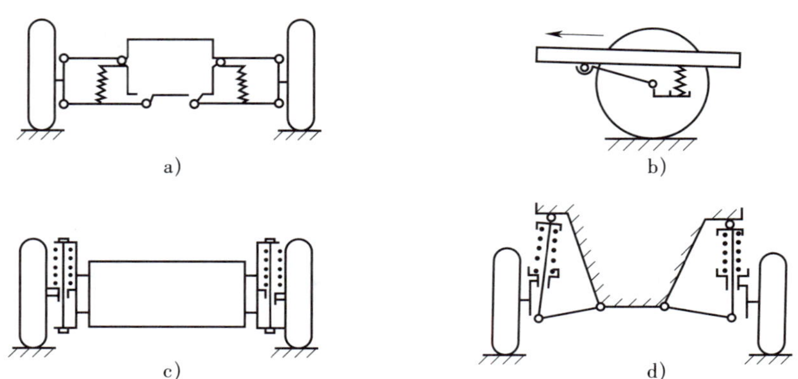

图 3-5-17　独立悬架的类型

a）横臂式独立悬架　b）纵臂式独立悬架　c）烛式独立悬架　d）麦弗逊式独立悬架

2）双横臂式独立悬架

图 3-5-18 所示为双横臂式独立悬架示意图，其两个摆臂有等长和不等长两种形式。摆臂等长的独立悬架当车轮上下跳动时，虽然车轮平面不倾斜，主销轴线的方向也不发生变化，但轮距发生较大的变化，这将引起车轮的侧滑和轮胎的磨损。而摆臂不等长的独立悬架当车轮上下跳动时，虽然车轮平面、主销轴线、轮距都发生变化，但都可以控制在允许范围内，所以这种形式的双横臂式独立悬架应用较多，红旗 CA7560、凌志 LS400 等轿车的前桥都采用这种不等长双横臂式独立悬架。

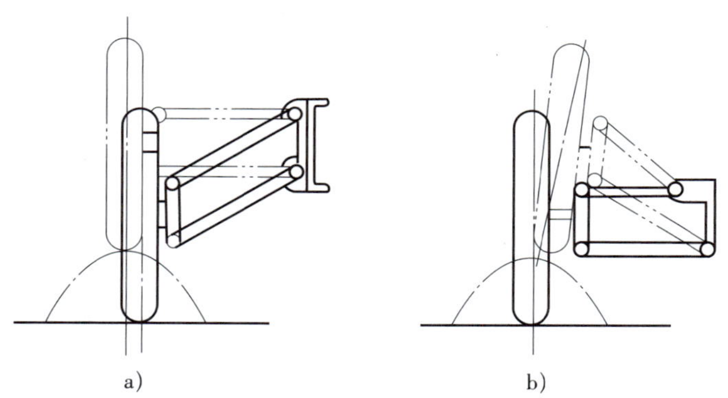

图 3-5-18　双横臂式独立悬架示意图

a）摆臂等长的独立悬架　b）摆臂不等长的独立悬架

（2）纵臂式独立悬架

车轮在汽车纵向平面内摆动的悬架，如图 3-5-17b 所示。

（3）车轮沿主销移动的独立悬架

包括烛式独立悬架和麦弗逊式独立悬架，分别如图 3-5-17c、图 3-5-17d 所示。烛式独立悬架和麦弗逊式独立悬架得到广泛应用。

1）烛式独立悬架。烛式独立悬架的特点：

①车轮沿固定不动的主销移动。

②主销的上、下两端刚性固定在车架上。

③套在主销上的套管固定在转向节上。套管的中部固定装着螺旋弹簧的下弹簧座。

④筒式减振器的下端与转向节相连，上端与车架相连。

⑤悬架的摩擦部分套着防尘罩，通气管与防尘罩内腔相通，以免罩中空气被密封而影响悬架的弹性。

⑥螺旋弹簧只承受垂直载荷。

⑦车轮上所受力及其力矩由转向节、套筒经主销传给车架，套筒与主销之间易磨损。

2）麦弗逊式独立悬架。图 3–5–19 所示为麦弗逊式独立悬架，特点：

①车轮沿摆动的主销移动。

②由减振器、螺旋弹簧、横摆臂、横向稳定杆（图中未画出）等组成。

③减振器与套在它外面的螺旋弹簧合为一体，构成悬架的弹性支柱，支柱上端与车身挠性连接，支柱的下端与转向节刚性连接。

④横摆臂的外端通过球头销与转向节的下部连接，内端与车身铰接。

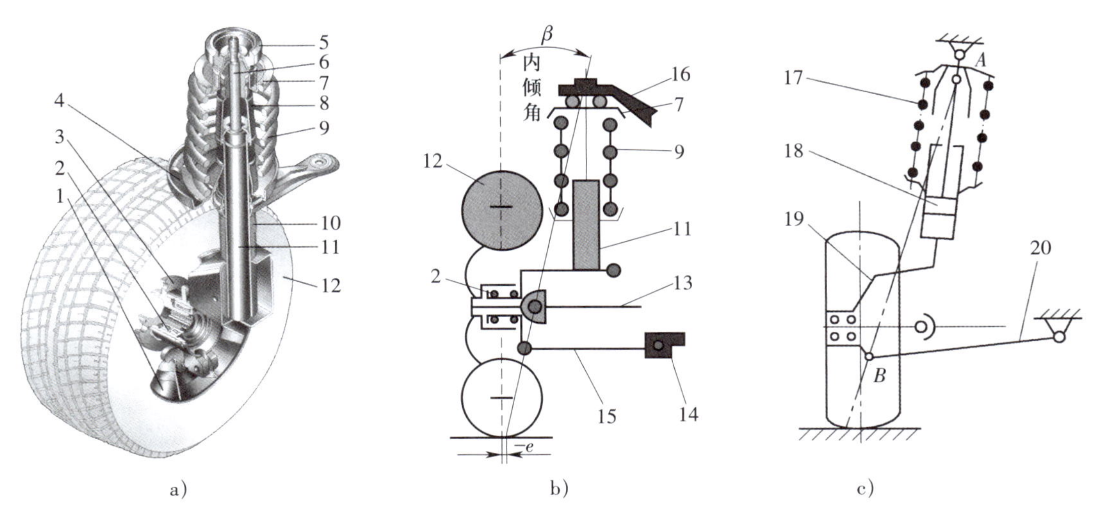

图 3–5–19　麦弗逊式独立悬架

a）组成　b）结构简图　c）示意图

1—挡泥板　2—双列圆锥滚子轴承　3—前轮轮毂　4—下弹簧座　5—悬架上支撑　6—缓冲限位块　7—上弹簧座　8—橡胶护套　9—螺旋弹簧　10—悬架支柱焊接件总成　11—减振器　12—车轮　13—半轴　14—前托架　15—下摆臂　16—车身　17—螺旋弹簧　18—减振器　19—转向节　20—横摆臂

⑤麦弗逊式独立悬架没有传统的主销实体，转向轴线为上、下铰接中心的连线 AB，当车轮上下跳动时，B 点随横摆臂摆动，因而轴线 AB 随之摆动（弹性支柱也摆动）。前轮采用麦弗逊式独立悬架时，前轮定位各参数的变化较小，除前束可调整外，其他参数有的车型规定不可调整，有的车型则规定可以调整。

三、悬架的常见故障

悬架的常见故障有非独立悬架钢板弹簧故障、独立悬架总成综合故障和减振器故障三种。

1. 非独立悬架钢板弹簧故障

（1）现象

1）车身倾斜。

2）行驶跑偏。

3）汽车行驶中摇摆与振动。

4）异响。

5）车辆移位倾斜。

（2）原因

1）钢板弹簧折断，衬套和吊耳磨损严重。

2）钢板弹簧弹力过小或刚度不一致。

3）弹簧销磨损严重。

4）U 形螺栓松动或折断。

2. 独立悬架总成综合故障

（1）现象

1）异响，尤其在不平路面上转弯时。

2）车身倾斜，如汽车在转弯时车身过度倾斜等。

3）前轮定位参数改变。

4）轮胎异常磨损。

5）车辆摆振及行驶不稳。

（2）原因

1）螺旋弹簧弹力不足。

2）稳定杆变形。

3）上、下摆臂变形。

4）各铰接点磨损、松旷。

当汽车产生上述现象时，应对悬架系统进行仔细检查，及时发现故障部位及原因。

3. 减振器故障

减振器的常见故障为衬套磨损或泄漏。衬套磨损后，因松旷易产生响声。减振器轻微的油液泄漏是允许的，但泄漏过多会使减振器失去减振作用。

技能训练

一、前悬架总成的拆装

以速腾轿车为例。

实训准备：

设备：速腾轿车、举升机。

工具：车辆防护装置、工具车、常用拆装工具、扭力扳手（40 ~ 200 N・m）、张紧带、扩张器。

材料：金属丝。

资料：汽车维修手册。

1. 前悬架总成的拆卸

（1）松开轮毂上的传动轴螺栓。

（2）举升车辆，拆卸车轮。

（3）拆卸制动管支架固定螺栓和制动钳总成，并用金属丝固定在车身上。

（4）拆卸控制臂与转向节主销固定螺栓，从控制臂中拉出转向节主销。

（5）从轮毂上拉出传动轴的外侧万向节，用张紧带将传动轴固定在车身上。

（6）拆卸螺母，并拔出减振器连接杆（见图 3-5-20）。

（7）取下前轮转速传感器插头。

（8）取下车轮轴承支座和减振器固定螺栓（见图 3-5-21）。

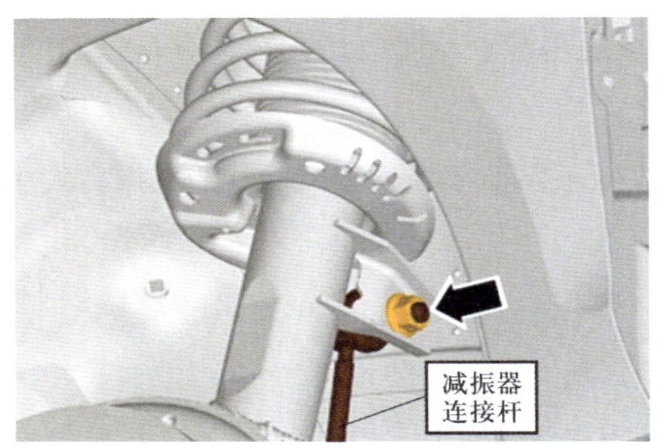

图 3-5-20 减振器连接杆

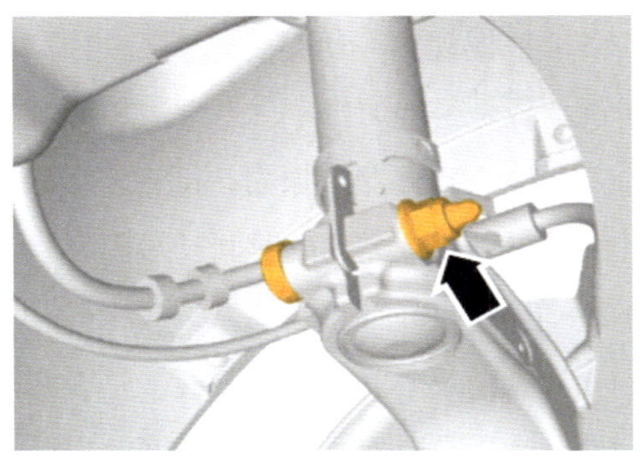
图 3-5-21 车轮轴承支座和减振器固定螺栓

（9）将扩张器（见图 3–5–22）放入车轮轴承支座的开口中旋转 90°。

（10）向下从减振器上拔下车轮轴承支座。

（11）拆卸减振器上部固定六角螺栓（见图 3–5–23）并取出减振器。

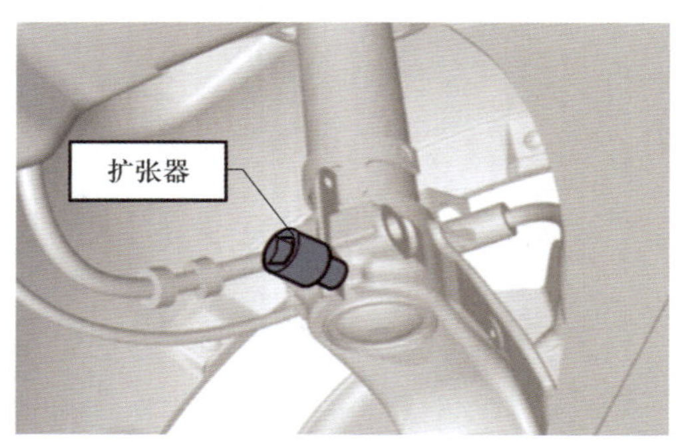

图 3–5–22　扩张器

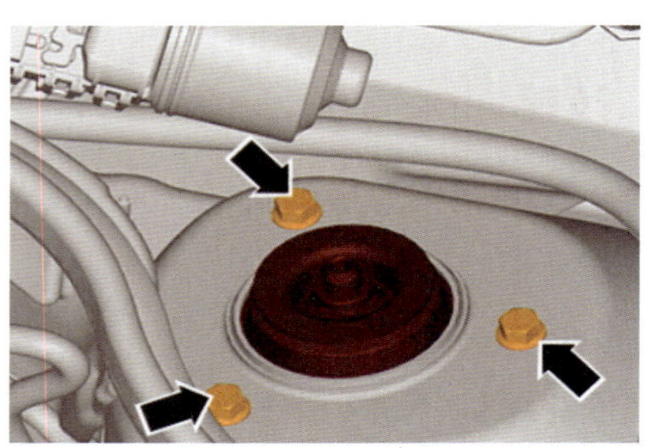
图 3–5–23　固定六角螺栓

2. 前悬架总成的安装

按与拆卸相反的顺序进行安装操作。

二、前悬架系统的检修

以速腾轿车为例。

实训准备：

设备：速腾轿车、举升机。

工具：车辆防护装置、工具车、常用拆装工具、轮胎气压表、撬棍。

资料：汽车维修手册。

速腾轿车前悬架属于由双向作用筒式减振器、螺旋弹簧、前悬架支柱焊接件总成、缓冲垫、橡胶防尘罩等组成的麦弗逊式独立悬架。

速腾轿车悬架系统的检查要求如下：

1. 车辆升起前检查

（1）目视观察车辆是否倾斜。如果车辆倾斜，还需检查轮胎气压，左、右车轮的尺寸及车辆承载是否均匀。

（2）检查减振器减振力，即在车前、车后通过上下晃动车身确定减振器的减振力大小，并且检查车身停止晃动的时间长短。

2. 车辆升起后检查

（1）检查减振器是否有凹痕、是否漏油，防尘罩是否有裂纹或损坏。

（2）检查钢板弹簧或螺旋弹簧、扭杆弹簧等是否损坏。

（3）检查悬架的其他部位，如摆臂、稳定杆、推力杆等是否损坏。

（4）检查连接情况，即通过用手或者撬棍晃动悬架的主要元件，检查是否磨损或松动。

3. 车辆行驶过程中减振器的检查

如减振器发出异常的响声，则说明该减振器已损坏，必须更换。一般情况下，减振器是不进行修理的，如有很小的渗油现象，不必更换；如漏油较多，可通过拉伸和压缩减振器来检查渗油原因。漏出的减振器油不能再加入减振器内重新使用，漏油的减振器不可再使用。

4. 前悬架支柱总成的检查

对前悬架支柱总成，应在零件全部解体后，进行清洗、检查，必要时进行测量。如有下列情况，必须更换新件：

（1）制动盘工作面严重磨损且超出规定，或表面出现裂纹。

（2）挡泥板严重扭曲变形。

（3）轮毂花键松旷，磨损严重。

（4）弹簧挡圈失效。

（5）车轮轴承损坏（注意：需要更换整套轴承）。

（6）前悬架支柱件任何一条焊缝出现裂纹或严重变形。

小结

1. 悬架是车架（或车身）与车桥（或车轮）之间一切传力连接装置的总称。

2. 悬架在汽车中起到连接车架（或车身）和车轮，把路面作用于车轮的各种力传给车架（或车身），缓和冲击，衰减振动，同时保证汽车具有良好的操纵稳定性的作用。

3. 悬架一般由弹性元件、减振器、导向机构等组成，轿车一般还有横向稳定杆。

4. 汽车上常用的弹性元件包括钢板弹簧、螺旋弹簧、扭杆弹簧和气体弹簧等。弹性元件使车架（或车身）与车桥（或车轮）之间成弹性连接，缓和不平路面带来的冲击，并承受和传递垂直载荷。

5. 汽车上应用广泛的减振器是双向作用筒式减振器和充气式减振器。减振器可以衰减路面冲击产生的振动，使振动的振幅迅速减小。

6. 导向机构包括纵向推力杆和横向推力杆，用于传递纵向载荷和横向载荷，并保证车轮相对于车架（或车身）的运动关系。

7. 悬架分为非独立悬架和独立悬架两大类。非独立悬架的结构特点为两侧车轮安装在一根整体式车桥上，一侧车轮发生位置变化会导致另一侧车轮的位置发生变化。独立悬架的结构特点为两侧车轮分别独立地与车架（或车身）弹性相连，配用断开式车桥，两侧车轮的运动相对独立、互不影响。

8. 非独立悬架按照采用的弹性元件不同，分为钢板弹簧式悬架和螺旋弹簧式悬架。独立悬架一般可按车轮的运动方式分为三类：横臂式独立悬架、纵臂式独立悬架和车轮沿主销移动的独立悬架。

9. 悬架的常见故障有非独立悬架钢板弹簧故障、独立悬架总成综合故障和减振器故障三种。

模块四
汽车转向系

课题1 汽车转向系概述

学习目标

1. 掌握转向系的功用和组成。
2. 了解转向系的分类及特点。
3. 了解转向系的基本参数及含义。

汽车在行驶过程中，需要经常改变行驶方向，直线行驶时，转向轮有时也会受到路面侧向干扰力的作用，自动偏转而改变行驶方向。此时，驾驶员可使用一套机构使转向轮偏转，使汽车改变或恢复行驶方向。这一套用来改变或恢复汽车行驶方向的系统，称为汽车转向系。

一、转向系的功用与组成

汽车行驶方向的改变是由驾驶员通过操纵转向系来改变转向轮的偏转角度而实现的。转向系不仅可以改变汽车行驶方向，使其按驾驶员预期的方向行驶，而且还可以克服路面侧向干扰力使车轮自行产生的转向，恢复汽车原来的行驶方向。

汽车转向系一般由转向操纵机构、转向器和转向传动机构三部分组成，但随着转向系的类型不同，其结构组成又有所差异。

二、转向系的类型

汽车转向系按转向能源的不同，可分为机械转向系和动力转向系两大类。

1. 机械转向系

机械转向系以驾驶员的体力作为转向能源，所有传力部件都是机械式的，一般由转向操纵机构、转向器和转向传动机构三部分组成，如图 4-1-1 所示。

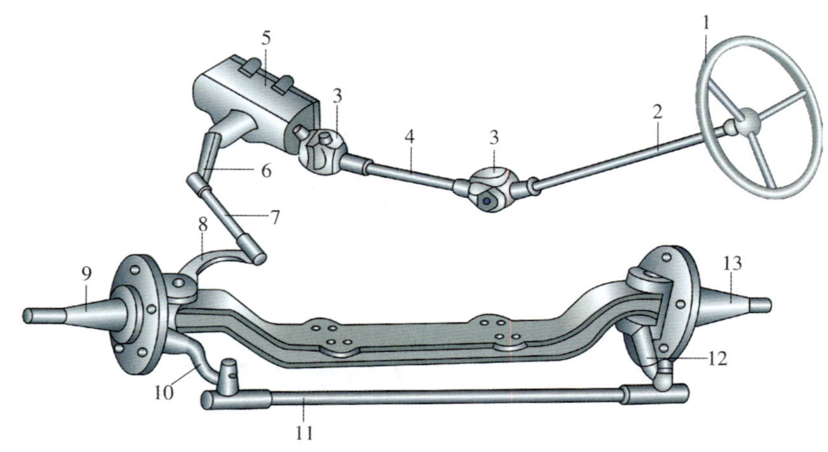

图 4–1–1　机械转向系示意图

1—转向盘　2—转向轴　3—万向节　4—转向传动轴　5—转向器　6—转向摇臂
7—转向直拉杆　8—转向节臂　9—左转向节　10—左梯形臂　11—转向横拉杆
12—右梯形臂　13—右转向节

（1）转向操纵机构

转向操纵机构由转向盘、转向轴、万向节、转向传动轴等组成，其功用是将驾驶员转动转向盘的操纵力传给转向器。

（2）转向器

转向器是一个减速增矩机构，其功用是增大由转向盘传到转向节的力，并改变力的传动方向。目前常用的转向器有齿轮齿条式转向器、循环球式转向器。

（3）转向传动机构

转向传动机构由转向摇臂，转向直拉杆，转向节臂，左、右转向节，转向横拉杆，左、右梯形臂等组成，其功用是将转向器输出的力和运动传递到转向桥两侧的转向节，使两侧转向轮偏转，以实现汽车转向。

当驾驶员转动转向盘时，通过转向轴、万向节、转向传动轴，将转向转矩输入转向器，转向器将转向转矩增大后传到转向摇臂、转向直拉杆、转向节臂，使左转向节绕主销偏转。与此同时，左梯形臂带动转向横拉杆、右梯形臂，使右转向节绕主销向同一方向偏转，从而使装在左、右转向节上的两车轮同时偏转，实现汽车的转向。

2. 动力转向系

以液压动力转向系为例。

液压动力转向系是兼用驾驶员体力和发动机动力作为转向能源的转向系，是在机械转向系基础上加设一套转向助力装置而成的。转向助力装置包括转向油罐、转向油泵、转向控制阀和转向动力缸等。

图 4–1–2 所示为使用循环球式转向器的液压动力转向系示意图。当驾驶员向左转动转向盘时，通过转向螺杆带动转向螺母向下运动，与其啮合的齿扇带动转向摇臂顺时针转动，使转向直拉杆上移，带动转向节臂转动，使左转向节及左转向轮绕主销向左偏转一定角度，同时通过梯形臂和转向横拉杆使另一侧转向节与转向轮绕该侧主销偏转一定角度，这时汽车将向左转向。

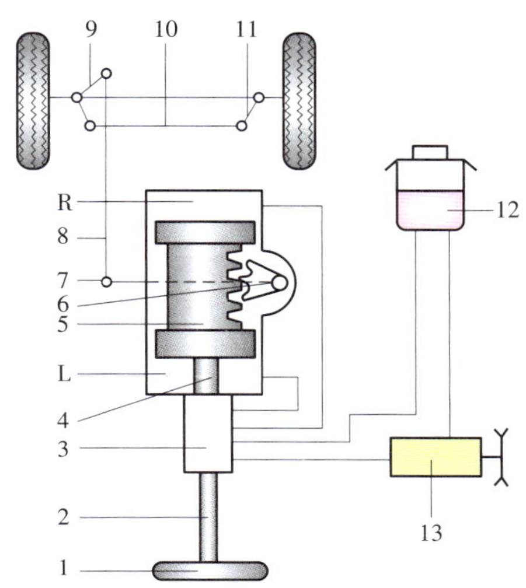

图 4–1–2　使用循环球式转向器的液压动力转向系示意图
1—转向盘　2—转向轴　3—转向控制阀　4—转向螺杆　5—转向螺母　6—齿扇
7—转向摇臂　8—转向直拉杆　9—转向节臂　10—转向横拉杆　11—梯形臂
12—转向油罐　13—转向油泵　R—转向动力缸右腔　L—转向动力缸左腔

与此同时，转向直拉杆还带动转向控制阀中的滑阀移动，使转向动力缸的左腔接通转向油泵的出油口，右腔通过转向控制阀与转向油罐接通，转向动力缸活塞所受的向上的液压作用力便经其推杆也作用在转向横拉杆上。液压作用力较大，可在很大程度上减轻驾驶员的操纵力。

图 4–1–3 所示为使用齿轮齿条式转向器的液压动力转向系示意图。转向油泵安装在发动机上，由曲轴通过传动带驱动运转，向外输出油压。转向油罐有进、出油管接头，通过油管分别与转向油泵和转向控制阀连接。动力转向器为整体式，其转向控制阀用以改变油路，活塞杆两端连接转向节臂，其工作原理：当汽车直线行驶时，转向控制阀将转向油泵泵出的工作油液与转向油罐相通，转向油泵处于卸荷状态，动力转向器不工作；当汽车需要转弯时，如右转弯，驾驶员向右转动转向盘，转向控制阀将转向油泵泵出的工作油液与转向动力缸的右腔接通，将左腔与转向油罐接通，在油压的作用下，活塞移动，通过活塞杆带动转向节臂绕主销轴线转动，使前轮向右偏转，从而实现右转向；左转弯则相反。

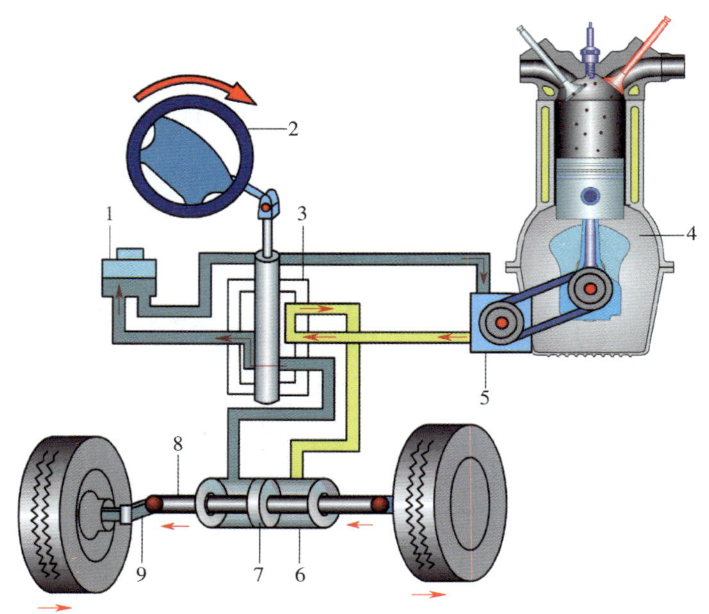

图 4-1-3　使用齿轮齿条式转向器的液压动力转向系示意图
1—转向油罐　2—转向盘　3—转向控制阀　4—发动机　5—转向油泵
6—转向动力缸　7—活塞　8—活塞杆　9—转向节臂

三、两侧转向轮偏转角之间的理想关系

为了避免汽车转向时产生路面对汽车行驶的附加阻力和轮胎过快磨损，要求转向系能保证在汽车转向时，所有车轮均做纯滚动。显然，这只有在所有车轮的轴线都相交于一点时才能实现，此交点 O 称为转向中心。

如图 4-1-4 所示，内转向轮偏转角 β 应大于外转向轮偏转角 α。在车轮是绝对刚体的假设条件下，角 α 与角 β 的理想关系式应是

$$\cot\alpha=\cot\beta+B/L$$

式中　B——两轮主销轴线与地面交点之间的距离；

L——汽车轴距。

上式为转向梯形理论特性关系。从式中可以看出，每对应一个内转向轮偏转角 β，就有一个对应的外转向轮偏转角 α。为此必须精心确定转向传动机构中转向几何参数。但是迄今为止，所有汽车的转向梯形机构实际上都只能在一定的车轮偏转角范围内，使两侧车轮偏转角的关系大体上接近上述关系。

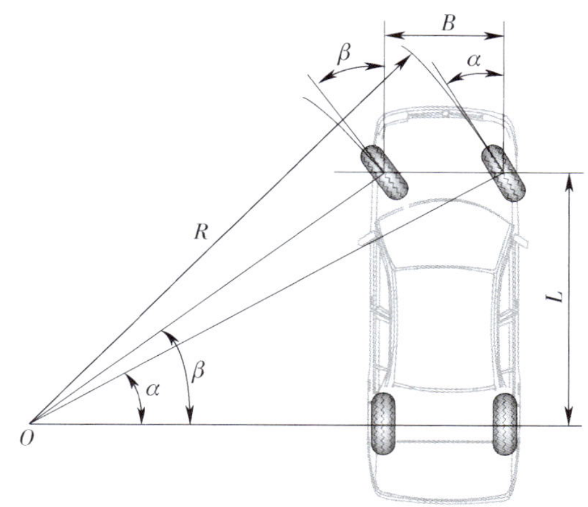

图 4-1-4　双轴汽车转向示意图

四、转向系角传动比

转向盘转角增量与转向摇臂转角的相应增量之比 i_1 称为转向器角传动比。转向摇臂转角增量与转向盘同侧转向节转角的相应增量之比 i_2 称为转向传动机构角传动比。转向盘转角增量与同侧转向节转角的相应增量之比则为转向系角传动比，以 i_W 表示，显然，$i_W=i_1i_2$。

转向系角传动比越大，则为了克服一定的地面转向阻力矩所需的转向盘上的转向转矩便越小，从而在转向盘直径一定时，驾驶员应加于转向盘上的力就越小。但转向系角传动比过大，将导致转向操纵不够灵敏。所以，选取转向系角传动比时应适当兼顾转向省力和转向灵敏的要求。

转向传动机构角传动比的数值较小，对于一般汽车而言，大约为 1。关于转向器角传动比，货车为 16～32，轿车为 12～20。

由此可知，转向系角传动比主要取决于转向器角传动比。有些汽车的转向器角传动比是常数，有些则是可变的。

五、对转向系的要求

为了确保汽车安全行驶，转向系必须满足以下要求：

（1）工作可靠，转向系中的零件应具有足够的强度和刚度，以确保汽车安全行驶。

（2）操纵轻便灵活，以减轻驾驶员的劳动强度和保证安全行驶。

（3）汽车转弯时，车轮应有正确的运动规律，以保证轮胎纯滚动而无滑动。

（4）转向器有适当的可逆传感性。

（5）维修简单。

小结

1. 汽车转向系的功用是改变或恢复汽车行驶方向。
2. 汽车转向系按转向能源的不同，可分为机械转向系和动力转向系两大类。
3. 机械转向系由转向操纵机构、转向器和转向传动机构组成。
4. 两侧转向轮偏转角之间的理想关系式为 $\cot\alpha=\cot\beta+B/L$。

课题2 转 向 器

学习目标

1. 掌握转向器的功用和组成。
2. 了解转向器的类型及特点。
3. 掌握转向器的工作原理。
4. 能够正确使用工量具和设备，根据维修手册要求，完成常见转向器的拆装及检修。

转向器是转向系的减速传动装置，一般有 1 ~ 2 级减速传动副。其功用是增大转向盘传到转向轮上的转向转矩，并改变力的传递方向。

转向器按其结构形式可分为循环球式和齿轮齿条式两种；按转向器作用力的传递情况，分为可逆式、不可逆式、极限可逆式三种。

作用力从转向盘传到转向摇臂时称为正向传动，转向摇臂将所受到的道路冲击力传到转向盘时称为逆向传动。作用力既能正向传动又能逆向传动的转向器称为可逆式转向器；作用力只能正向传动不能逆向传动的转向器称为不可逆式转向器；作用力能正向传动，但只有在反向力很大时才能逆向传动的转向器称为极限可逆式转向器。

现在汽车一般采用可逆式转向器。经常在良好路面上行驶的汽车多用可逆式转向器，对于中型以上的越野汽车、工矿用自卸汽车，多用极限可逆式转向器。

转向器传动效率是指转向器输出功率与输入功率之比。当功率由转向盘输入，从转向摇臂输出时，所求得的传动效率称为正传动效率；反之，转向摇臂受到道路冲击力而传到转向盘的传动效率则称为逆传动效率。

转向盘自由行程是转向盘为消除转向系各传动件之间的装配间隙、克服弹性变形而空转过的角度。

转向盘自由行程对于缓和路面冲击及避免驾驶员过于紧张是有利的，但过大的自由行程会影响转向灵敏性，所以汽车维护中应定期检查转向盘自由行程。根据国家标准《机动车运行安全技术条件》（GB 7258—2017），最大设计车速不小于 100 km/h 的机动车，转向盘的最大自由转动量应不大于 15°；其他机动车，转向盘的最大自由转动量应不大于 25°。若超过此规定值，则必须进行调整。通常通过调整转向器传动副的啮合间隙来调整转向盘自由行程。

一、循环球式转向器

如图 4–2–1 所示，循环球式转向器一般由两套传动副组成，一套是螺杆螺母传动副，另一套是齿条齿扇传动副，转向螺杆、转向螺母之间有循环钢球。

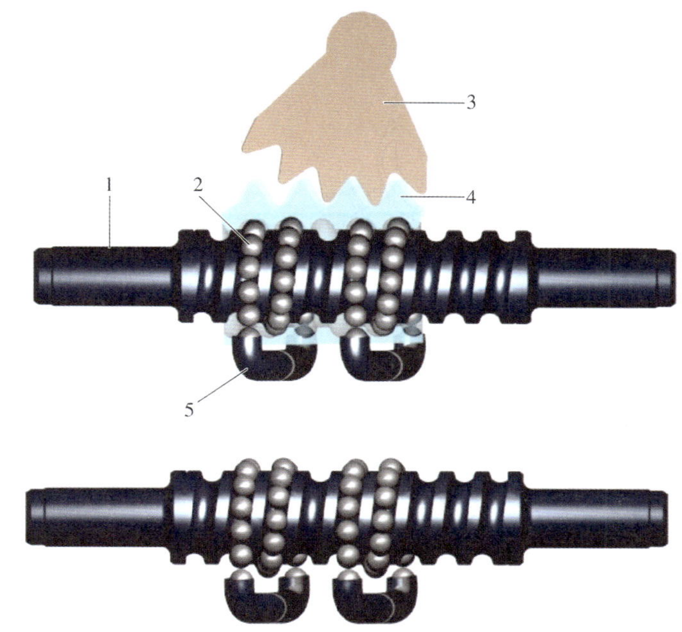

图 4–2–1　循环球式转向器的基本组成

1—转向螺杆　2—循环钢球　3—齿扇　4—转向螺母（齿条）　5—导管

1. 构造

图 4–2–2 为循环球式转向器的结构分解图。转向螺杆用两个推力球轴承支撑在壳体内，轴承预紧度可用调整垫片调整。转向螺母的下平面加工成齿条，与转向摇臂轴内端的齿扇部分啮合。可见转向螺母既是第一级传动副（螺杆螺母传动副）的从动件，也是第二级传动副（齿条齿扇传动副）的主动件。

为了减少转向螺杆和转向螺母之间的摩擦，两者的螺纹并不直接接触，其间装有许多钢球，以实现滚动摩擦。在转向螺杆的外圆柱面和转向螺母的内圆柱面上分别制造出断面近似半圆形的螺旋槽，两者的槽配合即成断面近似圆形的螺旋通道。转向螺母侧面有两对圆孔，可将钢球从此孔塞入螺旋通道。转向螺母外有两根钢球导管，每根导管的两端分别插入转向螺母侧面的一对圆孔中，以组成两条管状的封闭循环通道，通道内装有一定数量的钢球。

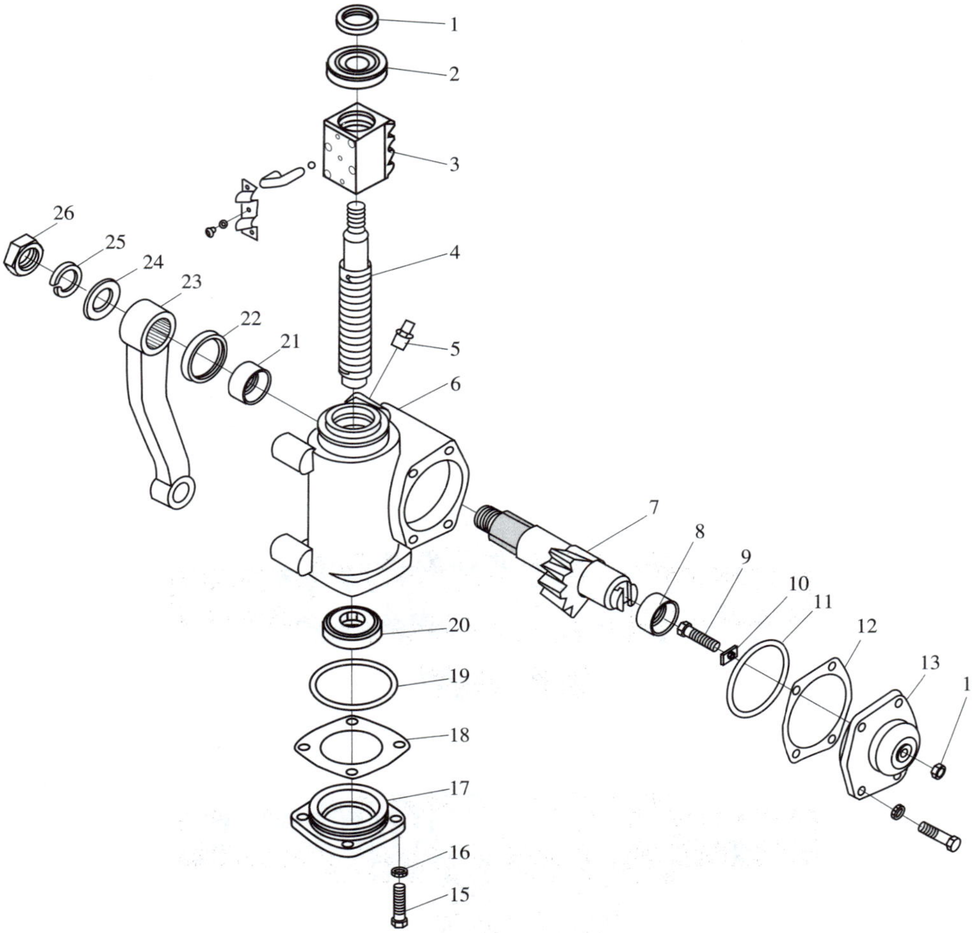

图 4-2-2　循环球式转向器的结构分解图

1、11、19、22—密封圈　2、20—推力球轴承　3—转向螺母（齿条）　4—转向螺杆　5—加油口螺塞　6—壳体　7—齿扇（转向摇臂轴）　8、21—衬套　9—啮合间隙调整螺钉　10—垫块　12、18—调整垫片　13—侧盖　14—锁紧螺母　15—螺栓　16、25—弹簧垫圈　17—下盖　23—转向摇臂　24—平垫片　26—转向摇臂锁紧螺母

转向螺母的下平面切有倾斜的等齿厚齿条，与之相啮合的是齿扇，齿扇与齿扇轴（转向摇臂轴）制成一体，用滚针轴承支撑。

2. 工作情况

当转动转向盘时，转向螺杆随之转动，通过钢球将运动传给转向螺母，转向螺母即产生轴向移动。由于摩擦力的作用，所有钢球在转向螺杆与转向螺母之间的通道内滚动，形成“球流”。钢球在转向螺母内绕行两圈后，流出转向螺母而进入导管，再由导管流回转向螺母通道内，如此循环往复。

随着转向螺母沿转向螺杆轴向移动，其下面的齿条便带动齿扇绕齿扇轴转动，并带动转向摇臂摆动，再通过转向传动机构使转向轮偏转，实现汽车转向。

3. 调整

齿条与齿扇之间的啮合间隙是通过调整螺钉来调整的。调整螺钉的圆柱形端头嵌在齿扇轴内端的切槽内，其螺纹部分在侧盖外，并用锁紧螺母锁紧。将调整螺钉旋入，则啮合间隙减小；反之，则啮合间隙增大。

循环球式转向器传动效率较高，可达 90%～95%，且转向操纵轻便，零件使用寿命长，故在汽车上广泛应用。

二、齿轮齿条式转向器

齿轮齿条传动是一种简单的机械转动，转向齿轮旋转就可带动转向齿条轴向移动，如图 4–2–3 所示。

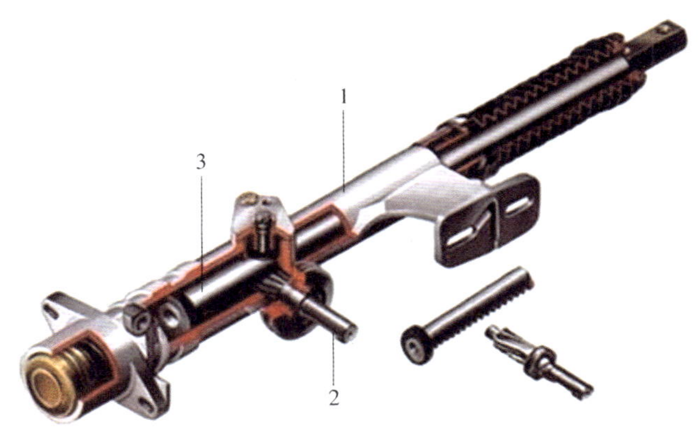

图 4–2–3　齿轮齿条传动
1—壳体　2—转向齿轮　3—转向齿条

齿轮齿条式转向器具有结构简单、刚度大、转向灵敏等优点，另外，又具有传动杆的功能，转向横拉杆经球头座直接与转向齿条相连，转向横拉杆又直接与转向节相连。它具备结构简化、便于布置等优点，广泛地应用在轿车与微型、轻型货车上。

1. 结构

图 4–2–4 为齿轮齿条式转向器的结构分解图。转向器壳体支撑在车身上，作为传动副主要件的转向齿轮垂直布置，通过轴承安装在壳体中，与转向齿轮相啮合的转向齿条水平布置，通过衬套安装在壳体中。一般情况下，齿轮齿条式转向器中转向齿轮和转向齿条的啮合间隙会自动消除，这是因为在转向齿条的背腹面上装有压块，推力弹簧一端压在压块上，另一端支撑在弹簧座上，弹簧座可通过调整螺钉改变轴向位置，即可调整弹簧预紧力。由于转向齿条后端有弹簧弹力的作用，因此齿轮齿条式转向器在传动过程中可实现无间隙啮合传动。

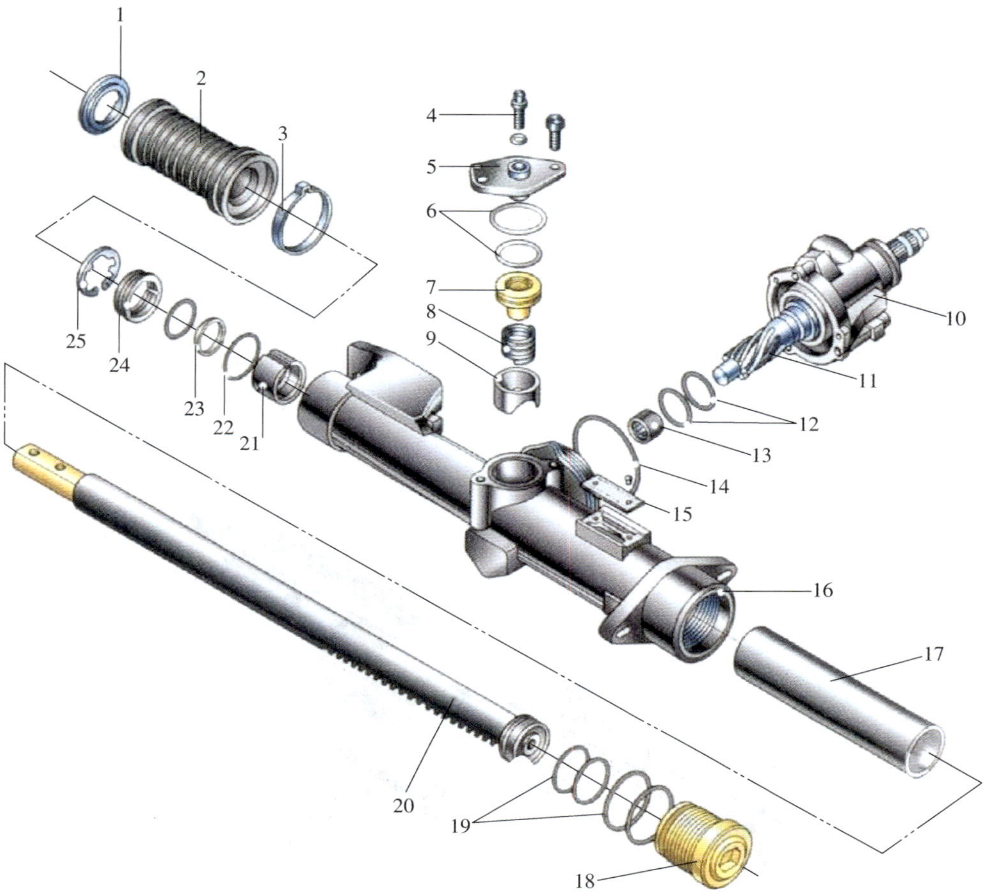

图 4-2-4　齿轮齿条式转向器的结构分解图

1—防尘罩挡圈　2—波纹防尘罩　3—卡箍　4—调整螺钉　5—盖板
6、12、14、19、22—密封圈　7—弹簧座　8—推力弹簧　9—压块
10、18—端盖　11—转向齿轮　13—滚针轴承　15—铭牌　16—壳体
17—缸筒　20—转向齿条　21—衬套　23—卡环　24—油封座　25—挡圈

2. 工作过程

齿轮齿条式转向器的工作过程如图 4-2-5 所示，当转动转向盘时，转向轴 - 联轴节带动转向齿轮转动，使与之啮合的转向齿条沿轴向移动，从而使左、右转向横拉杆带动左、右转向节转动，使转向轮偏转，以实现转向。

3. 特点

采用齿轮齿条式转向器可以使转向传动机构简化（不需要转向摇臂和转向直拉杆等），转向传动机构简单，齿轮齿条无间隙啮合，无须调整，而且逆传动效率很高。故齿轮齿条式转向器多用于前轮采用独立悬架的轻型、微型轿车和货车上。例如，奥迪、桑塔纳、夏利等轿车以及南京依维柯轻型货车都采用齿轮齿条式转向器。

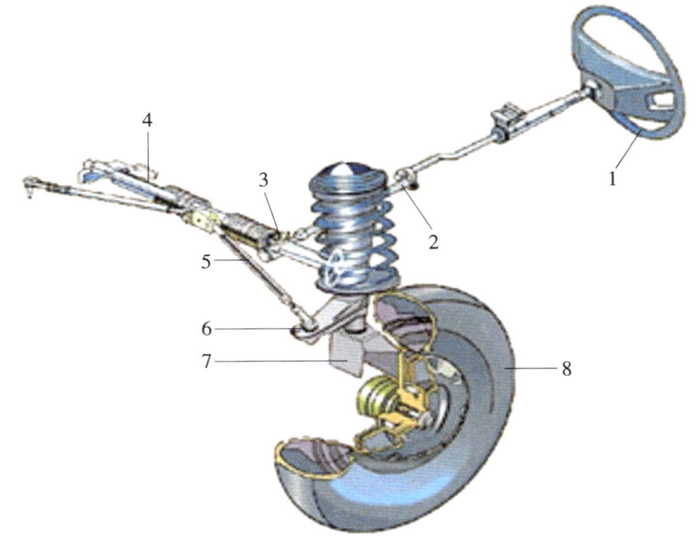

图 4-2-5　齿轮齿条式转向器的工作过程

1—转向盘　2—转向轴 – 联轴节　3—齿轮齿条式转向器　4—转向减振器　5—转向横拉杆　6—转向节臂　7—转向节　8—转向轮

技能训练

一、循环球式转向器的拆装及检修

实训准备：

设备：循环球式转向器总成、空气压缩机。

工具：常用拆装工具、常用测量工具、台虎钳、扭力扳手、软质锤、铜棒、操作台。

材料：手套、抹布。

资料：汽车维修手册。

循环球式转向器除因故障、发卡或零件有损坏需解体外，一般不需要解体。当汽车行驶一定里程后，需要正常维修保养或因故拆捡时，应按下列程序进行。

1. 拆卸

（1）在车上拆卸循环球式转向器的转向摇臂、万向节叉的锁紧螺母，将转向器总成从车上取下并取下通气塞，放出转向器内的润滑脂。

（2）将转向摇臂轴转到中间位置（将转向螺杆拧到底后，再拧回 3.5 圈）。再拧下侧盖的 4 个紧固螺栓，用软质锤或铜棒轻轻敲打转向摇臂端头，取出侧盖和转向摇臂轴，如图 4-2-6 所示。

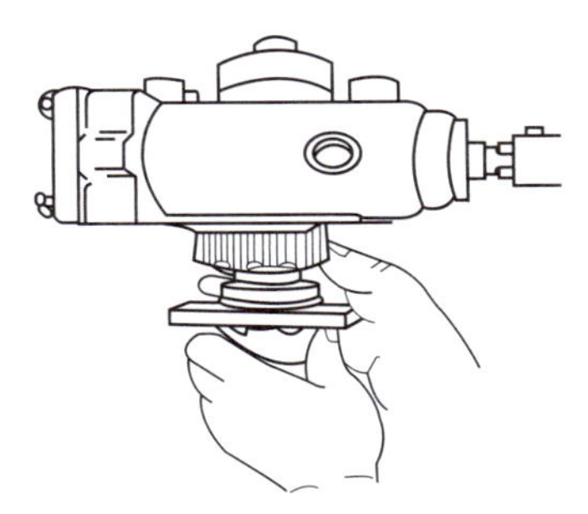

图 4-2-6　取出侧盖和转向摇臂轴

注意：取转向摇臂轴时勿碰伤油封。

（3）拧下转向器下盖的4个紧固螺栓，用铜棒轻轻敲打转向螺杆的一侧，取下下盖。

（4）从壳体中取出转向螺杆及转向螺母总成。

注意：取出时勿碰伤油封。

（5）转向螺杆及转向螺母总成如无异常情况，尽量不要解体。必须解体时，先拧下3个固定导管夹的螺钉，拆卸导管，如图4–2–7所示。握紧转向螺母，慢慢转动转向螺杆，排出全部钢球，如图4–2–8所示。

注意：两个循环通道中的钢球最好不要混在一起，不要丢失。每个循环通道有48个钢球。即使转向螺母里只留有一个钢球，转向螺母也不能拆下。

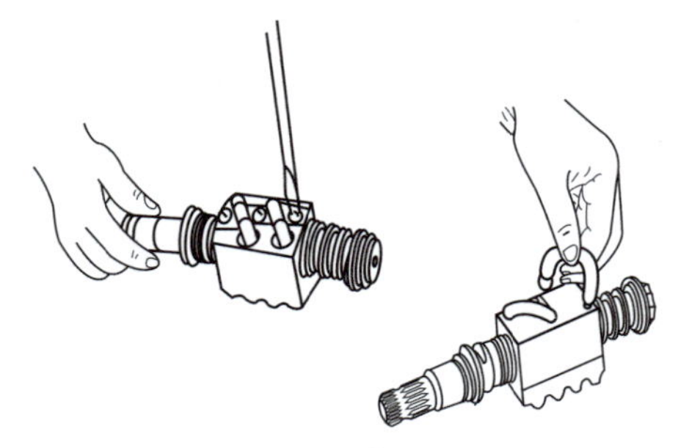

图4–2–7 拆卸导管

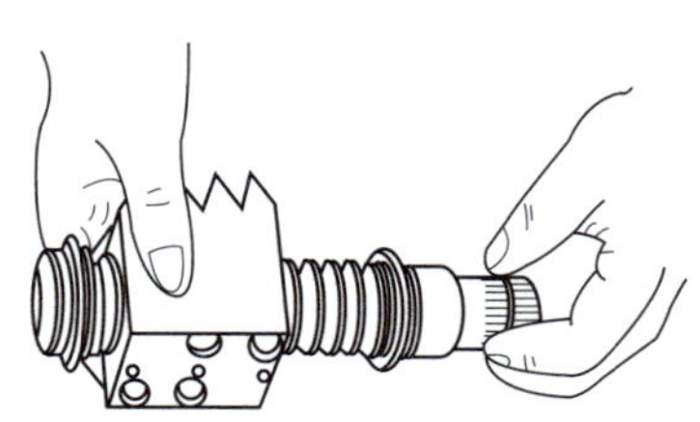

图4–2–8 排出全部钢球

2. 主要零件的检修

对解体后的转向器零件进行清洗，并用压缩空气吹干，进行下列检修。

（1）转向器壳体的检修

1）壳体、侧盖若产生裂纹，应更换。二者接合平面的平面度公差为0.10 mm。

2）修整壳体变形。壳体变形的特点是转向摇臂轴轴承孔的公共轴线对于转向螺杆两轴承孔公共轴线的垂直度超差（公差为0.02 mm）。两轴线的轴心距变大（公差为0.01 mm），不但会引起转向沉重的故障，同时会减少转向器传动副传动间隙可调整的次数，缩短转向器的使用寿命。修整壳体变形时，先修整接合平面，然后更换转向摇臂轴衬套，转向摇臂轴衬套镗削后，与转向摇臂轴的配合间隙较原厂规定值的增大量不得大于0.005 mm，使用滚针轴承时，其配合间隙不得大于0.10 mm。汽车二级维护时，应检查转向摇臂轴与衬套的配合间隙，使用限度：轿车为0.15 mm，载货汽车为0.20 mm。配合间隙超差后需更换衬套，衬套与轴承的配合过盈量为0.051～0.110 mm。

（2）转向螺杆与转向螺母的维修

1）转向螺杆与转向螺母的钢球滚道应无疲劳磨损、划痕等损耗，钢球与滚道的配合间隙不得大于0.10 mm。检验钢球与滚道配合间隙的方法有两种：一种方法是把转向螺母夹持固定后，把转向螺杆旋转到一端止点，然后检验转向螺杆另一端的摆动量，其摆动量不得大于 0.10 mm，转向螺杆的轴向窜动量也不得大于 0.10 mm；另一种方法是将转向螺杆和转向螺母配合副清洗干净后，把转向螺杆垂直提起，转向螺母在重力作用下，平稳地旋转下落，说明配合副的配合间隙合格。若无其他损耗，传动副组件一般不进行拆检。

2）总成修理时，应检查转向螺杆的隐伤，若产生隐伤、滚道疲劳剥落、三角键有台阶形损伤或扭曲，应更换。

3）转向螺杆的支撑轴颈若产生疲劳磨损，会引起明显的转向盘沉重、转向迟钝，可按原厂规定的锥角磨削修整轴颈，然后刷镀修复或直接更换。实践证明，其耐久性可达 100 000 km 以上。

（3）转向摇臂轴的检修

1）总成修理时，必须进行隐伤检验，产生裂纹后应更换，不许焊补。

2）轴端花键出现台阶形磨损、扭曲变形，应更换。

3）支撑轴颈磨损超限，应更换。

3. 循环球式转向器的装配与调整

（1）安装转向螺杆组件。转向螺杆和转向螺母在维修时一般不拆散。拆散后重新组装时，先平稳地逐个装入钢球，装钢球的过程中，转向螺杆和转向螺母不要相对运动，必要时，只能稍许转动转向螺杆（见图 4-2-9）或用塑料棒将钢球轻轻冲进滚道内。然后给装满钢球的导管口涂压润滑脂，防止钢球脱出，用导管夹将导管固定在转向螺母上。所装钢球的直径和数量必须符合原厂规定。

（2）装入钢球后，转动螺母的轴向窜动量不得大于 0.10 mm。

（3）将轴承内圈压在转向螺杆的轴颈上。

（4）组装转向摇臂轴

1）检查转向螺母与齿条齿扇啮合间隙调整螺钉的轴向间隙，此间隙若大于 0.12 mm，应在调整螺钉与转向摇臂上的轴孔端面间加推力垫片调整。

图 4-2-9 钢球的装入

2）转向摇臂轴承预润滑之后，将转向摇臂装入壳体内，并按顺序装入推力垫片、调整螺钉、垫圈、弹簧垫圈。

（5）安装转向器上盖、下盖

1）把轴承装入下盖承孔中。

2）安装调整垫片和下盖，从壳体孔中放入转向螺杆组件。装下盖之前，在接合面上涂以密封胶。

3）把轴承外圈和转向螺杆油封压入上盖，并装入上盖调整垫片和上盖。

4）通过增减下盖调整垫片或用下盖上的调整螺塞调整转向螺杆的轴承松紧度。然后检查转向盘的转动转矩，一般为 0.6 ~ 0.9 N・m。

（6）安装转向器侧盖

1）给油封涂密封胶后，油封唇口向内，均匀地压入壳体上承孔内。

2）将转向螺母移至中间位置（转向器总圈数的 1/2），使齿扇的中间齿与转向螺母的中间齿相啮合，装入转向摇臂轴组件。

3）侧盖密封垫涂以密封胶，安装、紧固。

（7）调整转向器啮合间隙

1）使转向器的传动副处于中间位置（直行位置）。

2）通过调整螺钉，调整转向器传动副的啮合间隙，在直线位置上应呈无间隙啮合。

3）中间位置上，转向器转动转矩应为 1.5 ~ 2.0 N・m。转向器转动转矩调整合格后，按规定力矩锁紧调整螺钉。

（8）安装转向摇臂时，应注意转向摇臂与转向摇臂轴二者的装配记号对正，应特别注意转向摇臂锁紧螺母确实做到紧固、锁止可靠。

（9）按原厂规定加注润滑脂。

（10）有条件时，应检查转向器反驱动转矩（转向轴处于空载状态时，使转向摇臂轴转动的转矩），转向器的反驱动转矩应符合原厂规定。

二、齿轮齿条式转向器的拆装及检修

实训准备：

设备：齿轮齿条式转向器总成。

工具：常用拆装工具、常用测量工具、塞尺、台虎钳、扭力扳手、操作台。

材料：手套、抹布。

资料：汽车维修手册。

1. 拆卸

拆卸时，应先在转向齿条端头与转向横拉杆连接处打上安装标记。然后拆卸转向齿条端头，但不能碰伤转向齿条的外表面，拆卸转向齿条导块（压块）组件后，拉住转向齿条，使齿条的齿对准转向齿轮，再拆卸转向齿轮。最后抽出转向齿条，抽出时，注意不能让转向齿条转动，防止碰伤齿面。

2. 主要零件的检修

（1）若零件出现裂纹，应更换，转向横拉杆、转向齿条在总成修理时应进行隐伤检验。

（2）转向齿条的直线度误差不得大于 0.30 mm。

（3）齿面上应无疲劳剥蚀及严重磨损，若出现左、右大转角时转向沉重，且又无法调整，应更换转向齿条与转向齿轮。

（4）更换转向齿轮轴承。

3. 齿轮齿条式转向器的装配与调整

（1）安装转向齿轮

1）将上轴承和下轴承压在转向齿轮轴颈上，轴承内圈与齿端之间应装好隔圈。

2）把油封压入调整螺塞。

3）将转向齿轮及轴承一起压入壳体。

4）装上调整螺塞及油封，并调整转向齿轮轴承松紧度。转向齿轮应无轴向窜动，转动自如，转向齿轮的转动转矩应符合原厂规定，一般约为 0.5 N·m。

5）按原厂规定力矩紧固锁紧螺母，并装好防尘罩。

（2）装入转向齿条。

（3）安装转向齿条衬套。转向齿条与衬套的配合间隙不得大于 0.15 mm。

（4）装入转向齿条导块、隔环、导块压紧弹簧（推力弹簧）、调整螺塞（弹簧帽）及锁紧螺母等。

（5）调整转向齿条与转向齿轮的啮合间隙。

转向齿条与转向齿轮的啮合间隙也称为转向齿条的预紧力。因结构的差异，调整方法也有所不同，常见的有两种：一种方法是改变转向齿条导块与盖之间的垫片厚度来调整转向齿条与转向齿轮轮齿的啮合深度，完成预紧力的调整，如图 4–2–10 所示；另一种方法是用盖上的调整螺塞改变转向齿条导块与弹簧座之间的间隙，完成啮合深度即预紧力的调整，如图 4–2–11 所示。

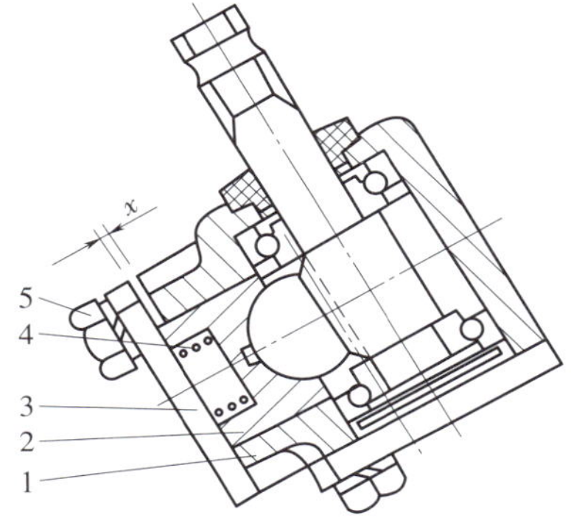

图 4–2–10 预紧力调整机构一

1—转向器壳体 2—导块 3—盖

4—导块压紧弹簧 5—锁紧螺母

x—盖与壳体的间隙

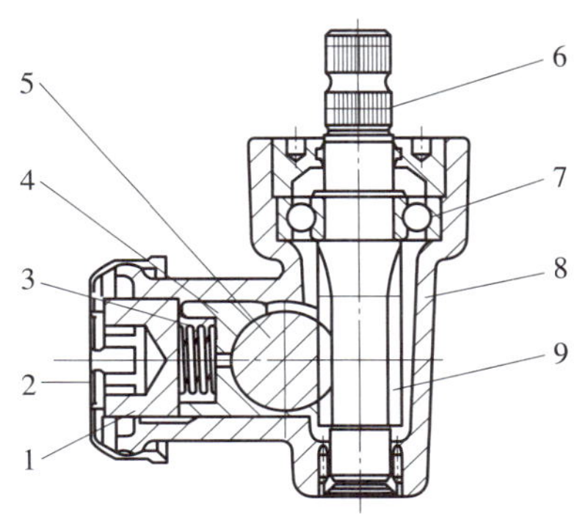

图 4–2–11 预紧力调整机构二

1—调整螺塞 2—盖 3—导块压紧弹簧 4—导块

5—转向齿条 6—转向齿轮轴 7—球轴承

8—转向器壳体 9—转向齿轮

对于第一种结构形式，其预紧力的调整步骤：先不装弹簧以及盖的垫片，进行 x 值的调整，使转向齿轮轴上的转动转矩为 1 ~ 2 N · m，然后用塞尺测量 x 值，最后在 x 值上加 0.05 ~ 0.13 mm，此值就是应加垫片的厚度，也就是转向齿条和转向齿轮合格的啮合间隙所要求的垫片厚度。

对于第二种结构形式，其预紧力的调整步骤：先旋转盖上的调整螺塞，使弹簧座与导块接触，再将调整螺塞旋出 30° ~ 60°，检查转向齿轮的转动转矩，如此重复操作，直至转向齿轮的转动转矩符合原厂规定，最后紧固锁紧螺母。

（6）安装垫圈和转向齿条端头。安装时应注意转向齿条端头和齿条的连接必须紧固、锁止可靠。

（7）安装转向横拉杆和转向横拉杆端头，并按原厂规定检查与调整左、右转向横拉杆的长度，以保证转向轮前束正确。另外，转向横拉杆端头球头销的夹角应符合原厂规定。调整合格后，必须按原厂规定的力矩紧固并锁止转向横拉杆夹子。

小结

1. 转向器的功用是增大转向盘传到转向轮上的转向转矩，并改变力的传递方向。
2. 循环球式转向器和齿轮齿条式转向器的结构、工作情况、拆检及调整。

课题3 转向操纵机构与转向传动机构

学习目标

1. 掌握转向操纵机构与转向传动机构的作用。
2. 熟悉转向操纵机构与转向传动机构的类型。
3. 掌握常用车型转向操纵机构与转向传动机构的基本构造及检修。

一、转向操纵机构

汽车转向操纵机构主要由转向盘、转向轴及转向柱管等机件组成，作用是将驾驶员转动转向盘的操纵力传给转向器。

转向操纵机构的类型分为带有万向节的转向操纵机构、可分离式安全转向操纵机构和缓冲吸能式转向操纵机构三种。

1. 带有万向节的转向操纵机构

带有万向节的转向操纵机构如图 4–3–1 所示，主要包括转向盘、转向柱管、转向轴、上万向节、下万向节和转向传动轴等。转向柱管中部用橡胶垫和半圆形转向柱管支架固定在驾驶室前围板上，下端插入铸铁制转向柱管支座的孔中。转向柱管支座则固定在转向操纵机构支架上。穿过转向柱管的转向轴上端借转向轴衬套支撑，下端则支撑在转向柱管支座中的圆锥滚子轴承（图中未示出）上，其轴向位置由转向轴限位弹簧限定。转向轴通过双万向节万向传动装置与转向器中的转向螺杆相连。下万向节与转向传动轴用滑动花键连接。

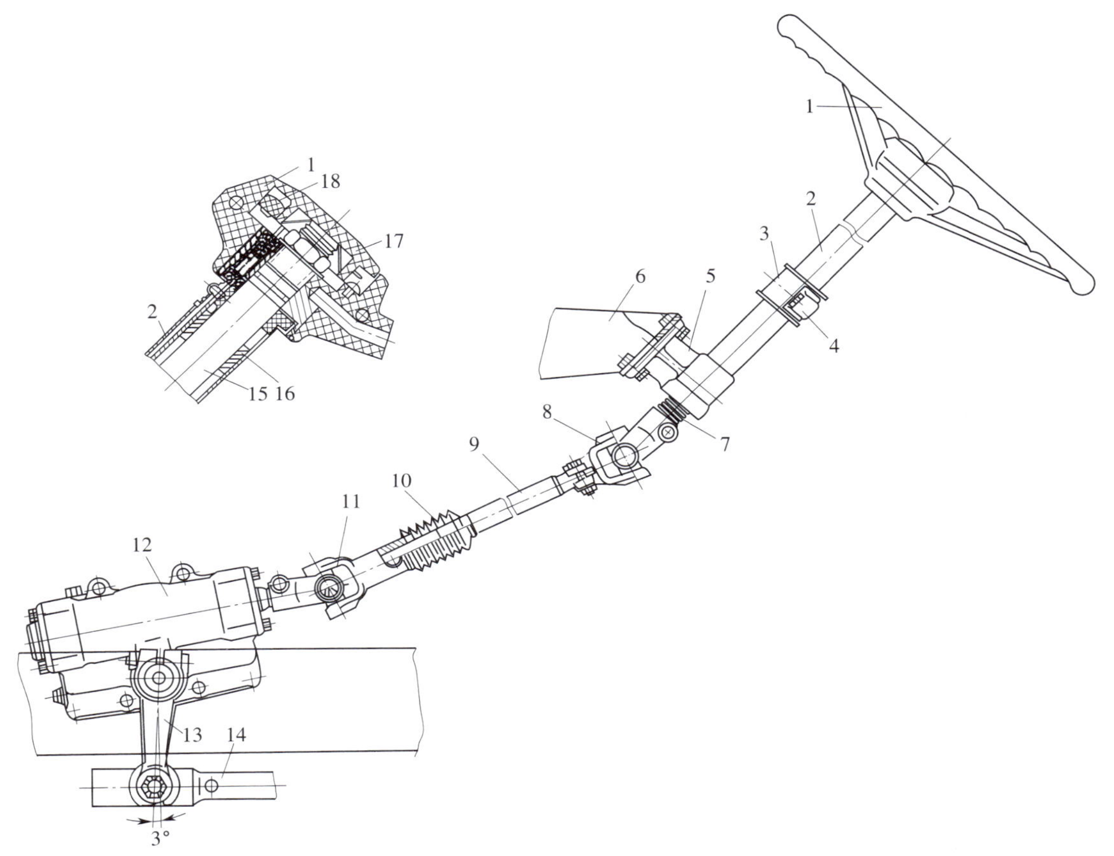

图 4-3-1　带有万向节的转向操纵机构

1—转向盘　2—转向柱管　3—橡胶垫　4—转向柱管支架　5—转向柱管支座　6—转向操纵机构支架　7—转向轴限位弹簧　8—上万向节　9—转向传动轴　10—花键防护套　11—下万向节　12—转向器　13—转向摇臂　14—转向直拉杆　15—转向轴　16—转向轴衬套　17—电喇叭按钮盖　18—搭铁接触板组件

由于在发生车祸时，对驾驶员造成主要威胁的是转向盘及转向柱管等，所以在设计转向操纵机构时，还增加了安全措施，如采用安全转向柱、安全转向轴及能量吸收装置等。

（1）转向盘

转向盘又称方向盘，安装在驾驶室内，如图 4-3-2 所示。因我国交通法规规定机动车靠右侧通行，故国产车辆转向盘安装在驾驶室的左侧，这样驾驶员在超车和会车时视野较为开阔，有利于安全行车。转向盘由钢管骨架外包醋酸纤维等可塑材料制成，有的采用整体泡沫聚氨酯表皮，内部填充聚氨酯硬泡沫，本体为钢骨架结构。转向盘一般有 3~4 根辐条，轮毂有圆孔及键槽，用键和螺母将转向盘固定在转向轴的锥形轴端上。

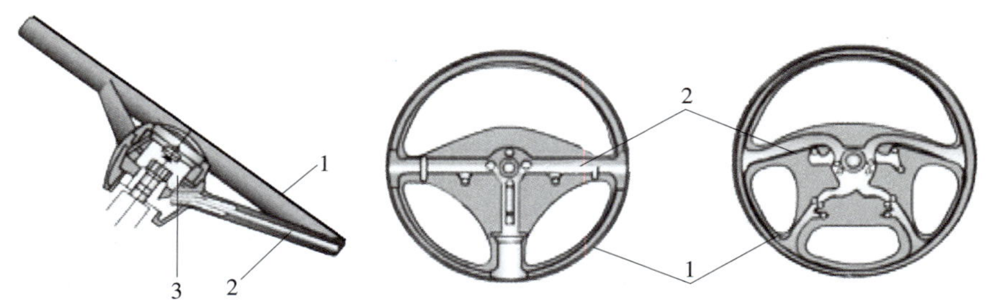

图 4-3-2　转向盘

1—轮圈　2—轮辐　3—轮毂

当车辆发生碰撞时，出于安全性考虑，不仅要求转向盘应有柔软的外表皮，可起缓冲作用，而且要求转向盘在撞车时，其骨架能产生变形，以吸收冲击能量，减轻驾驶员的受伤程度。转向盘上都装有喇叭按钮，有些轿车的转向盘上还装有车速控制开关和撞车时保护驾驶员的气囊装置。

（2）转向轴

转向轴多用无缝钢管制成，它的上部用轴承或衬套支撑在转向柱管内，下部支撑在固定支座内的轴承中，轴承下端装有弹簧，可自动消除转向柱管与转向轴之间的轴向间隙，下端与万向节相连。

转向柱管的下端压装在下固定支座的孔内。下固定支座用两个螺栓固定在驾驶室底板上。转向柱管上端通过上支架固定在驾驶室前围板上。

2. 可分离式安全转向操纵机构

可分离式安全转向操纵机构如图 4-3-3 所示。图 4-3-3a 所示为转向操纵机构的正常工作位置。此类转向操纵机构的转向轴分为上、下两段，两段用安全联轴节连接，上转向轴下部弯曲并在端面上焊接有半月形凸缘盘，盘上装有两个驱动销，与下转向轴上端凸缘压装有尼龙衬套和橡胶圈的孔相配合，形成安全联轴节。一旦发生撞车事故，驾驶员因惯性而以胸部扑向转向盘时，迫使转向柱管压缩位于转向柱管上方的可折叠安全元件而向下移动，使两个驱动销迅速从下转向轴凸缘的孔中退出，从而形成缓冲而减小对驾驶员的伤害。图 4-3-3b 所示为转向盘受撞击后，安全元件被折叠、压缩和安全联轴节脱开使转向柱管产生轴向移动的情形。一汽红旗轿车的安全转向操纵机构与此类似，如图 4-3-4 所示，只是无可折叠安全元件。

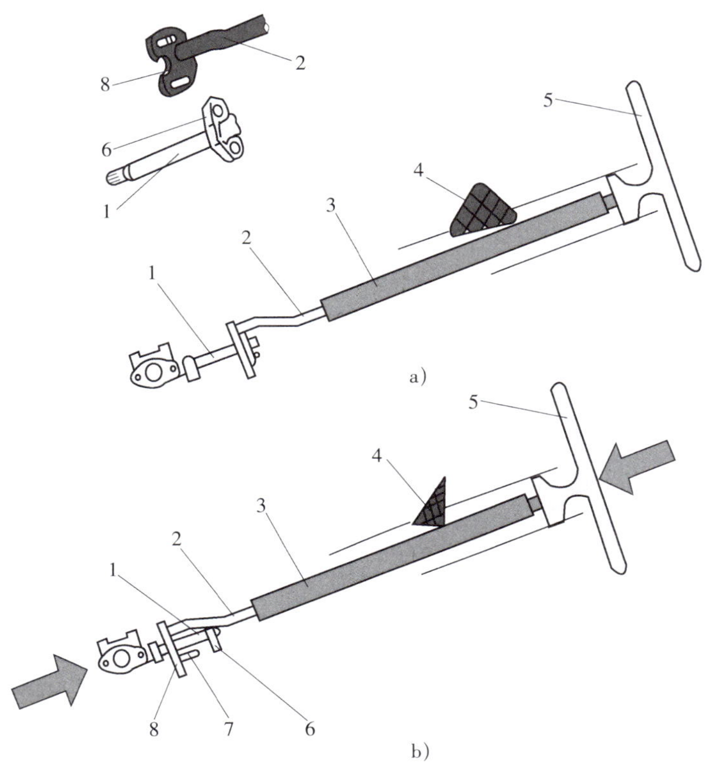

图 4-3-3 可分离式安全转向操纵机构

a）正常工作位置 b）转向盘受撞击后

1—下转向轴 2—上转向轴 3—转向柱管 4—可折叠安全元件 5—转向盘

6—凸缘 7—驱动销 8—半月形凸缘盘

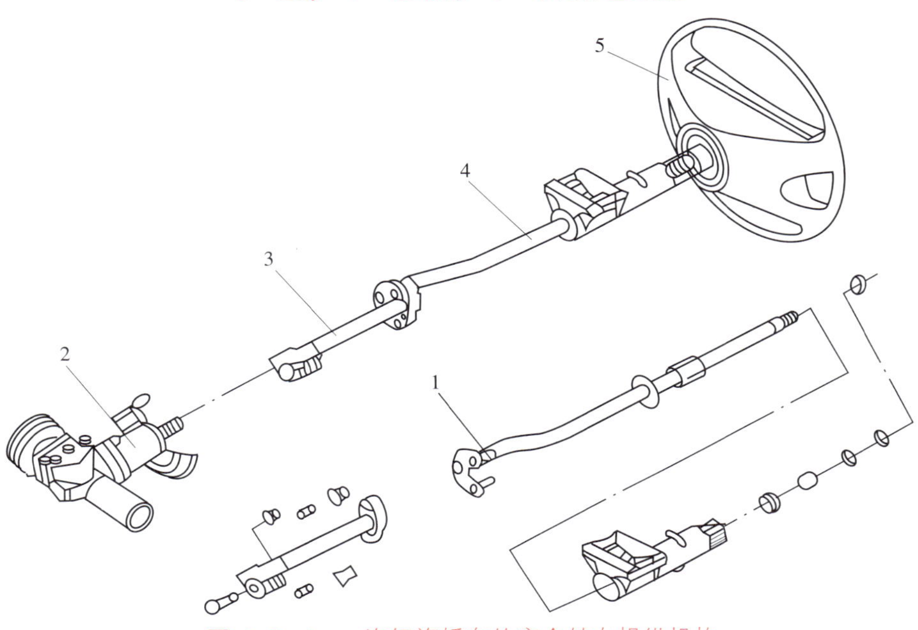

图 4-3-4 一汽红旗轿车的安全转向操纵机构

1—驱动销 2—转向器 3—下转向轴 4—上转向轴 5—转向盘

3. 缓冲吸能式转向操纵机构

缓冲吸能式转向操纵机构的结构能使转向轴和转向柱管在受到冲击后，轴向收缩并吸收冲击能量，从而有效地缓和转向盘对驾驶员的冲击，减轻其所受伤害的程度。

（1）网状管柱变形式

这种转向操纵机构的转向轴分为上、下两段，如图 4-3-5a 所示。上转向轴套装在下转向轴的内孔中，两者通过塑料销接合在一起（也有采用细花键接合的），并传递转向转矩。塑料销的传力能力受到严格限制，它既能可靠地传递转向转矩，又能在受到冲击时被剪断，因此，它起安全销的作用。

这种转向操纵机构的转向柱管的部分管壁制成网格状，使其在受到压缩时很容易轴向变形，并消耗一定的变形能量，如图 4-3-5b 所示。另外，车身上固定转向柱管的托架也是通过两个塑料安全销与转向柱管连接的。当这两个塑料安全销被剪断后，整个转向柱管就能前后自由移动。

当发生第一次碰撞时，其一，塑料销被剪断，上转向轴将沿下转向轴的内孔滑动伸缩；其二，转向柱管上的网格部分被压缩而变形。这两个过程都会消耗一部分冲击能量，从而阻止转向柱管整体向上移动，避免转向盘对驾驶员的挤压伤害。第二次碰撞时，固定转向柱管的塑料安全销被剪断，使转向柱管和转向轴的上端能自由移动。同时，当转向柱管受到来自上端的冲击力后，会再次被轴向压缩变形并消耗冲击能量，如图 4-3-5b 所示。这样，由转向系引起的对驾驶员的冲击和伤害被大大降低。

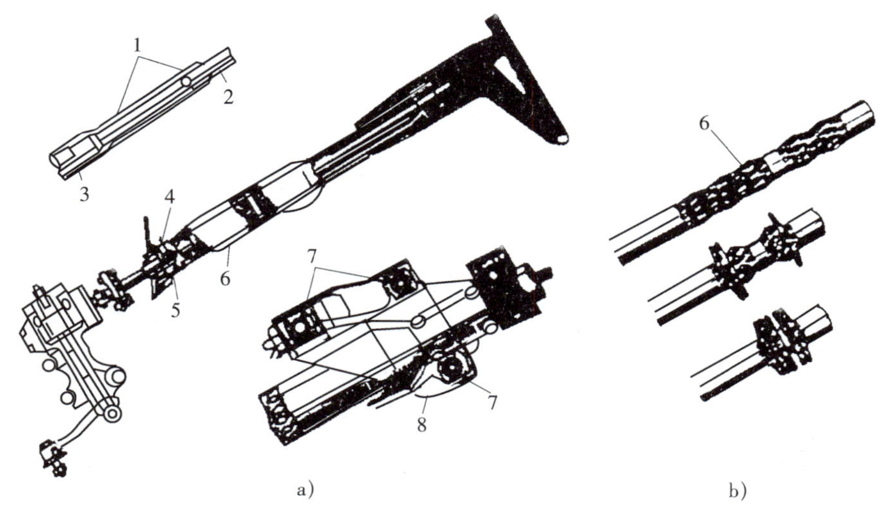

图 4-3-5 网状管柱变形式转向操纵机构

a）碰撞前 b）碰撞后

1—塑料销 2—上转向轴 3—下转向轴 4—凸缘盘 5—下托架

6—转向柱管 7—塑料安全销 8—托架

（2）钢球滚压变形式

图 4-3-6a 所示为一种用钢球连接的分开式转向柱。转向轴分为上转向轴和套在轴上的下转向轴两部分，两者用塑料销连成一体。转向柱管也分为上转向柱管和下转向柱管两部分，上、下转向柱管之间装有钢球，下转向柱管的外径与上转向柱管的内径之间的间隙比钢球直径稍小。上、下转向柱管连同转向柱管托架通过特制橡胶垫固定在车身上，橡胶垫则利用塑料销与托架连接。

当发生第一次碰撞时，连接上、下转向轴的塑料销被切断，下转向轴便套在上转向轴上向上滑动，如图 4-3-6b 所示。在这一过程中，上转向轴和上转向柱管的空间位置没有因冲击而上移，故可使驾驶员免受伤害。第二次碰撞时，连接橡胶垫与转向柱管托架的塑料销被切断，托架脱离橡胶垫，即上转向轴和上转向柱管连同转向盘、托架一起，相对于下转向轴和下转向柱管向下滑动，从而减缓对驾驶员胸部的冲击。在上述两次冲击过程中，上、下转向柱管之间均产生相对滑动。因为钢球的直径稍大于上、下转向柱管的间隙，所以滑动中带有对钢球的挤压，冲击能量就在这种边滑动边挤压的过程中被吸收。日本丰田汽车的一些车型采用这种机构。

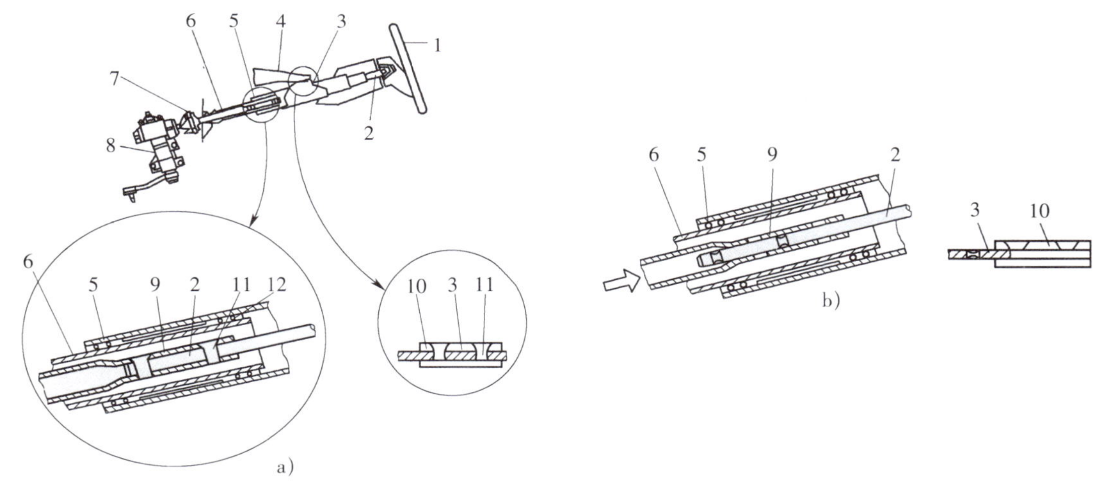

图 4-3-6　钢球滚压变形式转向操纵机构

a）分开式转向柱　b）下转向轴套在上转向轴上向上滑动

1—转向盘　2—上转向轴　3—转向柱管托架　4—车身　5—上转向柱管　6—下转向柱管
7—挠性联轴节　8—转向器总成　9—下转向轴　10—橡胶垫　11—塑料销　12—钢球

（3）波纹管变形吸能式

如图 4-3-7 所示，波纹管变形吸能式转向操纵机构的转向轴和转向柱管都分成两段，上转向轴和下转向轴之间通过细齿花键接合并传递转向转矩，同时它们之间可以做轴向伸缩滑动。在下转向轴的外边装有波纹管，它在受到冲击时能轴向收缩变形并消耗冲击能量。

下转向柱管的上端套在上转向柱管里面，但两者不直接连接，而是通过柱管压圈和限位块分别对它们进行定位。当汽车撞车时，下转向柱管向上移动，在第一次碰撞力的作用下限位块被剪断并消耗能量，同时转向柱管和转向轴都作轴向收缩。在受到第二次碰撞时，上转向轴下移，压缩波纹管，使之收缩变形并消耗冲击能量。

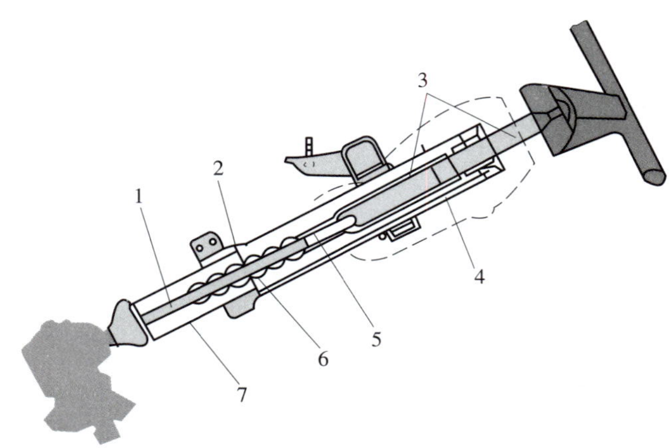

图 4–3–7　波纹管变形吸能式转向操纵机构
1—下转向轴　2—限位块　3—上转向轴　4—上转向柱管　5—细齿花键
6—波纹管　7—下转向柱管

二、转向传动机构

转向传动机构的作用是将转向器输出的力和运动传给转向轮，使两侧转向轮偏转，并使两转向轮偏转角按一定关系变化，以实现汽车转向。

转向传动机构按照悬架的不同可分为与非独立悬架配用的转向传动机构和与独立悬架配用的转向传动机构。

1. 与非独立悬架配用的转向传动机构

与非独立悬架配用的转向传动机构，一般由转向摇臂、转向直拉杆、转向节臂、两个梯形臂和转向横拉杆等组成。两个梯形臂和转向横拉杆组成转向梯形。各杆件之间都采用球形铰链连接，并设有起防止松动、缓冲吸振、自动消除磨损后间隙等作用的结构。

（1）转向梯形的布置形式

当前桥仅为转向桥时，由左、右梯形臂和转向横拉杆组成的转向梯形一般布置在前桥之后，如图 4–3–8a 所示，称为后置式。这种布置简单方便，且后置的横拉杆有前面的车桥作保护，可避免直接与路面障碍物相碰撞而损坏。

当发动机位置较低或前桥为转向驱动桥时，往往将转向梯形布置在前桥之前，如图 4–3–8b 所示，称为前置式。

若转向摇臂不是在汽车纵向平面内前后摆动的而是在与路面平行的平面内左右摆动的

（如北京 BJ2020N 型汽车），则可将转向直拉杆横向布置，并借球头销直接带动转向横拉杆，从而推动左、右梯形臂转动，如图 4–3–8c 所示。

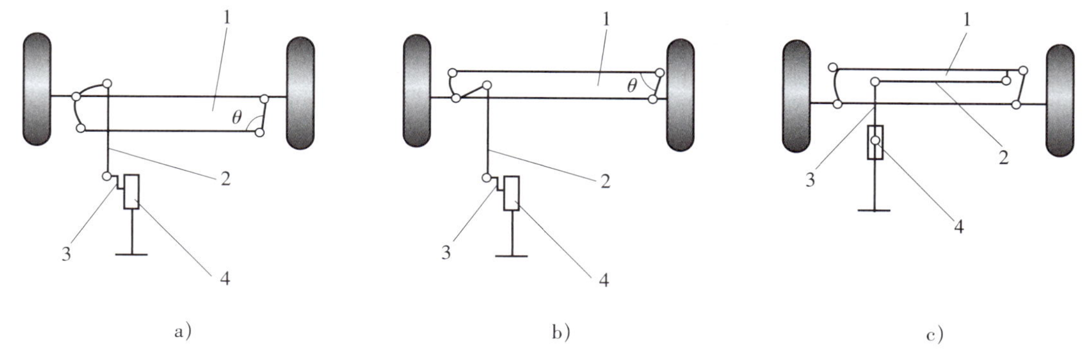

图 4–3–8　转向梯形的布置形式

a）后置式　b）前置式　c）转向直拉杆横向布置

1—转向梯形　2—转向直拉杆　3—转向摇臂　4—转向器

（2）结构组成

1）转向摇臂。图 4–3–9 所示为常见转向摇臂的结构形式。其大端具有三角形花键锥形孔，用以与转向摇臂轴外端相连接，并用螺母固定；其小端带有球头销，以便与转向直拉杆作空间铰链连接。转向摇臂安装后从中间位置向两边摆动的角度应大致相等，故在把转向摇臂安装到摇臂轴上时，二者相应的角度位置应正确。为此，常在摇臂大孔外端面上和摇臂轴的外端面上各刻有短线，或在二者的花键部分上都少铣一个齿作为装配标记，装配时应将标记对齐。

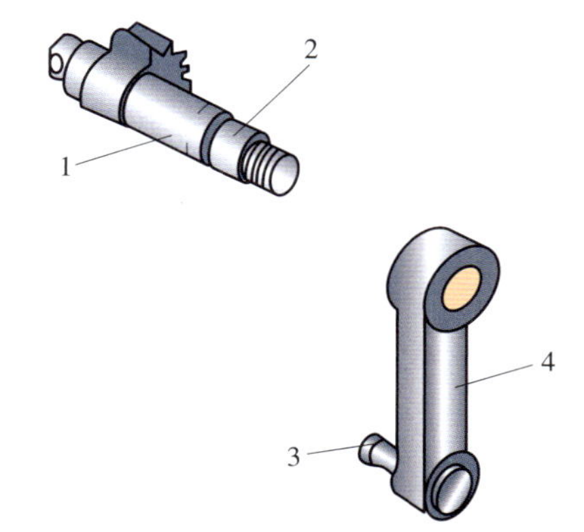

图 4–3–9　常见转向摇臂的结构形式

1—转向摇臂轴　2—带锥度的三角形花键

3—球头销　4—转向摇臂

2）转向直拉杆。转向直拉杆是转向摇臂与转向节臂之间的传动杆件，图 4–3–10 所示为载货汽车的转向直拉杆。在转向轮偏转而且因悬架弹性变形而相对于车架跳动时，转向直拉杆与转向摇臂及转向节臂的相对运动都是空间运动。因此，为了不发生运动干涉，三者之间的连接都是球形铰链。

直拉杆体由两端扩大的钢管制成，在扩大的端部里，装有由球头销、球头座、弹簧座、压缩弹簧和螺塞等组成的球形铰链。球头销的锥形部分与转向摇臂连接，并用螺母固定；其球头部分的两侧与两个球头座配合，前球头座靠在端部螺塞上，后球头座在弹簧的作用下压靠在球头上，这样，两个球头座就将球头紧紧夹持住。为保证球头与球头座的润滑，可从油嘴注入润滑脂。拆装时供球头出入的直拉杆体上的孔口用油封垫护套盖住，以防止润

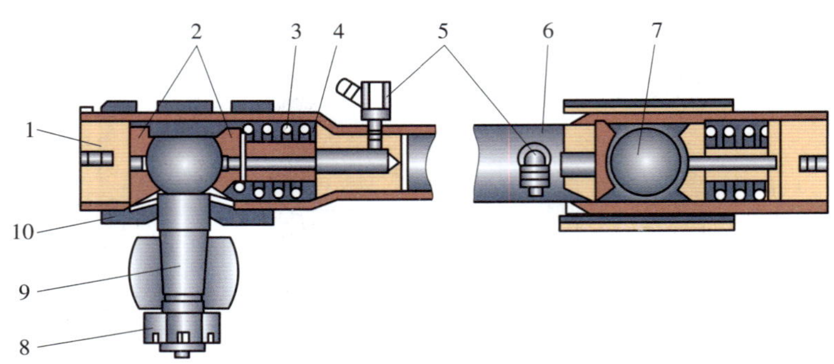

图 4–3–10　载货汽车的转向直拉杆

1—端部螺塞　2—球头座　3—压缩弹簧　4—弹簧座　5—油嘴　6—直拉杆体
7—转向节臂球头销　8—螺母　9—球头销　10—油封垫护套

滑脂流出和污物侵入。

压缩弹簧能自动消除因球头与球头座磨损而产生的间隙，弹簧座的小端与球头座之间留有不大的间隙，作为弹簧缓冲的余地，并可限制缓冲时弹簧的压缩量（防止弹簧过载）。此外，当弹簧折断时此间隙可保证球头销不致从管孔中脱出。端部螺塞可以调整此间隙，调整间隙的同时也调整前弹簧的预紧度，调好后用开口销固定螺塞的位置，以防松动。

3）转向横拉杆。转向横拉杆是转向梯形机构的底边。横拉杆体用钢管制成，其两端切有螺纹，一端为右旋，一端为左旋，与横拉杆接头旋装连接，如图 4–3–11a 所示。两端接头结构相同，如图 4–3–11b 所示。接头的螺纹孔壁上开有轴向切口，故具有弹性，旋装到杆体上后可用螺栓夹紧。旋松夹紧螺栓以后，转动横拉杆体，可改变转向横拉杆的总长度，从而调整转向轮前束。

在横拉杆两端的接头上都装有球头销等零件组成的球形铰链。球头销的球头部分被夹在上、下球头座内，球头座用聚甲醛制成，有较好的耐磨性。球头座如图 4–3–11c 所示。装配时上、下球头座凹凸部分互相嵌合。弹簧通过弹簧座压向球头座，以保证两球头座与球头的紧密接触，在球头和球头座磨损时能自动消除间隙，同时还起缓冲作用。弹簧的预紧力由螺塞调整。球头座上部有防尘罩，以防止尘土侵入。球头销的尾部锥形柱与梯形臂连接，并用螺母固定、开口销锁紧。

2. 与独立悬架配用的转向传动机构

当转向轮采用独立悬架时，由于每个转向轮都需要相对于车架（或车身）做独立运动，所以，转向桥必须是断开式的。与此同时，转向传动机构中的转向梯形也必须分成两段或三段。图 4–3–12 所示为几种与独立悬架配用的转向传动机构示意图。其中，图 4–3–12a、图 4–3–12b 所示为与循环球式转向器配用的转向传动机构，图 4–3–12c、图 4–3–12d 所示为与齿轮齿条式转向器配用的转向传动机构。

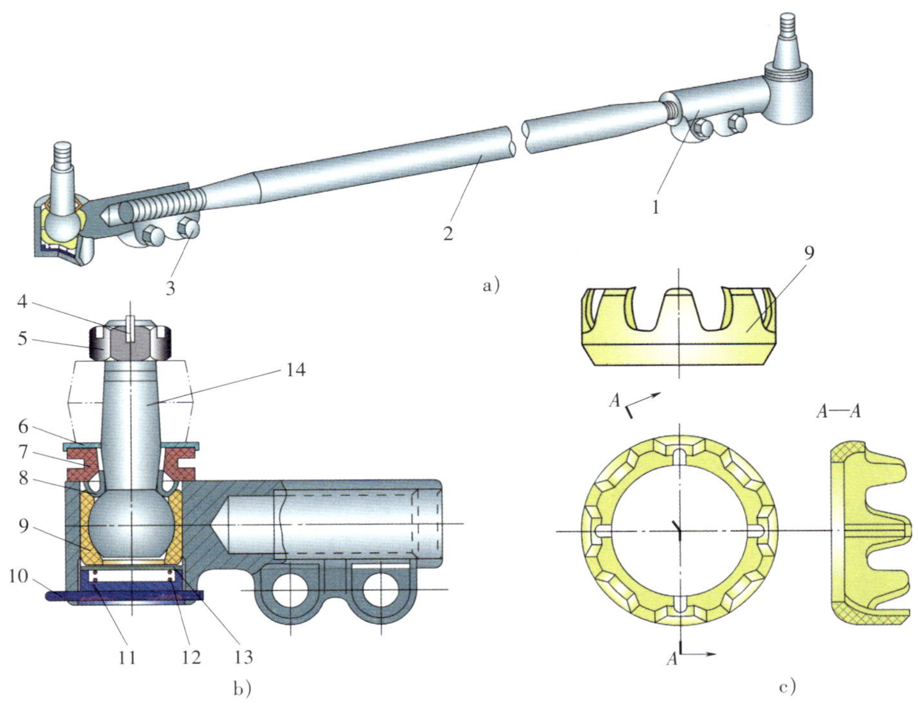

图 4-3-11 转向横拉杆

a）转向横拉杆 b）接头 c）球头座

1—横拉杆接头 2—横拉杆体 3—夹紧螺栓 4—开口销 5—槽形螺母

6—防尘垫座 7—防尘垫 8—防尘罩 9—球头座 10—限位销

11—螺塞 12—弹簧 13—弹簧座 14—球头销

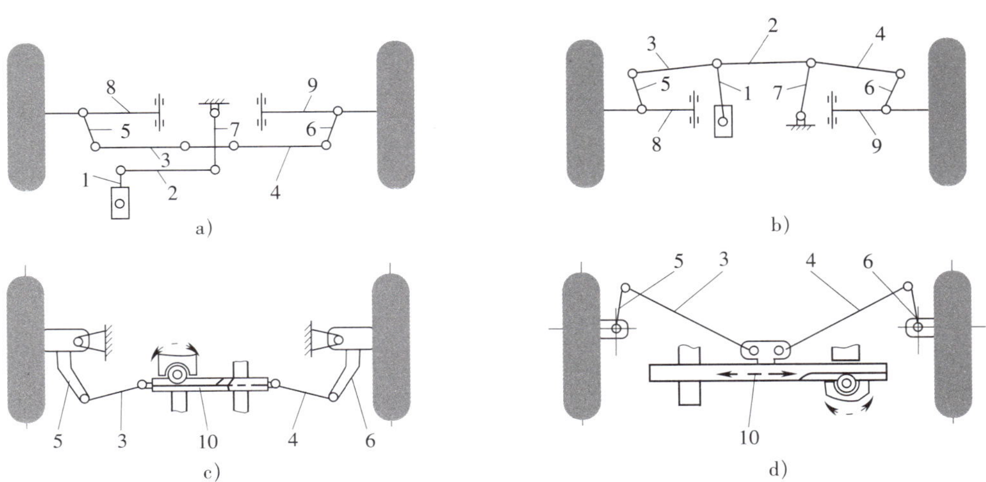

图 4-3-12 几种与独立悬架配用的转向传动机构示意图

a）、b）与循环球式转向器配用 c）、d）与齿轮齿条式转向器配用

1—转向摇臂 2—转向直拉杆 3—左转向横拉杆 4—右转向横拉杆 5—左梯形臂

6—右梯形臂 7—摇杆 8—悬架左摆臂 9—悬架右摆臂 10—齿轮齿条式转向器

轿车转向传动机构如图 4-3-13 所示。转向齿条一端输出动力，齿条输出端 8 铣有平面并钻孔，用两个螺栓与转向支架 17 连接。转向支架 17 下端的两个孔分别与左、右转向横拉杆总成 15、12 的内端相连。转向横拉杆外端的球头销 16、13 分别与左、右转向节臂连接。通过调节杆 A、B 可以改变两根转向横拉杆总成的长度，以调整前束。

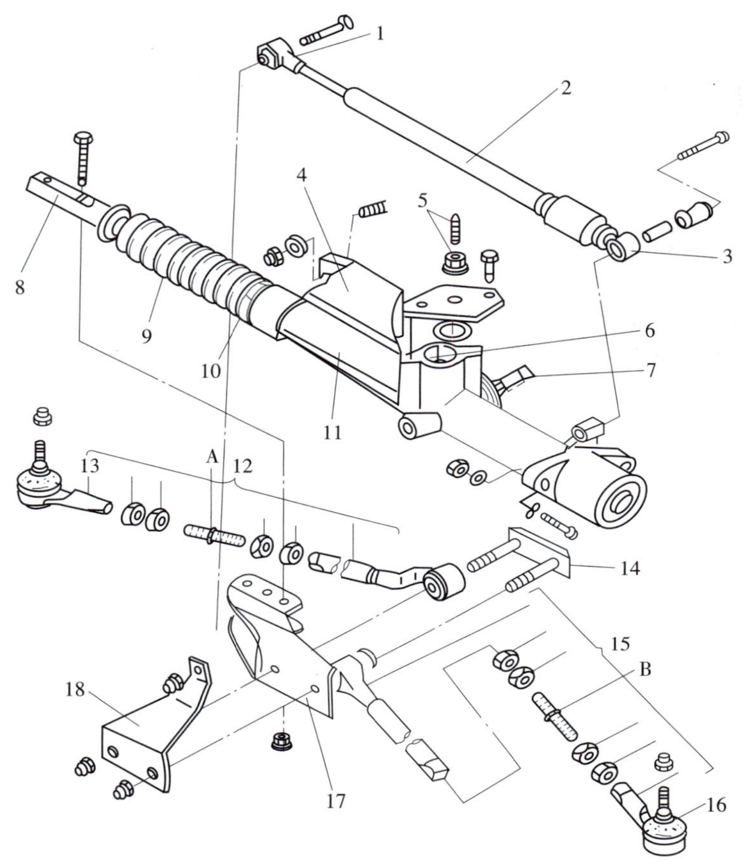

图 4-3-13　轿车转向传动机构

1—转向减振器活塞杆端　2—转向减振器　3—转向减振器接受振动端　4—转向器壳体凸台　5—锁紧螺母与调整螺栓　6—补偿弹簧　7—转向齿轮轴　8—齿条输出端　9—防尘罩　10—卡箍　11—转向器壳体　12—右转向横拉杆总成　13—右横拉杆球头销　14—连接件　15—左转向横拉杆总成　16—左横拉杆球头销　17—转向支架（齿条与横拉杆连接件）　18—转向减振器支架　A、B—调节杆

为了避免转向轮的摆振、减缓传至转向盘上的冲击和振动，转向器上还装有转向减振器 2。转向减振器接受振动端 3 固定在转向器壳体 11 上，其活塞杆端 1 经转向减振器支架 18 与转向齿条连接。

技能训练

一、转向操纵机构的检修

以大众朗逸轿车为例。

实训准备：

设备：大众朗逸轿车、举升机。

工具：常用拆装工具、扭力扳手。

材料：手套、抹布。

资料：汽车维修手册。

1. 分解

转向盘上装有安全气囊和喇叭开关等电气部件，转向柱上装有一套组合开关，包括点火开关、前风窗刮水器及洗涤器开关、转向灯开关及远近光变光开关，因此在拆卸分解前必须将蓄电池电源线断开，并使车轮处于直线行驶位置，按下列步骤进行。

（1）将转向柱调节至中间高度，拆卸驾驶员侧安全气囊单元。

（2）在转向盘和转向柱上做定位标记，旋出内十二角花键螺栓，并从转向柱上拔出转向盘，如图 4–3–14 所示。

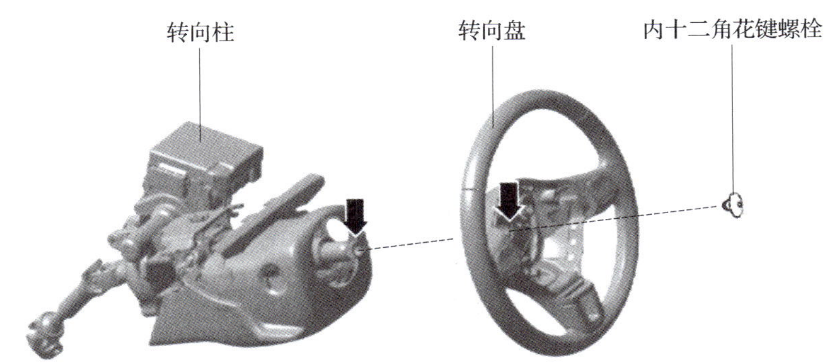

图 4–3–14　拆卸转向盘

（3）将插头从防盗锁止系统读取线圈中拔出，将插头连接从转向锁止器壳体中拔下，如图 4–3–15 所示。

（4）拧下螺栓，断开转向柱的接地线，把接地线束和组合开关的线束从线束支架中取出，如图 4–3–16 所示。

（5）拧下螺栓，拆卸盖板，如图 4–3–17 所示。

（6）将内十二角花键螺栓拧下，并沿箭头 A 方向拔出万向节，如图 4–3–18 所示。

（7）将六角螺栓从转向柱上拧下并握住转向柱，轻轻地放低转向柱并小心地将其向前从安装支架上拉出，如图 4–3–19 所示。

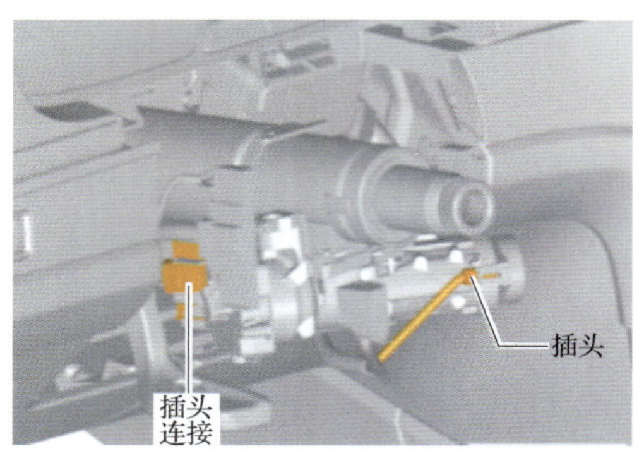

图 4-3-15　拔下防盗锁止系统线束

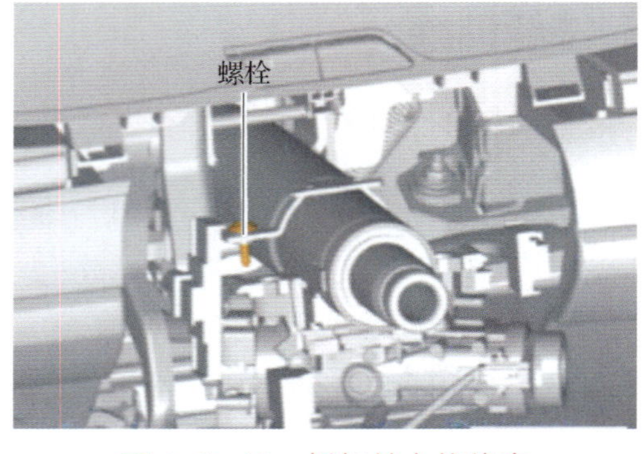

图 4-3-16　拆卸转向柱线束

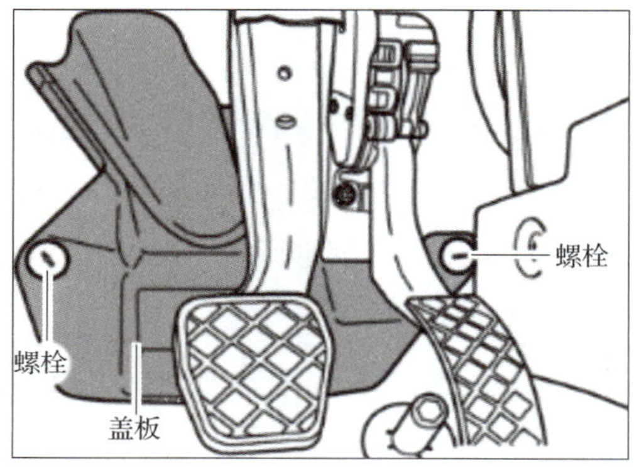

图 4-3-17　拆卸盖板

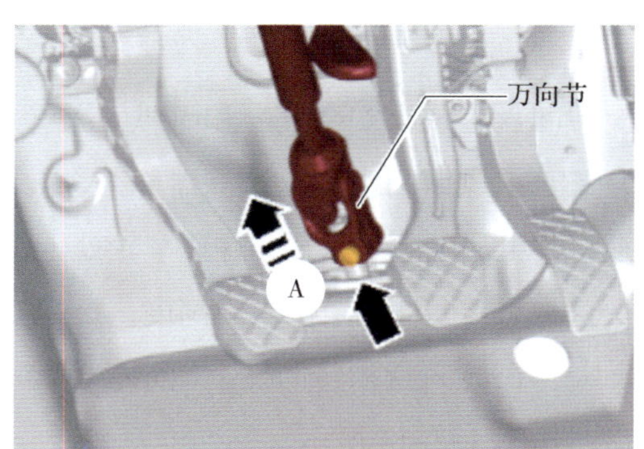

图 4-3-18　拔出万向节

图 4-3-19　拆卸转向柱

2. 检查

检查转向柱有无弯曲，安全联轴节有无磨损和损坏，弹簧弹性是否失效，如有，则应修理或更换新件。

3. 安装

转向盘和转向柱的安装基本按拆卸的相反顺序进行，但同时应注意以下几点：

（1）操作电气设备和安装转向盘之前必须满足下列条件：一是断开蓄电池搭铁线；二是车轮必须处于直线行驶位置。如果不按此操作，可能会导致安全气囊失灵。

（2）复位环连同滑环的拆卸和安装必须在车轮处于直线行驶位置时进行，新的复位环和滑环用导线扎带固定在中间位置。

（3）安装转向柱时，务必注意螺栓拧紧顺序。

（4）用双手搬运转向柱，握住转向柱上端的壳体和万向节的顶部区域。不允许搬运转向柱时使用一只手握住传动轴以及万向节弯曲超过 90°，否则会导致转向柱下部轴承的万向节壳体损坏。

（5）安装安全气囊后，连接蓄电池期间不允许有人停留在车内，以避免人身意外发生。

（6）转向盘到转向柱的螺栓，每次拆装都要更换新件。

（7）车轮应处于直线行驶位置，才可安装转向盘，否则有可能造成时钟弹簧损坏。

二、转向传动机构的检修

以大众朗逸轿车为例。

实训准备：

设备：大众朗逸轿车、举升机。

工具：常用拆装工具、扭力扳手、软管扎带钳、开口扳手、变速器支撑架。

材料：手套、抹布。

资料：汽车维修手册。

1. 分解

（1）将转向盘转到直线行驶位置，拆卸车轮。

（2）清洗橡胶防尘罩区域中的转向器外部。

（3）在转向横拉杆上标记螺母的位置，松开螺母，同时固定转向横拉杆接头。将弹簧卡箍用软管扎带钳 V.A.G 1275 从橡胶防尘罩上松开并推到转向横拉杆上。拆卸卡箍并从转向器外壳上拉下橡胶防尘罩，如图 4-3-20 所示。

（4）用开口扳手 Hazet 6450d-21 和扭力扳手拧紧防松螺母，同时固定住转向横拉杆接头。将转向横拉杆从转向横拉杆接头中旋出，从转向横拉杆上拆卸带弹簧卡箍的橡胶防尘罩，如图 4-3-21 所示。

（5）拆卸转向器后，封闭助力转向器上的管路接头。

（6）将转向器用变速器支撑架 T10108 固定并将转向横拉杆从转向齿条上拧下，如图 4-3-22 所示。

2. 检查

（1）检查球形铰链是否磨损和松旷，调整螺栓的螺纹有无乱纹、滑扣和损坏，转向横拉杆是否弯曲。检查连接支架和减振支架有无变形、开裂，如有，则应更换。

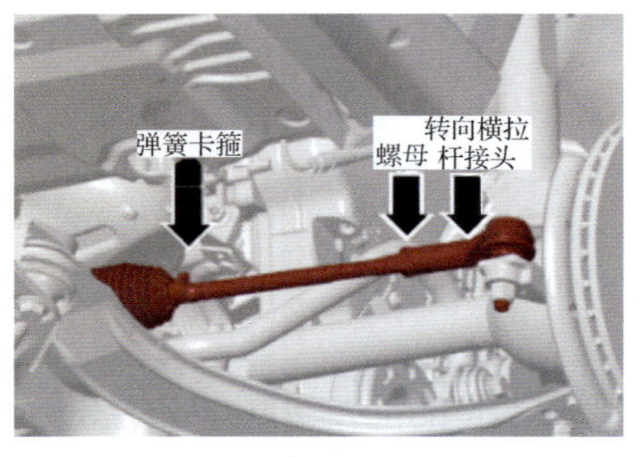

图 4–3–20　拆卸橡胶防尘罩卡箍

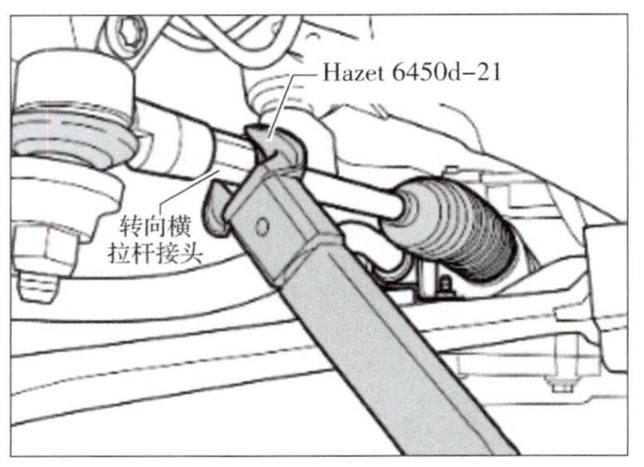

图 4–3–21　拆卸橡胶防尘罩

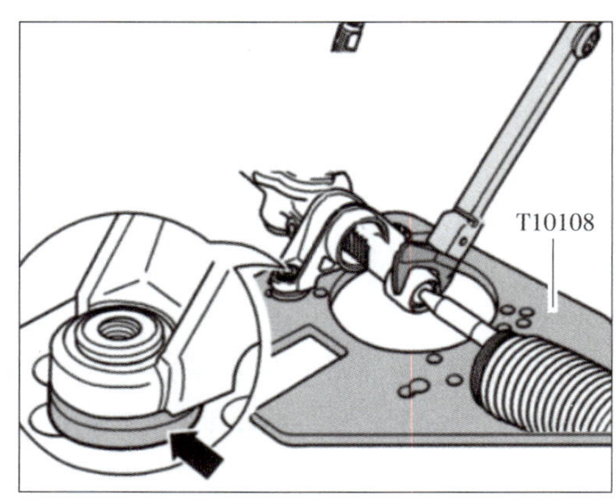

图 4–3–22　拆卸转向横拉杆

（2）检查防尘罩是否磨损（切痕、裂纹），并检查防尘罩的密封表面是否清洁。

3. 安装

转向传动机构的安装基本按拆卸的相反顺序进行。

三、转向传动机构主要组成部件的检查与调整

实训准备：

设备：实训车辆、举升机。

工具：常用拆装工具、扭力扳手。

材料：手套、抹布。

资料：汽车维修手册。

1. 转向摇臂的检查

（1）用磁力探伤法检查转向摇臂是否有裂纹，若有裂纹，应更换。

（2）转向摇臂内花键应无磨损、损坏，花键应无明显扭曲，若有，应更换。

（3）检查转向摇臂下端与转向直拉杆球头销的连接，应牢固、可靠，不可松旷，否则应修复。

（4）转向摇臂花键孔端面应比转向摇臂轴花键端面高出 2 ~ 5 mm。

2. 转向拉杆的检查

（1）横、直拉杆不应有裂纹和其他损伤。直拉杆应无明显变形。横拉杆直线度误差不得大于 2 mm，否则应校直。

（2）各螺纹部位不应有损坏，与螺塞配合不松旷，否则应更换。

（3）球头销、球头座应无裂纹，球头销颈部磨损不得超过 1 mm，球面磨损失圆不得大于 0.50 mm，螺纹应完好；弹簧不应有弹力减弱或折断。

3. 转向节臂和梯形臂的检查

（1）检查转向节臂和梯形臂是否有裂纹，若有，应更换。

（2）检查两端的固定与连接部位，不应有松动，要求牢固、可靠。

4. 转向拉杆球头销预紧度的调整

（1）组装横、直拉杆总成时，应加足润滑脂，将螺塞旋到底后再退回 1/4 ~ 1/2 圈，并使开口销孔对准，然后穿入开口销锁止螺塞。

（2）装合后各球头销应转动灵活，不松旷、不卡死。各部件连接牢固、开口销齐全、防尘装置完好。

小结

1. 汽车转向操纵机构主要由转向盘、转向轴及转向柱管等机件组成。

2. 可分离式安全转向操纵机构及缓冲吸能式转向操纵机构的结构特点。

3. 转向传动机构的作用是将转向器输出的力和运动传给转向轮，使两侧转向轮偏转，并使两转向轮偏转角按一定关系变化，以实现汽车转向。

4. 转向传动机构按照悬架的不同可分为与非独立悬架配用的转向传动机构和与独立悬架配用的转向传动机构。

课题4 动力转向系

学习目标

1. 熟悉动力转向系的类型、特点。
2. 掌握动力转向系的构造和工作原理。
3. 能正确使用工量具和设备，根据维修手册要求，完成动力转向系的拆装及检修。

一、动力转向系概述

普通转向系很难兼顾汽车转向操纵省力且反应灵敏两方面的要求，为解决这一矛盾，在中型以上的货车和轿车中采用动力转向系。采用动力转向系的汽车，依靠驾驶员的体力与其他动力共同作为转向能源。动力转向系分液压动力转向系和电动助力转向系两类（以下主要介绍液压动力转向系）。在正常情况下汽车转向时，只有小部分转向动力是驾驶员提供的，而大部分是由发动机驱动液压泵所产生的液压能提供的，用以将发动机输出的部分机械能转化为液压能，并在驾驶员控制下，对转向传动机构或转向器中某一传动件施加不同方向的液压作用力，以减轻驾驶员的转向操纵力，这一系统称为动力转向系。

液压动力转向系由机械转向器、转向控制阀、转向动力缸、转向油泵、转向油罐等组成。

液压动力转向系的工作压力可达 10 MPa 以上，其部件结构紧凑、尺寸很小。液压系统工作时无噪声，工作滞后时间短，而且能吸收来自不平路面的冲击。因此，液压动力转向系已在各类各级汽车上获得广泛应用。

液压动力转向系按系统内部压力状态分，有常压式和常流式两种。

1. 常压式液压动力转向系

常压式液压动力转向系如图 4–4–1 所示。在汽车直线行驶，转向盘保持中间位置时，转向控制阀经常处于关闭位置。转向油泵输出的压力油充入储能器。当储能器压力增大到规定值后，油泵即自动卸荷空转，从而储能器压力得以限制在规定值以下。当转动转向盘时，机械转向器即通过转向摇臂等杆件使转向控制阀转入开启位置。此时储能器中的压力油即流入转向动力缸。动力缸输出的液压作用力作用在转向传动机构上，以补偿机械转向器输出动力的不足。转向盘一停止运动，转向控制阀便随之恢复到关闭位置。于是，转向加力作用终止。由此可见，无论转向盘处于中间位置还是转向位置，也无论转向盘保持静止还是运动状态，该系统工作管路中总是保持高压。

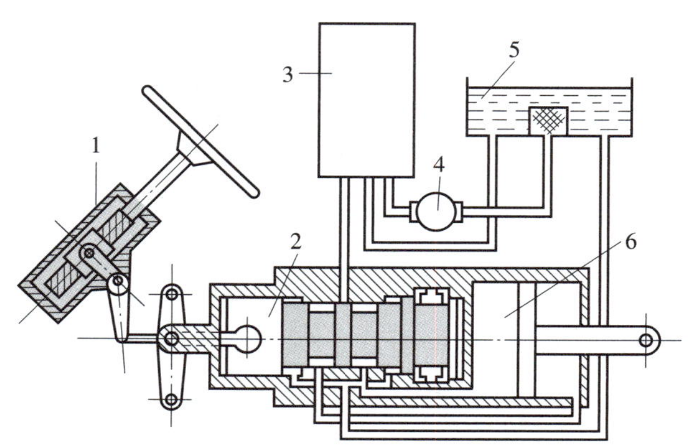

图 4–4–1　常压式液压动力转向系

1—机械转向器　2—转向控制阀　3—储能器　4—转向油泵　5—转向油罐　6—转向动力缸

2. 常流式液压动力转向系

常流式液压动力转向系如图 4–4–2 所示。不转向时，转向控制阀保持开启，转向动力缸活塞两边的工作腔由于都与低压回油管路相通而不起作用。转向油泵输出的油液流入转向控制阀，又由此流回转向油罐。因转向控制阀的节流阻力很小，故油泵输出压力也很低，油泵实际上处于空转状态。当驾驶员转动转向盘，通过机械转向器使转向控制阀处于与某一转弯方向相应的工作位置时，转向动力缸的相应工作腔与回油管路隔绝，转而与油泵输出管路相通，而转向动力缸的另一腔则仍然通回油管路。地面转向阻力经转向传动机构传到转向动力缸的推杆和活塞上，形成比转向控制阀节流阻力高得多的油泵输出管路阻力。于是转向油泵输出压力急剧升高，直到足以推动转向动力缸活塞。转向盘停止转动后，转向控制阀随即回到中间位置，使转向动力缸停止工作。

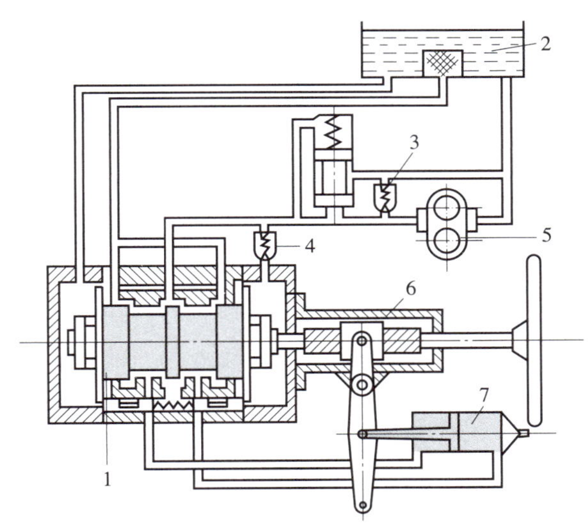

图 4–4–2 常流式液压动力转向系

1—转向控制阀 2—转向油罐 3—安全阀 4—单向阀 5—转向油泵 6—机械转向器 7—转向动力缸

上述两种液压动力转向系相比，常压式的优点在于有储能器积蓄液压能，可以使用流量较小的转向油泵，而且可以在油泵不运转的情况下保持一定的转向加力能力，使汽车有可能持续行驶一定距离，这一点对于重型汽车尤为重要；常流式的优点则是结构简单，油泵使用寿命较长，泄漏较少，消耗功率也较小。因此，目前除少数重型汽车采用常压式液压动力转向系外，其余多采用常流式液压动力转向系。

根据机械转向器、转向动力缸和转向控制阀三者在转向装置中的布置和连接关系的不同，液压动力转向系分为整体式、组合式和分离式三种结构形式。

整体式液压动力转向系的转向控制阀、转向动力缸和机械转向器组合成一个整体，安装在转向轴的下端。这种转向装置结构紧凑，输油管路简单，在汽车上容易布置，但要从汽车上将它拆下修理较为困难。另外，动力转向系中的所有零件都要承受由转向动力缸增强的转向力，所以，这些零件的结构强度要加大，转向器本身对密封性能的要求也要提高。整体式液压动力转向系在轿车上应用较为广泛，在重型汽车上也有应用。

组合式液压动力转向系将机械转向器、转向动力缸和转向控制阀三者中的两者组合制成一个整体。常见的有两种形式：一种是将转向动力缸与转向控制阀组合成一个整体（称为转向加力器）布置在转向传动机构中，而机械转向器作为独立部件；另一种是将转向控制阀与机械转向器组合成一个部件（称为半整体式动力转向器），转向动力缸则作为独立部件。

分离式液压动力转向系的转向动力缸、转向控制阀与机械转向器都是单独设置的。这种转向装置在结构紧凑、安装位置狭小的轻型载货汽车和轿车上有所应用，但应用范围较小。本书只介绍整体式液压动力转向系。

液压动力转向系按其转向控制阀阀芯的运动方式，还可分为滑阀式和转阀式两种形式。

二、动力转向系的工作原理

1. 常流式液压动力转向器（滑阀式）

图 4–4–3 为常流式液压动力转向器工作示意图。

汽车直线行驶时，如图 4–4–3c 所示，滑阀在回位弹簧的作用下保持在中间位置。转向控制阀内各环槽相通，自转向油泵输送出来的油液进入阀体环槽 A 之后，经环槽 B 和环槽 C 分别流入转向动力缸的 R 腔和 L 腔，同时又经环槽 D 和环槽 E 进入回油管路流回转向油罐。这时，滑阀与阀体各环槽槽肩之间的间隙相等，油路畅通，转向动力缸因左、右腔油压相等而不起加力作用。

开始转动转向盘时，因为转向阻力很大，所以转向螺母保持不动。当转向盘施加的力使转向螺杆所受轴向力大于回位弹簧的预紧力和反作用柱塞上的油压作用力时，转向螺杆就克服间隙 h 产生轴向移动，其移动方向取决于转向盘转动的方向。此时，滑阀也随之做轴向移动，使油路发生变化。

汽车右转弯时如图 4–4–3a 所示，驾驶员通过转向盘使转向螺杆向右转动（顺时针）。开始时，转向螺母暂时不动，具有左旋螺纹的转向螺杆在转向螺母的推动下向右轴向移动，带动滑阀压缩弹簧向右移动，消除左端间隙 h。此时环槽 C 与环槽 E 之间、A 与 B 之间的油路通道被滑阀和阀体相应的槽肩封闭。而环槽 A 与环槽 C 之间的油路通道增大，转向油泵送来的油液自 A 经 C 流入转向动力缸的 L 腔，成为高压油区。R 腔油液经环槽 B、D 及回油管路流回转向油罐，转向动力缸的活塞右移，使转向摇臂逆时针转动，从而起加力作用。

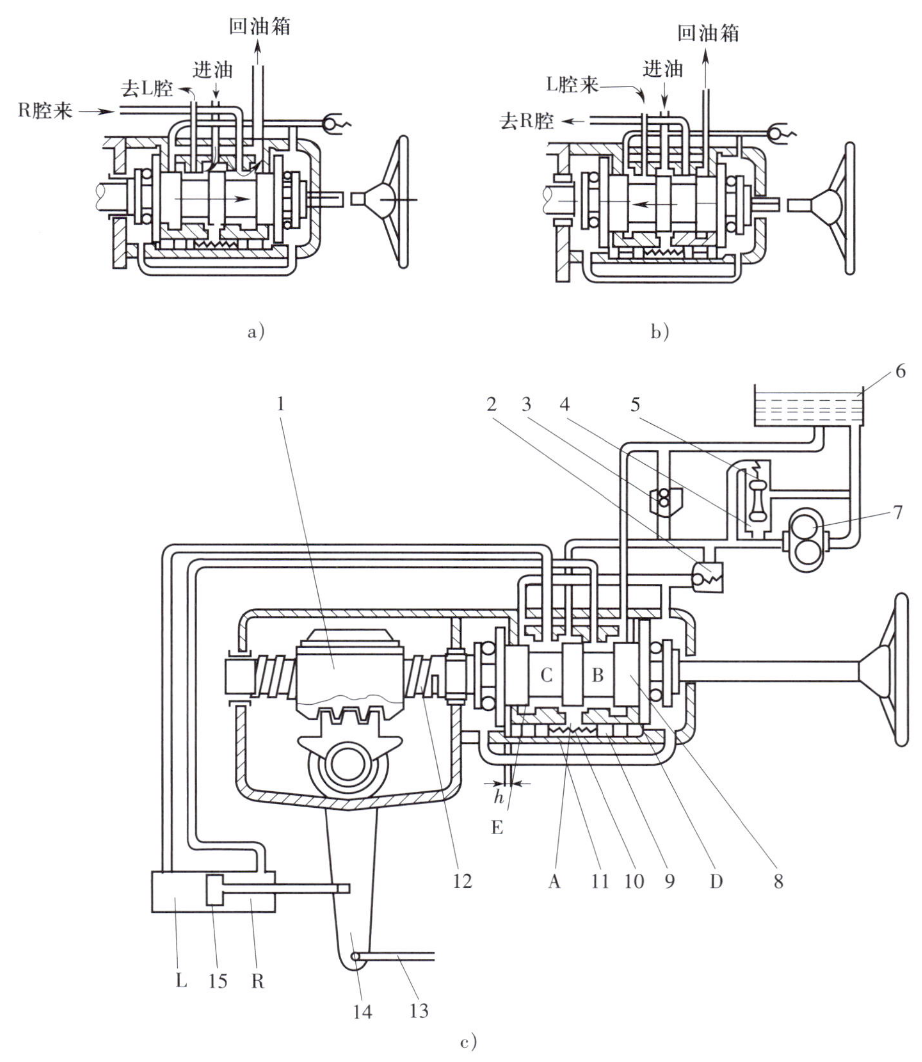

图 4-4-3 常流式液压动力转向器工作示意图

a）右转弯时 b）左转弯时 c）直线行驶时

1—转向螺母 2—单向阀 3—安全阀 4—量孔 5—溢流阀 6—转向油罐 7—转向油泵 8—滑阀 9—反作用柱塞 10—回位弹簧 11—阀体 12—转向螺杆 13—转向直拉杆 14—转向摇臂 15—转向动力缸

在转向盘和转向螺杆顺时针方向转动过程中，上述的液压加力一直存在。当转向盘转过一定角度而保持不动时，转向螺母便不能继续相对于转向螺杆左移。但此时转向动力缸活塞在油压作用下继续向右移动，从而带动转向螺母、转向螺杆和滑阀一起左移，直至滑阀位于中间稍偏右的位置。此时活塞的推力与回正转矩相平衡，动力转向系停止工作，转向轮不再继续偏转，而保持已转过的转向角度。由此可见，采用动力转向器后，转向轮偏转的开始和终止都要略微滞后一些。

汽车左转弯时如图 4–4–3b 所示。此时滑阀左移，转向动力缸加力方向相反。

动力转向器工作时，转向动力缸活塞的移动速度除随转向盘的转速变化（转向控制阀开度变化）外，还取决于转向油泵的供油量。转向油泵供油不足，会使转向速度减慢，转向沉重；供油过多，会使转向过分灵敏，操纵转向盘时有“发飘”的感觉。转向油泵供油量受发动机转速的影响很大。要求发动机怠速运转时，转向油泵应有足够的排量，以满足转向时的要求，但这会使发动机高速运转时，转向油泵的排量过大。为此，在液压供油系统内装有量孔和溢流阀，当转向油泵排量过大时，溢流阀开启，一部分工作油经溢流阀返回转向油泵进油口。

在装置中高、低压油路之间装有一个单向阀。在正常情况下，单向阀是关闭的，一旦转向油泵失效或发动机熄火，为保证汽车以人力实现机械转向，此时单向阀在进、回油管压力差的作用下打开，形成一个小循环回路，以减小人力转向时的液压阻力。

安全阀的作用是限制转向油泵的最大压力，使转向油泵及其他部件不致因过载而损坏。

反作用柱塞的作用是将路面阻力情况成比例地反映到转向盘上，使驾驶员对道路情况心中有数，即有“路感”。某些大吨位的矿用车辆，由于载荷大，车速较低，无反作用柱塞。

2. 大众轿车液压动力转向系（转阀式）

（1）结构

图 4–4–4 所示为大众轿车液压动力转向系，主要由转向油泵、分配阀（又称控制阀）、溢流阀、限压阀、储油罐（转向油罐）、转向器（齿轮齿条式）、工作缸（转向动力缸）和油管等组成，其中转向器与助力装置为整体式的，即工作缸、分配阀和转向器装配在一起。在转向齿条与转向齿轮啮合位置的背面装有由弹簧压紧的压块，通过调节螺钉来改变弹簧的预紧力，可消除齿轮齿条的啮合间隙。

（2）工作原理

工作时，转向油泵在发动机传动带驱动下从储油罐中吸进液压油（ATF 润滑油，也称转向助力油），并将具有压力的液压油输入动力转向器的分配阀处。控制阀与转向齿轮装在一起，并受到转向齿轮操控，从控制阀出来的液压油控制转向齿条的运动，转向动力缸和活塞总成与转向齿条安装在一起，如图 4–4–5 所示。分配阀控制液压油的流向，根据转向盘输出转向力的大小和方向，分配阀控制液压油返回储油罐，并使适当的液压油进入工作缸。在油压的助力下，推动转向齿条。工作缸另一边的液压油在转向器活塞和油压作用下，通过分配阀流回储油罐。转向器中活塞两边的压力差使转向盘转动轻便。

动力转向器的阀孔同时也具有节流阻尼的作用，不需要像机械转向器那样另外加转向减振器，在转向回正时，通过阀的阻尼力来防止转向回正速度过快，增加转向回正的舒适性，或者通过阻尼作用减轻汽车直线行驶时不平路面对前轮的冲击引起的转向盘抖动和打手，提高其保持直线行驶的能力。

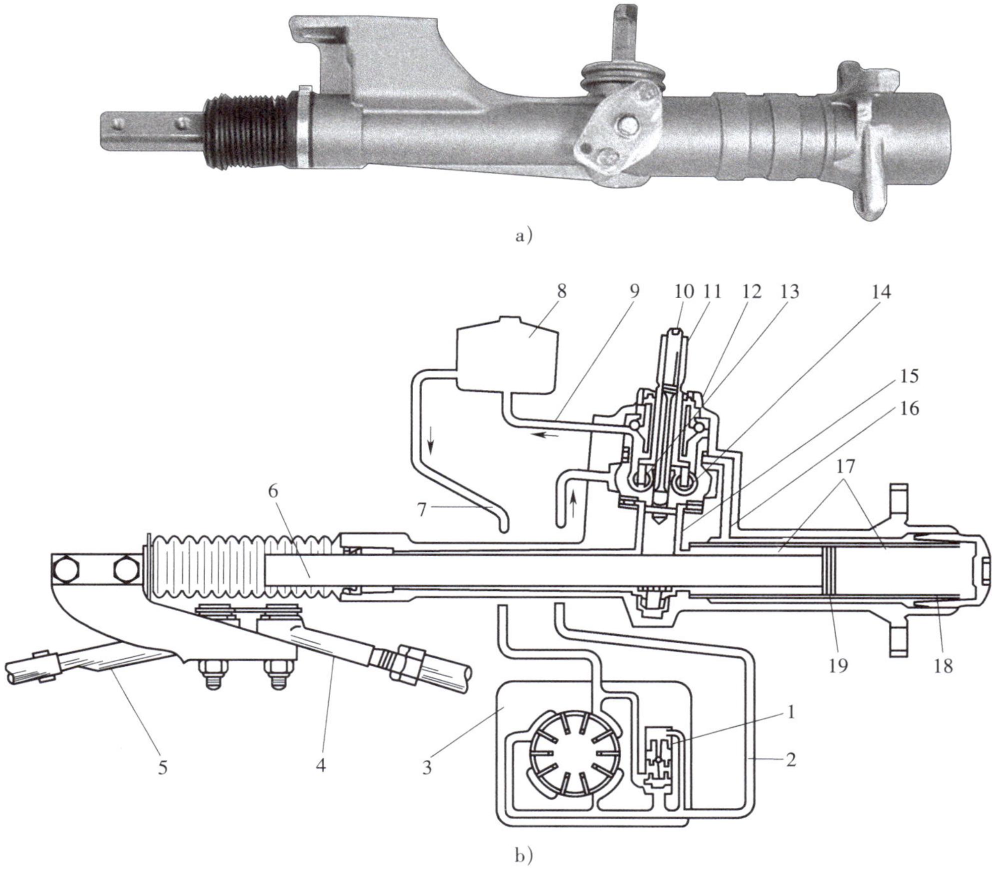

a）

b）

图 4-4-4　大众轿车液压动力转向系

a）外形图　b）原理图

1—限压阀和溢流阀　2—高压油管　3—转向油泵　4—左转向横拉杆　5—右转向横拉杆　6—转向齿条　7—进油管　8—储油罐　9—回油管　10—转向轴　11—转向柱管　12—分配阀　13—右阀芯　14—左阀芯　15—活塞右腔进油管　16—活塞左腔进油管　17—压力腔　18—转向动力缸　19—活塞

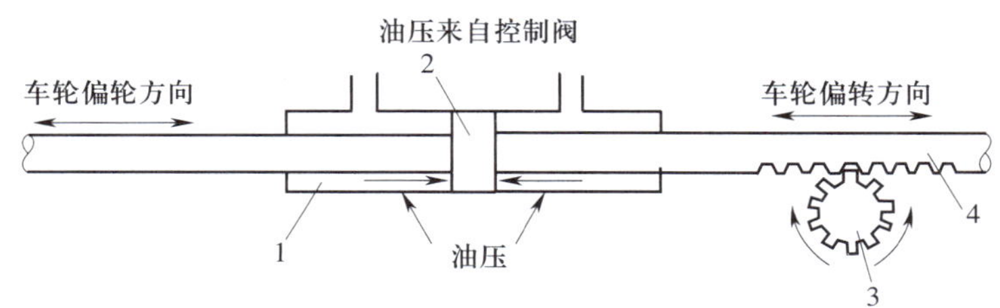

图 4-4-5　工作原理示意图

1—转向动力缸　2—活塞　3—转向齿轮　4—转向齿条

当转向盘停在某一位置不再继续转动时，阀芯与阀体相对位移减小，左、右压力腔油压差减小，但仍有一定的助力作用，此时的助力转矩与车轮的回正转矩相平衡，使车轮维持在某一转向位置上。

（3）转向油泵

目前采用较多的是双作用式叶片泵，其工作原理如图 4-4-6 所示，当转子沿顺时针方向旋转时，叶片在离心力及高压油的作用下紧贴在定子的内表面上。其工作容积开始由小变大，从进油孔吸进油液；而后工作容积由大变小，压缩油液，经出油孔向外供油。由于转子每旋转一周，每个工作腔都各自吸、压油两次，故将这种形式的叶片泵称为双作用式叶片泵。双作用式叶片泵有两个吸油区和两个排油区，并且各自的中心角是对称的，所以作用在转子上的油压作用力互相平衡。因此，这种转向油泵也称为卸荷式叶片泵。

为了保证汽车在高速行驶时有较强的路感，叶片泵的流量随着发动机转速的提高呈下降趋势。为了防止液压系统的工作压力超过系统允许的最大工作压力，在叶片泵内装有一个限压阀，当工作压力超过限压阀的额定值时，液压油通过限压阀卸荷返回进油孔。

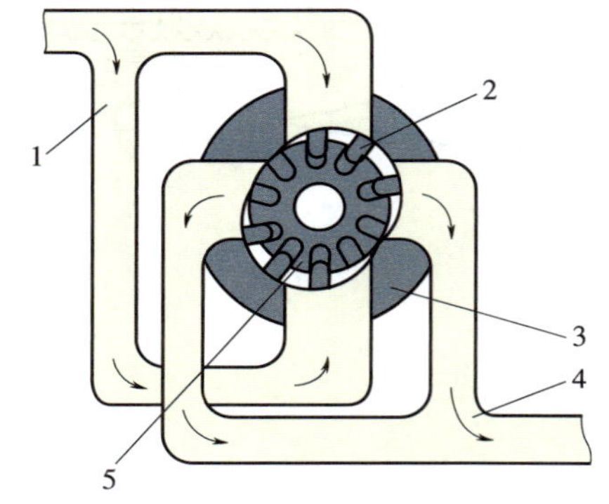

图 4-4-6　双作用式叶片泵的工作原理
1—进油孔　2—叶片　3—定子
4—出油孔　5—转子

（4）控制阀

控制阀是动力转向器的核心部件，直接安置在动力转向器总成里。通常采用的控制阀有滑阀式和转阀式两种，但是滑阀式灵敏度不够高，后来逐渐被转阀式代替。

转阀式控制阀主要由阀体、阀芯和扭杆等组成，如图 4-4-7 所示。扭杆的一端同阀体一起连接在转向齿轮上，另一端通过定位销与阀芯相连。阀体和阀

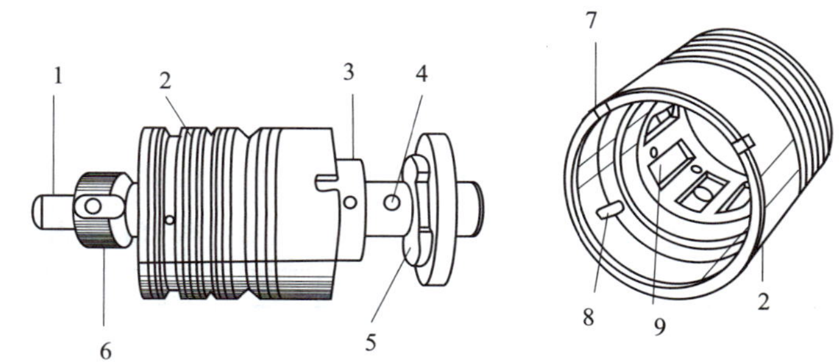

图 4-4-7　转阀式控制阀
1—扭杆　2—阀体　3—阀芯　4—定位销　5—扇形凸缘　6—枢轴
7—缺口　8—定位槽　9—油槽

芯上开有相对应的油道，转向动力缸左、右压力腔分别与阀体上相对应的两条油道相连，阀上还有回油道。控制阀控制液压油方向时，是通过控制阀中的阀芯与阀体围绕轴线相对转动来实现的，故称为转阀式控制阀。目前包括桑塔纳轿车在内的很多轿车和部分货车的液压动力转向系均采用转阀式控制阀。

当转动转向盘时，通过扭杆产生的扭转力使阀芯转动很小角度。随着阀芯转动，不同油道被打开或者关闭，以便让液压油流到活塞总成需要的一侧。如果转向盘向相反方向转动，液压油流到活塞总成的另一侧。

如图 4–4–8a 所示，在直线行驶时，转向盘处于中间位置，阀芯和阀体也处于中间位置，所有控制口接通，液压油毫无阻碍地流经分配阀返回储油罐。转向盘转动时，转向轴带动阀芯相对于阀体运动，由于阀的控制口位置的变化，液压油将进入转向器工作缸内，推动活塞运动而产生推力。

如图 4–4–8b 所示，当向右转动转向盘时，转向转矩使转向齿轮轴（弹性扭力杆）扭转，这就使得右阀芯下移，进油通道开大；左阀芯上移，关闭进油通道。此时左、右阀芯分别打开和关闭各自的回油通道。工作缸左边的液压油推动转向器活塞向右运动，起到助力作用。转向器活塞移动距离的大小，则取决于施加在转向盘上转向转矩的大小。同时，工作缸右边的液压油在转向器活塞的作用下，通过打开的回油通道返回储油罐中。

如图 4–4–8c 所示，当向左转动转向盘时，情况与向右转动转向盘时相反。

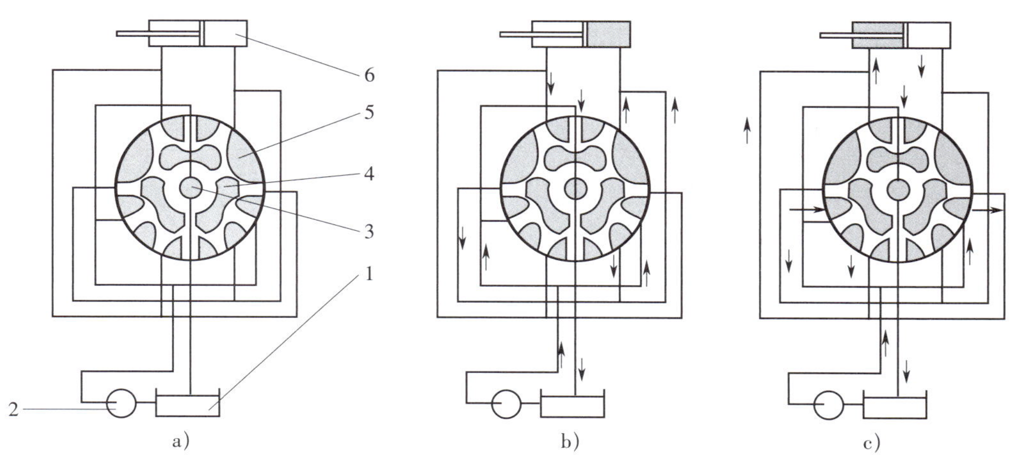

图 4–4–8　控制阀工作原理简图

a）直线行驶时　b）右转弯时　c）左转弯时

1—储油罐　2—转向油泵　3—扭杆　4—阀芯　5—阀体　6—转向器

技能训练

一、动力转向器的检修

以大众朗逸轿车为例。

实训准备：

设备：大众朗逸轿车、举升机、发动机和变速器举升装置。

工具：常用拆装工具、球形万向节拔出器、软管扎带钳、扭力扳手、开口扳手、台虎钳、拆卸转向齿轮轴用专用工具、塑料锲头。

材料：转向助力油、密封圈、手套。

资料：汽车维修手册。

1. 拆卸

（1）用举升机举升车辆。

（2）排放转向助力油。

（3）拆卸前车轮。

（4）拧下六角螺栓，如图 4–4–9 所示，从摆臂上拉出主销球头。

（5）拧下螺栓，拆卸盖板，如图 4–4–10 所示。

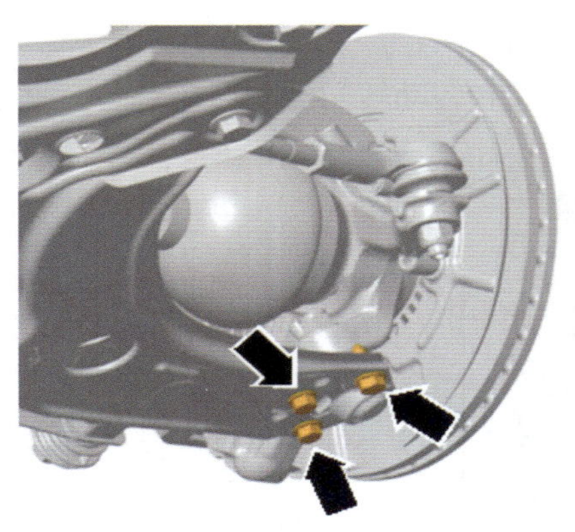

图 4–4–9　拆卸主销球头

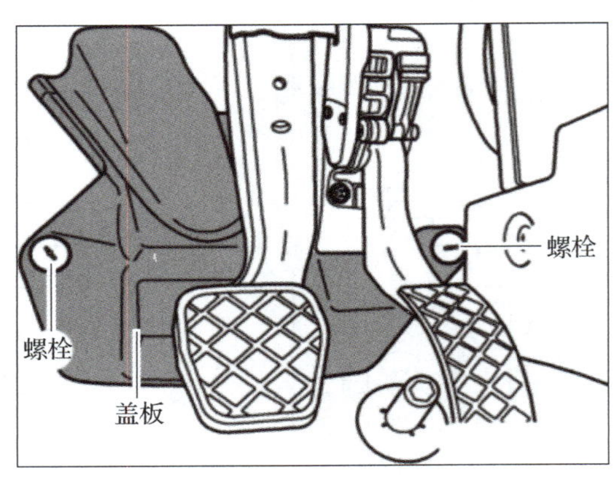

图 4–4–10　拆卸盖板

（6）将内十二角花键螺栓从万向节上拧下，如图 4–4–11 所示，并沿箭头 A 方向拔出万向节。

（7）将六角螺母在转向横拉杆接头上旋松但不要完全拧下，使用专用工具 3287A（球形万向节拔出器，见图 4–4–12），将转向横拉杆接头从车轮轴承壳体上压出。

（8）将六角螺母从连杆（左侧和右侧）上拧下，将连杆分别从稳定杆（左侧和右侧）上拉出，如图 4–4–13 所示。

（9）拧下摆动支撑的固定螺栓，拆卸摆动支撑，如图 4–4–14 所示。

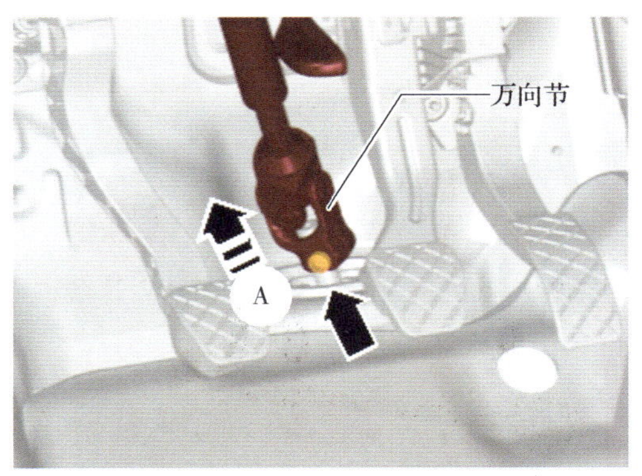

图 4-4-11　拆卸万向节

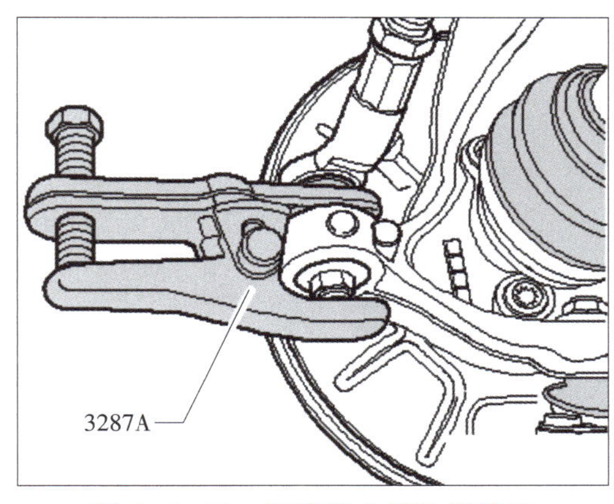

图 4-4-12　压出转向横拉杆接头

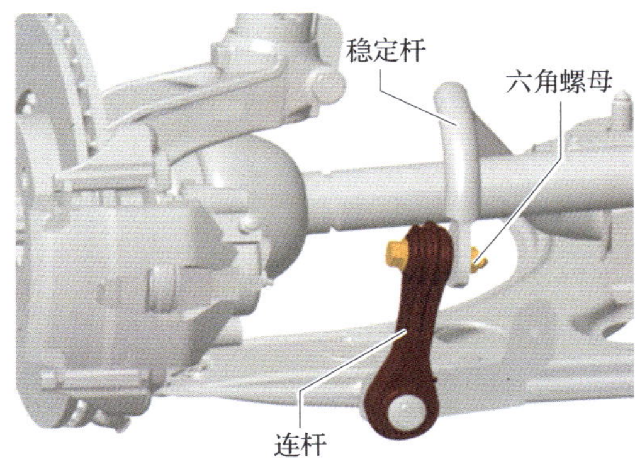

图 4-4-13　拆卸连杆

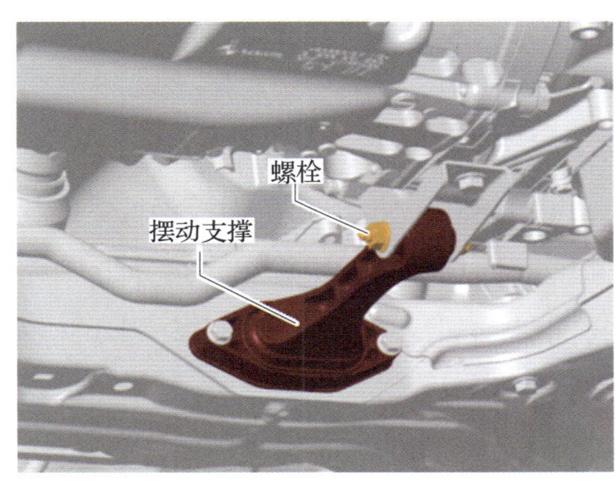

图 4-4-14　拆卸摆动支撑

（10）从副梁上拧松前排气管支架的固定螺栓，如图 4-4-15 所示。

（11）从副梁上拧下转向器的螺栓，如图 4-4-16 所示，拆卸副梁，用发动机和变速器举升装置放低副梁。

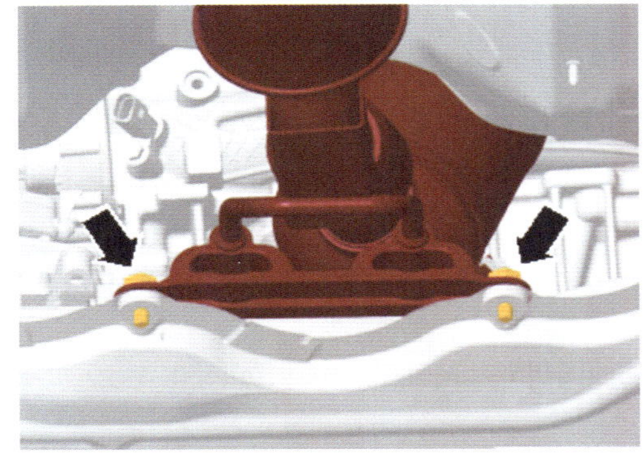

图 4-4-15　拧松前排气管支架的固定螺栓

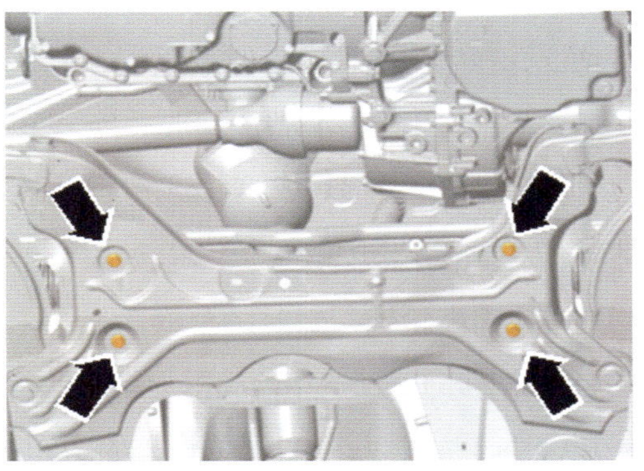

图 4-4-16　拆卸副梁

（12）拆卸橡胶防尘罩：清洗橡胶防尘罩区域外部，在转向横拉杆上标记螺母的位置，松开螺母，同时固定转向横拉杆接头，将弹簧卡箍用软管扎带钳 V.A.G 1275（见图 4-4-17）

从橡胶防尘罩上松开并推到转向横拉杆上。拆卸卡箍并从转向器外壳上拉下橡胶防尘罩，如图 4–4–18 所示。

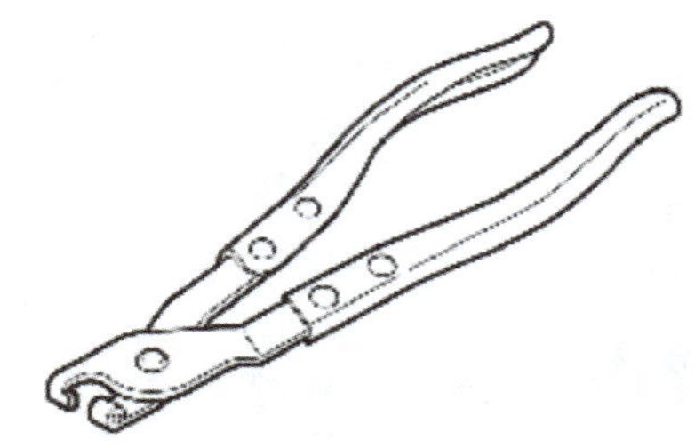

图 4–4–17　软管扎带钳 V.A.G 1275

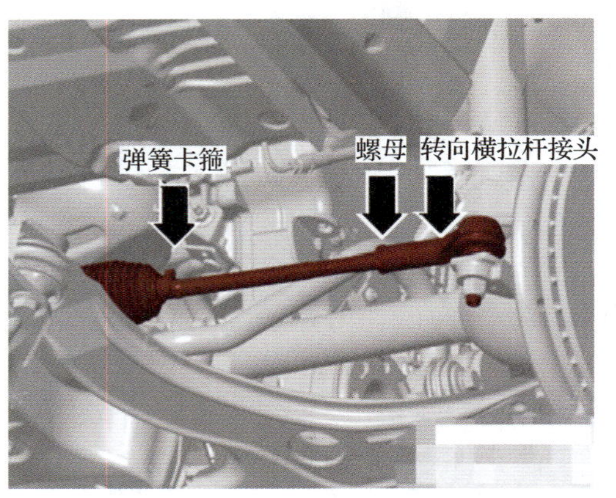

图 4–4–18　拆卸橡胶防尘罩

（13）用开口扳手和扭力扳手拧紧防松螺母，同时固定住转向横拉杆接头，将转向横拉杆从转向横拉杆接头中旋出，拆卸带弹簧卡箍的橡胶防尘罩。拆卸转向器另一侧的卡箍并从转向器外壳上拉下橡胶防尘套，即可检查转向器。

2. 检查

（1）检查动力转向器是否漏油，盖板螺栓是否松动。若螺栓松动，应拧紧。

（2）如果转向轴轴承松旷，应进行调整或更换损坏、磨损的轴承。

（3）如果动力转向器啮合间隙过大或过小，应通过调整螺钉改变推力弹簧的预紧力，可调整转向齿条、转向齿轮的啮合间隙。这里应注意，推力弹簧的弹力出厂时已调好，一般不需要另行调整，只有在确实有问题时才进行调整。

（4）转向轴如有龟裂，应采用磁粉探伤法进行检查。

注意：转向器不得修理，只能换新。为了润滑转向器，只能使用转向器专用润滑脂。但是不得在转向器上涂满润滑脂，空气孔要保持干净，否则防尘罩会被损坏。如果转向齿条上能看见腐蚀、损坏、磨损或污物的痕迹，必须更换转向器。如果转向齿条上看不到润滑脂，转向器也要更换。

3. 转向齿轮轴密封圈的更换

（1）把转向器固定在台虎钳上，并用专用工具拆卸转向齿轮轴的锁销，如图 4–4–19 所示。

（2）拆卸转向器分配阀总成，如图 4–4–20 所示。

（3）用专用工具拆卸转向齿轮轴密封圈，如图 4–4–21 所示。

（4）使用专用工具 VW065 和塑料锄头，把新的转向齿轮轴密封圈安装在转向器分配阀外壳上，如图 4–4–22 所示。

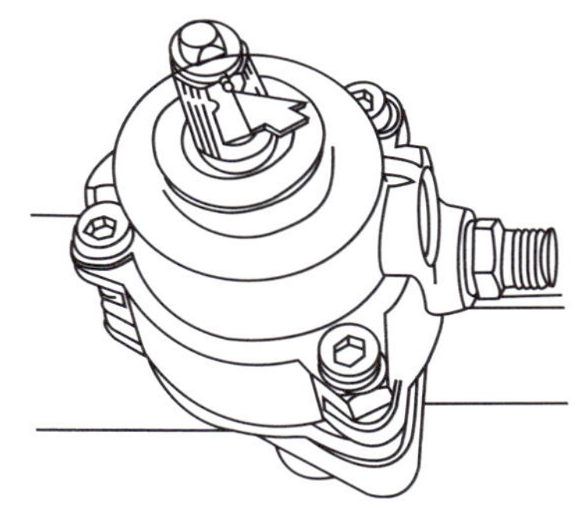

图 4-4-19 拆卸转向齿轮轴的锁销

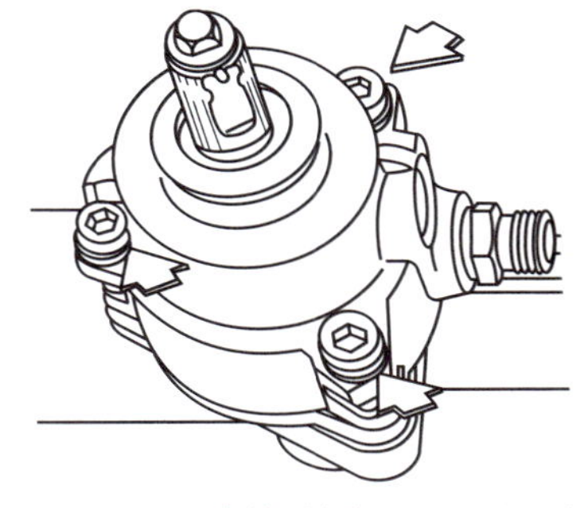

图 4-4-20 拆卸转向器分配阀总成

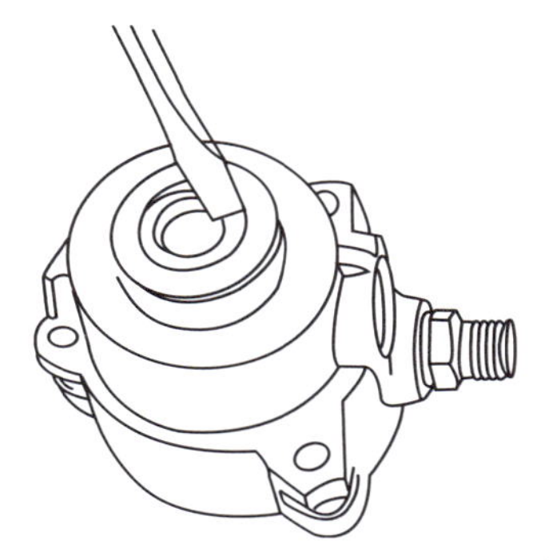

图 4-4-21 拆卸转向齿轮轴密封圈

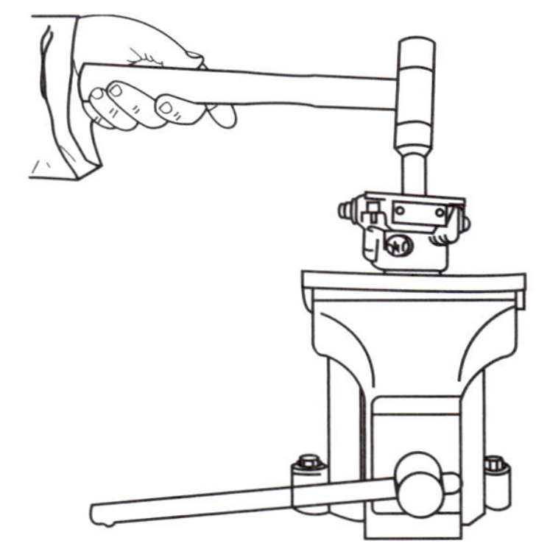

图 4-4-22 安装新的转向齿轮轴密封圈

二、转向油泵的更换

以大众朗逸轿车为例。

实训准备：

设备：装备 1.4 升 CFB 发动机的大众朗逸轿车、举升机。

工具：常用拆装工具、台虎钳、扭力扳手、冷却液泵扳手、软管夹、弹簧卡圈钳。

材料：转向助力油、转向油泵、手套。

资料：汽车维修手册。

1. 拆卸

（1）用举升机举升车辆。

（2）拆卸底部隔音板，拆卸 V 带。

（3）用冷却液泵扳手 V.A.G 1590（见图 4-4-23）固定冷却液泵 V 带轮，用扭力扳手 Hazet 6290-1 CT-3、Hazet 2597-5 和 Hazet 2597-02-7 拆卸转向油泵 V 带轮的内十二角固定螺栓，从转向油泵上拆卸 V 带轮和 V 带，如图 4-4-24 所示。

（4）用直径为 25 mm 的软管夹 3094（见图 4-4-25）夹紧进油管，用弹簧卡圈钳 VAS 5024A（见图 4-4-26）松开弹簧卡箍，将进油管从转向油泵上拔出。拧下空心螺栓，从转向油泵上拆卸压力管，如图 4–4–27 所示，并对被打开的管路进行密封处理。

（5）松开转向油泵的六角固定螺栓，从支架上将转向油泵取下，如图4–4–28 所示。

图 4–4–23　冷却液泵扳手 V.A.G 1590

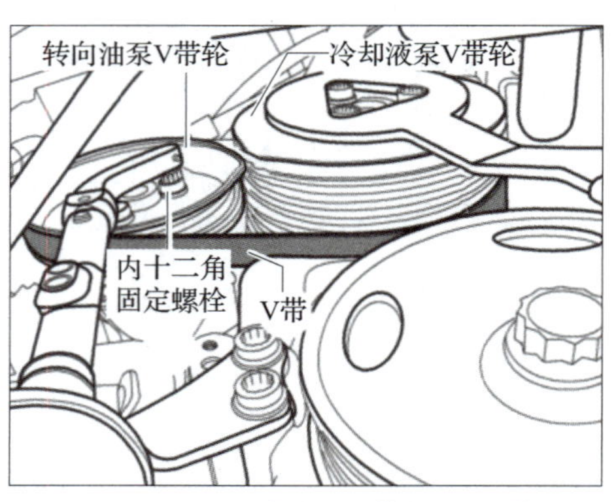

图 4–4–24　拆卸 V 带轮和 V 带

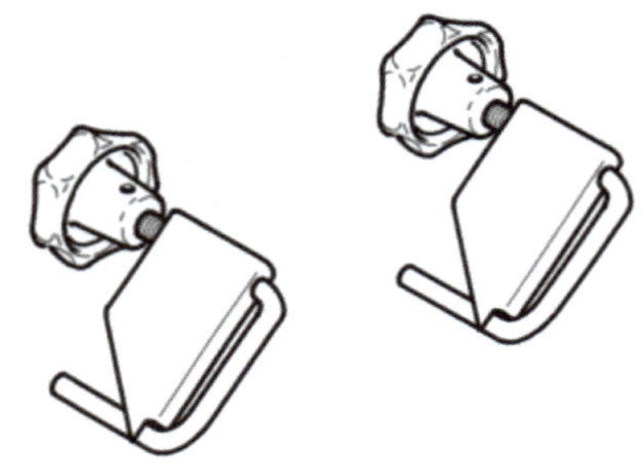
图 4–4–25　软管夹 3094

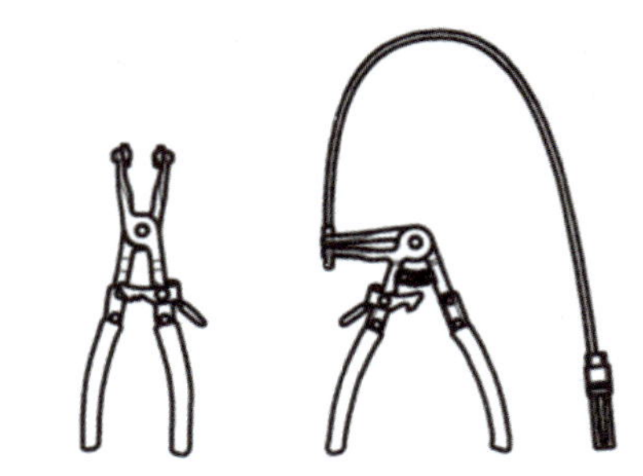
图 4–4–26　弹簧卡圈钳 VAS 5024A

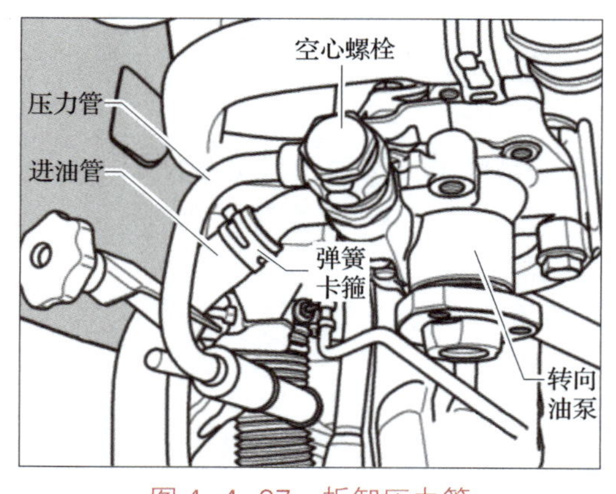

图 4–4–27　拆卸压力管

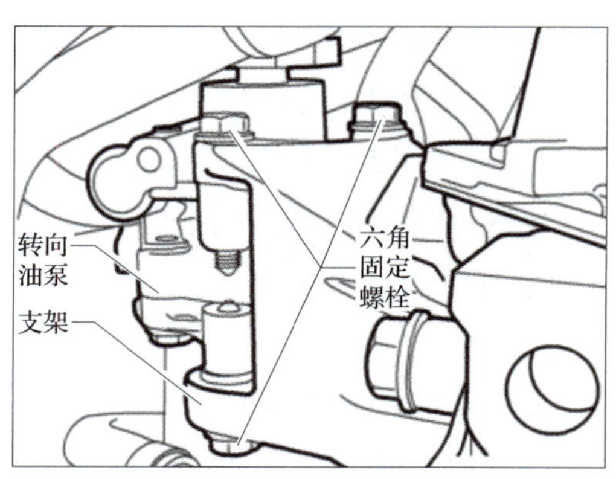

图 4–4–28　取下转向油泵

2. 安装

安装与拆卸顺序相反。

注意：

（1）在安装 V 带时不可将手指伸入 V 带与 V 带轮之间的啮合区域。

（2）每次拆卸压力管的空心螺栓后，必须更换密封圈。

（3）检查转向油泵 V 带在 V 带轮上的安装位置是否正确。

（4）完成转向油泵 V 带的安装后，需检查转向油泵 V 带内侧是否有损伤，如有损伤，必须更换。

（5）安装完毕，检查转向助力油的油位，必要时添加。最后检查压力管的空心螺栓的密封状况。

三、转向助力油的检查与更换

以大众朗逸轿车为例。

实训准备：

设备：大众朗逸轿车、举升机。

工具：常用拆装工具、扭力扳手、废液收集器、千斤顶、支架。

材料：转向助力油、手套、抹布。

资料：汽车维修手册。

1. 储油罐油面的检查

（1）将车辆停放在平坦的地面上，使前轮处于直线行驶位置。

（2）起动发动机，并使其达到正常的工作温度。

（3）使发动机怠速运转大约 2 min，左右转几次转向盘，使转向助力油的油温达到 40～80 ℃，关闭发动机。

（4）观察储油罐的油面，此时油面应处于“MAX”（上限）与“MIN”（下限）之间，油面低于“MIN”时，应加至“MAX”处，如图 4-4-29 所示。

（5）对于用油位标尺检查的汽车，拧下带油位标尺的封盖，用抹布将油位标尺擦净，将带油位标尺的封盖插入储油罐内拧好，然后重新拧出，观察油位标尺上的标记，应处于“MAX”与“MIN”之间，必要时将转向助力油加至“MAX”处。

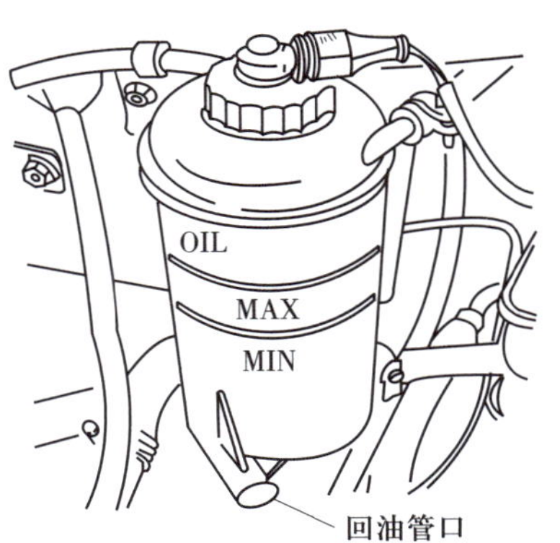

图 4-4-29　储油罐油面的检查

2. 转向助力油的更换

（1）放油

1）用千斤顶支起汽车前部，使两前轮离开地面。

2）拧下储油罐盖，拆卸转向油泵回油管，将转向助力油放入容器（废液收集器）中。

3）使发动机怠速运转，在放转向助力油的同时，左右转动转向盘。

（2）加油与排气

1）向储油罐内加注符合规定的转向助力油，如大众朗逸轿车转向助力油型号为G 002 000。

2）停止发动机工作，用千斤顶支起汽车前部，并用支架支撑，连续从左到右转动转向盘若干次，将转向系中多余空气排出。

3）检查储油罐中油面高度，视需要加至“MAX”处。

4）降下汽车前部，起动发动机并使其怠速运转，连续转动转向盘，注意油面高度的变化，当油面下降时就应不断加注转向助力油，直到油面停留在“MAX”处，并在转动转向盘后，储油罐中不再出现气泡。

四、转向系压力的检查

实训准备：

设备：实训车辆、举升机。

工具：常用拆装工具、压力表、节流阀、扭力扳手。

材料：转向助力油、手套。

资料：汽车维修手册。

1. 如图 4–4–30 所示，接好压力表和节流阀。

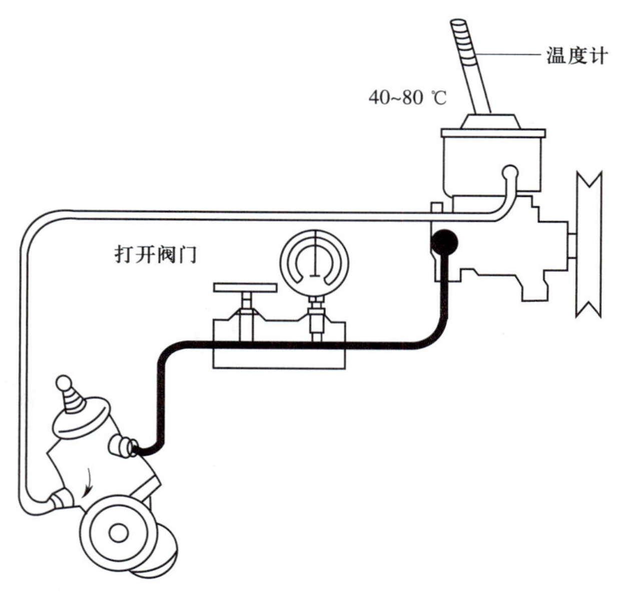

图 4–4–30　接好压力表和节流阀

2. 将节流阀打开，起动发动机并使其怠速运转，转动转向盘数次，同时急速关闭节流阀，并读出压力数，额定值为 6.8 ~ 8.2 MPa。

3. 如果没有达到额定值，应检查限压阀和溢流阀是否完好。如不正常，应更换限压阀和溢流阀或转向油泵。

小结

1. 动力转向系由机械转向器、转向控制阀、转向动力缸、转向油泵、转向油罐等组成。

2. 液压动力转向系按其转向控制阀阀芯的运动方式，可分为滑阀式和转阀式两种形式。

课题5 转向系的故障诊断与排除

学习目标

1. 熟悉机械转向系常见故障的现象及原因。
2. 掌握机械转向系的故障诊断与排除方法。
3. 熟悉动力转向系常见故障的现象及原因。
4. 掌握动力转向系的故障诊断与排除方法。

一、机械转向系的故障诊断与排除

1. 转向盘自由行程过大

（1）故障现象

操纵转向盘时感觉松旷量很大，用较大的幅度转动转向盘，才能控制汽车的行驶方向，在汽车直线行驶时感到行驶不稳定。

（2）故障原因

1）转向器与壳体的紧固螺栓松动。

2）转向器传动副啮合间隙过大。

3）转向传动机构各球形铰链磨损松旷。

4）转向轮轮毂轴承间隙过大。

5）转向器的轴承磨损。

6）万向节磨损。

（3）故障诊断与排除

1）转向器安装螺栓（母）松动，转向器产生位移，使转向盘自由行程过大，应紧固转向器安装螺栓（母）。

2）转向器传动副啮合间隙过大，应根据不同的转向器进行相应的调整。

3）转向横拉杆球头销磨损，造成转向盘自由行程过大，应更换球头销。

4）转向器的轴承磨损松旷，应更换轴承。

5）转向轮轮毂轴承间隙过大，应按规定调整或更换轴承。

6）万向节磨损，应更换万向节或万向节轴承。

2. 转向沉重

（1）故障现象

汽车转向时，转动转向盘明显感到费力，转弯后又不能及时回正。

（2）故障原因

1）转向器方面的原因

①转向器缺乏润滑脂。

②转向轴弯曲或转向柱管凹陷碰擦，有时会发出“吱吱”的摩擦声。

③转向摇臂与衬套配合间隙过小或无间隙。

④转向器输入轴上、下轴承调整得过紧，或轴承损坏受阻。

⑤转向器齿轮副啮合间隙调整得过小。

2）转向传动机构的原因

①各处球形铰链缺乏润滑脂。

②转向直拉杆和转向横拉杆上球形铰链调整得过紧，压紧弹簧过硬或折断。

③转向直拉杆或转向横拉杆弯曲变形。

④转向节主销与衬套配合间隙过小，或衬套转动使油道堵塞，润滑脂无法进入，使衬套与转向节主销表面烧蚀。

⑤转向节推力轴承调整得过紧，或缺少润滑脂，或损坏。

⑥转向节臂变形。

3）前桥（转向桥）和车轮方面的原因

①前轴变形、扭转，引起前轮定位失准。

②轮胎气压不足。

③前轮轮毂轴承调整得过紧。

④转向桥或驱动桥超载。

4）其他原因

①车架弯曲、扭转变形。

②前钢板弹簧或前悬架变形。

③前轮定位不正确。

（3）故障诊断与排除

1）顶起前桥，转动转向盘，若感到转向盘变轻，则说明故障部位在前桥、车轮或其他部位。此时应首先检查轮胎气压，如气压偏低，则应充气，使之达到正常值。然后用前轮定位仪检查前轮定位，尤其应注意主销后倾角和前轮前束，如果是因为前轮前束过大造成的转向沉重，则同时还能发现轮胎有严重的磨损。

2）若转向仍感沉重，说明故障在转向器或转向传动机构，可进一步拆卸转向摇臂与转向直拉杆的连接，此时若转向变轻，说明故障在转向传动机构，应检查各球头销是否装配过紧或推力轴承是否缺油损坏，各拉杆是否弯曲变形等。通常检查时，可用手扳动两个车轮左右转动，查看各传动部分，并转动车轮检查车轮轴承松紧度。

3）拆卸转向摇臂后，若转向仍沉重，则转向器本身有故障。可检查转向器是否缺油，转动转向盘时倾听有无转向轴与转向柱管的碰擦声，检查转向器主动轴上、下轴承预紧度和啮合间隙，转向摇臂轴转动是否发卡等。如不能解决，就将转向器解体，检查内部有无部件损坏。

4）经过上述检查，如仍不见故障减轻，可检查车桥、车架或下控制臂（独立悬架式）与转向节臂，看其有无变形，如发现变形，应予以修整或更换。同时检查前悬架弹簧（钢板弹簧或螺旋弹簧），看其是否折断，如发现折断，应更换。

3. 行驶跑偏

（1）故障现象

汽车直线行驶时，会自动向一侧跑偏。

（2）故障原因

1）两前轮轮胎气压不相等或轮胎直径不等。

2）两前轮的定位参数不等。

3）两前轮轮毂轴承的松紧度不等。

4）前轮前束过大或过小。

5）前桥（整轴式）弯曲变形或下控制臂（独立悬架式）安装位置不一致。

6）前、后车桥不平行。

7）车架变形或左、右轮距相差太大。

8）一侧车轮制动拖滞。

9）转向轴两侧悬架弹簧弹力不等。

（3）故障诊断与排除

1）外观检查

①检查两前轮轮胎气压是否一致，若不一致，应按规定充气，使两前轮轮胎气压保持一致。

②检查两前轮轮胎的磨损程度，若磨损程度不一致，应更换轮胎。

③检查两前轮轮胎的花纹是否一致，若花纹不一致，应更换轮胎，使花纹一致。

④将汽车停放在平坦的地面上，查看汽车前部高度是否一致，若高度不一致，说明悬架弹簧折断或弹力不一致，应更换。

2）用手触摸跑偏一方的车轮制动鼓和轮毂轴承部位，感觉温度情况。

①若感觉车轮制动鼓特别热，说明该车轮制动器间隙过小或制动回位不彻底，应检查调整。

②若感觉轮毂轴承特别热，说明该轴承过紧，应重新调整轴承预紧度。

3）测量两侧轴距是否相等，若不相等，说明轴距短的一侧钢板弹簧错位、车轴或半轴套管弯曲等，应检查维修。

4）用前轮定位仪检查前轮定位是否正确，若不正确，应调整。

二、动力转向系的故障诊断与排除

1. 动力转向系转向沉重

（1）故障现象

正常使用时转向操纵轻便，突然感到转向沉重或转不动转向盘。

（2）故障原因

1）转向油泵的 V 带松动，工作中 V 带打滑，转向油泵的转速降低，泵油量和泵油压力减小。

2）储油罐油面过低，储油量不能满足油泵的泵油要求，泵油量和泵油压力减小。

3）油路中渗入空气。

4）各油管接头处密封不良，有泄漏现象。

5）转向油泵磨损、内部泄漏严重。

6）转向油泵安全阀、溢流阀泄漏，弹簧弹力减弱或调整不当。

7）转向动力缸或转向控制阀密封件损坏。

（3）故障诊断与排除

1）检查转向油泵 V 带的张紧度。用大拇指在 V 带中部下压，下压量为 10 mm，则张紧度合适。否则，需调整 V 带张紧度。

2）检查储油罐内的油液质量和油面高度。若油液变质，则应更换规定油液。若只是油面低于规定高度，应加油，使油面达到规定位置。

3）检查油路中是否渗入空气。如果发现储油罐中的油液有气泡，说明油路中有空气渗入，应检查各油管接头和接合面的螺栓是否松动，各密封件是否损坏，有无泄漏现象，油管是否破裂等。对于出现故障的部位，应进行修整和更换，并进行排气操作，最后重新加入油液。

4）检查各油管接头等处有无泄漏，油路中是否有堵塞，查明故障后按规定转矩拧紧有关接头或清除污物。

5）对转向油泵进行输出油压检查，如果转向油泵输出油压不足，说明转向油泵有故障，此时应分解转向油泵，检查转向油泵是否磨损或内部泄漏严重、安全阀和溢流阀是否泄漏或卡滞、弹簧弹力是否减弱或调整不当、各轴承是否烧结或严重磨损等。对于叶片泵，还应检查转子上的密封环或油封是否损坏；对于齿轮泵，应检查齿轮间隙是否过大等。查明故障予以修理，必要时更换转向油泵。

2. 动力转向系有噪声

（1）故障现象

转向时发出噪声，但不太大的噪声是正常现象。

（2）故障原因

动力转向系的噪声可分为机械噪声和液压系统产生的噪声。产生噪声的主要原因如下：

1）转向油泵的 V 带过松。V 带过松时与 V 带轮的摩擦力减小，工作中 V 带颤动并相对于 V 带轮打滑而发出“嘶嘶”的啸叫声。

2）储油罐内油面过低、油量不足，工作时满足不了转向油泵的吸油要求，将空气吸入而产生噪声。

3）液压系统内有空气。空气在系统内胀缩而产生噪声。

4）进油管或滤清器堵塞，转向油泵不能可靠吸油。

5）油管接头松动或油管破裂。

6）转向油泵损坏或磨损严重而产生机械噪声。

7）流量控制阀黏结或卡滞。

（3）故障诊断与排除

1）检查储油罐，若油液不足，应补充油液。

2）检查动力转向系转向油泵 V 带的张紧度，若过松打滑，应予以调整。

3）若油液中有泡沫，说明有漏气之处，应检查滤清器、油管连接是否正常，必要时更换新件并按规定力矩拧紧油管接头、油泵，应更换控制阀等磨损的零部件。

小结

1. 机械转向系的常见故障现象、原因、诊断与排除方法。

2. 动力转向系的常见故障现象、原因、诊断与排除方法。

模块五 汽车制动系

课题1 汽车制动系概述

学习目标

1. 熟悉制动系的类型。
2. 掌握制动系的组成。
3. 理解对制动系的要求及制动原理。

使行驶中的汽车按照驾驶员的需求进行减速或停车，使下坡行驶的汽车速度保持稳定，使已停驶的汽车在各种道路条件下（包括在坡道上）稳定不动，这些作用统称为汽车制动。

对汽车起制动作用的只能是作用在汽车上且方向与汽车行驶方向相反的外力，作用在行驶汽车上的滚动阻力、上坡阻力、空气阻力都能对汽车起制动作用，但这些外力的大小都是随机的、不可控制的，因此汽车上必须装设一系列专门装置，以便驾驶员根据当时的路况，借助外界（主要是路面）在汽车某些部分（主要是车轮）施加一定的力，从而对其进行一定程度的强制制动，这样的一系列专门装置称为制动系统。这种可控制的对汽车进行制动的外力称为制动力。要明白制动力是如何控制汽车运行的，就需要熟悉制动系的类型、结构组成及工作原理。

一、制动系的类型

1. 按制动系的功用分类

可分为行车制动系、驻车制动系、第二制动系及辅助制动系。

（1）行车制动系

它是由驾驶员用脚操纵的，故又称为脚制动系。它的功用是使正在行驶的汽车减速或在最短的距离内停车。

（2）驻车制动系

它是由驾驶员用手操纵的，故又称为手制动系。它的功用是使已经停在各种路面上的汽车驻留原地不动。

（3）第二制动系

第二制动系是指在行车制动系失效的情况下，保证汽车仍能实现减速或停车的一套装置。在许多国家的相关法规中规定，第二制动系也是汽车必须具备的。

（4）辅助制动系

辅助制动系是指经常在山区行驶的汽车以及某些特殊用途的汽车，为了提高行车的安全性和减轻行车制动系性能的衰退及制动器的磨损，用以在下坡时稳定车速的一套装置。

2. 按制动能量的传输方式分类

可分为机械式、液压式、气压式、电磁式以及组合式制动系。

3. 按回路数量分类

可分为单回路制动系和双回路制动系。

（1）单回路制动系

单回路制动系是指传动装置采用单一的气压或液压回路的制动系。这种制动系的特点是只要有一处损坏而漏气（油），整个系统即失效。

（2）双回路制动系

双回路制动系的气压或液压回路分属于两个彼此隔离的管路。这样，即使其中一个回路失效，还能利用另一个回路获得比原先小的制动力。

4. 按制动能源分类

可分为人力制动系、动力制动系、伺服制动系。

（1）人力制动系

以驾驶员的体力作为唯一的制动能源的制动系。

（2）动力制动系

完全靠由发动机的动力转化的气压或液压形式的势能进行制动的制动系。

（3）伺服制动系

兼用驾驶员体力和发动机动力进行制动的制动系。

二、制动系的组成

图 5–1–1 所示为制动系的组成。制动系一般具有以下四个基本组成部分。

1. 供能装置

包括供给、调节制动所需能量以及改善传动介质状态的各种部件。其中产生制动能量的部分称为制动能源。人力也可作为制动能源。

2. 控制装置

产生制动动作和控制制动效果的各种部件，如制动踏板。

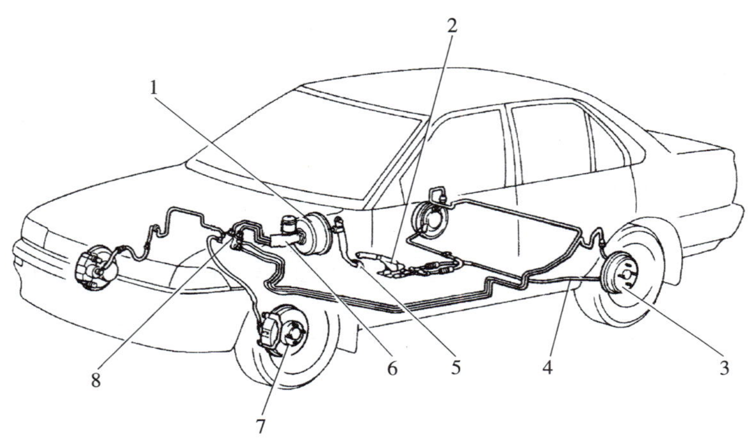

图 5–1–1　制动系的组成

1—真空助力器　2—驻车制动手柄　3—鼓式车轮制动器　4—驻车制动器拉索
5—制动踏板　6—制动主缸　7—盘式车轮制动器　8—ABS 执行器

3. 传动装置

包括将制动能量传输到制动器的各种部件，如制动主缸、制动轮缸。

4. 制动器

产生阻碍车辆运动或运动趋势的力的部件，其中也包括辅助制动系中的缓速装置。

较为完善的制动系还具有制动力调节装置以及报警装置、压力保护装置等附加装置。

三、制动系的工作原理

图 5–1–2 是一种简单液压制动系的示意图，一个以内圆面为工作面的金属制动鼓固定在车轮轮毂上，随车轮一同旋转。在固定不动的制动底板上，有两个支撑销支撑着两个弧形制动蹄的下端。制动蹄的外圆面上又装有一般是非金属材料的摩擦片。制动底板上还装有制动轮缸，用油管与装在车架上的制动主缸相通。制动主缸中的活塞可由驾驶员通过制动踏板来操纵。

制动系不工作时，制动鼓的内圆面与制动蹄摩擦片的外圆面之间保持一定的间隙，使车轮和制动鼓可以自由旋转。要使行驶中的汽车减速，驾驶员应踩下制动踏板，通过推杆和制动主缸活塞，使制动主缸内的油液在一定压力下流入制动轮缸，并通过两个制动轮缸活塞推动两制动蹄绕支撑销转动，上端向两边分开而以其摩擦片压紧在制动鼓的内圆面上。这样，不旋转的制动蹄就对旋转的制动鼓作用一个摩擦转矩 M_A，其方向与车轮旋转方向相反。制动鼓将该转矩 M_A 传到车轮后，由于车轮与路面间有附着作用，路面对车轮作用着一个向前的牵引力 F_A，同时路面也对车轮作用着一个向后的反作用力，即制动力 F_B。制动力 F_B 由车轮经车桥和悬架传给车架及车身，迫使整个汽车产生一定的减速度。制动力 F_B 越大，汽车减速度也越大。当松开制动踏板时，回位弹簧即将制动蹄复位，摩擦转矩 M_A 和制动力

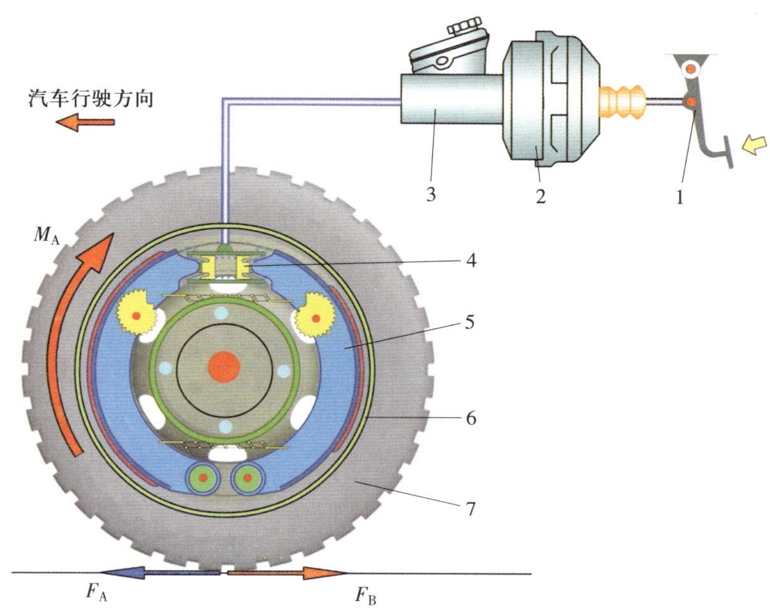

图 5-1-2　液压制动系示意图

1—制动踏板　2—真空助力器　3—制动主缸　4—制动轮缸　5—制动蹄　6—制动鼓

7—车轮　F_A—牵引力　F_B—制动力　M_A—摩擦转矩

F_B 消失，制动作用即终止。注意：阻碍汽车运动的制动力 F_B 随踏板力及其产生的摩擦转矩 M_A 的增大而增大，但受到轮胎与路面间附着条件的限制。如果完全丧失附着，则这时的制动系不可能产生制动的效果，不过在讨论制动系的结构问题时，一般均假定具备良好的附着条件。

四、对制动系的要求

为了保证汽车行驶安全，发挥高速行驶的能力，制动系必须满足下列要求。

1. 具有良好的制动效能

评价汽车制动效能的指标有制动距离、制动减速度、制动时间。

2. 操纵轻便

即操纵系统所需的力不应过大。对于人力液压制动系，最大踏板力应不大于 500 N（轿车）和 700 N（货车），且在踏板全行程的 4/5 以内。

3. 制动稳定性好

制动时，前、后车轮制动力分配合理，左、右车轮上的制动力应基本相等，汽车不跑偏、不侧滑、不甩尾。

4. 制动平顺性好

制动时应柔和、平稳，解除时应迅速、彻底。

5. 散热性好，调整方便

要求制动蹄摩擦片抗高温能力强，潮湿后恢复能力强，磨损后间隙能够调整，并能够防尘、防油。

6. 带挂车时，能使挂车先于主车产生制动，后于主车解除制动；挂车自行脱挂时能自行进行制动。

小结

1. 制动系的类型

（1）按制动系的功用分为行车制动系、驻车制动系、第二制动系、辅助制动系。

（2）按制动能量的传输方式分为机械式、液压式、气压式、电磁式以及组合式制动系。

（3）按回路数量分为单回路制动系和双回路制动系。

（4）按制动能源分为人力制动系、动力制动系、伺服制动系。

2. 制动系的组成

制动系一般具有四个基本组成部分：供能装置、控制装置、传动装置、制动器。较为完善的制动系还具有制动力调节装置以及报警装置、压力保护装置等附加装置。

3. 制动原理

利用旋转元件与固定元件之间的摩擦产生制动转矩。

课题2 车轮制动器

学习目标

1. 理解鼓式制动器的领蹄助势、从蹄减势原理。
2. 掌握鼓式制动器和盘式制动器的结构。
3. 理解鼓式制动器和盘式制动器的工作原理。
4. 能够正确使用工量具和设备，根据维修手册要求，完成盘式制动器的拆装与检修。

凡利用固定元件与旋转元件工作表面的摩擦而产生制动转矩的制动器都称为摩擦制动器。除部分汽车所采用的各种缓速装置以外，行车、驻车及第二（或应急）制动系所用的制动器几乎都属于摩擦制动器。

目前各类汽车所用的摩擦制动器可分为鼓式和盘式两大类。前者的摩擦副中的旋转元件为制动鼓，其工作表面为圆柱面；后者的旋转元件则为圆盘状的制动盘，以平面为工作表面。

旋转元件固定在车轮或半轴上，制动转矩直接分别作用于两侧车轮上的制动器称为车轮制动器。旋转元件固定在传动系的传动轴上，制动转矩须经过驱动桥再分配到两侧车轮上的制动器则称为中央制动器。车轮制动器一般用于行车制动，也有兼用于第二制动（或应急制动）和驻车制动的。中央制动器一般只用于驻车制动和缓速制动。

一、鼓式制动器

鼓式制动器有内张型和外束型两种。前者制动鼓以内圆柱面为工作表面，在汽车上应用广泛；后者制动鼓的工作表面则是外圆柱面，目前只在极少数汽车上用作驻车制动器。内张型鼓式制动器都采用带摩擦片的制动蹄作为固定元件。位于制动鼓内部的制动蹄在一端承受促动力时，可绕另一端的支点向外旋转，压靠到制动鼓内圆柱面上，产生摩擦转矩（制动转矩）。凡对制动蹄端加力使制动蹄转动的装置称为制动蹄促动装置。鼓式制动器根据制动蹄促动装置不同，可分为轮缸式制动器、凸轮式制动器、楔式制动器等。

根据制动过程中两制动蹄产生的制动转矩不同，鼓式制动器可分为领从蹄式、双领蹄式、双向双领蹄式、双从蹄式、单向自增力式和双向自增力式等多种形式。

1. 轮缸式制动器

（1）领从蹄式制动器

领从蹄式制动器受力分析图如图 5-2-1 所示，汽车前进时制动鼓的旋转方向如箭头所示。在制动过程中，两制动蹄在相等的促动力 P 作用下，分别绕各自的支撑点向外偏转紧压在制动鼓上。同时，旋转的制动鼓对两制动蹄分别作用着法向反力 Y_1 和 Y_2，以及相应的切向反力 X_1 和 X_2，X_1 作用的结果是使前制动蹄在制动鼓上压得更紧，这种情况称为助势

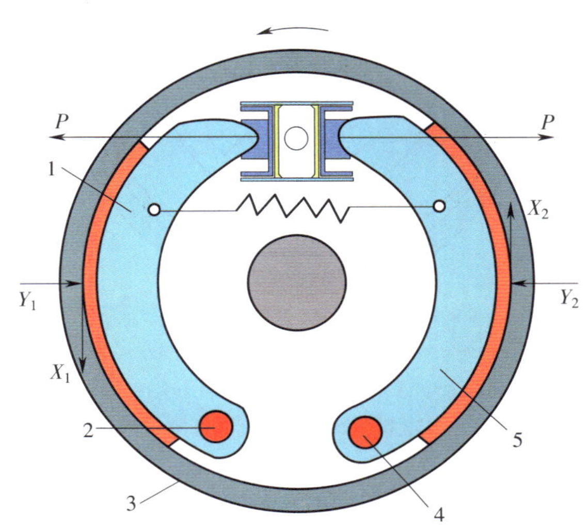

图 5-2-1 领从蹄式制动器受力分析图

1—前制动蹄 2、4—支撑销 3—制动鼓 5—后制动蹄

作用，相应的制动蹄被称为领蹄；与此相反，X_2 作用的结果则是使后制动蹄有放松制动鼓的趋势，即使 Y_2 和 X_2 作用力减小，这种情况称为减势作用，相应的制动蹄被称为从蹄。

通过以上的分析，可得出这样的结论：虽然制动蹄 1、5 所受的促动力相等，但 X_1 和 X_2 的作用方向相反，使得两制动蹄所受到的法向反力 Y_1 和 Y_2 不相等，且 $Y_1 > Y_2$，相应的 $X_1 > X_2$。所以，两制动蹄作用到制动鼓上的法向力不相等，两制动蹄对制动鼓所施加的制动转矩也不相等。

两个制动蹄受到的轮缸促动力相等，称为等促动力制动器。

领从蹄式制动器的两个制动蹄作用在制动鼓上的法向力大小不等，这种制动器称为非平衡式制动器，而这个不平衡的法向作用力只能由车轮的轮毂轴承来承受。

（2）双向双领蹄式制动器

双向双领蹄式制动器受力分析图如图 5-2-2 所示。前进制动时，所有的制动轮缸活塞都在液压作用下向外张开，使两制动蹄压靠到制动鼓上，在制动鼓摩擦转矩的作用下，两制动蹄都绕车轮中心按箭头所示的车轮旋转方向转动，将装在两制动轮缸上的固定支座推回，直到顶着制动轮缸端面。于是两制动蹄以顶靠的固定支座为支点，以可调支座为力点，压靠到制动鼓上，两个制动蹄均在助势条件下工作。

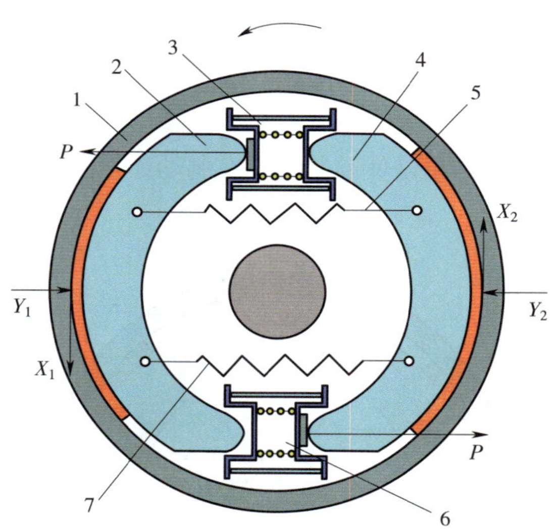

图 5-2-2　双向双领蹄式制动器受力分析图

1—制动鼓　2—前制动蹄　3—上制动轮缸　4—后制动蹄　5—上回位弹簧

6—下制动轮缸　7—下回位弹簧

倒车制动时，摩擦转矩的方向改变，将两个可调支座推靠到制动轮缸的端面上，于是两个可调支座便成为新的支点，两个固定支座成为力点，使两个制动蹄压靠到制动鼓上，两个制动蹄也均在助势条件下工作。

由于是浮动式支撑，每个制动蹄仅设一个调整点即可调整制动蹄与制动鼓的间隙。

由此可见，双向双领蹄式制动器的两制动蹄以相同的法向力作用于制动鼓上，且相互平衡，所以摩擦片等长，轮毂轴承也不承受附加载荷。这种制动器可在各类汽车的前、后轮中装用，且适合于一个制动器两个制动轮缸彼此独立布置的双管路制动方案，当其中任一管路泄漏或损坏时，另一管路仍然能使车轮制动器以简单非平衡式的方式工作。

（3）双向自增力式制动器

双向自增力式制动器受力分析图如图 5-2-3 所示。前进制动时，两制动蹄在促动力 F_S 的作用下张开并压向制动鼓，此时两制动蹄的上端均离开支撑销，沿图中箭头方向旋转的制动鼓对两制动蹄产生摩擦转矩，带动两制动蹄沿旋转方向转过一个不大的角度，直到后制动蹄又顶靠到支撑销上。此时，前制动蹄为领蹄，但其支撑件为浮动的推杆。制动鼓作用于前制动蹄的摩擦力和法向反力的一部分对推杆形成一个推力 F_S'，推杆又将此推力完全传到后制动蹄的下端。后制动蹄在推力 F_S' 的作用下也形成领蹄，并在制动轮缸液压促动力 F_S 的共同作用下进一步压紧制动鼓。推力 F_S' 比促动力 F_S 大得多，从而使后制动蹄产生的制动转矩比前制动蹄更大。

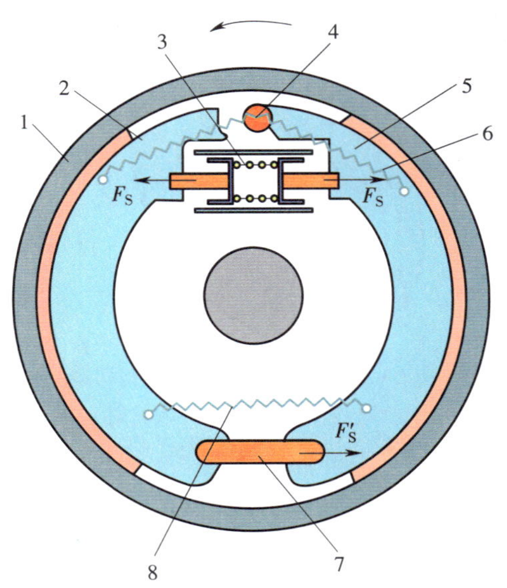

图 5-2-3 双向自增力式制动器受力分析图

1—制动鼓 2—前制动蹄 3—制动轮缸 4—支撑销 5—后制动蹄 6—制动蹄回位弹簧 7—推杆 8—制动蹄拉紧弹簧

（4）典型后轮鼓式制动器

图 5-2-4 所示为典型后轮鼓式制动器。制动轮缸是双活塞内张型液压轮缸。制动底板用螺栓固定在后轮轴端支撑座上，制动轮缸用螺钉固定在制动底板上方，支架、止挡板

（图 5-2-4 中未画出）用铆钉紧固在制动底板下方，以上构成制动底板总成。限位杆上的压簧将制动蹄总成紧压在制动底板带储油孔的支撑平面上，防止制动蹄总成轴向窜动。左制动蹄总成上固定有斜楔支撑，用来支撑调节间隙用的楔形调节块，称为带斜楔装置的制动蹄总成。右制动蹄总成上铆有可以绕销轴自由转动的驻车制动杠杆，驻车制动杠杆下端做成钩形，与驻车制动器拉索相连，称为带杠杆装置的制动蹄总成。制动蹄的两端做成圆弧形。上回位弹簧、驻车制动推杆弹簧、下回位弹簧分别将两个制动蹄上端贴靠在制动轮缸活塞左、右端面上，下端贴靠在止挡板两端面上。

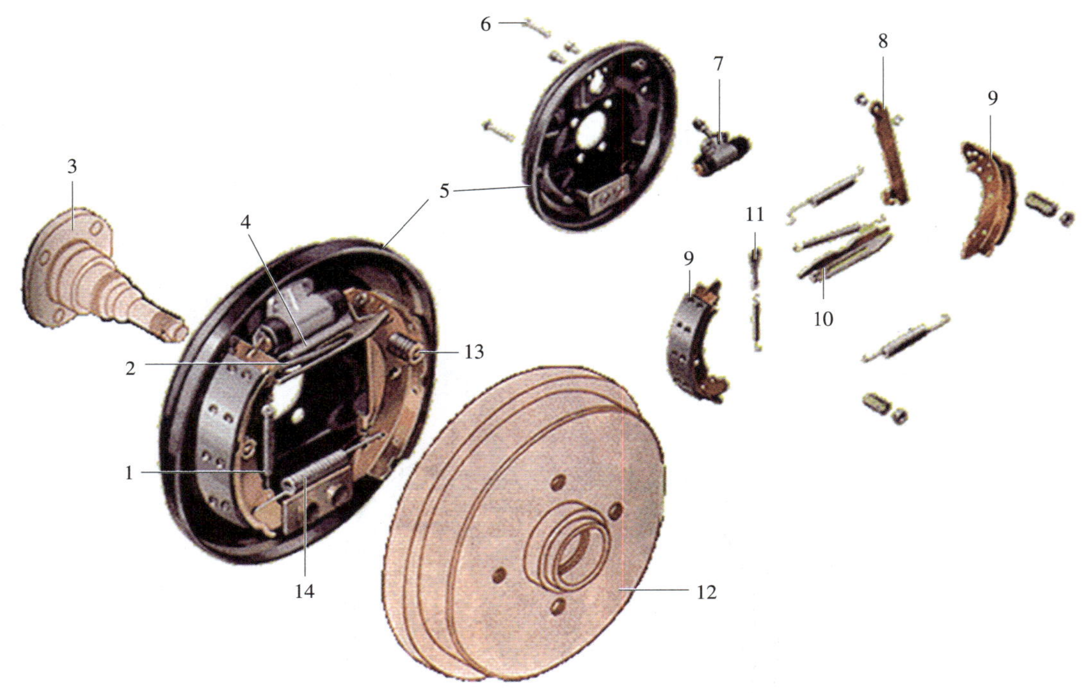

图 5-2-4　典型后轮鼓式制动器

1—制动间隙调节弹簧　2—驻车制动推杆弹簧　3—后轮轴　4—上回位弹簧　5—制动底板
6、13—限位杆　7—制动轮缸　8—驻车制动杠杆　9—制动蹄　10—驻车制动推杆
11—楔形调节块　12—制动鼓　14—下回位弹簧

制动时，制动轮缸活塞在制动液压力的作用下推动制动蹄绕制动蹄与止挡板的接触点向外旋转，使摩擦片紧压在制动鼓上，产生制动转矩使汽车制动。解除制动时，制动液压力消失，在上回位弹簧、驻车制动推杆弹簧、下回位弹簧的作用下制动蹄复位。

后轮鼓式制动器制动蹄下端的支撑方式为浮式支撑，具有间隙自调机构，这类制动器也同时作为驻车制动器，所以还带有一套驻车制动的操纵机构。

2. 凸轮式制动器

凸轮式制动器用制动凸轮取代制动轮缸对两制动蹄起促动作用，通常利用气压使制动凸轮转动。

凸轮式制动器如图 5-2-5 所示。该制动器除用制动凸轮作为促动装置外，其余结构与液压轮缸式领从蹄式制动器类同。前、后两制动蹄用可锻钢制成，均以下端支撑孔与支撑销的偏心轴颈间隙配合，并用挡板及锁销轴向限位。不制动时，由回位弹簧将制动蹄上端支撑面拉靠到制动凸轮轴的制动凸轮上，制动凸轮与轴制成一体，二者均用中碳钢制成，其表面经高频淬火处理，以提高其耐磨性。制动凸轮轴通过支座固定在制动底板上，其尾部花键轴插入制动调整臂的花键孔中。为了减轻制动凸轮轴与支座之间的摩擦，在支座的两端装有青铜衬套或粉末冶金衬套，并有润滑油嘴，可定期进行润滑。在衬套外端装有密封垫圈，并用止推垫和调整垫片限制和调整制动凸轮轴的轴向窜动量。

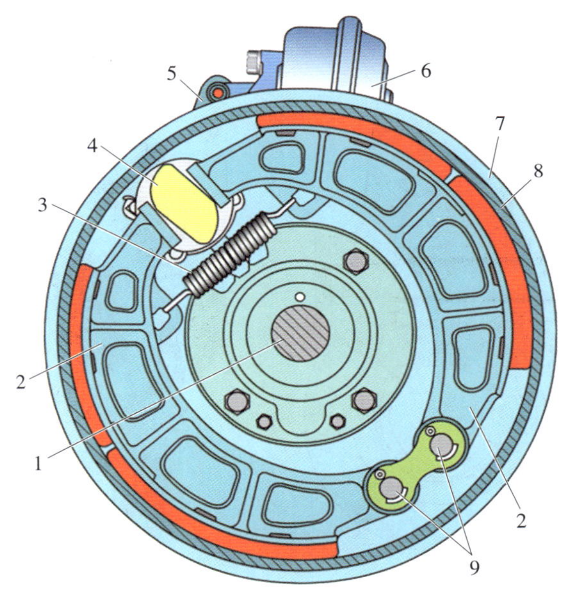

图 5-2-5　凸轮式制动器

1—转向节　2—制动蹄　3—回位弹簧　4—制动凸轮　5—制动调整臂
6—制动气室　7—制动底板　8—制动鼓　9—支撑销

制动时，制动调整臂在制动气室的推动下，带动制动凸轮轴转动，制动凸轮便迫使两制动蹄张开并压靠在制动鼓上，产生制动作用。由于制动凸轮的工作表面轮廓中心对称，且制动凸轮只能绕固定的轴线转动而不能移动，因此当制动凸轮转过一定的角度时，两制动蹄张开的位移是相等的。在制动蹄与制动鼓之间摩擦力的作用下，前制动蹄（助势蹄）力图离开制动凸轮，而后制动蹄（减势蹄）却更加靠紧制动凸轮，造成制动凸轮对助势蹄的张开力小于减势蹄，从而使两制动蹄所受到的制动鼓的法向反力近似相等。但由于这种制动器结构上不是中心对称的，两制动蹄作用于制动鼓的法向等效合力虽然大小近似相等，但其作用线存在一不大的夹角，不可能相互平衡，因此这种制动器仍是非平衡式的。

凸轮式制动器的间隙可以根据需要进行局部或全面调整。局部调整时，利用制动调整臂来改变制动凸轮的原始角位置。制动调整臂的结构如图 5-2-6 所示。在制动调整臂体和两侧的盖所包围的空腔内装有调整蜗轮和调整蜗杆。单线的调整蜗杆借助细花键套装在蜗杆轴上，调整蜗轮以内花键与制动凸轮轴的外花键相啮合。转动蜗杆轴，即可在制动调整臂与制动气室推杆的相对位置不变的情况下，通过调整蜗轮使制动凸轮轴转过一定角度，从而改变制动凸轮的原始角位置。蜗杆轴与制动调整臂体的相对位置是靠锁止套和锁紧螺钉来固定的。转动蜗杆轴时，需将具有六角孔的锁止套和弹簧压进一定行程，调好后将锁紧螺钉拧入，使其杆部嵌入锁止套的槽中，起锁止作用。这种锁止装置较可靠。

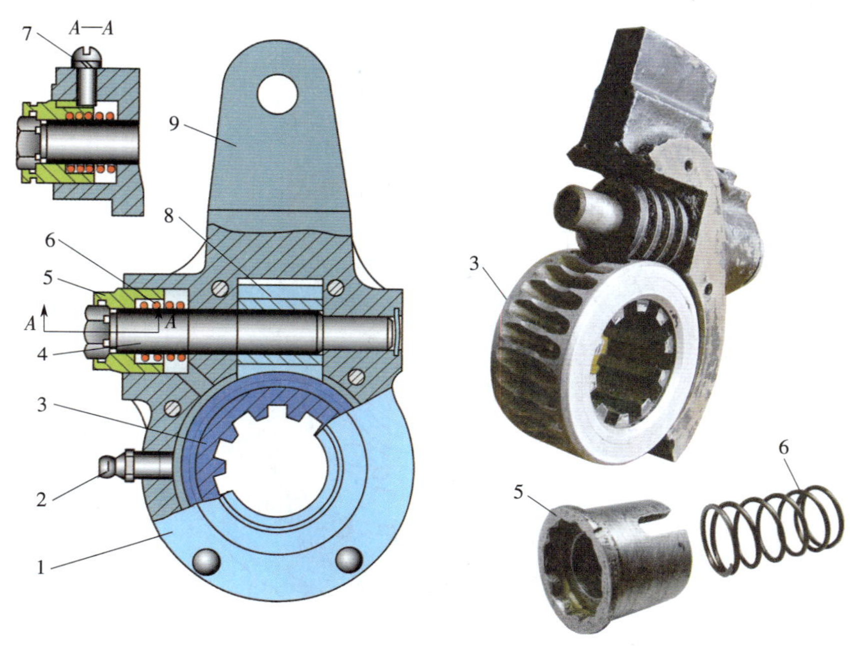

图 5-2-6　制动调整臂的结构

1—盖　2—油嘴　3—调整蜗轮　4—蜗杆轴　5—锁止套　6—弹簧
7—锁紧螺钉　8—调整蜗杆　9—制动调整臂体

进行全面调整时，还应同时转动带偏心轴颈的支撑销（见图 5-2-5）。东风 EQ1090E 型汽车制动器间隙标准值：靠近支撑销的一端为 0.25 ~ 0.40 mm，靠近制动凸轮的一端为 0.40 ~ 0.55 mm。

这类制动器由于用一个制动凸轮的转动同时调整两个制动蹄的间隙，二者很难达到一致。因此，制动凸轮轴支座和制动底板的相对位置应能进行微量调整。通常使支座和制动底板的孔径都稍大于固定螺杆的直径，松开固定螺母可使支座和制动凸轮轴相对制动底板作任一方向的移动，以保证制动凸轮、制动蹄、制动鼓之间的正确位置，使两制动蹄与制动鼓的间隙一致。

3. 楔式制动器

楔式制动器如图 5–2–7 所示。楔式制动器的制动蹄靠在活塞上，活塞内端面是斜面，与支于滚轮隔离架两边槽内的滚轮接触。制动时，制动轮缸活塞在液压力作用下使推杆向内移动，推杆又使两滚轮一边沿活塞斜面向内滚动，一边使两活塞在制动底板的孔中向外移动一定距离，从而使制动蹄压靠到制动鼓上。制动轮缸液压力一旦撤除，上述零件即在回位弹簧的作用下各自复位。

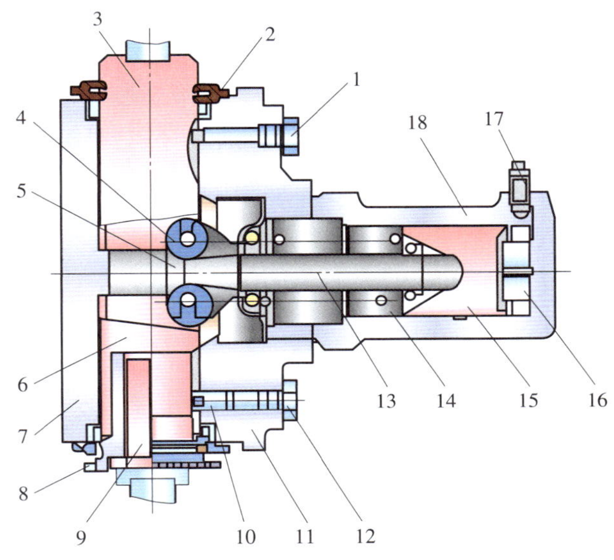

图 5–2–7 楔式制动器

1—导向销 2—防尘罩 3—活塞 4—滚轮 5—滚轮隔离架 6—套筒 7—制动底板 8—锁止卡片 9—调整螺栓 10—导向棘爪销 11—楔块总成 12—螺塞 13—推杆 14—回位弹簧 15—制动轮缸活塞 16—活塞限位块 17—放气螺钉 18—制动轮缸体

二、盘式制动器

盘式制动器根据其固定元件的结构形式可分为钳盘式制动器和全盘式制动器。

钳盘式制动器的固定元件为制动钳，制动钳中的制动块由工作面积不大的摩擦块及其金属背板组成，每个制动器中有 2 ~ 4 块制动块。钳盘式制动器按制动钳固定在支架上的结构形式可分为定钳盘式和浮钳盘式。

全盘式制动器的固定元件的金属背板和摩擦片都做成圆盘形，因而其制动盘的全部工作面可同时与摩擦片接触。全盘式制动器由于固定元件的横向尺寸较大，主要应用在重型车上。

1. 定钳盘式制动器

液压缸分置于制动盘两侧，必须用跨越制动盘的钳内油道或外部油管来连通，这使制动钳的尺寸过大，难以安装在现代化轿车的轮辋内。热负荷大时，液压缸和跨越制动盘的油管或油道中的制动液容易受热汽化。若要兼用于驻车制动，则必须加装一个机械促动的驻车制动钳。

如图 5-2-8 所示，跨置在制动盘上的制动钳体固定安装在车桥上，它不能旋转也不能沿制动盘轴线方向移动，其内的两个活塞分别位于制动盘的两侧。制动时，制动液由制动总泵（制动主缸）经进油口进入制动钳体中两个相通的液压腔中，将两侧的摩擦块压向与车轮固定连接的制动盘，从而产生制动。定钳盘式制动器的特点是制动盘两侧的制动块由两个液压缸单独促动。该制动器的缺点是液压缸较多，制动钳的结构较复杂。

2. 浮钳盘式制动器

浮钳盘式制动器按制动钳的运动方式，可分为滑动钳盘式制动器和摆动钳盘式制动器，其中滑动钳盘式制动器应用广泛。

图 5-2-9 所示为滑动钳盘式制动器。制动钳体通过导向销与车桥相连，可以相对于制动盘轴向移动。制动钳体只在制动盘的内侧设置液压缸，而外侧的摩擦块则附装在制动钳体上。制动时，制动液通过进油口进入液压缸，推动活塞及其上的摩擦块向右移动，压到制动盘上，并使得液压缸连同制动钳体整体沿导向销向左移动，直至制动盘右侧的摩擦块也压到制动盘上，夹住制动盘并使其制动。

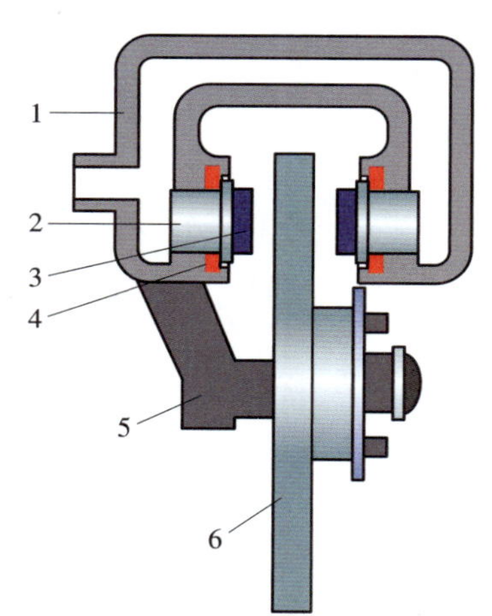

图 5-2-8 定钳盘式制动器

1—制动钳体 2—活塞 3—摩擦块 4—密封圈 5—车桥 6—制动盘

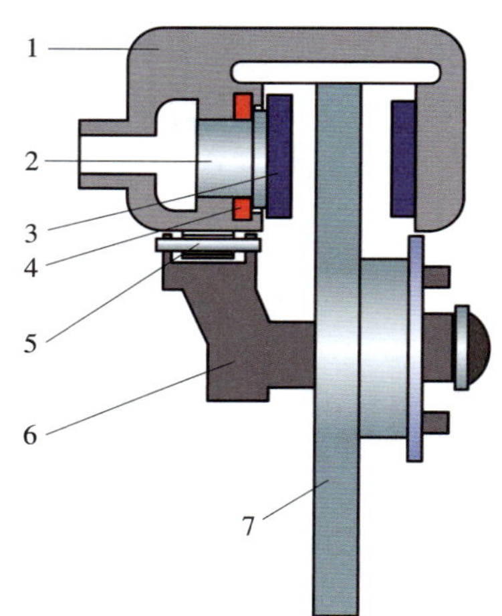

图 5-2-9 滑动钳盘式制动器

1—制动钳体 2—活塞 3—摩擦块 4—密封圈 5—导向销 6—车桥 7—制动盘

与定钳盘式制动器相反，浮钳盘式制动器轴向和径向尺寸较小，而且制动液受热汽化的机会较少。此外，浮钳盘式制动器在兼作行车和驻车制动器的情况下，只需在行车制动钳液压缸附近加装一些用以推动液压缸活塞的驻车制动机械传动零件即可。

3. 典型前轮盘式制动器

图 5-2-10 所示为典型前轮盘式制动器，该制动器为浮钳盘式制动器。它由制动盘、内外摩擦块、制动钳体、制动钳支架等组成。

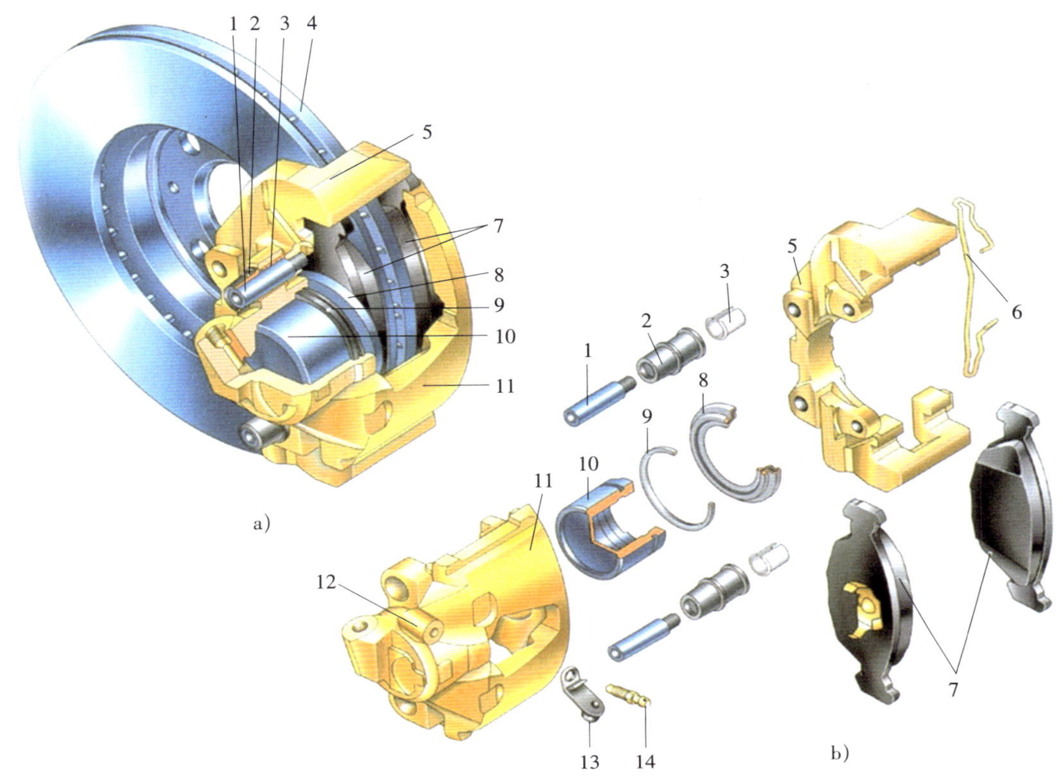

图 5-2-10 典型前轮盘式制动器

a）装配图 b）分解图

1—螺栓 2—橡胶衬套 3—塑料套 4—制动盘 5—制动钳支架 6—保持弹簧 7—摩擦块 8—活塞防尘套 9—油封 10—活塞 11—制动钳体 12—排气孔座 13—防尘套 14—排气螺钉

制动盘固定在轮毂上，夹在内、外摩擦块中间，与前轮一起转动。制动钳体通过螺栓（兼作导向销）与制动钳支架相连（支架固定于转向节凸缘上），制动钳体可沿螺栓相对于制动盘轴向移动。制动轮缸布置在制动钳体的内侧。制动钳支架上有导轨，通过两根特制弹簧（保持弹簧）安装内、外摩擦块，内、外摩擦块可沿导轨轴向移动。

浮钳盘式车轮制动器的工作原理如图 5-2-11 所示。制动时，来自制动总泵的制动液通过油道进入液压缸，推动活塞及活动摩擦块向左移动，并压靠到制动盘内侧表面上，于是制动盘给活塞一个向右的反作用力 P_2，使得活塞连同制动钳体沿导向销向右移动，直至制动盘外（左）侧的固定摩擦块也压到制动盘上，夹住制动盘使其制动。

制动器的制动间隙可自动调整，矩形密封圈嵌在液压缸的矩形槽内，密封圈内圆与活塞外圆配合较紧，制动时，活塞被压向制动盘，密封圈发生弹性变形；解除制动时，密封圈要恢复原状，于是将活塞拉回原位。当制动盘与摩擦块磨损后，制动器的制动间隙增大，若间隙大于活塞的设置行程，活塞在制动液压力的作用下，克服密封圈的摩擦阻力

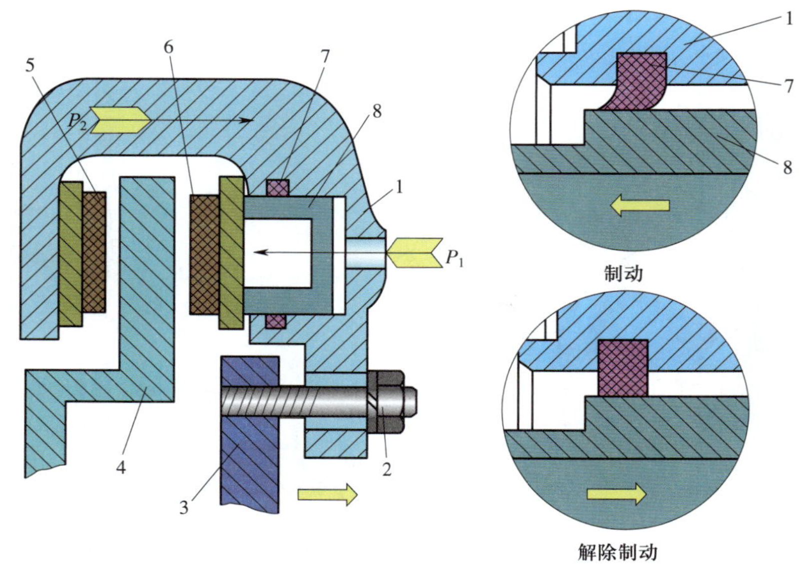

图 5-2-11　浮钳盘式车轮制动器的工作原理
1—制动钳体　2—导向销　3—制动钳支架　4—制动盘　5—固定摩擦块
6—活动摩擦块　7—矩形密封圈　8—活塞

而继续前移，直到实现完全制动。解除制动时，由于密封圈弹性变形量的限制，密封圈将活塞拉回的距离小于活塞前移的距离，则活塞与密封圈之间这一不可恢复的相对位移便补偿了过量的间隙。

技能训练

前轮盘式制动器的拆装

以速腾轿车为例。

实训准备：

设备：速腾轿车、举升机。

工具：工具车及常用工具、车辆防护装置、车轮挡块、活塞复位工具、指针式扭力扳手、预置式扭力扳手、磁力表座、百分表、钢直尺（200 mm）、千分尺（0~25 mm）、金属 S 钩。

材料：润滑油、制动液、乙醇清洗剂、手套、抹布。

资料：汽车维修手册。

1. 拆卸

速腾轿车前轮盘式制动器的分解如图 5-2-12 所示。

（1）准备工作：检查工具、举升机、车轮挡块、车辆防护装置。

（2）拆卸左前车轮：预松左前车轮紧固螺栓（防盗螺栓需用专用工具拧松）、举升车辆、拆卸车轮。

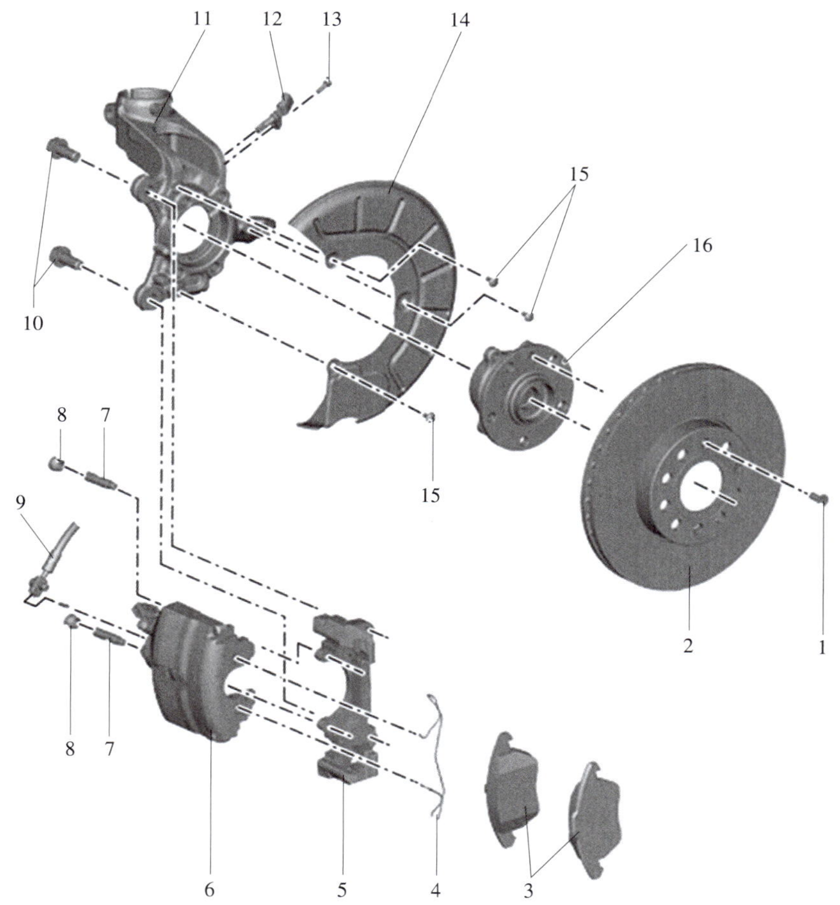

图 5–2–12　速腾轿车前轮盘式制动器的分解

1—螺栓（4 N·m）　2—车轮轴承罩　3—制动摩擦片　4—止动弹簧　5—制动器支架　6—制动钳　7—导向销　8—盖罩　9—制动软管　10—制动器支架固定螺栓　11—车轮轴承罩　12—前部转速传感器　13—螺栓（8 N·m）　14—盖板　15—螺栓（12 N·m）　16—车轮轴承单元

（3）拆卸制动摩擦片。

1）用一字旋具撬出制动钳中的制动摩擦片止动弹簧（图 5–2–13 中箭头处），并将其取下。

2）取下盖罩（图 5–2–14 中箭头处）。

3）松开两个导向销（图 5–2–15 中箭头处），并从制动钳中取出。

4）取下制动钳，并用钢丝固定，以防制动钳损坏制动软管。

5）取出制动钳中的制动摩擦片和制动器支架上的制动摩擦片，做好标记。

（4）部件检查。

1）清洗：用乙醇清洗剂清洗制动钳，尤其是制动摩擦片的黏结表面必须无残留黏结剂和油脂；彻底清洗制动器支架上制动摩擦片的支撑面，清除锈蚀。

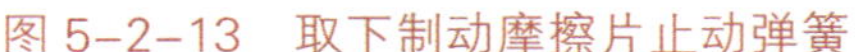
图 5-2-13　取下制动摩擦片止动弹簧

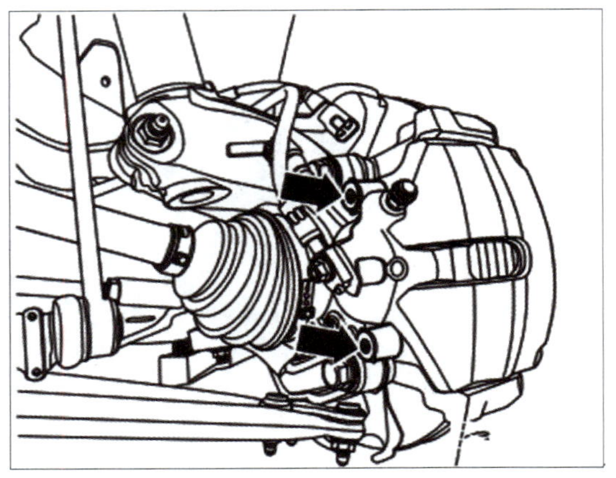

图 5-2-14　取下盖罩

2）制动摩擦片测量：用钢直尺均匀测量内外制动摩擦片厚度（4 个位置）。判断标准：制动摩擦片厚度标准值为 14 mm（不包括背板），磨损极限为 2 mm（不包括背板）。

3）制动盘测量：均匀安装 3 颗车轮紧固螺栓，拧紧力矩为 120 N · m，在距制动盘边缘 10 mm 处分 8 个位置测量制动盘厚度。判断标准：前轮制动盘厚度标准值为 25 mm，磨损极限为 22 mm，记录并判断其使用性能。清洗、校准百分表，安装磁力表座，在距制动盘边缘 10 mm 处，测量制动盘跳动量（≤标准限值 0.05 mm），记录并判断制动盘的使用性能。

2. 安装

（1）将活塞复位工具装到制动钳内（见图 5-2-16），用活塞复位工具将活塞压入液压缸之前，必须吸出储液罐内的制动液，否则，在此期间添加制动液，制动液就会溢出并造成危害。

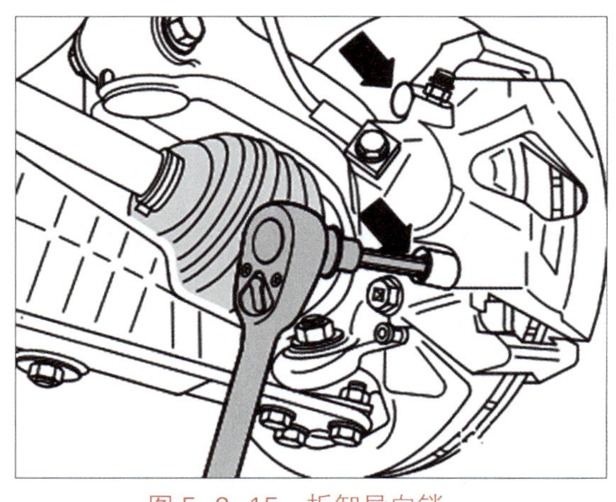

图 5-2-15　拆卸导向销

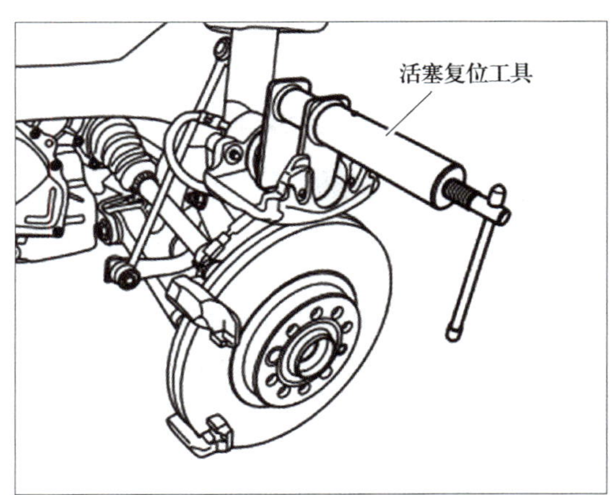

图 5-2-16　活塞复位

（2）清洗制动盘及制动摩擦片。清洗并润滑制动钳、制动器支架及导向销，将外侧制动摩擦片安装到制动器支架上，将带有止动弹簧的制动摩擦片装入制动钳活塞中，将制动器支架安装到车轮轴承罩上，拧紧力矩为 124 N·m。在安装制动钳时，要注意在达到正确的安装位置前，不要连接制动摩擦片。

（3）安装导向销到制动器支架上，拧紧力矩为 30 N·m。

（4）转动制动盘，验证是否有卡滞现象。

（5）拆卸 3 颗车轮紧固螺栓。

（6）安装车轮。

1）临时拧紧左前车轮紧固螺栓。

2）解锁举升机，放置车轮挡块。

3）车辆降落至地面，用指针式扭力扳手以交叉方式拧紧车轮紧固螺栓，拧紧力矩为 120 N·m。防盗螺栓需用专用工具紧固。

（7）检验。

1）在停车状态下将制动踏板多次用力踩到底，使得制动摩擦片位于与其运动状态相符的位置上。

2）检查制动液液位。

（8）现场恢复。清洗、整理工量具，清理现场。

小结

1. 摩擦制动器分为鼓式制动器和盘式制动器两大类。

（1）鼓式制动器中制动鼓是旋转元件、制动蹄是固定元件。根据制动过程中两制动蹄产生的制动转矩不同，鼓式制动器可分为领从蹄式、双领蹄式、双向双领蹄式、双从蹄式、单向自增力式和双向自增力式等多种形式。

（2）盘式制动器根据其固定元件的结构形式可分为钳盘式制动器和全盘式制动器。

2. 钳盘式制动器的旋转元件是以端面（平面）为工作面的金属圆盘，固定元件为制动钳，可分为定钳盘式和浮钳盘式两种结构形式。

3. 典型前轮盘式制动器的制动间隙可自动调整。

课题3　驻车制动器

学习目标

1. 能够叙述驻车制动器的功用及类型。
2. 掌握中央鼓式驻车制动器、盘式驻车制动器及强力弹簧式驻车制动器的结构。
3. 能够叙述中央鼓式驻车制动器、盘式驻车制动器及强力弹簧式驻车制动器的工作过程。

4. 能够对驻车制动器进行调整。

驻车制动器的功用是车辆停驶后防止滑溜、坡道顺利起步、行车制动器失效后应急制动或配合行车制动器进行紧急制动。

驻车制动器按其安装位置可分为中央式驻车制动器和车轮式驻车制动器两种。中央式驻车制动器通常安装在变速器的后面，其制动转矩作用在传动轴上；车轮式驻车制动器通常与车轮制动器共用一个制动器总成，只是传动装置相互独立。

驻车制动器按其结构形式可分为鼓式、盘式和弹簧式等。

一、中央鼓式驻车制动器

图 5-3-1 所示为中央鼓式驻车制动器的结构，该制动器为凸轮张开式中央鼓式驻车制动器。

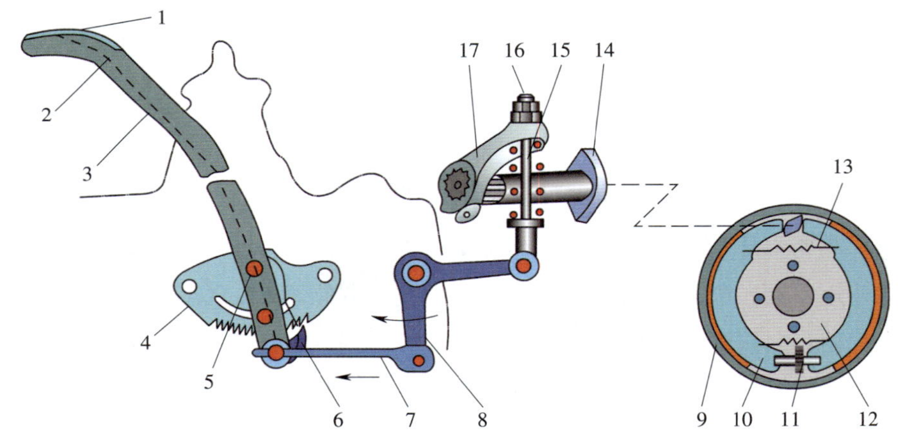

图 5-3-1　中央鼓式驻车制动器的结构

1—手柄按钮　2—棘爪拉杆　3—驻车制动手柄　4—齿扇　5—销轴　6—锁止棘爪　7—传动杆　8—拐臂　9—制动鼓　10—制动蹄　11—推杆总成　12—制动底板　13—制动蹄回位弹簧　14—凸轮　15—拉杆　16—调整螺母　17—摆臂

制动鼓通过螺栓与变速器第二轴的凸缘盘紧固在一起，制动底板固定在变速器第二轴轴承盖上。两制动蹄下端在弹簧的作用下，用凹槽紧套在推杆总成的两端，其上端在回位弹簧的作用下紧靠在凸轮的两侧。凸轮轴支撑在制动底板的上部，其外端与摆臂连接，摆臂的另一端与穿过压紧弹簧的拉杆相连，拉杆再通过拐臂、传动杆与驻车制动手柄相连。驻车制动手柄上连有锁止棘爪，进行驻车制动时，将驻车制动手柄上端向后拉动，则驻车制动手柄的下端向前摆动，传动杆带动拐臂按顺时针方向转动，拉杆则带动摆臂按顺时针方向转动，凸轮轴也按顺时针方向转动，凸轮则使两制动蹄以推杆总成两端为支点向外张开，压靠到制动鼓上，产生制动作用。当驻车制动手柄拉到制动位置时，锁止棘爪嵌入齿扇上的棘齿内，起锁止作用。解除制动时，需按下驻车制动手柄上的按钮使锁止棘爪脱离棘齿，然后才能向前推动驻车制动手柄，凸轮轴按逆时针方向转动，制动蹄在回位弹簧的作用下复位，制动蹄与制动鼓间恢复制动间隙，制动解除。

二、盘式驻车制动器

速腾轿车驻车制动器由驻车制动器操纵机构（前部见图 5–3–2、后部见图 5–3–3）和后轮盘式驻车制动器（见图 5–3–4）两部分组成。速腾轿车后轮盘式驻车制动器是斜盘钢球式驻车制动器，如图 5–3–4 所示，主要由制动钳拉杆、操作轴、导套、滑盘、轴承板、钢球、压簧、螺杆、螺母调节器、活塞、制动摩擦片、制动钳体等组成。

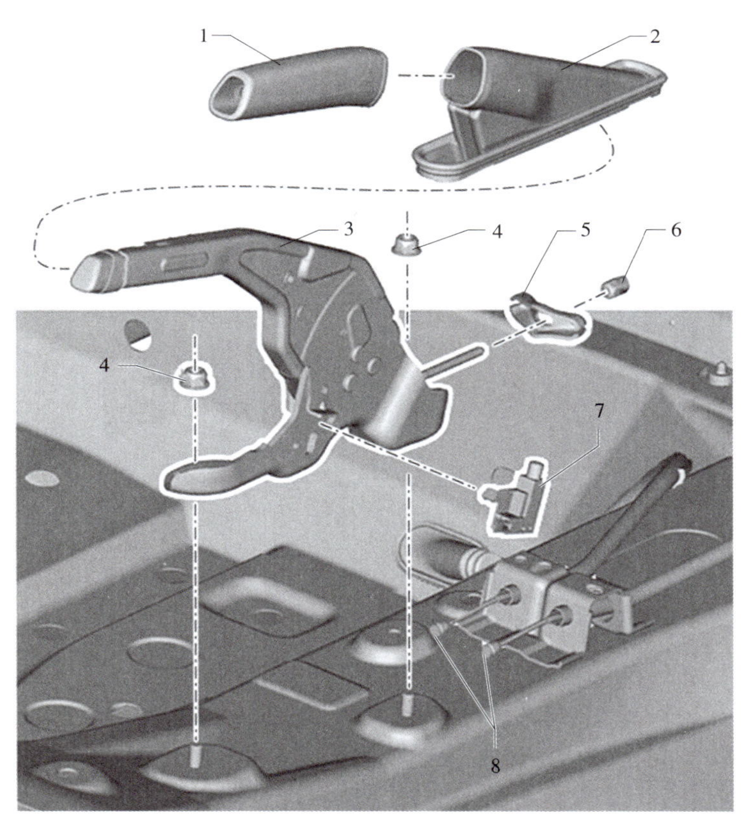

图 5–3–2 驻车制动器操纵机构前部

1—手柄 2—驻车制动拉杆罩 3—驻车制动拉杆 4—螺母 5—平衡托架
6—调整螺母 7—驻车制动器开关 8—驻车制动器拉索

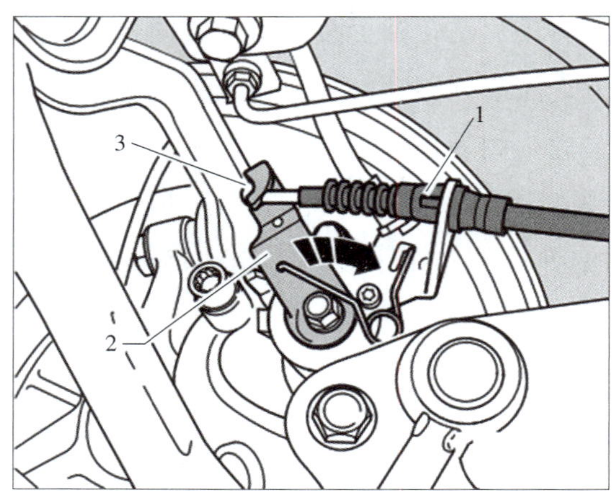

图 5-3-3　驻车制动器操纵机构后部
1—驻车制动器拉索锁止凸耳　2—制动钳拉杆　3—驻车制动器拉索球头

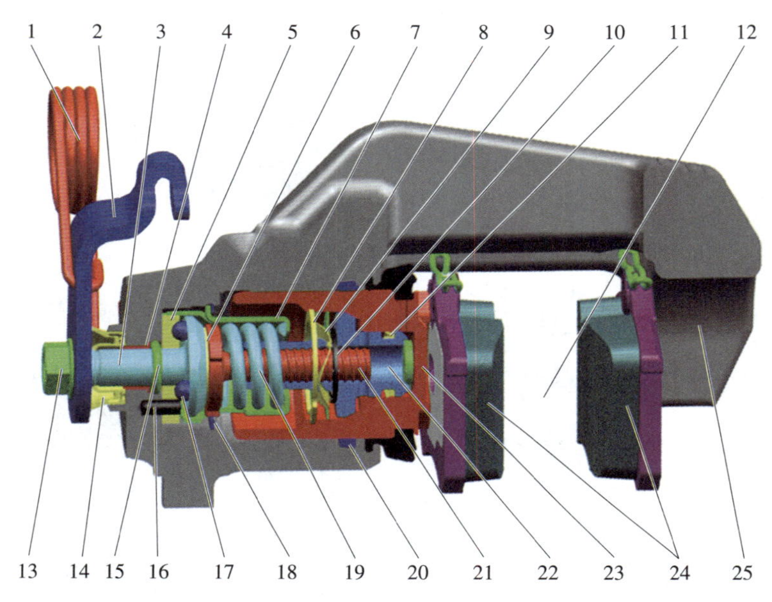

图 5-3-4　后轮盘式驻车制动器
1—扭簧　2—制动钳拉杆　3—操作轴　4—导套　5—滑盘　6—轴承板　7—弹簧座
8—活塞卡簧　9—弹簧垫圈　10—滚动轴承　11—O 形环　12—制动盘（未画出）
13—螺母　14—衬套　15—密封圈　16—定位销　17—钢球　18—卡簧　19—压簧
20—密封环　21—螺杆　22—螺母调节器　23—活塞　24—制动摩擦片　25—制动钳体

驻车制动器操纵机构为机械式，驻车制动时，把车厢内的驻车制动拉杆向上拉起，将驻车制动器拉索拉紧，拉动制动钳拉杆上端向前转动，带动操作轴转动，旋转的操作轴带动斜坡形凹槽中的钢球沿斜面向上滚动，随着钢球在斜坡上滚动，操作轴与滑盘间的距离逐渐变大，因此操作轴在旋转的同时产生相应的轴向位移，边旋转边轴向移动的操作轴通过放置在其前端的轴承板，推动螺杆对压簧进行压缩，从而实现螺杆的轴向移动。而轴向移动的螺杆通过螺纹依次推动螺母调节器、活塞、制动摩擦片外移，从而顶住制动盘，产生制动夹紧力。解除驻车制动时，制动钳拉杆在扭簧的作用下回位，此时压簧经螺杆、轴承板、操作轴推动钢球沿斜坡形凹槽的斜面向下滚动。随着钢球的向下滚动，操作轴与滑盘间的距离逐渐变小。于是，在压簧的作用下，螺杆和操作轴逐渐后移至初始位置。同时，活塞回位，使制动摩擦片与制动盘产生间隙，驻车制动解除。

三、强力弹簧式驻车制动器

1. 结构

图 5-3-5 所示为强力弹簧式驻车制动器，它是一个双功能综合体。后制动气室和驻车制动气室借隔板隔开，推杆外端通过连接叉与制动器的制动臂相连，其球面则支靠在与小活塞连为一体的推杆座中。预压的强力弹簧使驻车制动活塞保持在其气室的右端，因而通过中间推杆将后制动气室的小活塞回位弹簧压缩，使制动器产生制动作用。拧出传力螺栓可使中间推杆回到左端位置而解除制动。

后制动气室由行车制动阀控制，驻车制动气室由驻车制动阀控制。

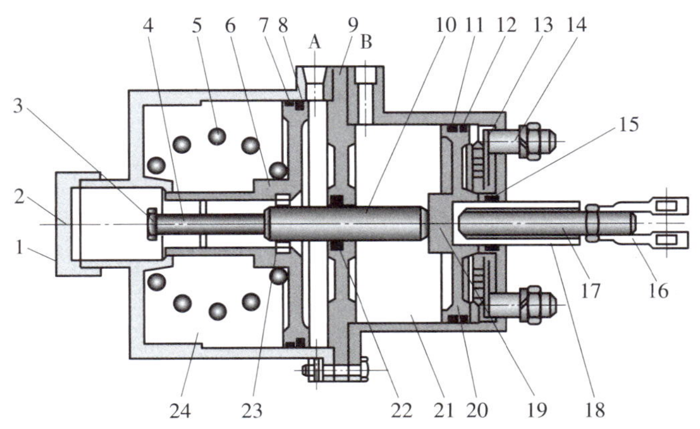

图 5-3-5 强力弹簧式驻车制动器

1—防尘罩 2—滤网 3—螺塞 4—传力螺栓 5—强力弹簧 6—驻车制动活塞
7—油浸毡圈 8、11—橡胶密封圈 9—隔板 10—中间推杆 12—毡圈
13—小活塞回位弹簧 14—安装螺栓 15—导管油封 16—连接叉 17—推杆
18—导管 19—推杆座 20—小活塞 21—后制动气室 22—密封圈
23—内外密封圈总成 24—驻车制动气室 A—通驻车制动阀 B—通行车制动阀

2. 工作原理

图 5-3-6 所示为强力弹簧式驻车制动器的工作原理（不制动位置）。

（1）单独进行驻车制动时

汽车停驶后将驻车制动阀拉出，驻车制动气室右侧的压缩空气便从下端气孔放出，此

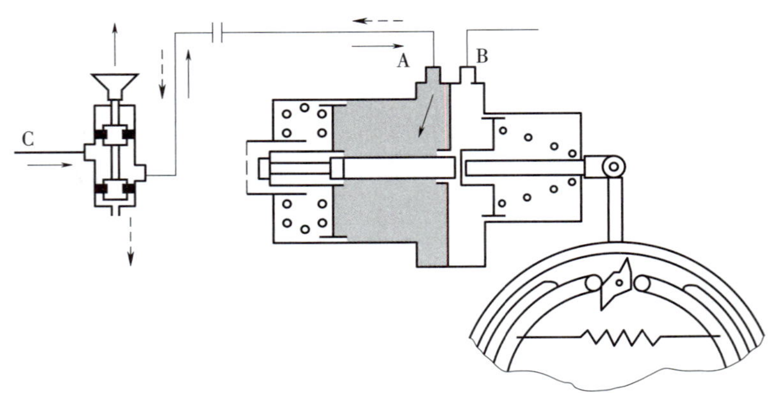

图 5–3–6　强力弹簧式驻车制动器的工作原理（不制动位置）
A—通驻车制动阀　B—通行车制动阀　C—通储气筒

时 A 孔和 B 孔与外界大气相通。强力弹簧伸张，其作用力依次经驻车制动活塞、传力螺栓和中间推杆将后制动气室的小活塞推到制动位置，并完全压缩小活塞回位弹簧。

（2）正常行驶不制动时

在汽车起步之前，将驻车制动阀推回不制动位置，使压缩空气自储气筒经 A 孔充入驻车制动气室右侧，压缩强力弹簧，将驻车制动活塞推到左端不制动位置。同时，后制动气室小活塞也在其回位弹簧的作用下回到不制动位置，汽车可正常行驶。

（3）单独进行行车制动时

行车中踩下制动踏板，压缩空气经行车制动阀自 B 孔充入后制动气室而产生制动作用。

（4）无压缩空气时

若汽车的气源或气路发生故障，不能对驻车制动气室充气，则强力弹簧将处于伸张状态，使汽车保持制动。

此时，若需要开动或拖动汽车，必须将驻车制动气室中的传力螺栓旋出，卸除强力弹簧对中间推杆的推力，使后制动气室的小活塞在其回位弹簧的作用下退回不制动位置，解除制动。

技能训练

驻车制动器的调整

1. 中央鼓式驻车制动器的调整

实训准备：

设备：带中央鼓式驻车制动器的汽车。

工具：工具车及常用工具。

材料：手套、抹布、乙醇清洗剂。

资料：汽车维修手册。

中央鼓式驻车制动器的调整有以下两种方法。

（1）拉杆长度调整

当驻车制动器的制动间隙过大时，可以将拉杆上的锁紧螺母松开，将驻车制动手柄放松到最前端。然后，拧动拉杆上的调整螺母，即可实现制动间隙调整，将调整螺母拧进，则制动间隙减小。调整完毕后，应将锁紧螺母锁紧。

（2）摆臂与凸轮的相互位置调整

若通过拉杆调完后，驻车制动手柄自由行程仍然偏大，可调整摆臂与凸轮的相互位置。

1）将驻车制动手柄向前放松至极限位置。

2）将摆臂从凸轮轴上取下，沿逆时针方向错开一个或数个齿后，再将摆臂装在凸轮轴上，并将夹紧螺栓紧固。

3）重新调整拉杆的调整螺母，直到驻车制动手柄自由行程合适，调好后，制动间隙应为 0.2 ~ 0.4 mm。

4）驻车制动器调好后，完全放松驻车制动手柄并向后拉驻车制动手柄时，应有两响的自由行程，第三响时，应开始产生制动，第五响时，汽车应能在规定的坡度路面上停驻。

2. 盘式驻车制动器的调整

实训准备：

设备：速腾轿车、举升机。

工具：工具车及常用工具。

材料：手套、抹布、乙醇清洗剂。

资料：汽车维修手册。

速腾轿车由后轮盘式制动器兼作驻车制动器，通过一套机械系统操纵。后轮盘式制动器制动间隙为自动调整式，只在更换驻车制动器拉索、制动钳和制动盘时才需要重新调整驻车制动器。步骤如下：

（1）使用举升机举升车辆。

（2）用力踩下制动踏板。

（3）拉紧并松开驻车制动器三次。

（4）驻车制动拉杆必须在第一个卡止位下方自动返回常态位置。

（5）驻车制动拉杆位于常态位置。

（6）取出杂物箱中的衬垫及盖板，露出调整螺母，如图 5–3–7 所示。

（7）拧松调整螺母，使制动钳拉杆与挡块脱离，在左侧和右侧制动钳上，制动钳拉杆与挡块的间距 a 不得超过 1.5 mm（见图 5–3–8），然后检查两个车轮是否能灵活转动。

重新调整后，由于后轮盘式制动器会自动调整，因此不需要再调整驻车制动器。

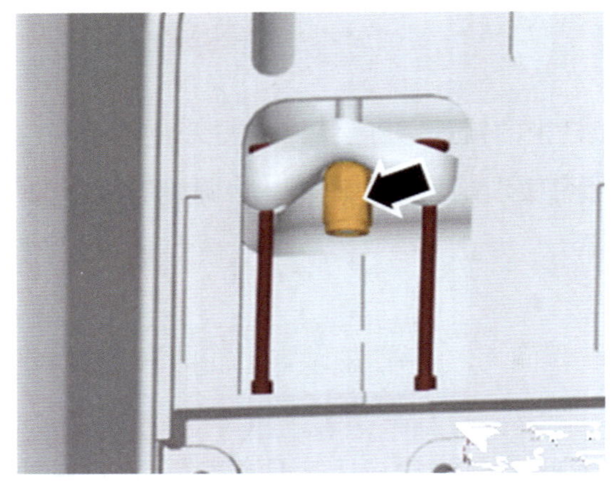

图 5-3-7　调整螺母

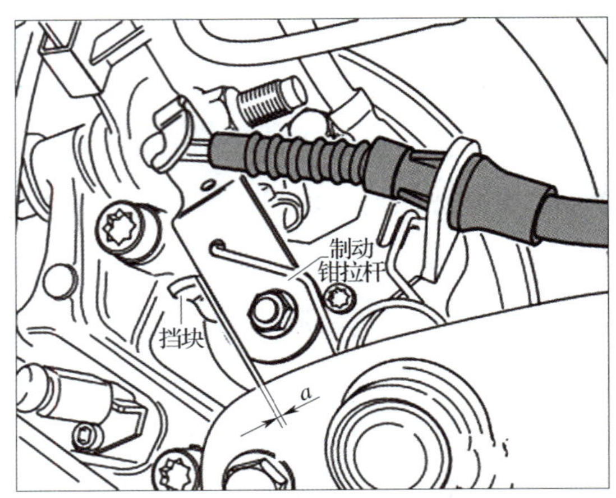

图 5-3-8　制动钳拉杆与挡块的间距

小结

1. 驻车制动器按其安装位置可分为中央式驻车制动器和车轮式驻车制动器两种。中央式驻车制动器通常安装在变速器的后面，其制动转矩作用在传动轴上；车轮式驻车制动器通常与车轮制动器共用一个制动器总成，只是传动装置相互独立。

2. 驻车制动器按其结构形式可分为鼓式、盘式和弹簧式等。

3. 驻车制动器的调整。

课题4　制动传动装置

学习目标

1. 能够叙述制动传动装置的功用及类型。
2. 掌握液压式制动传动装置的组成、结构及工作过程。
3. 能够叙述真空液压制动传动装置的优点，并能理解其组成及工作过程。

制动传动装置的功用是将驾驶员或其他动力源的作用传到制动器，同时控制制动器的工作，从而获得所需要的制动转矩。

按照交通法规的要求，现在汽车的行车制动系须采用双管路制动传动装置，单管路制动传动装置已被淘汰。

一、液压式制动传动装置

液压式制动传动装置利用制动液将驾驶员作用于制动踏板的力转换为液压力，通过管路传至车轮制动器，再将液压力转变为制动蹄的制动力。

1. 液压式制动传动装置的组成

如图 5-4-1 所示，液压式制动传动装置由制动踏板、推杆、制动主缸、储液罐、制动轮缸、油管、制动灯开关、指示灯、比例阀等组成。

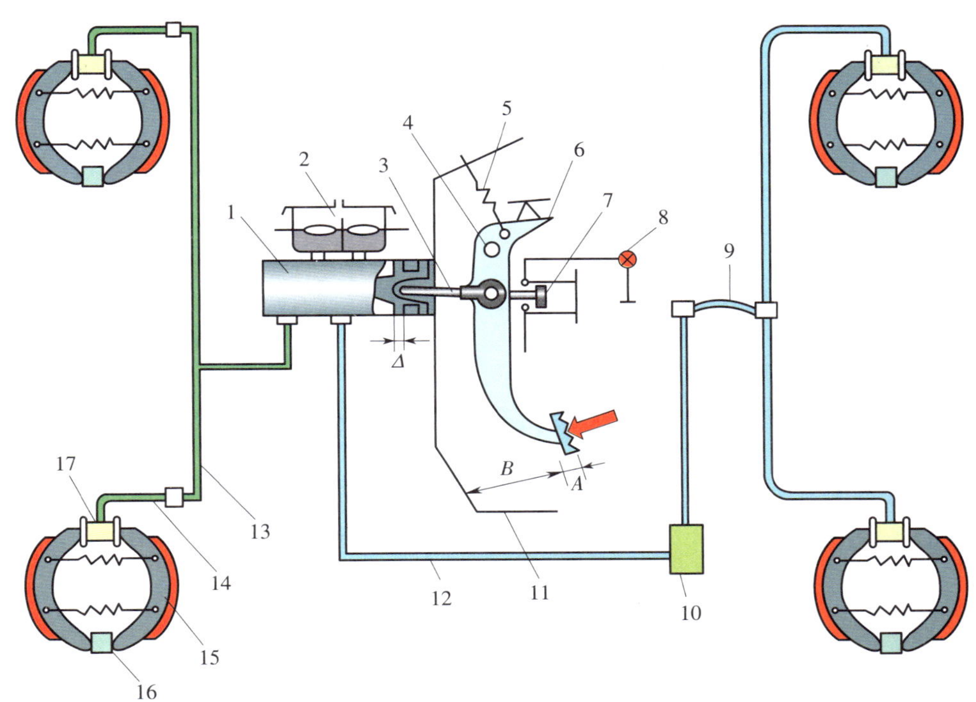

图 5-4-1 液压式制动传动装置的组成

1—制动主缸 2—储液罐 3—推杆 4—支撑销 5—回位弹簧 6—制动踏板 7—制动灯开关 8—指示灯 9、14—软管 10—比例阀 11—地板 12—后桥油管 13—前桥油管 15—制动蹄 16—支撑座 17—制动轮缸 Δ—自由间隙 A—自由行程 B—有效行程

2. 液压式制动传动装置的类型

双管路液压式制动传动装置利用彼此独立的双腔制动主缸，通过两套独立管路，分别控制两桥或三桥的车轮制动器。其特点是若其中一套管路发生故障而失效，另一套管路仍能继续起制动作用，从而提高汽车制动的可靠性和行车的安全性。

双管路的布置方案在各类型汽车上各有不同，可归纳为以下几种。

（1）两桥车轮制动器彼此独立的布置方案，如图 5-4-2 所示。

（2）对角彼此独立的布置方案，一轴的同侧车轮制动器与另一轴的对侧车轮制动器同属一个管路，如图 5-4-3 所示。

（3）一个车轮制动器两个制动轮缸彼此独立的布置方案，如图 5-4-4 所示。

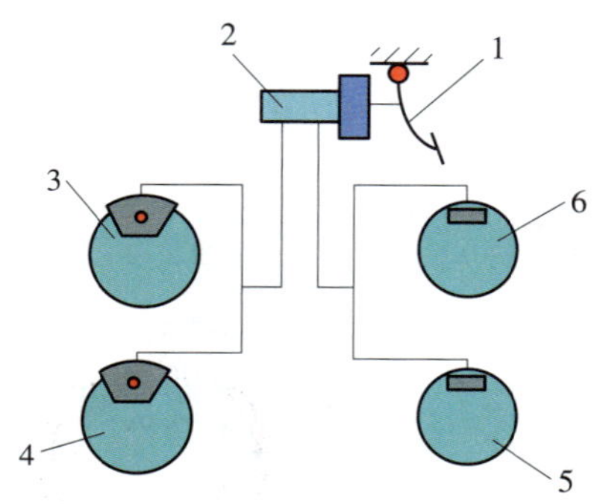

图 5-4-2　两桥车轮制动器彼此独立的布置方案
1—制动踏板　2—制动主缸　3—右前车轮制动器
4—左前车轮制动器　5—左后车轮制动器
6—右后车轮制动器

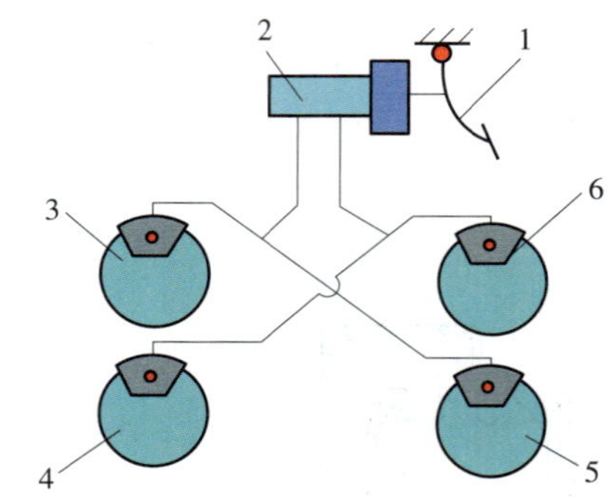

图 5-4-3　对角彼此独立的布置方案
1—制动踏板　2—制动主缸　3—右前车轮制动器
4—左前车轮制动器　5—左后车轮制动器
6—右后车轮制动器

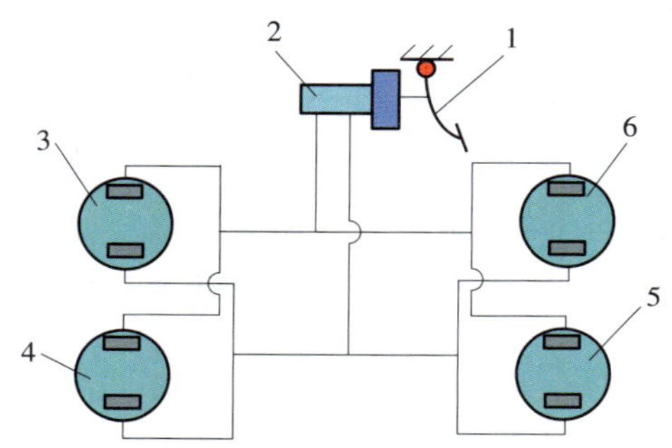

图 5-4-4　一个车轮制动器两个制动轮缸彼此独立的布置方案
1—制动踏板　2—制动主缸　3—右前车轮制动器　4—左前车轮制动器
5—左后车轮制动器　6—右后车轮制动器

3. 液压式制动传动装置主要部件的结构及工作原理

（1）制动主缸

制动主缸的作用是将制动踏板输入的机械力转换成液压力。

现在轿车最常用的是串联双腔制动主缸，即两个单腔制动主缸串联在一起，形成双回路制动系，而且当一个回路失效时，制动主缸可保证另一个回路仍能工作。

1）制动主缸的组成和结构。串联双腔制动主缸如图 5-4-5 所示，制动主缸缸体内装有前缸活塞、后缸活塞及前、后缸回位弹簧。前、后缸活塞分别用密封圈密封，前缸活塞位于制动主缸缸体的中间位置，将制动主缸分成前、后两个工作腔。每个工作腔产生的液压力经各自的管路分别传至前、后轮制动器。每个工作腔分别通过旁通孔和补偿孔、空心螺栓与储液罐相通。前缸活塞两端都承受弹簧力，当制动主缸不工作时，前缸活塞处在正确的中间位置，使各工作腔的补偿孔和旁通孔都与腔内相通。前缸活塞由后缸活塞的液压力和后缸回位弹簧推动，而后缸活塞直接由推杆推动。

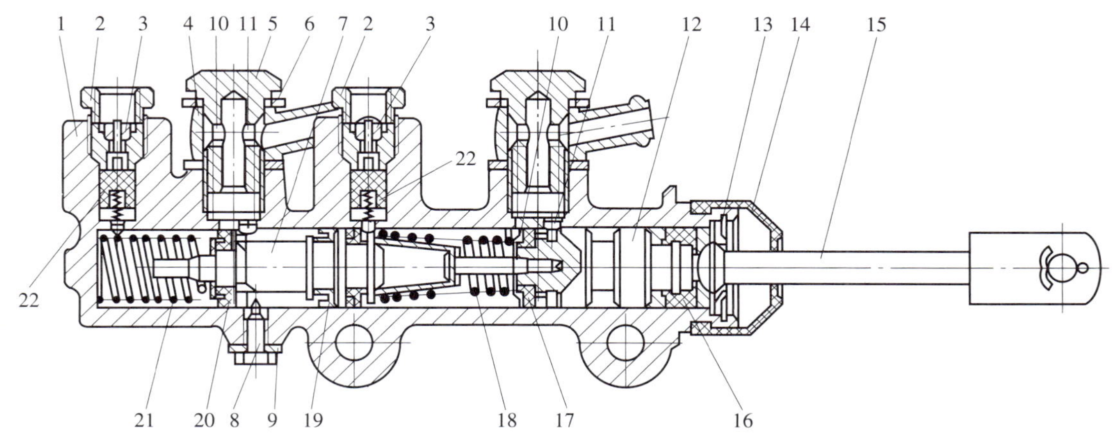

图 5-4-5 串联双腔制动主缸

1—制动主缸缸体 2—出油阀座 3—出油阀 4—进油管接头 5—空心螺栓 6—密封垫 7—前缸活塞 8—定位螺钉 9—密封垫 10—旁通孔 11—补偿孔 12—后缸活塞 13—挡圈 14—护罩 15—推杆 16—后缸密封圈 17—后缸活塞皮碗 18—后缸回位弹簧 19—前缸密封圈 20—前缸活塞皮碗 21—前缸回位弹簧 22—回油阀

2）工作原理。不制动时，两活塞前部皮碗均遮盖不住其旁通孔，制动液由储液罐进入制动主缸。

踩下制动踏板时，推杆推动后缸活塞前移，直到后缸活塞皮碗盖住旁通孔后，后工作腔中油压升高，油液一方面通过腔内出油口进入一制动回路，另一方面又推动前缸活塞前移。在后工作腔油压和后缸回位弹簧的作用下，前缸活塞向前移动，前工作腔中油压也随之升高，油液通过腔内出油口进入另一制动回路。当继续踩下制动踏板时，前、后工作腔的油压继续升高，使两回路制动器制动。

解除制动时，活塞在回位弹簧作用下复位，高压油液自制动管路流回制动主缸。如活塞复位过快，压油腔容积迅速增大，油压迅速降低，制动管路中的油液由于管路阻力的影响，来不及充分流回压油腔，使压油腔中形成一定的真空度，此时，进油腔的油液便从后缸活塞皮碗和前缸活塞皮碗的边缘与缸壁间的间隙流入各自的压油腔。同时，储液罐中的油液经补偿孔流入各自的进油腔。当活塞完全复位时，旁通孔开放，制动管路中流回压油腔的多余油液经旁通孔流回储液罐。

若与前工作腔连接的制动管路损坏漏油，则在踩下制动踏板时，只有后工作腔中能建立油压，前工作腔中无油压。此时在压差作用下，前缸活塞迅速移动，其前端顶到制动主缸缸体上。此后，后工作腔中油压方能升高到制动所需值。

若与后工作腔连接的制动管路损坏漏油，则在踩下制动踏板时，后缸活塞前移，因后工作腔不能建立油压而不能推动前缸活塞。但在后缸活塞直接顶触前缸活塞时，前缸活塞便前移，使前工作腔建立必要的油压而制动。

由上述可见，双回路液压制动系中任一回路失效时，制动主缸仍能工作，只是所需制动踏板行程加大，将导致汽车的制动距离增长、制动效能降低。

（2）制动轮缸

制动轮缸的作用是将制动主缸传来的液压力转变为使制动蹄张开的机械推力。

1）制动轮缸的结构。制动轮缸的结构如图 5-4-6 所示，制动轮缸主要由缸体、活塞、皮碗和放气螺钉等组成。

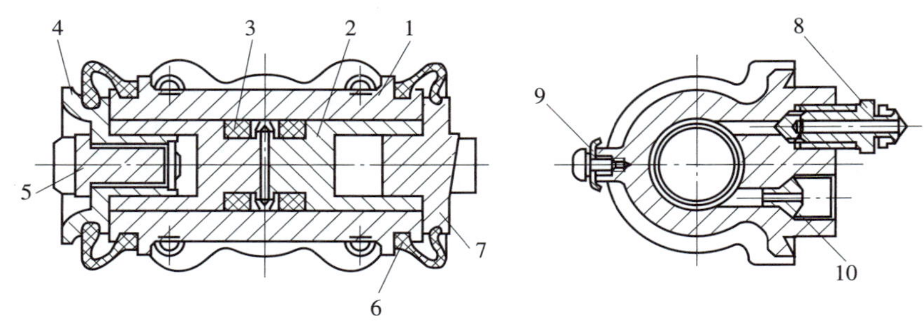

图 5-4-6 制动轮缸的结构

1—缸体 2—活塞 3—皮碗 4—调整轮 5—调整螺钉（顶块） 6—防护罩 7—支撑盖 8—放气螺钉 9—调整轮锁片 10—进油孔

制动轮缸的缸体通常用螺钉固装在制动底板上，位于两制动蹄之间，内装铝合金活塞，密封皮碗的刃口方向朝内，并由弹簧压靠在活塞上与其同步运动。活塞外端压有顶块，并与制动蹄的上端相抵紧。在缸体的另一端装有防护罩，可防止尘土等的侵入。缸体上方装有放气螺钉，以便放出液压系统中的空气。

2）制动轮缸的类型。常见的制动轮缸类型有单活塞式（见图 5-4-7）和双活塞式（见图 5-4-6）。

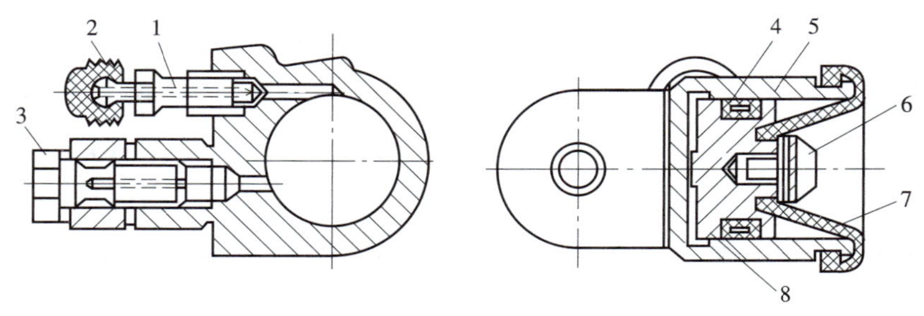

图 5-4-7 单活塞式制动轮缸

1—放气阀 2—橡胶护罩 3—进油管接头 4—皮碗 5—缸体
6—调整螺钉（顶块） 7—防护罩 8—活塞

3）制动轮缸的工作原理。制动轮缸受到液压力作用后，顶出活塞，使制动蹄扩张。松开制动踏板，液压力消失，靠制动蹄回位弹簧的作用力使活塞复位。

二、真空液压制动传动装置

为了兼取气压制动和液压制动之长，在普通的液压制动系中加装真空加力装置（真空液压制动传动装置），可以减小驾驶员施加于制动踏板上的力，增大车轮的制动力，达到操纵轻便、制动可靠的目的。

真空加力装置主要采用真空助力式液压制动传动装置，通过真空助力器助力制动踏板对制动主缸产生推力，真空助力器装在制动踏板与制动主缸之间。

1. 真空助力式液压制动传动装置的组成和工作原理

图 5-4-8 所示为轿车双管路真空助力式液压制动传动装置。真空助力器和制动主缸用螺钉固定在车身前围板上，通过推杆与制动踏板连接。串联双腔制动主缸的前工作腔通向右前轮制动器和左后轮制动器，后工作腔通向左前轮制动器和右后轮制动器。

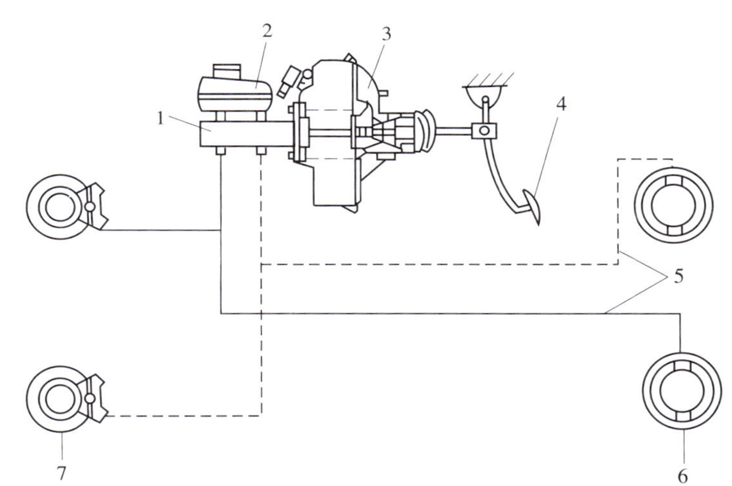

图 5-4-8 轿车双管路真空助力式液压制动传动装置
1—制动主缸 2—储液罐 3—真空助力器 4—制动踏板 5—制动管路
6—后轮制动器（鼓式） 7—前轮制动器（盘式）

2. 真空助力器和制动主缸

单膜片真空助力器和串联式制动主缸如图 5-4-9 所示。真空助力器中的真空室通过真空管与发动机进气管相连，利用发动机工作时产生的真空度实现助力作用。

（1）真空助力器。真空助力器由前、后外壳，气室膜片隔板，弹簧和控制阀等组成。

未踩下制动踏板时，真空助力器处于非工作状态（见图 5-4-9a），橡胶膜片紧贴铰链杆端面，与外界空气隔绝。左、右气室 A 和 B 压力相同，压差为零。发动机运转后，真空单向阀打开，A、B 两气室内均具有一定的真空度。

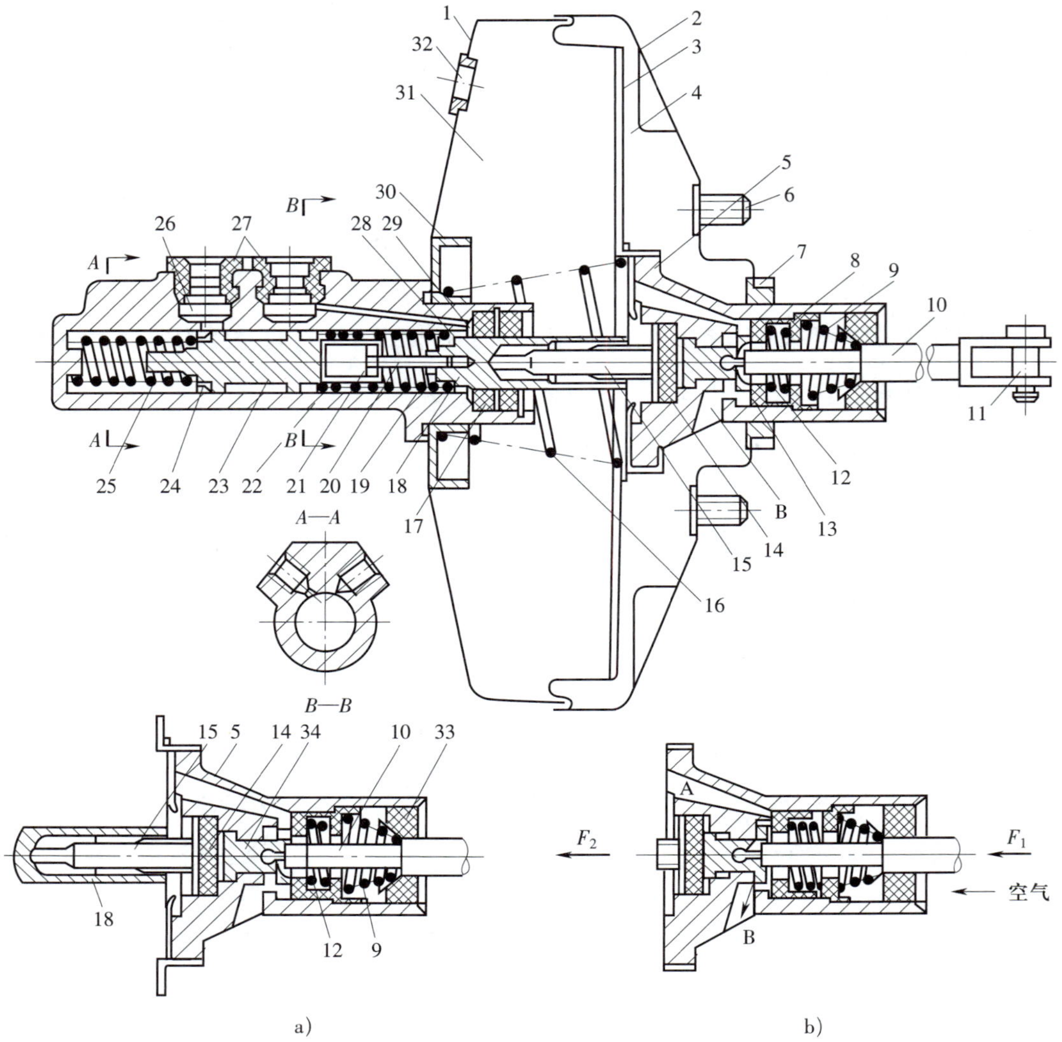

图 5-4-9　单膜片真空助力器和串联式制动主缸
a）非工作状态　b）工作状态
1—前外壳　2—后外壳　3—气室膜片隔板　4—后气室　5—控制阀阀体　6、20—螺栓
7—密封套　8—橡胶膜片　9、12、16、19、25—弹簧　10—压杆　11—销　13—球铰链
14—橡胶块　15—后推杆　17—油封　18—前推杆　21—弹簧座　22—制动主缸
23—活塞　24—小孔　26—过滤器　27—密封套　28—进油孔　29—补偿孔　30—连接盘
31—前气室　32—真空单向阀　33—空气滤清器　34—铰链杆　A、B—左、右气室

制动时，刚踩下制动踏板，踏板力使压杆克服弹簧的弹力左移，通过球头推动铰链杆左移。橡胶膜片与控制阀阀体接触，封闭前、后气室通道。当压杆和铰链杆继续左移时，橡胶膜片脱离铰链杆的端面，并打开气室 B 的通道，使外界空气经空气滤清器进入后气室，于是在前、后气室间产生一个气压差，使气室膜片隔板带动控制阀和后推杆、前推杆一起左移。左移力 F_2 等于踏板力 F_1 和气压差的合力。推力放大程度由真空度决定，最大可放大

3 倍，从而使制动主缸输出油压增高。

当制动踏板停止在某一位置时，空气继续进入后气室，控制阀阀体逐渐左移，又使橡胶膜片与铰链杆端面相接触，气室 B 的通道与外界空气隔绝，使真空助力器处于平衡状态。

松开制动踏板时，控制阀弹簧推动压杆右移，使橡胶膜片离开控制阀阀体口，前、后气室气压相同，同时气室弹簧推动气室膜片隔板和控制阀右移，回到起始位置。

（2）制动主缸。制动主缸由缸体、活塞、弹簧、弹簧座、油封、过滤器等组成。制动主缸由两个螺栓与真空助力器前端相连接。制动主缸上部装有储液罐，缸内串联前、后两个工作腔。

当踩下制动踏板时，前推杆左移，使密封圈堵住前进油孔，在前工作腔产生油压，进而再推动活塞左移，堵住后进油孔，在后工作腔产生油压，制动液通过制动硬管和制动软管分别进入左前轮制动器、右后轮制动器、右前轮制动器、左后轮制动器，组成 X 形两套独立的制动回路。

真空助力器失效时，压杆将通过铰链杆直接推动橡胶块、后推杆和前推杆，使制动主缸产生制动油压，但踏板力要大得多。

小结

1. 液压式制动传动装置由制动踏板、推杆、制动主缸、储液罐、制动轮缸、油管、制动灯开关、指示灯、比例阀等组成。

2. 真空液压制动传动装置兼取气压制动和液压制动之长。在普通的液压制动系中加装真空加力装置，真空加力装置主要采用真空助力式液压制动传动装置。

课题 5　防抱死制动系统（ABS）

学习目标

1. 能够理解滑移率与附着系数的关系。
2. 掌握 ABS 的基本组成。
3. 能够叙述 ABS 的工作过程。

汽车制动时，作用在车轮上的制动力随着踏板力的增大而增大，但最大制动力受到轮胎与路面附着力的限制，制动力不能超过附着力，否则，车轮将抱死。无论前轮先抱死还是后轮先抱死，都会严重影响汽车行驶的安全性，并加剧轮胎的磨损，尤其是后轮抱死，易发生甩尾，危害更大。

前面已经讲述了阻碍汽车运动的制动力不仅取决于制动转矩，还取决于轮胎与路面间的附着条件，也就是说制动力同样取决于附着力。附着力就是轮胎与路面之间的摩擦力，其大小取决于二者间的垂直载荷和附着系数。

在汽车实际行驶过程中，轮胎与路面之间的垂直载荷和附着系数会随着许多因素的变化而变化，因此轮胎与路面间的附着力是经常变化的。车轮相对于路面的运动状态对附着力有着重要的影响，特别是湿滑路面的影响更明显。汽车行驶时，车轮在路面上的纵向运动可分为两种形式——滚动和滑动，滑动又可分为滑移和滑转两种形式。

汽车在制动过程中，车轮的运动可以划分为三个阶段：纯滚动、边滚边滑、完全拖滑。一般用滑移率来表示车轮在制动过程中滑移成分在车轮纵向运动中所占的比例，用 S_B 表示。其定义表达式为

$$S_B=(v-r\omega)/v\times 100\%$$

式中 S_B——车轮的滑移率，%；

r——车轮的自由滚动半径，m；

ω——车轮的转动角速度，rad/s；

v——车速，m/s。

由上式可知，当汽车的实际车速等于车轮滚动的圆周速度时，滑移率为零，车轮纯滚动。但是，汽车制动过程中，在汽车停止前车轮处于抱死状态时，车身具有一定的速度，而车轮滚动的圆周速度为零，则滑移率为 100%。当滑移率在 0 ~ 100% 范围内时，车轮既滚动又滑动。

滑移率与附着系数的关系如图 5-5-1 所示。

大量的实验证明，在汽车的制动过程中，附着系数的大小随着滑移率的变化而变化。在干路面或湿路面上，当滑移率在 15% ~ 30% 范围内时，车轮具有最大的纵向附着系数 φ_Z，此时可产生的地面制动力最大，制动距离最短，制动效果最佳。在雪路或冰路面上时，最佳滑移率在 20% ~ 50% 范围内。当滑移率为零，即车轮处于纯滚动状态时，其侧向附着系数 φ_C 最大，此时汽车防止侧滑的能力最强。随着滑移率的增大，侧向附着系数下降，当滑移率为 100%，即车轮抱死滑动时，侧向附着系数变得极小，轮胎与路面之间的侧向附着力接近于零，车轮将完全丧失抵抗外界侧向力作

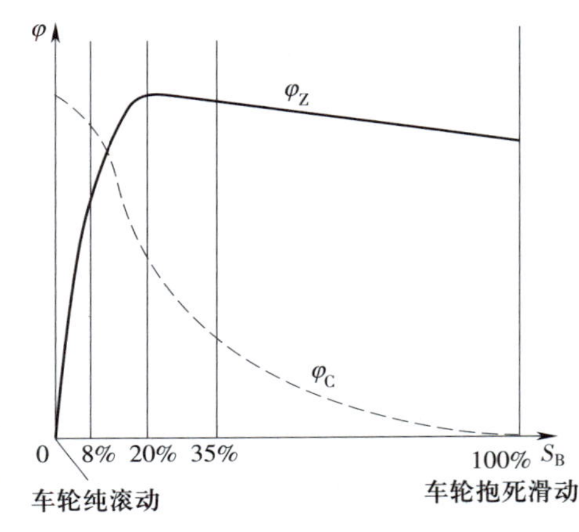

图 5-5-1 滑移率与附着系数的关系

用的能力，稍有侧向力干扰（如路面不平产生的侧向力、汽车重力的侧向分力、侧向风力等），汽车就会产生侧滑而失去稳定性。

在汽车的制动过程中，若能将滑移率控制在最大附着系数所对应的滑移率范围内，汽车将处于最佳制动状态。

要控制滑移率，就要对作用于车轮上的转矩进行瞬时的自适应调节。防抱死制动系统就是通过电子控制器、车轮转速传感器和制动压力调节器对作用于制动轮缸的制动液压力进行瞬时的自动控制（每秒约 10 次），从而控制制动车轮上的制动器压力，使制动车轮尽可能保持在最佳的滑移率范围内运动，从而使汽车的实际制动过程接近于最佳制动状态。

一、ABS 的组成

轿车常用的 ABS 采用三通道的 ABS 调节回路，前轮单独调节，后轮则以两轮中地面附着系数小的一侧为依据统一调节。如图 5–5–2 所示，ABS 主要由 ABS 控制器（包括电子控制单元、液压调节单元、液压泵等）、4 个车轮轮速传感器、ABS 故障警告灯、制动警告灯等组成。

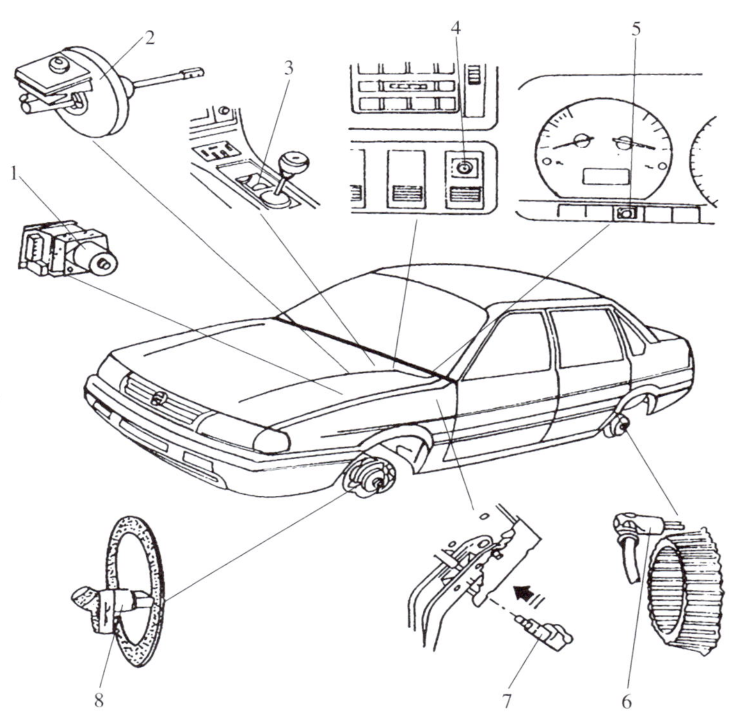

图 5–5–2 ABS 的组成

1—ABS 控制器 2—制动主缸和真空助力器 3—自诊断插口 4—ABS 故障警告灯
5—制动警告灯 6—后轮轮速传感器 7—制动灯开关 8—前轮轮速传感器

二、ABS 的工作原理

ABS 的工作过程可分为常规制动阶段、制动压力保持阶段、制动压力减小阶段和制动压力增大阶段。

1. 常规制动阶段

如图 5–5–3 所示，在常规制动阶段，ABS 不起作用，进油电磁阀（进油阀）、出油电磁阀（出油阀）均不通电，进油阀处于开启状态，出油阀则处于关闭状态。制动主缸至各制动轮缸的制动管路均处于连通状态。液压泵（回油泵）也不通电运转，制动轮缸至储压器的制动管路均处于封闭状态，各制动轮缸的制动压力将随制动主缸的输出压力变化而变化，此时的制动过程与常规制动系统的制动过程完全相同。

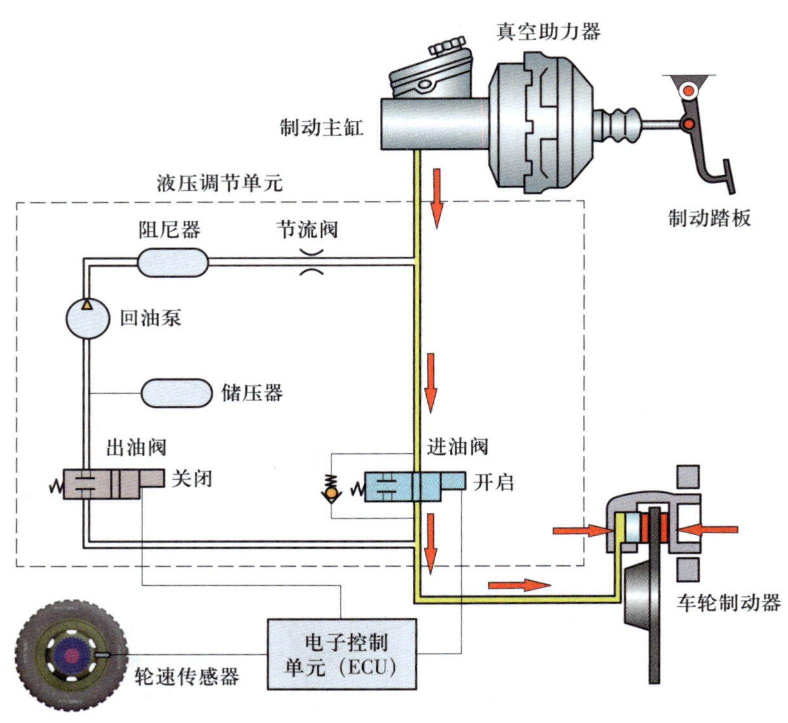

图 5–5–3　常规制动阶段

2. 制动压力保持阶段（制动保压阶段）

在制动过程中，电子控制单元（ECU）根据车轮轮速传感器输入的车轮转速信号判定车轮趋于抱死时，ABS 就进入防抱死制动压力调节过程。如电子控制单元（ECU）判定右前轮趋于抱死时，就输出控制指令，使右前轮的进油阀通电而转入关闭状态，制动主缸中的制动液不再进入右前轮的制动轮缸。而右前轮出油阀仍不通电而处于关闭状态，即右前轮制动轮缸中的制动液也不会流出。此时，右前轮制动轮缸的制动压力就保持恒定，而其他未趋于抱死的车轮，制动轮缸内油液压力仍随制动主缸输出压力的增大而增大，如图 5–5–4 所示。

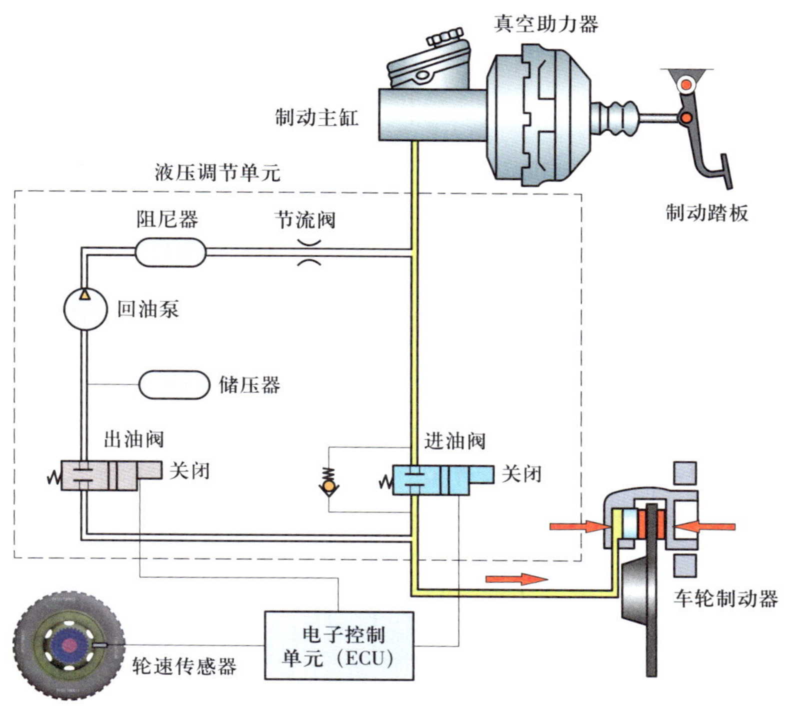

图 5-5-4　制动保压阶段

3. 制动压力减小阶段（制动减压阶段）

当右前轮制动轮缸的制动压力保持恒定时，若电子控制单元（ECU）判定右前轮仍然趋于抱死，则输出控制指令，使右前轮出油阀也通电而转入开启状态。右前轮制动轮缸中的部分制动液经开启的出油阀流回储压器，同时也使液压泵通电运转，向制动主缸泵送制动液。右前轮制动轮缸内的制动压力减小，抱死趋势开始消除，如图 5-5-5 所示。

4. 制动压力增大阶段（制动增压阶段）

随着右前轮制动轮缸内制动压力的迅速减小，右前轮会在汽车惯性力的作用下逐渐加速。当电子控制单元（ECU）判定右前轮抱死趋势已完全消除时，就输出控制指令，使进油阀和出油阀均断电，则进油阀恢复开启状态，出油阀恢复关闭状态。由制动主缸输出的制动液和液压泵泵送的制动液均经过开启的进油阀进入右前轮制动轮缸，使右前轮制动轮缸内的制动压力迅速增大，右前轮又开始减速转动。

ABS 通过使趋于抱死车轮的制动压力循环往复地经历保持—减小—增大过程，而将趋于抱死车轮的滑移率控制在最大附着系数的范围内，直至汽车速度减小到很低或者制动主缸的压力不再使车轮趋于抱死。

如果 ABS 出现故障，ECU 将不再对液压调节单元进行控制，并控制仪表盘上的 ABS 故障警告灯点亮，向驾驶员发出警告信号，此时 ABS 不起作用，制动过程与没有 ABS 的常规制动系统的工作相同。

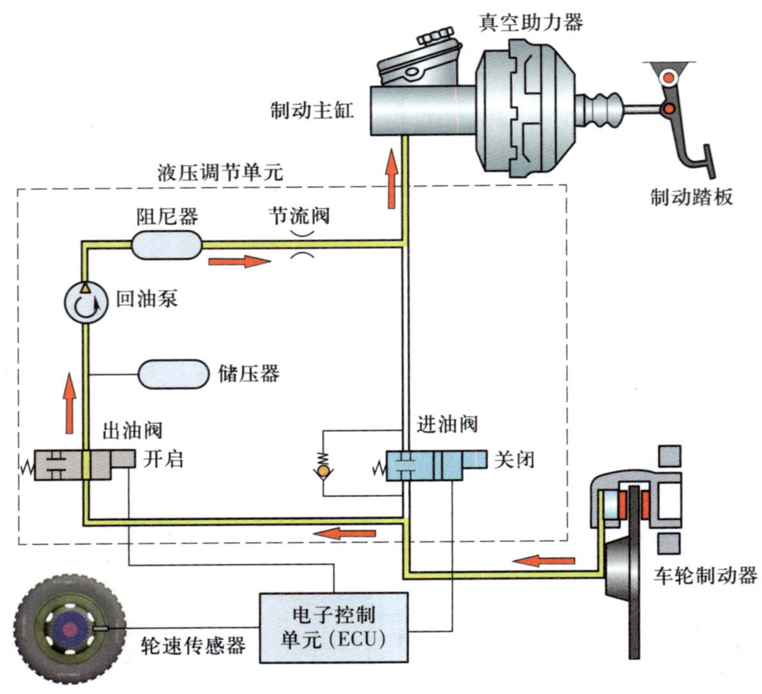

图 5-5-5　制动减压阶段

小结

1. 汽车在制动过程中，车轮的运动可以划分为三个阶段：纯滚动、边滚边滑、完全拖滑。

2. ABS 主要由 ABS 控制器、4 个车轮轮速传感器、ABS 故障警告灯、制动警告灯等组成。

3. ABS 的工作过程可分为常规制动阶段、制动压力保持阶段、制动压力减小阶段和制动压力增大阶段。

课题6　制动系的检查与调整

学习目标

1. 能够叙述液压制动系的检查与调整项目，且能进行检查与调整。
2. 能对真空助力器进行检查与调整。

技能训练

一、液压制动系的检查与调整

1. 制动踏板自由行程的检查与调整

实训准备：

设备：实训车辆或制动台架、举升机。

工具：工具车及常用工具、车轮挡块。

材料：手套、抹布、乙醇清洗剂。

资料：汽车维修手册。

（1）制动踏板自由行程的检查

制动踏板自由行程是制动主缸与推杆之间间隙的反映。检查时，可用手轻松压下制动踏板，当手感变重时，用钢直尺测出制动踏板下移量，该量即制动踏板自由行程，应符合有关技术规定。制动踏板踏下的余量，也应该进行检测。将制动踏板踩到底后，制动踏板与地板之间的距离即制动踏板余量。制动踏板余量减小的原因主要是制动间隙过大、盘式制动器自动补偿调整不良、制动管路内进气及缺制动液等。制动踏板余量过小或者为零，会使制动作用滞后、减弱，甚至失去制动作用。

（2）制动踏板自由行程的调整

制动踏板自由行程的调整大多通过调节推杆长度来实现，如图 5–6–1 所示。将推杆长度缩短可以增大自由行程，加长则可以减小自由行程。还有一些汽车推杆与制动踏板通过偏心销铰接，调整自由行程时，可以转动偏心销，使推杆的轴向位置改变，而使自由行程改变。推杆向制动踏板方向移动可使自由行程增大，向制动主缸方向移动可使自由行程减小。不论采用何种调整方法，调整完毕，应将锁紧螺母锁止。

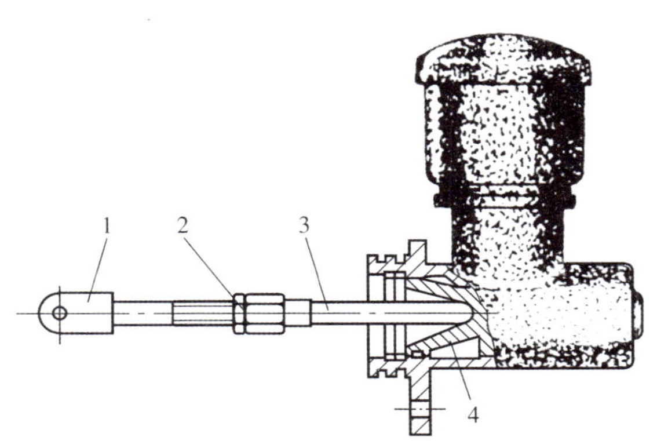

图 5–6–1 制动踏板自由行程的调整

1—叉形接头 2—锁紧螺母 3—推杆 4—活塞

2. 车轮制动器的调整

实训准备：

设备：实训车辆或制动台架（包含非平衡式、平衡式和自增力式鼓式制动器）、举升机。

工具：工具车及常用工具、车轮挡块、支架。

材料：手套、抹布、乙醇清洗剂。

资料：汽车维修手册。

（1）非平衡式和单向平衡式制动器的调整

如图 5–6–2、图 5–6–3 所示，调整制动间隙时，应将制动踏板踩下，松开两个支撑销螺母，转动支撑销，使制动蹄摩擦片与制动鼓贴紧，然后将支撑销螺母紧固。放松制动踏板，转动制动鼓。如不能转动，应朝反方向转动支撑销，直到制动鼓能转动，然后将螺母紧固。若放松制动踏板后，制动鼓能自由转动，则应锁紧支撑销螺母，用手扳动偏心调整轮，使制动蹄摩擦片与制动鼓贴紧。然后，向反方向转动偏心调整轮，直至制动鼓刚好能转动。

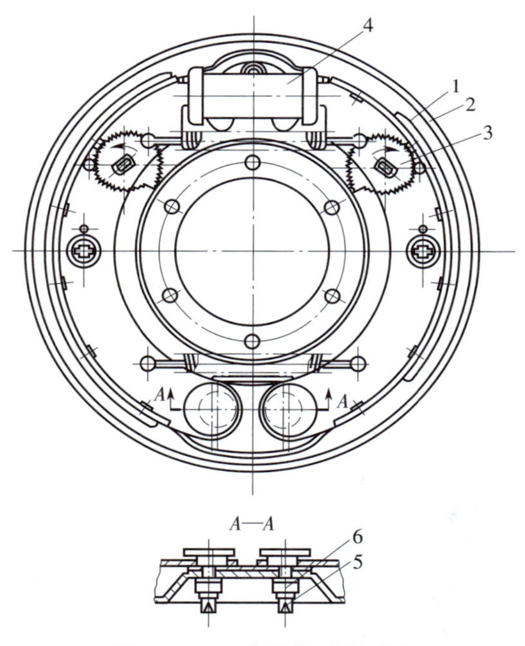

图 5–6–2　非平衡式制动器

1—制动蹄摩擦片　2—制动鼓　3—偏心调整轮
4—制动轮缸　5—支撑销　6—支撑销螺母

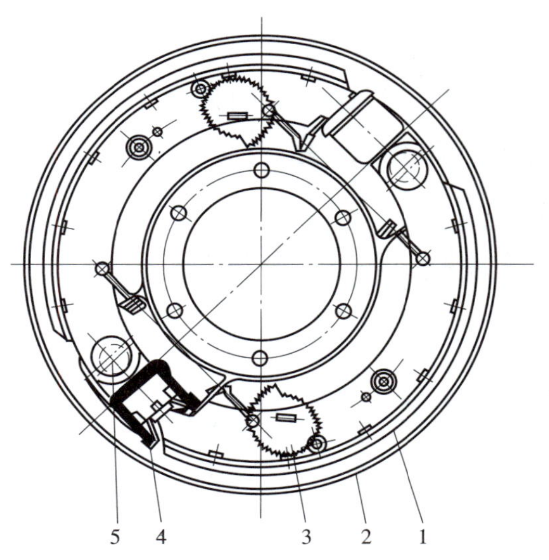

图 5–6–3　单向平衡式制动器

1—制动蹄摩擦片　2—制动鼓　3—偏心调整轮
4—制动轮缸　5—支撑销

（2）双向平衡式制动器的调整

调整时，将车桥支起，车轮能自由转动。从制动底板孔拨转调整螺母（见图 5–6–4），直至车轮不能转动，然后反方向拨转调整螺母，使车轮刚好能自由转动。

（3）自增力式制动器的调整

将车桥支起，车轮能自由转动。取下制动底板下部的调整孔橡胶盖，用螺钉旋具伸入调整孔内，拨动两制动蹄下端之间推杆上的调整螺母，直至制动鼓不能转动。然后反方向拨动调整螺母 2~3 个齿，直至车轮能自由转动，如图 5-6-5 所示。

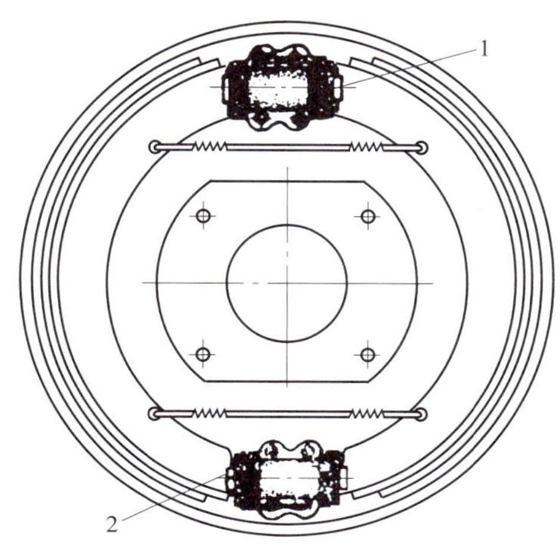

图 5-6-4　双向平衡式制动器

1、2—调整螺母

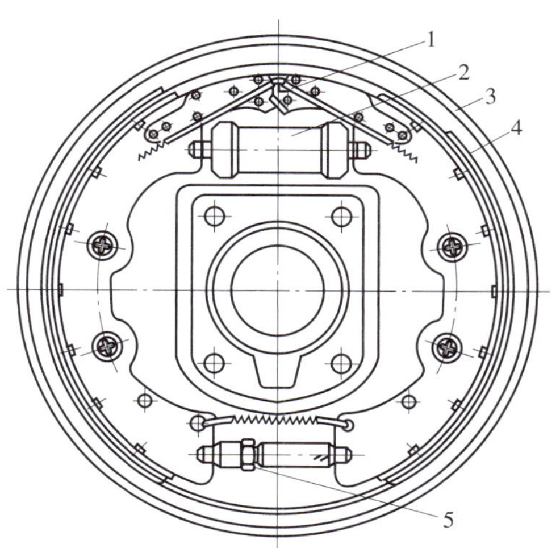

图 5-6-5　自增力式制动器

1—支撑销　2—制动轮缸　3—制动鼓

4—制动蹄摩擦片　5—调整螺母

二、真空助力器的检查与调整

实训准备：

设备：实训车辆（带真空助力器）。

工具：工具车及常用工具、手动真空泵、T 形管、真空表、软管及夹紧工具。

材料：手套、抹布、乙醇清洗剂。

资料：汽车维修手册。

1. 真空助力器的就车检查

检查真空助力器时，将发动机熄火。首先，用力踩几下制动踏板，以消除真空助力器中残留的真空度，再用适当的力踩住制动踏板，并保持在一定位置，然后起动发动机，使真空系统重新建立起真空，并观察制动踏板。

（1）若制动踏板位置有所下降，说明真空助力器正常。

（2）若制动踏板位置保持不动，则说明真空助力器或真空单向阀损坏。

2. 真空助力器的就车真空试验

如图 5-6-6 所示，试验时需要 T 形管、真空表、软管及夹紧工具等。试验过程如下：

（1）将与进气歧管相连的真空管从真空助力器真空单向阀上拔下，将 T 形管接于真空表、真空助力器真空单向阀和与进气歧管相连的软管之间。

（2）起动发动机，怠速运转 1 min。

（3）夹紧与进气歧管相连的软管上的夹紧工具，切断真空助力器真空单向阀与进气歧管之间的通路。

（4）将发动机熄火，观察真空表的变化，如果在规定时间内真空表读数下降得多（如速腾轿车，真空度在 12 h 内最多降至 40 kPa），说明真空助力器或真空单向阀损坏。

3. 真空助力器真空单向阀的试验

真空助力器真空单向阀的试验如图 5-6-7 所示。拆卸与真空单向阀相连的真空管，将真空单向阀从真空助力器上拆下，把手动真空泵软管与真空单向阀真空源接口相连。扳动手动真空泵手柄，给真空单向阀施加 50.8 kPa ~ 67.7 kPa 的真空度，在正常情况下，真空度应保持稳定。如果真空表显示真空度下降，则表明真空单向阀损坏。

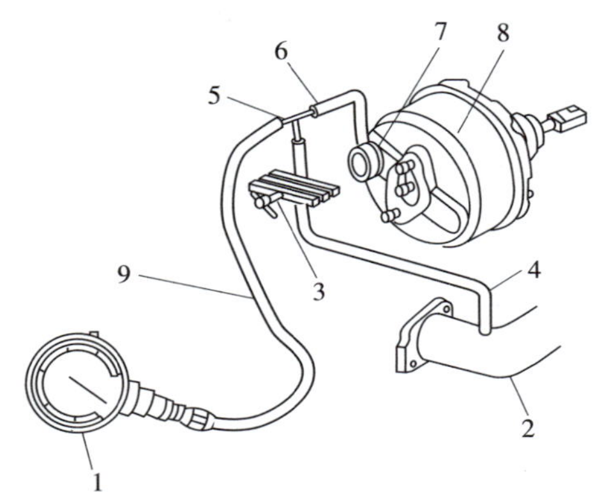

图 5-6-6　真空助力器的就车真空试验
1—真空表　2—进气歧管　3—夹紧工具
4、6、9—软管　5—T 形管
7—真空单向阀　8—真空助力器

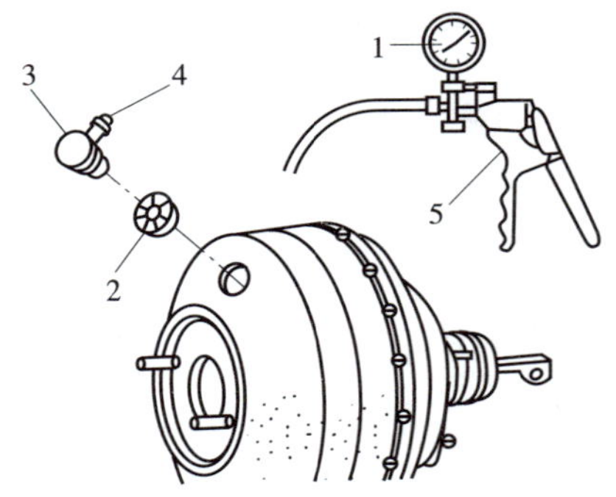

图 5-6-7　真空助力器真空单向阀的试验
1—真空表　2—真空单向阀密封圈
3—真空助力器真空单向阀　4—真空源接口
5—手动真空泵

小结

1. 液压制动系的检查与调整。

（1）制动踏板自由行程的检查与调整。

（2）车轮制动器的调整。

2. 真空助力器的检查与调整。